Studies in Talmudic Logic
Volume 15

Theories of Joint Ownership in Talmudic Logic

Volume 5
Resolution of Conflicts and Normative Loops in the Talmud
Michael Abraham, Dov Gabbay and Uri Schild

Volume 6
Talmudic Logic
Andrew Schumann

Volume 7
Delegation in Talmudic Logic
Michael Abraham, Israel Belfer, Dov Gabbay and Uri Schild

Volume 8
Synthesis of Concepts in Talmudic Logic
Michael Abraham, Israel Belfer, Dov Gabbay and Uri Schild

Volume 9
Analysis of Concepts and States in Talmudic Reasoning
Michael Abraham, Israel Belfer, Dov Gabbay and Uri Schild

Volume 10
Principles of Talmudic Logic
Michael Abraham, Dov Gabbay and Uri Schild

Volume 11
Platonic Realism and Talmudic Reasoning
Michael Abraham, Israel Belfer, Dov Gabbay and Uri Schild

Volume 12
Fuzzy Logic and Quantum States in Talmudic Reasoning
Michael Abraham, Israel Belfer, Dov Gabbay and Uri Schild

Volume 13
Partition Problems in Talmudic Reasoning
Michael Abraham, Israel Belfer, Dov Gabbay and Uri Schild

Volume 14
Philosophy and History of Talmudic Logic
Andrew Schumann, ed.

Volume 15
Theories of Joint Ownership in Talmudic Logic
Michael Abraham, Israel Belfer, Dov Gabbay, Esther David, Shlomo David and Uri Schild

Studies in Talmudic Logic Series Editors
Michael Abraham, Dov Gabbay and Uri Schild   dov.gabbay@kcl.ac.uk

Theories of Joint Ownership in Talmudic Logic

Michael Abraham
Israel Belfer
Dof Gabbay
Esther David
Shlomo David
Uri Schild

© Individual author and College Publications 2019
All rights reserved.

ISBN 978-1-84890-319-7

College Publications
Scientific Director: Dov Gabbay
Managing Director: Jane Spurr

http://www.collegepublications.co.uk

Original cover design by Laraine Welch

All rights reserved. No part of this publication may be reproduced, stored in a retrieval system or transmitted in any form, or by any means, electronic, mechanical, photocopying, recording or otherwise without prior permission, in writing, from the publisher.

The Talmudic Logic Project, ongoing since 2008

Dov M. Gabbay
University of Luxembourg, Bar-Ilan University, Israel,
and King's College London
dov.gabbay@kcl.ac.uk

Uri Schild
Bar-Ilan University, Israel
us1445@gmail.com

Esther David
Ashkelon Academic College, Israel
astrdod@edu.aac.ac.il

November 6, 2019

Abstract

We describe the state of the Talmudic Logic project as of end of 2019. The Talmud is the most comprehensive and fundamental work of Jewish religious law, employing a large number of logical components centuries ahead of their time. In many cases the basic principles are not explicitly formulated, which makes it difficult to formalize and make available to the modern student of Logic.

This project on Talmudic Logic, aims to present logical analysis of Talmudic reasoning using modern logical tools. We investigate principles of Talmudic Logic and publish a series of books, one book or more for each principle. http://www.collegepublications.co.uk/stl/

The series begins with the systematic analysis of Talmudic inference rules. The first book shows that we can present Talmudic reasoning intuitions as a systematic logical system basic to modern non-deductive reasoning, such as Argumentum A Fortiori, Abduction and Analogy. The second book offers a systematic common sense method for intuitively defining sets and claims that this method adequately models the Talmudic use of the rules Klal uPrat. These books also criticize modern Talmudic research methodology.

Later books deal with additional topics like Deontic logic, and Temporal logic, Agency and processes in the Talmud and more.

The aims of the project are two fold:

1. To import into the Talmudic study modern logical methods with a view to help understand complicated Talmudic passages, which otherwise cannot be addressed.

2. To export from the Talmud new logical principles which are innovative and useful to modern contemporary logic.

Keywords: Talmudic logic, identity theory, machine ethics, temporal logic, logic and law, argumentation.

1 Orientation

The Talmudic Project proceeds on three levels of reference.

1. The first level is the authors' overarching project of using (importing) logical theories and formulations arising in fields of formal logic, computer science (CS), artificial intelligence (AI), Linguistic, Philosophy and Law, and applying them to modelling Talmudic concepts and argumentation.

2. The second level is in the opposite direction; namely, formulating Talmudic concepts and argumentations in a logical form and applying (exporting) and /or comparing these new formulations to known systems in CS, AI, Philosophy, Law and Logic itself.

3. The third level of reference deals with the specific Talmudic concepts appearing in the Talmud and devoting a book to each one of them. So far we have thirteen books and we expect 25-30 more volumes. It takes about 10 months to fully complete a book. See [1] for the list of published books.

Regarding the first level, the research is timely and of potential importance for the study of the Talmud. It brings about a new comparative formal language, that of formal logic, in which one can analyse Talmudic concept and argumentations. For both the believer and non-believer in God and the Bible, this research shows an amazing cultural contribution of the Jewish people over the last 2000 years.

For the believer there is an additional dimension to this research. The Talmudic reasoning rules were given by God to Moses along with the Ten Commandments. Thus formalising in modern terms the Logic of the Talmud is a step in getting closer to the Logic of God Himself.

The second level, applying Talmudic logic to CS and AI, and exporting to logic itself, constitutes the original and innovative aspect of the project. It applies new ways of thinking into the realm of CS and AI and Logic. New Logical systems need to be developed to model some aspects of the reasoning in the Talmud and this a contribution is made to the future development and evolution of Logic.

To understand the background and prospect of success of both the first and the second levels, observe the following two simple facts

1. Computer Science and Artificial intelligence develop devices to be sold and to service the Human and his society in their everyday activity. To be successful CS and AI have to understand and model such activity.

2. The Talmud is practical and solves practical problems on Human Behaviour and Reasoning. Again the Talmud has to understand Human activity and legislate and guide the Human through his problems. Some of the Talmudic assumptions and solutions have a bearing to CS and AI.

3. It may be that newly developed aspects in CS and AI already exist in the Talmud and it may be that the Talmud can give a new twist to modern newly discovered point of views.

4. It may be that CS and AI address now some aspect which has already been dealt with in the Talmud.

Nevertheless, although this is a very original and innovative connection between modern Logic, CS, AI and the ancient Talmud, the question arises as to the role the Talmud plays in this process: is the Talmud a good source of inspiration and of unique ideas which one can choose from and apply them as satisfactory solutions for certain AI problems? Is there something deeper, such as a few unifying principles summarizing Talmudic logic which should be applied to general logic and AI? We believe there is, as we shall discuss later.

2 Scientific background: Logic

Logic began with Aristotle. He realised that in order to write his books he needed logic as a tool (*organon*). So he wrote his five books on logic. The system is syllogistic logic. Aristotles logic was refined in later periods and the next significant step came with Pierre (or Petrus) Abelard who worked in the early 12th century. His treatise the *Dialectica* [2] contained new ideas such as *de re* and *de dicto* modalities. It became possible to apply logic to language, theology and philosophy. New handbooks of logic appeared in later centuries, by Peter of Spain, Lambert of Auxerre and William of Sherwood. Later logicians were William of Ockham, Jean Buridan, Gregory of Rimini and Albert of Saxony. The best known textbook was by Antoine Arnauld and Pierre Nicole *The Port Royal Logic* [3].

Two points to be borne in mind about the development of logic up to the 19th century:

1. It was mainly syllogism with extras.

2. It dealt with human beings, their language reasoning and behaviour (as opposed to pure mathematics).

Modern mathematical logic was developed in the late 19th century carrying on until the middle of the 20th century [4]. There were four pillars to mathematical logic: model theory, set theory, proof theory and recursion theory. Emphasis was diverted from the study and application of logic to the humanities to the study and application of logic to mathematics and its foundations [5].

This changed with the rise of computer science, artificial intelligence, computational linguistics etc. There was a strong consumer demand for devices using this new technology and, in turn, there was an urgent need to develop and evolve logic to serve these demands. Emphasis in logic reverted back to the analysis of day-to-day human activity. New logics were developed by diverse non-cooperating non-communicating communities, each driven by the needs of certain types of application or device. The landscape of logic turned into a wild jungle of competing specific logical systems.

Worse yet, the new developments, though also sometimes applied in the humanities area (logic and law, logic an analytic philosophy, logical analysis of language, logic and theology, logic and argumentation and debate), did not include a new unified coherent logical theory.

However, these logics arising from computer science and AI, do offer the components to deal and model with Talmudic reasoning and debate- after all, as we have mentioned earlier, both discipline deal with the human being and his daily activity.

We now have the tools to embark on the next phase of our human logic evolution and study and model cultural systems of thoughts such as the Jewish Talmudic logical way of thought.

We started our investigations in modelling Talmudic Reasoning. The Jewish Talmud is a body of arguments and discussions about all aspects of the human agents social, legal, ethical and religious life. It was completed over 1500 years ago and its argumentation and debates contain many logical principles and examples very much relevant to todays research in logic, artificial intelligence, law and argumentation.

The Talmud is thus a unique source in human civilisation for conducting an investigation of humans and their thinking in just about any domain related to human endeavour and enterprise: Law, belief, ethics, etc. and the complex interaction among these domains [6].

In a series of books on initial key topics of *Talmudic Logic*, which we have published since 2009, we have studied some of the logical principles involved in the Talmud, one by one, devoting a volume to each major principle. We discovered principles which we could export to current research in theoretical computer science and AI and Law.

The multi-faceted character of Talmudic law with its myriad of branches in logic produces an appreciation of the conceptual structures that connect the formal jurisprudential requirements with the real-world. Our research plan, based on Talmudic logic reasoning, will enable us to expand and support the various

approaches to modes of reasoning and discourse in many areas in computer science and AI as well as general logic theory, and their conceptual infrastructure. Our method of writing books is an incremental showing by examples how more and more complex logics need to be developed in response to modelling more and more features of human behaviour, and how these logics can be developed in a coherent way, following thematic meta-level principles.

We have so far published thirteen books [1] and various papers [7]–[13], and are working on the fourteenth and fifteenth books, both dealing with various aspects of identity and change in time, which has serious applications to AI. Our object is to examine the feasibility of a methodological study of logic in the Talmud, using tools derived from Western Logic. Our conclusion has been that two directions offer great potential: (1) Import of logical tools to use in understanding difficult and obscure issues in the Talmud, (2) Export of logical insights derived from the Talmud to Western Logic and other areas of human thought.

3 Methodological Steps

The following is an algorithmic description of the procedure we have followed in the past, and intend to apply also in the work proposed here.

Step 1: Allocation of a subject or issue of great logical interest in the Talmud which have a potential of serious application to CS, AI, General Logic and Law.

Step 2: Familiarisation and in-depth study of the subject in the Talmud, including writings and interpretations from later generations. This is done with the help of at least one qualified and knowledgeable Rabbi who has life long knowledge and experience and is able to gather and assess all relevant data. In the first 13 volumes this role was played by Professor Rabbi Dr. Michael Abraham who is also a physist. The current Rabbi is Rabbi Shlomo David. We also rely on many Expositions of the Talmud such as the Schottenstein Talmud [33]].

We do not necessarily need a specialized Talmudic/history/text University Scholar to work with us, although their advice can be most valuable. (This point will be address in the Appendix discussing issue 1.)

Step 3: Choosing a typical example site from the Talmud and building a logical model appropriate to explaining the deliberations of the sages and later commentaries.

Step 4: Testing and verifying the consistency of the model with respect to the various sites in the Talmud where the subject is discussed.

Step 5: Generalising the logical model.

Step 6: Comparing the logical model with existing logic models in the landscape of current logics

Step 7: Extracting unifying principles for general logic from the way different existing aspects of logics are unified in the Talmudic models.

Step 8: Go to step 2 for more iterations until satisfied.

Step 9: Go to step 1 and allocate a new subject or issue.

Step 10: Summarise resulting models and applying them to problems in computer science AI general logic, and Law

4 Examples from our past work

Example 4.1 (Time Logic (conditions on the future)) *This topic was dealt in [1, Vol 4]. Consider the simplest flow of time is discrete time: {day 1, day 2, ... }.*
Such a flow of time is sufficient to illustrate the conditional:

(*1) $[Do\ x \rightarrow Do\ y\ in\ 10\ days]$

The semantic/temporal meaning of $\rightarrow$ is: At any day t in which x is done, we should have y done in 10 days afterwards, at $t + 10$.
For example

(*2) $[open\ a\ file\ now \rightarrow close\ it\ in\ 10\ days\ from\ now]$

This conditional is of the form $[A \rightarrow B]$, where A is earlier in time than B. This is a standard conditional appearing in programs and it is dealt with in program specification and verification using temporal logic with future operators.
However: The Talmud extensively deals with conditionals $A \rightarrow B$ where A is in the future of B.
To clarify this type of conditional, let us look at a common practice of insurance policies renewal.
I take an insurance policy Jan. 01, 2016 to Dec. 31, 2016.
I get a letter in Dec. 2016 reminding me to renew with an invoice to pay. Common practice is that if I pay by Jan. 31, 2017, the policy is renewed from Jan 01, 2017 for another year until Dec. 31, 2017.

> (*) *Note that that the policy is not renewed on Jan 01, but is renewed retrospectively on Jan 01 only if I pay by Jan 31.*

We are now ready to describe the Talmudic Future Conditional. To achieve this, let us give the Talmudic schematic structure:

(**) *Your policy is renewed on Jan 01 but if you fail to pay by Jan 31 then the policy is cancelled from Jan 01*

In other words the deal is cancelled retrospectively.
  There is a difference between (*) and (**). If you have not paid yet by Jan 15, according to (*) the policy is not valid on Jan 15, but according to (**) the policy is valid. I can take actions based on the fact that I have a valid policy on Jan 15, according to (**), but these actions will be undone if I fail to pay on Jan 31. This causes enormous problems in practice, so we can export a new kind of temporal logic that we have developed, and thus allow for such conditionals in computer programming problems.

Example 4.2 (Merging/Contradiction) *This topic was dealt with in [1, Vol 8], and [32].*
  A very interesting modelling of the Talmud with export to modern logic and AI is the case of identity merging:
  Some of the rules of behaviour on the Day of Atonement (Yom Kippur) contradict some of the rules of behaviour on the Sabbath. So what happens when the Day of Atonement falls on a Sabbath? There are two bodies of laws relevant to this day: The Yom Kippur laws and the Sabbath laws. They may be in conflict, so how do we resolve them? The Talmud enabled us to define rules of logic to overcome this problem see [1, Vol 8], and [32].
  This has great relevance to modern times, as can be seen in numerous examples. We shall mention just a few:

1. *The Boston Marathon terrorist. On one hand he is a terrorist, and should perhaps be sent to Guantanamo. On the other hand, he is a US citizen and is entitled to the full use of American law.*

The export applications here are to Logic and Law, how to handle conflicting rules/laws in such situations. There are also more direct exports to computer science as we see below:

2. *Rules may conflict in the Internet of Things (IoT), e.g. in a smart home, or in robotic actions, or in operational AI systems (e.g. self-driving cars), when the law of the land and our human values must both be obeyed (see [25]).*

In modelling the Talmud we have developed the Talmudic Calculus of Cancellations. It is an algebra of elements and a relation saying which elements attack/cancel which other elements and using such algebra, we can get the correct results. This is a new mathematical model that can be exported to AI. We shall explain this using an example.

Consider two simple reasonable rules:

1. If a small job need fixing at home, e.g. sink is blocked - save money and do it yourself.

2. If a big job needs fixing at home (e.g. Toilet/drainage is blocked) - dont mess with it yourself, it is too risky, call an expert to do it.

Assume now that both a sink is blocked and a toilet is blocked. Since logically the two rules do not conflict, you will call a plumber to do the toilet and you will do the sink yourself. But this is not common sense. If the plumber is called for the toilet he might as well do the sink! This is not easy to formalise in modern logic, and we need a calculus of cancellations.

There is a surprising application to automata theory. In [31] we show that the number of states of an automaton can be reduced if we allow it to use calculus of cancellation rules.

5 Summary

We published 13 books on Talmudic logic since 2009. Each book analysed a logical principle in the Talmud, and exported it to modern logic, theoretical computer science and AI and Law.

We explained above what we have done two of these books and showed how we exported results to Computer Science, AI and Logic and Law. Our other books contain similar results.

We have proved since 2009 that our methodology is sound, workable and fruitful. We have published our results in international journals as well as showed the cultural inheritance of the Jewish people. We achieved international recognition for Talmudic Logic. Some departments, such as the computer science department at the University of Luxembourg make it compulsory for advanced graduate students to learn about Talmudic logic.

6 Current (2019) Research Activity

Classical logic deals with objects that have no internal structure and deals with predicates applied to them. Temporal logic deals with behavior of such objects and predicates through time. So if our objects are files, we can talk about files being opened or closed by a user. We can write a program specifying how users can open and close files through time. We can specify how many users can look at any file, and how many files a user can look at, etc.

When we deal with Dropbox we have further problems: Users can change the files. How do we specify and manage that? This is a special case of dealing with change of object through time. We plan to address the topic of 'Change through Time'. This is an ancient central problem in logic and its applications,

and appears in all aspects of everyday life all the time. It is therefore important to AI applications. We are working on two books, vols. 15 and 16.

To introduce the problem, assume we start with an object X built up of parts. It could be a program, it could be a pile of sand, it could be a file in Dropbox undergoing continuous change by users. Various predicates and functionalities apply to this object. We slowly change it, step by step. We make it bigger, substitute its components, take away parts, etc.

The question is how does it change? What predicates continue to apply? What new predicates apply? How do we specify, control and verify the process of change? Such processes happens in practice, in philosophy, in law in computer science and AI and in the Talmud.

Let us consider some examples that relate to changes over time of objects:

Example 6.1 (The paradox of the heap (sorites)) *One grain of sand is not a heap. If n grains of sand is not a heap, neither is n+1 grains. Therefore any arbitrarily huge amount of grains of sand is not a heap - This is counter intuitive. It is a known paradox since Aristotle and is addressed by many books and many departments/ schools of thought see [29].*

The Talmud has addressed it in terms of mixtures. Drops of non-kosher wine falls into a jug of Kosher wine. Is the jug kosher or not? The Talmud has to solve the paradox because it has to tell people whether the wine is usable or not. It is real life for real people. The Talmud adds a component to such dynamics and asks how this heap-candidate was formed? If it was formed grain by grain starting with a small number of grains, the Talmud will say e.g. it is not a heap. However, if it was formed from a huge starting collection of grains by deleting grains one by one, then the Talmud will say it is a heap. If we do not know how it was formed, then we have any default position stipulated.

Logically the Talmud thus adds another parameter to the paradox of the heap, and thereby solves it.

Example 6.2 (The Theseus ship) *We start with an object, a ship X, and slowly, step by step change small parts of it, until all of its parts have been replaced. At each step the intuition is that it is still the same ship. On the other hand if we take all the replaced parts and put them together again we get a reconstruction of the original physical ship. This is an ancient paradox further developed by Thomas Hobbes [30].*

The Talmud faces this problem as it appears in many aspects of real life. I steal a computer and upgrade it and try to sell it. I am caught. The owner wants the computer back because the Bible says return what you stole. The thief says it is not the same computer anymore. It is mine. I shall pay money instead. What do we do? Is it the same computer or not?

The Talmud adds in such cases another component — purpose: If the object after the change cannot serve the original purpose then it is a new object. We look if the change of the small part still keeps the computer/ship/object fit for it purpose. For example, if we have a mug for drinking

tea, and we make a small hole in it so it leaks just very little, we can say it is not the same mug because we are not going to use it. But a garden water bucket with a very small hole in it is the same object, because we wont care about the hole.

The Talmud therefore solves the Theseus paradox as follows: If the purpose of the process is to have a ship to actually sail, then the 'main' ship is the one with the new parts, not the reconstructed old one. On the other hand, if the purpose is to have an exhibit in a historical museum then the 'main' ship is the one made of the original parts.

Similarly, assume some kosher wine has been mixed with non-kosher wine. The Talmud decides whether the mixture is itself kosher or not, by considering the way it was created.

Classical logic dealing with object-change lacks this point of view, and therefore faces paradoxes and problems. We believe it is important to develop logics based on the Talmudic approach. Such logics may then be applied in the development of practical applications in Computer Science and AI.

A practical use of this old Talmudic idea (of including in the properties of an object also the way it was constructed) is actually adopted/rediscovered in modern AI. Consider a robot trying to identify injured people lying in the street as opposed to a sleeping homeless. One can use neural networks with some success, but one can also develop algorithms for constructing people from parts. A robot can then attempt to identify the parts. If some are missing or not identifiable the robot cannot construct the image of a complete person, and the image is therefore of an injured person [26].

A reconstruction method could perhaps also be used to identify a security threat. Suppose an intelligent security camera identifies a man standing next to a suitcase. Identifying his body parts, a program may conclude the suitcase too heavy for him to move, so how did it get there?

Or consider a computer program where somehow errors were introduced. Reverse engineering of the program in order to reach its original state could be based on this kind of logic. Although these ideas appear in the Talmud and some are used in modern AI, no significant logical systems involving change in time in the Talmudic sense have been developed.

Talmudic inspired logical model can be of use to any specification-rich program for handling objects (files, databases), which change through time. Current programs (e.g. Dropbox) attempting to coordinating agents beliefs, temporal database management, disciplines for applicability of legal laws and definitions, etc. deal with formal changes only, without the intelligence of taking into account the logical content of the change. So if I open a file in Dropbox on two computers and on one of them I make a change and then cancel the change, Dropbox will block me saving on the other computers, not realizing that there was no real change. The Talmud is aware of this problem. The Bible says that if a man steals an object and he is caught, he must return the stolen object to its owner. The man might say I am using this object, I propose to

keep it and pay money instead. The answer is no, he must return the object. The Talmud asks, what if the thief disassembles the objet and reassembles it again to its original form (like in the Dropbox case where we make a change and cancel it), do we have now a new object?. Some Talmudic opinion says yes, this is now a new object and the Biblical rule does not apply.

We believe the time-estimate is reasonable, as it is based on the experience of 8 years of work, 13 books and numerous articles. Each area of the first thirteen books could be further researched and applied further in CS and AI. We have not done that, because we choose to discover and develop new principles/books.

We now indicate how we are going to conduct our research during the two years of the project. More details in the section on Time Schedule and Workplan.

The problem we are addressing is Change of Objects in Time. As we already said, this problem is central in CS, AI, Philosophy and Law and also central in the Talmud. All the above disciplines attempt to regulate and deal with practical human behaviour and change.

So based on our past experience (thirteen earlier books on Talmudic Logic and export), we start with identifying difficulties and attempted solutions in CS, AI, Philosophy and Law. We have already identified at least two main types of change:

1. Mixture/Merging

2. Object Modification and Transformations.

    We check throughout the Talmud how such topics are addressed on the main practical examples. We then check the available logical models CS, AI, etc.,and see how to modify them or invent variations of them capable of addressing the Talmudic features. We then check through successive approximations how we can model all opinion /aspect of Talmudic argumentation. Once we get our new Talmudic logical systems, we use them to systematically try to improve solve the problems existing in AI, CS, Philosophy and Law.

We have already identified two additional components the Talmud uses: 1. How mixture/merging was made and 2. What is the purpose/use of an object. These features can offer solutions to temporal change puzzles and problems. There is however a lot of detail to investigate in the projected two years project time.

There is one more export feature we can do here. We will get new logical systems/temporal models. We can look at these and export to the general theory of logics. One immediate idea can be used as illustration. We are talking about objects changing their structure in time. Classical predicate logic deals with atomic objects. It does not allow for internal composition of objects. It allows for predicate properties of objects (which properties) can change in time but not the object themselves. In philosophical logic there is

a discussion of objects like the king of France but not a proper predicate logic of changing objects. So we can develop logics where the main thrust of model theory and proof theory deals with internal object change, and the properties and relationships among of the objects are derived from their internal structure. Predicate logic deals with atomic objects and stipulates their properties. This is completely different!

7 Conclusion

The Talmudic Logic project includes two major components:

1. Modelling Talmudic logic
2. Exporting logics to Computer Science, AI, Law and General Applied Logic.

The first component is in itself of value, as the Talmud is a World Cultural Heritage. We show it is an enormous body of coherent legal argumentation regarding how to regulate human behaviour. Its connection with computer science and AI is that both the Talmud, CS and AI deal with human activity and so logics used in CS and AI can be modified and used to model the Talmud and in turn, be exported back into CS and AI and offer new ideas and solutions there.

So this is not just a project modelling change for CS and AI. This is a project modelling the Talmud, with applications/export to CS and AI! The Talmud is a practical and coherent body of laws developed logically to address human behaviour just like AI and computer science. In this it differs from many other bodies of laws which are stipulative, statuary and less flexible, and not as interconnected and coherent. Hence the serious export from the Talmud to AI, CS and Law.

References

[1] Abraham M., Gabbay D., Schild U. Studies in Talmudic Logic, Volume 1: *Non- Deductive Inferences in The Talmud* (in Hebrew and English, College Publications, London, 2010, 289 + 78 pages.

Abraham M., Gabbay D., Hazut G., Maruvka Y., Schild U. (2010) Studies in Talmudic Logic, Volume 2: *The Textual Inference Rules Klal uPrat, How the Talmud Defines Sets* (in Hebrew and English), College Publications, London, 2010, 388+17 pages.

Abraham M., Gabbay D., Schild U. (2010) Studies in Talmudic Logic, Volume 3: *Talmudic Deontic Logic* (in Hebrew and English), College Publications, London, 2010, 267+29 pages.

Abraham M., Belfer I., Gabbay D., Schild U. (2011) Studies in Talmudic Logic, Volume 4: *Temporal Logic in the Talmud* (in Hebrew and English), College Publications, London, 2011, 588+70 pages.

Abraham M., Gabbay D., Schild U. (2011) Studies in Talmudic Logic, Volume 5: *Resolution of Conflicts and Normative Loops in the Talmud*, (in Hebrew and English) College Publications, London, 2011, 280+25 pages.

Abraham M., Belfer I., Gabbay D., Schild U. (2011) Studies in Talmudic Logic, Volume 7: *Delegation in Talmudic Logic* (in Hebrew and English), College Publications, London, 2012, 315+25 pages.

Abraham M., Belfer I., Gabbay D., Schild U. Studies in Talmudic Logic, Volume 8: *Synthesis of Concepts in Talmudic Logic* (in Hebrew and English) College Publications, London, 2012, 455+14 pages.

Abraham M., Belfer I., Gabbay D., Schild U. Studies in Talmudic Logic, Volume 9: *Analysis of Concepts in Talmudic Reasoning* (in Hebrew and English) College Publications, London, 2014, 301 + 11 pages.

Abraham M., Gabbay D., Schild U. Studies in Talmudic Logic, Volume 10: *Principles of Talmudic Logic*, College Publications, London, 2013, 296 pages.

Abraham M., Gabbay D., Schild U. Studies in Talmudic Logic, Volume 11: *Platonic Realism and Talmudic Reasoning*, College Publications, London, 2014, 325 + 15 pages.

Abraham M., Belfer I., Gabbay D., Schild U. Studies in Talmudic Logic, Volume 12: *Fuzzy Logic and Quantum States in Talmudic Reasoning*, College Publications, London, 2015.

Abraham M., Belfer I., Gabbay D., Schild U. Studies in Talmudic Logic, Volume 13: *Partition Problems in Talmudic Reasoning*, College Publications, London, 2016.

Abraham M., Belfer I., Gabbay D. David, E., David,S., Schild U. Studies in Talmudic Logic, Volume 14: *Joint Ownership Partnership in Talmudic Reasoning*, College Publications, London, 2017 to appear, 360 pp

[2] *Dialectica*. Edited by L. M. De Rijk in *Petrus Abaelardus: Dialectica*, Assen: Van Gorcum 1970 (second edition).

[3] Arnauld, Antoine, 1612-1694; Nicole, Pierre, 1625-1695, *Logic, or, The art of thinking: being the Port-Royal logic*, Edinburgh : Sutherland and Knox, 1880,

[4] *Handbook of The History of Logic, The Rise of Modern Logic: from Leibniz to Frege: Volume 3* Paperback 4 Apr 2013 by Dov M. Gabbay and John Woods (Editors) 780 pages Publisher: Elsevier

[5] Barwise J., editor, *Handbook of Mathematical Logic*, Elsevier,1977.

[6] Leib Moskovitz Talmudic Reasoning: From Casuistics to Conceptualizations, Tübingen 2002

[7] Abraham M., Belfer I., Gabbay D. and Schild U., Future Determination of Entities in Talmudic Logic, *Journal of Applied Logic* Vol. 11 No. 1, 63-90, 2013

[8] Abraham M., Gabbay D.M., Schild U., Contrary to Time Conditionals in Talmudic Logic, *Artificial Intelligence and Law*, vol. 20(2), 145-179, 2012

[9] Abraham M., Gabbay D.M., Schild U., Obligations and Prohibitions in Talmudic Deontic Logic, *Artificial Intelligence and Law*, 19(2-3), 117-148, 2011

[10] Abraham M., Gabbay D., Hazut G., Maruvka Y., Schild U., Logic Analysis of the Talmudic Rules of General and Specific (Klal uPrat), *History and Philosophy of Logic*, 32(1), 2011, 47-62

[11] Abraham M., Gabbay D., Schild U., Analysis of the Talmudic Argumentum a Fortiori Inference Rule (Kal Vachomer) using Matrix Abduction, *Studia Logica*, vol.92 (3), 281-364, 2009

[12] Abraham M., Gabbay D., Schild U., Kal vaChomer (in Hebrew), *BBD Journal*, 2009

[13] M. Abraham, R Belfer D. Gabbay and U Schild, Delegation, count-as and security in Talmudic logic, a preliminary study, in: *Logic without Frontiers. Festschrift for Walter Alexandre Carnielli on the occasion of his 60th birthday*, J.-Y. Beziau and M. E. Coniglio, eds, College Publications, London, December 2011.

[14] Alec Fisher, *The Logic of Real Arguments*, Cambridge: Cambridge University Press, 2004.

[15] Douglas N. Walton, *Dialog Theory for Critical Argumentation*, Amsterdam: John Benjamins Publishing Company, 2007;

[16] Anderson, A.R., and Belnap, N.D., 1975, *Entailment: The Logic of Relevance and Necessity, Volume I*. Princeton: Princeton University Press.

[17] Aviram Ravitzky, *Aristotelian Logic and Talmudic Methodology* (Hebrew), Jerusalem: Magnes Press 2009

[18] Adolf Schwarz (1899), *Die Hermeneutische Analogie in der Talmudischen Literatur*, Vienna, 1899 (Current printing: Nabu Press, 2010);

Adolf Schwarz (1901), *Der hermeneutische Syllogismus in der talmudischen litteratur: ein Beitrag zur Geschichte der Logik im Morenglande*, Vienna, Karlsruhe : E. Braunschen, 1901

Also published as VIII. Jahresbericht der Israelitisch - theologischen Lehranstalt in Wien, 1900/1901

Adolf Schwarz (1913), *Die hermeneutische Antinomie in der talmudischen Literatur*, Wien, Leipzig : A. Hölder, 1913

[19] Avi Sion (1997), *Judaic Logic: A Formal Analysis of Biblical, Talmudic and Rabbinic Logic*, (Second adition), Editions Slatkine, Geneva, Switzerland 1997; Avi Sion (2010), "Talmudic Hermeneutics", in Schumann, Andrew (Editor): *Logic in Religious Discourse*, Frankfurt am Mein :Ontos-Verlag

[20] Andrew Schumann, (Editor) (2010), *Logic in Religious Discourse*, Frankfurt am Mein : Ontos-Verlag, 2010.

[21] Andrew Schumann, Non-Well-Foundedness in Judaic Logic, *Studies in Logic, Grammar and Rhetoric*, 13(26), 2008, pp. 4159

[22] Andrew Schumann, *Logic of Jews, Studies in Talmudic Logic*, College Publications, College, London, Forthcoming.

A volume that connects the disparate historical reviews of logic in Talmudic hermeneutics, includes contributions by Andrew Schumann, Tzvee Zahavy, Avi Sion, Aviram Ravitsky, Stefan Goltzberg: Schumann, Andrew (Editor): *Judaic Logic*, Piscataway, NJ: Gorgias Press, 2012.

[23] Allen Conan Wiseman, *A Contemporary Examination of the A Fortiori Argument Involving Jewish Traditions*, A thesis presented to the University of Waterloo, 2010

[24] Hameedullah Azmi; *Building tools for matrix abduction using Qiyas*, Kings College London 2010

[25] Etzioni O., Etzioni A. Designing AI systems that obey our laws and values, *Communications of the ACM*, vol.59(9), p. 29-31, 2016

[26] M. Gianni, I. Kruijff-Korbayová, R. Worst, NIFTi Project Team. Human-robot teaming in disaster response — a user-centric approach. In *Proceedings of the ICRA 2015 Workshop on Robotics & Automation Technologies for Humanitarian Applications: Where we are and Where we can be*, 2015

[27] Dowden, Bradley. "Liar Paradox". Internet Encyclopedia of Philosophy. http://www.iep.utm.edu/par-liar/, accessed 09/09/2017

[28] Beall, J C; Glanzberg, Michael. "Liar Paradox". Stanford Encyclopedia of Philosophy. https://plato.stanford.edu/entries/liar-paradox/, accessed 09/09/2017

[29] Hyde Dominic, "Sorites Paradox". Stanford Encyclopedia of Philosophy.

[30] Hinnant, Charles H. (1980). *Thomas Hobbes: A Reference Guide*, Boston: G. K. Hall & Co.

[31] Maxime Crochemore, Dov M. Gabbay: Reactive automata. *Inf. Comput.*, 209(4): 692-704 (2011)

[32] Abraham M., Belfer I., Gabbay D. and Schild U.: Identity merging and identity revision in Talmudic logic, in: Christoph Beierle, Gerhard Brewka, Matthias Thimm (Editors). *Computational Models of Rationality — Essays Dedicated to Gabriele Kern-Isberner on the Occasion of Her 60th Birthday*. College Publications, volume 29 of Tributes. February 2016 pp 179-194.

[33] The Schottenstein Talmud https://www.artscroll.com/Talmud1.htm

[34] The Steinsaltz Talmud Bavli - 29 Volume Set Commentary by Rabbi Adin Steinsaltz https://www.korenpub.com/koren_en_usd/koren/talmud/talmud-sets/steinsaltz-talmud-bavli-29-volume-set.html

[35] The Arden Shakespeare Complete Works Hardcover — September 10, 1998 by William Shakespeare (Author), Ann Thompson (Editor), David Scott Kastan (Editor), Richard Proudfoot (Editor)

[36] Othello (New Swan Shakespeare. Advanced Series) Paperback — September, 1990 by William Shakespeare (Author), Gamini Salgado (Editor) September, 1990 by William Shakespeare (Author), Gamini Salgado (Editor)

[37] D. Gabbay, G. Rozenberg and L. Rivlin. Reasoning under the influence of universal distortion. *IFCoLog Journal of Logics and their Applications* Volume 4, Number 6 July 2017, PP 1789-1900.

[38] The handling of loops in Talmudic Logic, with application to odd and even loops in argumentation in *proceedings of Howard 60*, Dec 2011, Editors D Rydeheard, A Voronkov and M Korovina, pp 1-25,

[39] Stanford Encyclopedia of Philosophy. Non monotonic logic: https://plato.stanford.edu/entries/logic-nonmonotonic/ Accessed09/09/2017.

[40] Countepart theory https://en.wikipedia.org/wiki/Counterpart_theory. Accessed on 09/09/2017

[41] http://dafpshat.blogspot.co.uk/2009/05/bam-21-whatis-yeush.html, accessed January 10, 2018

[42] Dov Gabbay, Livio Robaldo, Xin Sun, Leendert van der Toorre, and Zohreh Baniasadi. A solution to the miner paradox: A Beth semantics approach. In Fabrizio Cariani, Davide Grossi, Joke Meheus and Xavier Parent, eds., *Deontic Logic and Normative Systems*. 12 International Conference, DEON 2014, pp. 108-123.

[43] Dov Gabbay, Marcos Cramer, Jrmie Dauphin, Ali Farjami, Lydia Rivlin and Leendert van der Torre: Machine Argumentation. Can We Replace Taxi Drivers by Robots? in *Natural Argument, A tribute to John Woods*, Editors Dov Gabbay, Lorenzo Magnani, Woosuk Park, and Athi-Veikko Pietarinen, pp 177-199, College Publications, 2019

Appendices

A Discussion of some methodological issues

Issue 1: We have had comments from four referees. Two of them raised the current Issue 1 which we describe as follows:

Do we need to cooperate with a university researcher specializing in analyzing Talmudic Text and in tracing the evolution of Talmudic thought and Talmudic argumentation through the centuries as opposed to the study and interpretation of the Talmud as done today by Rabbis in Yeshivas, Schools and synagogues?

We quote the words of one of the referees (referee 4):

> The author discusses at some length methodological questions that concern the logic part of our research. However, the whole project crucially depends on reading and interpreting Talmudic text. Here the proposal is silent on the methodology required for such interpretation. One can expect that a research of the Talmudic text will make use of methodologies developed in academic study of the Talmud. Indeed, it is not clear how it is possible to cope academically with the meaning of the Talmud text without reference to the complexity of the text which was created and edited by many people in different places over a stretch of several hundreds of years. A discussion of these methodologies should have been added at least to explain why they are irrelevant. And if indeed they are, what alternative methodologies are adopted.

Our Response to Issue 1: In 2008, when we were starting our project we asked several Talmudic professors to join us. The consensus was that we need a Rabbi well versed in the Talmud and not a researcher as described in Issue 1. Indeed Rabbi Dr. Michael Abraham joined us and we very quickly in the period 2008-2015 produced many books and research papers.

Talmudic reasoning and text is available to the general reader and even to school children through many books of variable depth and difficulty such as [33, 34], in Hebrew as well as in English.

The criticism

> it is not clear how it is possible to cope academically with the meaning of the Talmud text without reference to the complexity of the text which was created and edited by many people in different places over a stretch of several hundreds of years

is not valid. Any competent Rabbi with many years of traditional Talmudic study under his belt can do the job of collecting the relevant material that the project needs.

To explain this methodological point to the international reader who may not familiar with the Talmud, let us look at a similar example from Shakespeare. Consider the Tragedy of Othello, and consider the villain Iago who has two features of interest to modern logic

1. He manages to mislead the Moor into believing that his wife is unfaithful by planting circumstantial evidence

2. He firmly hates the Moor and keeps on putting forward excuses justifying his hatred.

The analysis and modelling of item 1 above falls in the realm of Non- Monotonic logic, see [39].

The analysis of Item 2 above falls into the new research into Reasoning Distortions, see [37].

We do not need a Cambridge professor of English Literature to help with the Logical Modelling of Items 1 and 2. There are many books on Shakespeare with annotations and explanations for the general reader, see for example [35, 36], and what is needed is a Shakespeare enthusiast (which may be a school teacher with many years experience of teaching Shakespeare, corresponding to our Talmudic Rabbi) who can understand and collect for us all similar instances of Items 1 and 2 throughout Shakespeares plays.

The perceptive reader might ask why is this criticism then put forward in 2017, when the Talmudic project has already published 13 books and is ongoing? The answer is simple — in 2017 we submitted a project proposal asking for support. The referees were reviewing our project proposal. We were competing for limited funds with the very Talmudic community of university researchers.

Issue 2: What do we mean by exporting into AI and or Logic?

Response to Issue 2: We explain our approach by considering several examples.

(E1) Consider our book on the Talmudic Temporal Logic.

Namely:

> Abraham M., Belfer I., Gabbay D., Schild U. (2011) Studies in Talmudic Logic, Volume 4: Temporal Logic in the Talmud (in Hebrew and English), College Publications, London, 2011, 588+70 pages.

This book gave rise to two research papers in applied logic, one on future determination of entities (i.e the x who will be president of the USA in 2025 stated today at 2017) [7] and one on future conditionals [8] . Those papers just presented the systems and motivated and discussed them . The systems were not developed theoretically, sematically, proof theoretically, etc, etc. In the mind of the first author Dov Gabbay, there is enough material there for several PhD theses and a Third volume in the authors series of books on Temporal Logic published by OUP.

We did not go this route we concentrated on our next Talmudic logic book, bringing out more principles, namely the next example

(E2) Consider our book

> Abraham M., Gabbay D., Schild U. (2011) Studies in Talmudic Logic, Volume 5: Resolution of Conflicts and Normative Loops in the Talmud, (in Hebrew and English) College Publications, London, 2011, 280+25 pages.

Here too we could take the logic route and deal with loops in formal argumentation, liar paradox, loops in action logic, etc., etc., but we did not do that just published a basic paper in the logic of loops [38] and continued with The next book on Talmudic Logic And so on.

(E3) Another example is a new paper modelling the Talmudic idea of future abandonment, see [41] for background.

If a person finds an object in the street, there is a question of whether he can take it for himself or whether he needs to try to find the owner or give it to the Lost and Found department. The underlining principle is to look at the object and if it is clear that the owner has given up on it (say you drop a pound coin, you are not going back to look for it), then the one who finds the object can take it.

In modern action logic terms we have an action T of taking the object which requires the precondition Y of the owner having given up ownership of the object called (Ye'ush in Hebrew). In symbols $Y \Rightarrow T$.

The problem arises when we ask or suspect what if the owner did not yet realise he lost the object and so he has not yet given up on it. The proposed Talmudic logical principle to consider is that since the owner will eventually

realise he lost the object and surely will give up on it when he discovers he lost it , we can consider it as if he has already given up on it now. In action logic symbols we are considering the principle

(In all possible future paths Y holds) $\to Y$ holds now)

This principle is considered only for certain atoms, not for arbitrary formulas.
Here is what [41] says about this, we quote:

> Normally we think of Ye'ush as a person giving up hope on his object. This understanding leads us to a very significant problem. How can we have a "Ye'ush shelo mida'as" — a 'giving up hope' without knowing?
>
> According to Abaye, this object is not disconnected completely from its owner, and therefore it would be forbidden to take it. According to Rava, the fact that we know he will dissociate from it as soon as he finds out gives us the liberty to say that there is already a complete disconnection even now, since we already have a disconnection from the perspective of the object itself.

There is research to be done here. To model Rava's opinion, we need to develop temporal logics where for certain formulas A holds now if at any path into the future A becomes true.

This calls for some sort of Intuitionistic Temporal Logic. It seems to be connected with the Miners Paradox [42].

(E4) **Promising export to Machine Ethics:** Recently, (2018–2019) Professor Dov Gabbay together with the research group of Professor Leon van der Torre, at the Computer Science and Communications Research Unit, University of Luxembourg, were engaged in addressing the question if replacing Human Taxi drivers by Robots. Put differently it is the question of putting the right intelligence int a robotic taxi driver, See [43]. The question arose What Machine Ethics to put into the intelligence of the Robot driver. The team examine the explosive published literature on the subject of Machine Ethics and the following has become evident to the team:

It seems that, for whatever reason, many of the researchers in Machine Ethics think that AI technology is solved, or will soon be solved. This is false for so many reasons, for example, the gap between vision and legal reasoning is huge. To decide whether a piece of paper is money is the easy thing, to decide whether this money is abandoned and therefore it can be picked up or just left in place for later use is hugely complex (this question is extensively addressed in the Talmud).

The Talmudic Ethical theories and discussion is what is needed here as a first candidate for Robotic adaptation and simplification. Talmudic Ethical

reasoning is quite different from the well known multitude of philosophical ethical theories (Utilitarian, Deontic, Virtue, etc) which are not suitable and rather hinder any successful practical deployment of Robotic Ethics.

This also touches on the problem of identification. Robots must be able to identify objects, not mathematically, but in a Human oriented way, namely how only small changes in the objects still leave it as the same object. The Talmud has an extensive theory on this topic, see our book [32].

To sum up, the Talmud potential to export to AI is huge. It is not a matter of a few applications, but the value of doing centuries of relevant discussion of the same problems in the context of Human Behaviour.

Issue 3: What do we mean by "exporting to Philosophy"?

Response to Issue 3. The previous Issue 2 presented the Talmud as a good source of logical inspiration and of unique ideas, for Logic itself, This Issue 3, deals with the specific Talmudic concepts of identity and change

We offered a first attempt at Talmudic Approach solutions to the Paradox of the Heap and to Philosophical Problems of Identity through Time. However, Philosophy has its own way of thinking. What exactly are we exporting/solving in Philosophy?

Are we confusing the philosophical issue of *identity* with the practical issue of *identifying* objects?

Our answer is that already in this preliminary stage of research in progress, we can see that we need models which can deal with both issues. This is best explained by an example.

Consider 3 atomic components say, a, b, c. Our objects are composed of these components and assume we have only one constructor, namely set union. So our objects are all the subsets of $\{a, b, c\}$. We have classical predicates applying to objects and the history of their construction. For example Start with $\{a, b\}$, replace b by c and get $\{a, c\}$, then replace c back by b and get $\{a, b\}$. We now have two objects candidates from the Talmudic point of view:

1. $O_1 = [\{a, b\}, \text{no history}]$
2. $O_2 = [\{a, b\} \text{ with history } (\{a, b\}, \{a, c\}, \{a, b\})]$

Talmudic Question: Assume that we are given an object O_1 which may be built up of atomic components, for example a laptop or a wine glass. We also have predicates $P_1, ..., P_k$ which may or may not hold for object O_1. The predicates can describe properties of the object and /or of its components, as well as its relationships to other objects. We now change some of these predicates. We get a possibly new object O_2.

Question: Do we consider that $O_1 = O_2$? For example if the laptop software is updated or the glass get chipped, are we getting new objects or are they the same objects still?

Different Rabbis would follow different principles.

This is the subject for our next book on the Talmudic logic of Identity through time

בס"ד

לוגיקות של שותפות בחשיבה התלמודית

מיכאל אברהם, ישראל בלפר, דב גבאי, אסתר דוד, שלמה דוד ואורי שילד

הקדמה כללית

ספר זה הוא הארבעה-עשר בסדרה 'מחקרים בלוגיקה תלמודית', שמבוססת על מחקרים שבוצעו במסגרת קבוצת הלוגיקה התלמודית באוניברסיטת בר-אילן. מחקרים אלו משלבים כלים לוגיים ותלמודיים קלאסיים בכדי לרדת לשורש התובנות הלוגיות שמצויות בתלמוד.

כפי שכבר כתבנו גם בספרים הקודמים, המטרה של הסדרה כולה היא כפולה: 1. יבוא – כלומר שימוש בכלים לוגיים מודרניים, והבאתם לשדה התלמודי, בכדי לנתח סוגיות תלמודיות והלכתיות עמומות ולהבהיר אותן.
2. יצוא – העברת תובנות מהעיון הלוגי בתלמוד, והוצאתן אל ההקשרים הלוגיים הרחבים יותר, תוך ניסיון להעשיר באמצעותם את הלוגיקה הכללית, וגם לפתור בעיות שונות שקיימות בה.

בכרך השמיני והתשיעי התחלנו לעסוק במניפולציות לוגיות על מושגים ורעיונות. עמדנו על דרכים לאנליזה וסינתזה של מושגים, כלומר אופנים שבהם ניתן להרכיב מושג משני מושגי יסוד, או לזקק מתוך מושג או מושגים נתונים, מושג יסודי יותר.

בכרך הנוכחי אנחנו עוסקים באותה תמונה שהוצגה בשני הספרים ההם, אבל מזווית אחרת. מטרתנו כאן היא לבחון ערבובים שונים בתלמוד ובחשיבה ההלכתית בכלל. בחלקו הראשון של הספר נבחן את מושג השותפות וננסה לחלץ מתוכו מודלים לוגיים שונים לערבוב. בחלק השני נעסוק בהשלכות של המודלים השונים לשותפות, ובחלק השלישי נעסוק בסוגיות ערבוב אחרות. נעיר כי מודלים שונים של ערבוב באים לידי מיצוי בדרך האנליזה של ר' חיים מבריסק וממשיכיו (החשיבה הלמדנית-ישיבתית המודרנית), ובכך נעסוק באחד הספרים הבאים.

בתחילת הספר התשיעי הבחנו בין הרכבה שכונית ומזגית. המשך עסקנו בעיקר בהרכבות מזגיות שכן הן נראות מעניינות ופוריות יותר מבחינה לוגית. הערבוב במהותו הוא הרכבה שכונית ולא מזגית. אלא שהעובדה ששני הצדדים שוכנים זה לצד זה יכולה להתפרש בכמה צורות שונות, מה שיוצר מצע עשיר דיו לניתוח לוגי. הניתוח הזה יקשור את הדברים גם לסוגיות שבהן עסקנו בספר הרביעי (ברירה, ערבוב קוונטי) ובספר האחד-עשר (לוגיקה עמומה, לא בינארית).

תוכן העניינים

הקדמה כללית.. 2

חלק ראשון: מודלים תלמודיים לשותפות

פרק ראשון: שיקולים ראשוניים 6

פרק שני: מקורות ראשוניים והקשר לסוגיית ברירה. 10.

פרק שלישי: דוגמאות למודל של ערבוב בבעלות 27.

פרק רביעי: סוגיית נדרים: שותפות במשנה התנאים 33

פרק חמישי: עדות על חלק השותף. 50.

פרק שישי: שותפות: מודלים לוגיים 60

חלק שני: השלכות

פרק שביעי: סוגיית חולין: שותפות במצוות. 73

פרק שמיני: שותפות באתרוג: "ולקחתם לכם" 95

פרק תשיעי: שותפות בבהמה בין יהודי לגוי לענין איסורים ושבת 124.

פרק עשירי: חציה שפחה וחציה בת חורין 150

פרק אחד עשר: היזק בשותפות 199

חלק שלישי: סוגיות ערבוב נוספות

פרק שנים-עשר: בין השמשות. 240

פרק שלושה-עשר: שניים שעשאוה. 283..

פרק ארבעה עשר: זה וזה גורם 321

סיכום והשלכות: 364.

5

חלק ראשון:
מודלים תלמודיים לשותפות

פרק ראשון

שיקולים ראשוניים

מבוא

בפרק זה נציג את מושג השותפות. זהו סוג הערבוב הנפוץ ביותר בהלכה, והוא מדגים כמעט את כל סוגי הערבוב שניתן למצוא בה. כאן נציע אפריורי כמה צורות ראשוניות להבין את השותפות, ובפרקים הבאים נפגוש אותם במקורות.

מהי שותפות?

מושג הבעלות הוא המושג היסודי של דיני הקניין, והוא קושר אדם לחפץ או לשדה. כאשר יש שני שכנים שלכל אחד מהם יש שדה, בעלותו של האחד לא משנה מאומה ביחס לבעלותו של השני. כאן אין ערבוב, ובמינוח הלכתי זו אינה שותפות. לכן במצב כזה לא ממש מעניין לעסוק, כי אין כאן מאומה מעבר למושג הבעלות הרגיל.

לעומת זאת, כאשר שני אנשים הם בעלים על אותו שדה עצמו ולא על שני שדות סמוכים, כאן יש מקום לדבר על שותפות ולא על שכנות בעלמא. כמובן שאם לכל אחד יש חצי מהשדה אז חזרנו למצב הקודם (אפשר להגדיר זאת כשני שדות שונים). המסקנה היא שכדי שייווצר ערבוב צריך אילוץ כלשהו שמערבב את שתי הבעלויות. הן מפסיקות להיות שכנות בעלמא, ונוצר ביניהן משהו מורכב יותר.

לדוגמה, אם מדובר על בעלות משותפת על חפץ, למשל כיסא, אז מדובר בבעלות משותפת על כלל החפץ. הבעלים של הכסא הם שני האנשים יחד. הסיבה לכך היא שאי אפשר להגדיר בעלות על חצי מהכסא, כי הוא לא ניתן לחלוקה. ניתן לחשוב על שתי סיבות שונות לכך שהכסא הוא לא בר חלוקה: 1. בגלל מבנהו, שבשונה משדה לא מתחלק בשווה לשניים. זהו מבנה אורגני במידה מסוימת, שכן הוא לא צירוף פשוט של חלקים שווים. 2. בגלל שאין שום שימוש סביר בחצי כסא (גם בגלל שאין אפשרות להגדיר לו חצי אבל גם אם אפשר היה להגדיר חצי, עדיין לא היה בו שימוש.ראה הלן דוגמה בשדה לא בר חלוקה).

שותפים שיש בבעלותם שדה אחד זהו מצב פשוט יותר, שכן שם ניתן לדבר על בעלות של כל אחד מהם על חצי שדה. כמובן שאם מדובר על חצי מוגדר וידוע אז זו שוב לא שותפות אלא שכנות. אבל אם מדובר בבעלות משותפת אז אין חלוקה פשוטה של השדה ביניהם, ואז אנחנו במצב של שותפות, כמו במקרה של הכסא. אבל משעה שהגדרנו בעלות שני אנשים על שדה אחד כשותפות, ניתן גם להגדיר בעלות משותפת על כסא. להיות בעלים משותפים על שדה, אין פירושו מצב שבו חצי מהשדה שייך לכל אחד מהשותפים, אלא שכל השדה שייך לשניהם באותה צורה כמו הכסא.

ניתן אולי לראות זאת טוב יותר במקרה שההלכה מתייחסת אליו כשדה שאינה בת חלוקה. זוהי שדה קטנה מדיי, כך שחצי ממנה אין בו שימוש סביר לשום אדם. שדה כזאת לא ניתנת לחלוקה, ולכן בהגדרה הבעלות עליה היא משותפת.

שדה קטנה לא ניתנת לחלוקה בגלל שבחצי ממנה אין שימוש לאף אחד מהם, ולכן בעצם היא כמו כסא. אלא שזה לא לגמרי זהה. שדה קטנה מבחינת המבנה שלה כן ניתנת לחלוקה של שני חצאים זהים, אבל בחצי ממנה אין כל שימוש סביר. לעומת זאת בכסא שתי הסיבות קיימות (המבנה והשימוש). אם תופסים את השותפות בכסא כתוצאה של סיבה 1 (המבנה שלו) אזי אין לדמות זאת לשדה קטנה. אבל סיבה 2 רלוונטית גם לכסא וגם לשדה.

בכל המקרים הללו יש אילוץ שיוצר את הערבוב שקרוי שותפות. בגלל האילוץ שתי הבעלויות מתנקזות לחפץ אחד ולא יכולות להתחלק. בכסא או בשדה קטנה האילוץ הוא פיזי (המבנה או השימוש). בשדה גדולה השותפות נוצרת בגלל אילוץ משפטי: חוזה שותפות (הסכמה), או ירושה של שני אחים וכדומה.

ניתוח אפריורי

ניגש כעת להגדיר מבחינה משפטית-הלכתית את השותפות. אפריורי אפשר היה להתייחס לבעלות משותפת על חפץ (כשיש ערבוב) באחד משני מישורים: או שהחלוקה היא בחפץ עצמו, או שהחלוקה עוסקת בבעלות עליו. כל אחד משני אלו יכול להיתרגם לכמה אופנים. נסכם כאן את מכלול האפשרויות:

א. **חלוקה בחפץ**: לכל אחד מהשותפים יש חצי מהחפץ, אלא שהחצי הזה אינו מוגדר (זה אוסף אפשרויות, סופרפוזיציה, של כל החצאים האפשריים).

חוסר היכולת להגדיר את החצי ה"נכון" או ה"אמיתי" של כל אחד מהשותפים יכול להיות משני סוגים:

1. ערבוב אפיסטמי. הקב"ה כן יודע איזה חצי שייך לכל שותף, אבל בני אדם לא יודעים. זהו מצב של ספק.
2. ערבוב אונטי. במציאות עצמה אין חצי מסויים של אחד השותפים (גם הקב"ה לא יודע איזה חצי). זהו מצב וודאי.

ב. **חלוקה בחפץ**: לכל אחד מהשותפים יש חצי פיזי בכל גרגיר. אפשר להגדיר כאן שלוש אפשרויות:

1. החצי בכל גרגיר לא מוגדר אונטית.
2. החצי בכל גרגיר מוגדר לגמרי אונטית, אבל פרקטית זה לא משנה כי אפיסטמית הוא ודאי לא ידוע לנו.
3. תיאורטית אפשר לדבר גם על חצי מוגדר אונטית ואפיסטמית בכל גרגיר (למשל, תמיד החצי העליון). עדיין יש כאן שותפות בגלל המבנה שלא מאפשר לאף אחד מהשותפים שימוש בחלק שלו לחוד.

ג. **חלוקה בבעלות**: לכל אחד מהשותפים יש חצי מהבעלות על כל גרגיר, וממילא חצי מהבעלות על החפץ כולו. כאן החציה היא של הבעלות ולא של החפץ. בעצם לחפץ יש בעלים אחד: השותפים. והבעלים המשותף הזה (או בעצם הבעלות שלו) חצוי בין האנשים שמרכיבים אותו.

את הבעלות הזאת של השותפים ניתן להגדיר בשתי צורות:

1. השותפות היא צירוף של שני אנשים (הרכבה שכונית).
2. השותפות היא כעין תאגיד, כלומר שני האנשים יוצרים יישות משפטית אחרת שהיא שילוב של שניהם (הרכבה מזגית של שניהם).

שותפות בשדה גדולה שהיא בת חלוקה יכולה להיות מוגדרת בכל הצורות הללו. שותפות בכסא יכולה להיות מוגדרת בכל הצורות למעט א, מפני

שאין דבר כזה "חצי כסא". ואילו שותפות בשדה שאינו בר חלוקה יכולה להיות מוגדרת בכל האופנים הללו, אולי למעט אופן א. הדבר תלוי בשאלה (עליה עמדנו למעלה) האם חוסר היכולת לחצות כסא היא בגלל השימוש או בגלל המבנה.

בנוסף לכל האפשרויות הללו ניתן לדבר על חלוקות אחרות, כגון חלוקות של שימושים בשדה או בחפץ (לדוגמה: האחד משתמש בשדה לרכיבת סוסים או אחסנה, והשני לגידול ירקות). דוגמה אחרת היא בעלות על חפץ או שדה לפירותיו, או שכירות. במצבים אלו קניין הגוף על החפץ הוא בבעלות של ראובן והפירות הם של שמעון. זוהי חלוקה שהיא כעין שותפות, אבל החלקים לא זהים אפילו מבחינה פוקציונלית. כמו כן, יכולות להיות גם חלוקות בזמן (לדוגמה: הכסא הוא של ראובן בימי א, ב וג', ושל שמעון בשאר ימי השבוע).

לסיום נציין שהחלוקה בין השותפים לא צריכה להיות שווה. יכול להיות מצב שלכל שותף יש חלק בעל גודל אחר בנכס (אחוז שונה של הבעלות/הזכויות). לדוגמה חלוקה של 1/3 ו-2/3. כמו כן, יכולה להיות שותפות בין מספר רב יותר של אנשים, ולאו דווקא שניים. כל זה לא אמור להשפיע על המודלים העקרוניים השונים לשותפות שהוצגו כאן למעלה.

פרק שני
מקורות ראשוניים והקשר לסוגיית ברירה

מבוא

המחלוקת היסודית לגבי שותפות מופיעה במשנת נדרים. מקובל להסביר אותה על בסיס דין ברירה, אבל בפרק הרביעי נחזור לסוגיא הזאת ונראה שזה לא בהכרח נכון. סוגיית ברירה עצמה משמשת גם היא בסיס לדיון על ערבובים, אף שכפי שנראה כאן המחלוקת לגבי ברירה היא רק רקע לדיון הזה.

מחלוקת התנאים במשנת נדרים

ההגדרות היסודיות של השותפות מופיעות סביב המשנה בתחילת פרק חמישי של נדרים (פרק השותפין, נדרים מה ע״ב). כאן רק נעבור על המשנה, ובפרק הרביעי נחזור לדון בסוגיית נדרים ביתר פירוט:

השותפין שנדרו הנאה זה מזה . אסורין ליכנס לחצר> ר#א בן יעקב אומר ; זה נכנס לתוך שלו- וזה נכנס לתוך שלו

מדובר בחצר של שני שותפים (יש לכל אחד מהם בית שיש לו פתח לחצר הזאת, כמו בחדר מדריגות של בית משותף בימינו). אם הם נדרו הנאה זה מזה, כלומר כל אחד מהם אסור ליהנות מרכושו של חברו, נוצרת בעיה בשימוש בחצר הזאת. האיסור להשתמש בחלקו של חברו מונע מכל אחד מהם להשתמש גם בחלקו שלו. הסיבה לכך היא שאין הגדרה חדה לחלקו של כל אחד. זו לא בעלות על חצי חצר מוגדר אלא שותפות. יתר על כן, במודלים שתיארנו למעלה עולה שייתכן שבכלל אין לכל אחד מהם חלק בחצר, ומה שמחולק ביניהם הוא הבעלות על כלל החצר ולא החצר עצמה. ת״ק סובר שאסור לאף אחד מהם להיכנס לחצר. ר״א בן יעקב חולק עליו וסובר שכל אחד יכול להיכנס לתוך שלו. לא ברור למה הכוונה "שלו"? הרי מדובר בשותפות, כלומר יש כאן ערבוב. כפי שראינו למעלה, אם היתה כאן בעלות על חלקים נפרדים זה לצד זה, זו לא היתה שותפות אלא שכנות. להלן הדבר יתבאר.

בהמשך המשנה:

ושניהם אסורים להעמיד ריחים ותנור- ולגדל תרנגולים.

כאן נראה שדין זה מוסכם על שני התנאים. לא ברור מה ההבדל בין השימוש הזה לבין כניסה לחצר שבה חולק ראב"י. אם לכל אחד יש חלק, מדוע שלא יעמיד בו ריחיים או יגדל תרנגולים? לכן די ברור שגם ראב"י מבין שיש כאן שותפות ומה שאסור להעמיד ריחיים או לגדל תרנגולים זה מפני שהשותף יכול לעכב בעדו מלהשתמש בשימושים כאלה (ראה כאן בר"ן), וברישא ראב"י מדבר על להיכנס ל"חלקו" במשמעות אחרת (נבאר זאת להלן).

המשנה ממשיכה:

היה אחד מהם מודר הנאה מחבירו . לא יכנס לחצר- רבי אליעזר בן יעקב אומר ; יכול הוא לומר לו לתוך שלי אני נכנס ואיני נכנס לתוך שלך. וכופין את הנודר למכור את חלקו.

כפי שמעיר הר"ן הבבא הזאת במשנה חוזרת על הבבא הראשונה (פרט לחידוש שכופים את הנודר למכור את חלקו, אבל הוא לא נוגע לענייננו).

וכך גם לגבי הבבא הבאה:

היה אחד מן השוק מודר באחד מהם הנאה . לא יכנס לחצר- רבי אליעזר בן יעקב אומר ; יכול לומר לו לתוך של חבירך אני נכנס ואיני נכנס לתוך שלך.

בשור ההתחתונה יש במשנה הזאת מחלוקת תנאים אחת יסודית האם כשיש חצר בבעלות משותפת יכול מי שאסור בחלקו של שותף אחד להיכנס אליה בדרך כלשהי (ראב"י) או לא (ת"ק).

הסבר המחלוקת

מחלוקת התנאים הבסיסית מוסברת בסוגיית ב"ק נא ע"ב:

דתנן ; השותפין שנדרו הנאה זה מזה . אסורין ליכנס לחצר- ר"א בן יעקב אומר ; זה נכנס לתוך שלו וזה נכנס לתוך שלו. במאי קמיפלגו? ר"א בן יעקב סבר ; יש ברירה- האי לדנפשיה עייל והאי לדנפשיה עייל- ורבנן סברי ; אין ברירה.

הגמרא כאן מסבירה שראב"י סובר שיש ברירה, ואז כל אחד שנכנס לחצר נכנס בעצם לחלקו. הטענה היא שהחלוקה ביניהם היא חלוקת שימושים זמנית. לכל אחד יש חלק מסוים בחצר בזמנים מסויימים. החלק הזה

משתנה עם הזמנים בצורה כלשהי. איך יודעים איזה חלק שייך למי באילו זמנים? בכל פעם שאחד מהם משתמש בחלק כלשהו בחצר מתברר למפרע שבעת הזאת החלק הזה הוא שלו (כלומר שחלוקת השימושים הזמנית מראש קבעה שברגע זה החלק הזה בחצר יהיה שלו). לעומת זאת, ת״ק סובר שאין ברירה, ולכן הכניסה של אחד מהם לחצר לא מבררת שזה חלקו משעת התחלת השותפות. לכן לשיטת ת״ק החלקים המעורבבים של שני השותפים לא ניתנים להבחנה, והם מעורבבים זה בזה זמנית ומקומית, ולכן מי שנכנס לחצר משתמש גם בחלק של חברו שהוא מודר הנאה ממנו ולכן זה אסור.

זהו כמובן גם ההסבר לקושי שהוצג למעלה מהו ״חלקו״ של כל שותף עליו מדבר ראב״י. החלק הזה מתברר למפרע על ידי הכניסה שלו לחצר.

אנחנו נוגעים כאן בשאלת ברירה, בה עסקנו בהרחבה בחלק הרביעי של הספר הרביעי. אמנם הדיון שלנו כאן עוסק בהיבט שונה של הסוגיא. ראינו כאן ששותפות היא בעצם בעלות משותפת, והגדרתה של הבעלות הזאת היא עניינו כאן. כפי שמלמדת הגמרא בב״ק שהובאה כאן, שאלת הברירה עולה כאשר כל שותף נכנס להשתמש בחצר המשותפת, ואז נחלקים התנאים האם כשהוא נכנס זה מברר למפרע מהו חלקו או לא. המחלוקת האם יש או אין ברירה נוגעת רק לחלק של ההתבררות למפרע. לעומת זאת, השאלה בה אנחנו עוסקים כאן היא מהו המצב לפני שאלת הברירה. כיצד נראית חלוקת הבעלות היסודית בלי ההתבררות. בעצם אנחנו עוסקים כאן בשאלה מה סוברת השיטה שאין ברירה (בלי קשר לשאלה האם הלכה כמותה. לרוב הפוסקים בדאורייתא ההלכה היא שאין ברירה). בהנחה שאין התבררות למפרע והבעלות נותרת מחולקת כפי שהיתה, מה טיבה של הבעלות הזאת. גם על נקודה זו עמדנו בספר הרביעי (ראה שם בפרק עשרים ושלושה), ונזכיר כאן בקצרה את הדברים.

הסבר הדעה שאין ברירה

שאלת ברירה עולה בכמה וכמה סוגיות בתלמוד. בין היתר במשנה של הלוקח יין מבין הכותים (דמאי ז, ד):

הלוקח יין מבין הכותים אומר שני לוגין שאני עתיד להפריש הרי הן תרומה ועשרה מעשר ותשעה מעשר שני מחל ושותה;

אדם קונה יין לא מעושר ולא תרום. במקום להפריש תרומות ומעשרות הוא אומר ששני הלוגין שיישארו בסוף אחרי השתייה יהיו תרומה ומעשר. המשנה קובעת שניתן להפריש כך תרומות ומעשרות. הגמרא בכמה מקומות (ראה גיטין כה ע״א ומקבילות) מסבירה שהפסק הזה מבוסס על התפיסה שיש ברירה, ולכן כשנותרים שני לוגי יין הם נחשבים כתרומות ומעשרות למפרע מעת שהוא מתחיל לשתות, ולכן כשהוא שותה זה כבר לא טבל אלא חולין מתוקנים.

בכמה מהמקומות הללו מוזכרת גם דעה חולקת (על אף הלשון ״דתנן״, כנראה מקורה בברייתא מקבילה), כגון במעילה כב ע״א:

דתנן; הלוקח יין מבין הכותים אומר שני לוגין שאני עתיד להפריש. הרי הן תרומה- עשרה. מעשר ראשון- תשעה. מעשר שני ומיחל ושותה מיד. דברי ר#מ- רבי יהודה ורבי יוסי ור#ש; אוסרים״

הגמרא בגיטין שם (וכן בעירובין לו ע״ב ועוד) מסבירה שהדעה החולקת סוברת שאין ברירה, ולכן השתייה בעצם נעשתה מטבל לא מתוקן. אך מתברר שלא כל הראשונים מסכימים לכך.

כאמור, ההבנה הפשוטה בדין לוקח יין מבין הכותים היא שלשיטת התנאים הסוברים שאין ברירה אסור לשתות את היין מפני שהוא טבל. לשיטתם התרומה באופן כזה כלל לא חלה, ולכן אף אחד מלוגי היין בהווה לא יכול להיחשב כתרומה. הכל נותר טבל, ומי ששותה את היין שתה טבל. אך רש״י במעילה שם מסביר באופן אחר את דעת שלושת התנאים הסוברים שאין ברירה ואוסרים את שתיית היין, וכותב כך:

רבי יהודה ור) יוסי ורבי שמעון אוסרין. עד שיפריש ממש דקסברי אין ברירה ואכל כוס וכוס יש לומר שהוא תרומה ומעשר ואפילו מראשון

הוא מסביר שלדעתם אסור לשתות מפני שיש חשש שהוא שותה יין של תרומה. לדעת רש״י התנאים הללו לא רואים את היין הזה כטבל, אלא כספק תרומה. מדברי רש״י יוצא שגם בעלי השיטה שאין ברירה מסכימים ששם תרומה חל, אלא שיש ספק אילו מבין הלוגין הם התרומה, שכן ההישארות של שני לוגין מסויימים בעתיד אינה מבררת שהם היו לוגי התרומה מההתחלה. לפי רש״י, השיטה שאין ברירה סוברת ששם תרומה

חל מיידית על שני לוגי יין כלשהם, אבל יש ספק על איזה מהלוגין הוא חל כי אין עדיין היקבעות שלהם. לכן המסקנה לפי רש״י היא שמי ששתה את היין עבר על איסור שתיית תרומה (כי שניים מהלוגים שהוא שתה היו תרומה) ולא על איסור שתיית טבל.

דברים דומים כותב רש״י גם בסוגיית חולין יד ע״א:

אוסרין. אלמא לרבי יהודה לית ליה ברירה וחייש שמא תרומה שתה.

גם מכאן עולה שלדעת רש״י למ״ד אין ברירה האיסור שהוא עובר אינו על שתיית טבל אלא על שתיית תרומה.[1]

כך גם משתמע מדבריו בסוגיית ב״ק סט ע״ב:

אוסרין. דלית להו ברירה לומר מן החולין הוא שותה ותרומה ומעשר ראשון נתרין בטה.

ישנם עוד ראשונים שרואים כך את המצב בו אין ברירה: זוהי שיטת תוד״ה 'ליקדשו', מנחות עח ע״ב, וכך גם דעת מהר״י שהובאה בתוד״ה 'אלא', בעירובין לז ע״ב.

נזכיר כי כך גם הסברנו בספר ההוא (ראה פרק עשרים ושניים) את דעת הרמב״ם בהל' גירושין פ״ג ה״ד, שם ראינו שמי שכתב גט לשם אחת משתי נשים, הגט הוא כשר כאילו נכתב לשמה, אלא שיש ספק לשם איזו אישה הוא נכתב. לכן אם הוא נותן את הגט לאחת מהן היא ספק מגורשת. לפי הפירוש הרגיל יוצא שלדעה שאין ברירה האישה אינה מגורשת בכלל, אין אפילו ספק, שהרי דין לשמה כלל לא חל. אך לפי רש״י יש אישה שהגט נכתב לשמה, אלא שאנחנו בספק מיהי.[2]

ואכן יש גם ראשונים שסוברים כפירוש הפשוט יותר, שעל הצד שאין ברירה – החלות (תרומה, או לשמה) כלל לא חלה. לדוגמא, **הטור** (שדבריו הובאו

---

[1] אמנם כבר עמד בעל אתוון דאורייתא על כך שיש מחלוקת רש״י ותוס' בפסחים לגבי איסור טבל, האם זהו איסור מחודש, או שאיסורו הוא משום התרומה המעורבת בו. אבל בכל אופן, לא נכון לומר שיש כאן איסור אכילת תרומה, שהרי כל עוד לא קרא לה שם היא אינה תרומה. זהו רק טעמא דקרא ולא גדר האיסור עצמה. כאן ברור שרש״י מדבר על איסור שתיית תרומה. לכן נראה שזה אינו נוגע למחלוקת ההיא.

[2] ראה **בקה״י** גיטין סי' יט שהאריך לברר את שיטת הרמב״ם בזה.

שם), חולק על הרמב"ם. הוא סובר שכאשר אדם כותב גט לאחת משתי נשים הגט בטל לגמרי (ולא רק ספק כמו שכתב הרמב"ם), ואם הוא נתן אותו לאחת מהן היא כלל אינה מגורשת, אפילו לא מספק. לשיטת **הטור** ברור שהגט לא כתוב לשם אף אחת משתי הנשים, בניגוד לרמב"ם שרואה אותו ככתוב לשם אחת מהן שלא הוגדרה. ראה בדברינו שם עוד ראשונים כאלה.

יישום לשותפות

אמנם ראינו שסוגיית ב"ק קושרת את המחלוקת לגבי השותפות למחלוקת הכללית יותר לגבי ברירה. אבל חשוב להבין שיש הבדל מהותי בין שאלת הפרשת תרומה באופן כזה לשאלת השותפות. לגבי הפרשת תרומה בדרך של ברירה יש מקום לדעה שאם אין ברירה אז התרומה כלל לא חלה, ולכן כל החבית היא טבל. אבל לגבי שותפות אין כלל מקום לתפיסה כזאת. נראה ששם כולם יסכימו לשיטת רש"י. הסיבה לכך היא שכששני אנשים קונים יחד שדה ונעשים שותפים בה, ברור שיש לכל אחד מהם חצי מהבעלות (באחד מהאופנים שהזכרנו למעלה). כאן אין אופציה שלאף אחד אין חלק בשותפות. לכן כאן הדעה שאין ברירה ודאי סוברת כרש"י. שאלת הברירה נכנסת רק כשעוסקים באפשרות של התבררות החצאים מתוך השימוש.

כדי לחדד זאת, נזכיר שבסוגיית גיטין שעוסקת בדין ברירה מובאת גם מחלוקת לגבי אחים שחלקו:

ואזדא רבי יוחנן לטעמיה- דא"ר אסי א"ר יוחנן ; האחין שחלקו לקוחות הן- ומחזירין זה לזה ביובל

הויכוח האם אחים שחלקו הם לקוחות או יורשים נמצא בכמה סוגיות מקבילות, ויש מהן שתולות אותו בשאלה האם יש או אין ברירה. בפשטות ההסבר הוא הבא: כאשר אדם מת, נכסיו נופלים לרשות שמכונה "תפוסת הבית". לאחר מכן האחים מחלקים את הירושה, וכל אחד מקבל חלק ממנה. השאלה שבמחלוקת היא כיצד עלינו להתייחס לחלוקה הזו ביניהם? האם יש כאן ירושה מהאב, כלומר שלאחר החלוקה הוברר שכל חלק שאחד האחים קיבל בחלוקה הורש לו ישירות על ידי האבא כבר בשעת מותו. או שמא יש כאן חלוקה שנעשית כעת, ובה כל אח מקבל חלק

(מתפוסת הבית, או מאחיו), ולכן כל אח כזה נחשב כלקוח ולא כיורש. ההשלכה הרווחת של הדיון הזה היא לגבי השאלה האם החלוקה הזו חוזרת ביובל (כמו כל עסקת מכירה או מתנה) או לא.

רש״י שם מסביר:

> *לקוחות הן . דאין ברירה דאיכא למיחש חלק שנטל זה היה ראוי לאחיו והחליפו והיינו לקיחה וחוזר ביובל לתחילתו משום מצות יובל והדר שקליה כדמעיקרא.*

הוא מניח שהבעייה היא שייתכן שהחלק שנטל ראובן שייך לשמעון ולהיפך, ולכן יש להחזיר ביובל כמו לקוחות. לצד שיש ברירה מבינים שמשעה שהחלק נלקח הוברר למפרע שהוא זה שהיה שייך מלכתחילה למי שנטלו. שוב מוצגת ברש״י כאן התפיסה שגם לפי הצד שאין ברירה, עדיין יש בנכס חלק לכל אח, אלא שהחלק אינו מבורר. כפי שראינו, זוהי שיטתו של רש״י בביאור השיטה שאין ברירה. לפי החולקים על רש״י יוצא שלפני החלוקה אין לאף אח חלק בנכסים, אלא הם שייכים כולם לתפוסת הבית, והאחים נחשבים כלוקחים מרשות זו. אלא שכאמור כאן עולה השאלה למי כן שייכת הירושה? הרי לא סביר לראות אותה כהפקר. לכאורה מדובר בשותפות של האחים, ושוב חזרנו לכך שלא ייתכן לתפוס כאן שלאף אחד מהם אין חלק בירושה.

אמנם זה לא מדויק. באחרונים ניתן למצוא שתי אפשרויות לראות את המצב לפני החלוקה של האחים, שמכונה ״תפוסת הבית״:[3] ניתן לראות זאת כרשות ממונית עצמאית, שאינה קשורה לאף אחד מהאחים, וניתן לראות זאת כסוג של שותפות שבה לכל אח יש חלק לא מבורר. רש״י כאן כנראה הבין זאת באופן השני, ולכן לשיטתו אין ברירה משמעותו שיש כאן שותפות לא מבוררת. אבל אלו שחולקים עליו יכולים לסבור שתפוסת הבית היא רשות עצמאית (המשך של האבא המת, או רשות מבטאת מכלול של כל האחים), ולכן גם אם בלוקח יין מבין הכותים צודק רש״י שיש שותפות מעורבבת, כאן זה לא המצב. אין הכרח ללמוד ממה שמסבירים

---

[3] ראה על כך למשל בספר **קו״ש** ב״ב סי׳ תד שיובא להלן.

בלוקח יין למה שמסבירים באחים שחלקו, כי האופי של השותפות הוא לא תוצאה של הבנת מנגנון הברירה אלא של הבנת דין "תפוסת הבית". ראה על כך הערת ה**בית ישי**[4] שלפי הסבר זה בדין תפוסת הבית, שמדובר ברשות אחרת (המשך של האב המת) אז האחים שחלקו הם ודאי לקוחות, שהרי אין מה שיתברר למפרע. החלוקה ודאי לא יוצרת מצב חדש למפרע. רק אם היתה שותפות מלכתחילה, יש מקום לומר שהחלוקה מבררת למפרע מהו חלקו של כל אחד מהשותפים. לעומת זאת, לפי ההסבר הפשוט בדין תפוסת הבית (שהם שותפים מעורבבים) יש מקום לדעה שהאחים שחלקו יורשים, שכן אם יש ברירה אז כל אחד מהם קיבל את חלקו ישירות מהאב המת (בלי תיווך של הרשות התיאורטית – תפוסת הבית).
אבל בשותפות רגילה די ברור שלכל הדעות זה לא המצב. הרי שם ודאי יש בעלות משותפת של שני הצדדים כבר מתחילת השותפות (אין שם הגדרה של תפוסת הבית שלא קשורה אליהם), ולכן שם לכל הדעות גם אם אין ברירה יש ערבוב ביניהם. לכן לגבי שותפות אין אפשרות לומר שלאף אחד מהם אין בעלות בנכס, שהרי אין לנכס הזה בעלים אחרים. בשותפות ההסבר של רש"י נראה הכרחי גם למי שלא מקבל אותו לגבי הפרשת תרומה בלוקח יין, ואפילו למי שלא מקבל אותו בירושה. תפוסת הבית יכולה להיות מוגדרת כבעלות לא משותפת אלא המשך של האב המת, אבל בשותפות רגילה ודאי מדובר בערבוב בעלויות של שני השותפים (לפי אחד המודלים דלעיל).

מה טיבו של הערבוב?

ראינו למעלה ששיטת רש"י ועוד ראשונים היא שגם אם אין ברירה, החלות חלה, אלא שהיא מסופקת. אם כן, במקרה של לוקח יין מבין הכותים קיים צמד לוגין שהם תרומה כבר עתה, אלא שאנחנו בינתיים איננו יודעים איזה הם. בניסוח אחר נאמר שישנה כאן הנחה שכלפי שמיא גליא כבר כעת מיהו הלוג שהוא באמת תרומה, והלוג הזה הוא תרומה כבר מעכשיו. אמנם

---

[4] סימן סב, עמ' רנט.

הדבר נעלם מאיתנו כבני אדם, ומכאן יוצא דין הספק, כי איננו יודעים מיהו הלוג של התרומה. כדי שבני אדם יוכלו לדעת זאת, הם צריכים לחכות עד שיישארו שני לוגין אחרונים, ואז יתברר שהם אלו שהיו תרומה מלכתחילה.

ישנה כאן ברקע תמונה דטרמיניסטית. כל מה שהעתיד צופן בחובו כבר קבוע וידוע למעלה, ורק בפני בני אדם המידע עדיין חסוי. ואכן יש כמה אחרונים שמדבריהם משתמעת תפיסה כזו בסוגיית ברירה. אך פירוש כזה הוא בעייתי מאד. ראשית, ההנחה התיאולוגית שהקב״ה יודע מראש את התוצאות של בחירה אנושית חופשית היא בעייתית, כפי שראינו בספר הרביעי (ראה שם ובפרק השלישי של החלק הראשון). אך גם אם במישור התיאולוגי נהיה מוכנים לקבל את התפיסות הללו, הרי שבהקשר של ברירה הסבר זה הוא בעייתי עוד יותר. אם אכן זה המצב עוד לפני האירוע המברר (הישארות צמד הלוגים), אזי לכאורה מכאן עולה בבירור המסקנה שיש ברירה. אותם שני לוגים הם תרומה כבר עתה, אף שזהותם מתבררת לנו רק בעתיד. לפי זה השיטה שסוברת שאין ברירה אינה מובנת כלל ועיקר.

אמנם בסוגיית עירובין (ראה שם לז ע״ב – לח ע״א) עולה אפשרות שבאמת התנאים שאוסרים לשתות עושים זאת לא בגלל שאין ברירה אלא בגלל שתרומה שלא מבוררת לנו לא יכולה להתיר את הטבל (בלשון הגמרא שם: ״בעינן ראשית ששייריה ניכרים״). אבל בסוגיות שהדעה הזאת מוסברת על פי ההנחה שאין ברירה לא ניתן להבין זאת כך.

לכן זו יכולה להיות לכל היותר התפיסה של בעלי השיטה שיש ברירה. אבל האפשרות היחידה להבין את ההסבר של רש״י בשיטה שאין ברירה היא להניח שבעלי השיטה הזאת חולקים על הטענה הזו גופא, ולדעתם גם בשמים לא יודעים מיהם שני הלוגין שיישארו בסוף. כרגע אין בכלל שני לוגין מסויימים של תרומה. אמנם בניגוד לבעלי השיטה החולקת, רש״י וסיעתו סוברים שיש בתוך החבית שם תרומה כעת, אבל הוא לא חל על שני לוגין מסוימים.

לפי זה, בניגוד למה שאולי ניתן היה להבין מלשונו של רש״י, אי אפשר להגדיר מצב כזה כספק. כפי שראינו בספר השנים-עשר, ספק מצוי לעולם במישור האפיסטמי, כלומר מתייחס למצב שבמציאות הוא מוגדר לחלוטין

ורק אצלנו יש מידע חלקי עליו. לעומת זאת, כאן המצב האונטי עצמו עמום (ולא רק המידע שלנו לגביו), וזה מה שכינינו שם לוגיקה עמומה (fuzzy logic). זה לא מצב של ספק.

הן בספר השנים-עשר (ראה שם בפרק השלישי של החלק הראשון) והן בספר הרביעי (פרק עשרים ושלושה) הסברנו זאת באמצעות ההבחנה של ר"ש שקאפ בספרו **שערי ישר**,[5] לגבי מקדש אחת משתי אחיות או אחת מחמש נשים. לא נחזור כאן על כל המהלך, אלא נסכם בקצרה את מה שנדרש לצרכינו. אם אדם מקדש אישה אחת מסוימת מתוך חמש ושכח את מי קידש, זהו מצב של ספק. יש אישה מסוימת שמקודשת לו, אלא שלו עצמו חסר המידע מיהי. אבל אם הוא מקדש אישה אחת לא מוגדרת מתוכן (לא איכפת לו מי מהן תהיה אשתו) זהו מצב עמום (ולא ספק). במצב כזה יש "אישה אחת" (במובן כלשהו) שמקודשת לו, אבל אפילו במציאות עצמה אין הגדרה מי מהן (גם הקב"ה עצמו לא יודע זאת).

רש"ש מסביר שמצב כזה שונה ממצב של ספק בכמה היבטים. למשל, גם אם מדובר בקידושין דרבנן היה עלינו להחמיר. הסיבה לכך היא שאנחנו לא מצויים במצב של ספק אלא במצב עמום. כל אחת מהנשים היא עם קשר אישות קלוש למקדש (דימינו זאת למצב שמכונה בתורת הקוונטים סופרפוזיציה). כהשלכה לחידוד העניין, ר"ש שקאפ מביא שבתערובת כזאת של נשים לא יהיה דין ביטול ברוב (כי אין כאן שני סוגים שונים של נשים שאחד מבטל את השני).

כעת נוכל לראות שגם בעלות משותפת על נכס ניתן להגדיר באותה צורה. זה לא הכרחי שיש חצי מסוים של הנכס ששייך לכל אחד מהשותפים ורק לנו יש ספק מיהו. אפשר גם להסביר שבכל חצי מהנכס יש לכל אחד בעלות קלושה. הדבר דומה למצב בו יבוא עוד אדם ויקדש גם הוא אחת מחמש הנשים לעצמו. כעת הם שניהם שותפים בחמש הנשים, כלומר לכל אחד יש חלק לא מבורר בכל אחת מהן (קל יותר לראות זאת בשני מקדשים ושתי נשים).

---

[5] שער ג פרק כ"ב, וראה שם בכל הפרק, ובעיקר בעמ' רמב.

אמנם כפי שראינו למעלה ישנה עוד אפשרות להגדיר את הערבוב הזה. אם נניח שהוא קיים רק בבעלות ולא בחפץ עצמו. לכך נגיע בהמשך.

שתי אפשרויות להגדיר את הערבוב בנכס

בספר השנים-עשר ראינו שניתן לתאר את המצב של מקדש אישה לא מסוימת מחמש נשים בשתי צורות:

- ניסוח על כל אישה בנפרד: כל אישה היא ספק מקודשת. במקרה של ספק רגיל יש ספק על כל אישה שמא האישה הזו היא זו שודאי מקודשת לו. לעומת זאת, בספק של רש"ש יש דין ודאי על כל אחת מהנשים, שכל אחת מהן היא ספק מקודשת לו. במקום לומר שלגבי כל אחת מהנשים יש ספק של 20% שמא היא המקודשת, נאמר שלגבי כל אחת מהנשים יש וודאות שהיא 20% מקודשת לו. כלומר אלו קידושי וודאי קלושים על כל אחת, ולא ספק מבחינת המידע שלנו. בקצרה ניתן לומר שזהו ודאי ספק ולא ספק ודאי.
- ניסוח על המכלול: יש דין על כל הקולקטיב של חמש הנשים הללו, שקובע שאחת מהן מקודשת לו והשאר לא. זהו מצב קולקטיבי על כולן, ולא מצב של כל אחת מהן בנפרד. 20% מהמכלול הזה מקודש לו. דין הספק שנוהג במצב כזה, הוא תוצאה כאשר מיישמים את הטענה הזו על כל אישה בנפרד.

מה שאנחנו רואים כאן הוא סוג של היפוך המבט. בשותפות עסקנו בהגדרת חלקו של כל שותף בנכס. הנכס היה מחולק בין כולם. ראינו שם שאפשר להבין זאת כחלוקה בנכס או כחלוקה של הבעלות על כלל הנכס. כאן לגבי הנשים אנחנו רואים שניתן להתבונן על המצב מהזווית שלהן ולא של הבעלים. כלל הנשים הן קולקטיב שעשרים אחוז ממנו מקודש לבעל. כלומר ה"נכסים" הם שמעורבבים כאן, בעוד שבשותפות ה"בעלים" הם שמעורבבים זה עם זה.

אם המצב של בעלות על אחת מחמש נשים מוגדר כלוגיקה עמומה, הרי שמצב השותפות הוא מצב שמתואר בלוגיקה אנטי עמומה. אנו נשוב לנקודה זו בהמשך הספר.

באלו סיטואציות אנחנו מדברים על ברירה?

כדי לחדד את ההבדל בין הזווית בה אנחנו מתבוננים על הסוגיות הללו כאן (הערבוב) לבין הזווית שממנה ניתחנו אותן בספר הרביעי (ברירה), נראה כעת שהשאלות שלנו קיימות גם במצבים שכלל לא שייכים לסוגיית ברירה.

מצב בו מתעוררת בעיית ברירה הוא מצב בו נעשית פעולה הלכתית כלפי עצם שעדיין איננו מוגדר. הגדרתו של העצם, ובעצם בחירתו מתוך קבוצה של עצמים פוטנציאליים, תיעשה באמצעות מעשה או אירוע כלשהו שאמור להתרחש בעתיד. לדוגמא, אדם כותב גט לשם אישה, שכרגע אינה מוגדרת. יש לו שתי נשים עם אותו שם, והוא תולה זאת במי שתצא בפתח תחילה ביום שלמחרת. האירוע העתידי קובע את האישה שלשמה נכתב הגט. הוא הדין במקרה של לוקח יין מבין הכותים. גם שם מחילים חלות של תרומה על שני לוגין מתוך סך הלוגים שבכד, והקביעה מיהם שני הלוגים של התרומה תלויה באירוע עתידי (מי מהם שיישאר בסוף).

אנו למדים מכאן ששאלת ברירה מופיעה בסיטואציות בהן אירוע עתידי מברר משהו לגבי העבר. לכאורה נראה שאם הבירור אינו נדרש להיות רטרואקטיבי אזי אין כאן שאלה של ברירה (אף שלהלן נראה שהדבר אינו כה פשוט). ישנן כמה סיטואציות שבהן ישנה מראית עין של ברירה, שכן נעשית פעולה של החלת חלות הלכתית על עצם לא מוגדר. אך מכיון שהפעולה נעשית רק כלפי העתיד ולא נדרש בירור למפרע, לא מדובר כאן באמת בברירה. נביא כמה דוגמאות שיבהירו את העניין.

מי שקובע את העיקרון הזה בצורה הברורה ביותר הוא הרשב"א בתשובה.[6] וזו לשון השואל ברשב"א שם:

שאלת; המוכר לחבירו אחד מקרקעותיו סתם- דקיימא לן; שיתן לו אי זה שירצה- היכי קונה@ דהא קיימא לן; אין ברירה.

מדובר כאן בראובן שמוכר שדה אחת מתוך חמש שיש לו לשמעון. במצב הזה כלשעצמו לא מתעוררת כל בעייה, שכן מכורה לו שדה לא מבוררת

[6] 'תולדות אדם' סי' פב. באוסף השו"ת שלו זה מופיע בח"ב סי' פב. ראה גם בתחילת 'מערכת הקניינים' שנדפסה בסוף ספר **שערי ישר** ובספר **בית ישי** סי' סג, שדנו בתשובה זו ובמשמעותה.

אחת מתוך החמש (ראינו מצב כזה לגבי מקדש אחת מחמש נשים). כאן הכוונה היא שהאדם מגדיר אירוע עתידי שיברור באיזו שדה מדובר, שכן הוא מגדיר שהשדה אותה הוא יבחר לתת היא שתהיה שייכת לשמעון. לגבי מקרה כזה, טוען השואל, אם אנחנו פוסקים שבדאורייתא אין ברירה אזי שום שדה לא תהיה קנויה לשמעון.

הרשב"א שם עונה לו כך:

/// אבל מה שהשוות את הדברים בדיני הברירה- והקשית מזה לזה- אינו נראה כך, דאין דין; יש ברירה ואין ברירה- אלא במה שאנו צריכין לומר; הוברר הדבר שמה שהוא עכשיו כבר היה- או חל מעיקרא, שאלו לא נאמר; הוברר הדבר- אין לו קיום, לפי שאנו צריכין לקיומו של דבר, כההיא דהלוקח יין מבין הכותיים- שהוא מפריש לאחר ששתה, ואי אין ברירה- נמצא זה שותה טבלים מלפרע,

וכן בהרי זה גיטיך מעכשיו אם מתי- שאם אין ברירה הוה ליה גט לאחר מיתה, שהרי אינו גט אלא לאחר שימות, וכן באומר הבעל; כתוב גט לאיזו שארצה אגרש בו- שאנו צריכין לעיקרו- דהיינו; שעת כתיבה, דבעינן כתיבה לשמה, וכן באחין שחלקו- שאנו צריכין לברירה- למאן דאמר; יורשין הוו///

כלומר הרשב"א טוען שדין זה אינו שייך כלל לברירה, שכן לא נדרש כאן שום בירור למפרע. בקניית השדה ניתן לומר שהיא קנויה מעת שהוברר (כשהוא בחר לתת דווקא אותה לשמעון), ולכן אין כאן סיטואציה של ברירה. כל הדוגמאות שפגשנו בגמרא הן דוגמאות שבהן הבירור נדרש למפרע. בגט נדרשת כתיבה למפרע, ולכן אי אפשר לומר שדין לשמה חל רק מעת שהיא יוצאת בפתח. הוא הדין לגבי לוקח יין מבין הכותים, שאם הוא שותה את היין מייד אזי חייבים להניח שיש כאן תרומה שהופרשה כבר בעת השתייה, ולא די ששם תרומה יחול רק בעת שיישארו שני לוגין בסוף.

בסוף דבריו הרשב"א מסכם:

וכלל גדול אני נותן לך; דלא שייך דין ברירה אלא במה שאי אפשר לגרש בו- דלא נכתב לשמה, אי נמי; באי מתי- שאם אין ברירה הוה ליה גט לאחר מיתה, ומיחל ושותה- שאם אין ברירה- אי אפשר לו לשתו)- דהוה ליה טבל, ואם בא למזרח- שאם אין ברירה

נמצא שאין כאן ערוב- ואינו באפשר ללכו, וכן כלף. אבל בדבר שקיומו אינו תלוי בברירה- כמכר וכמתנה וצדקה וקרבן בנדר- בזה לא שייך דין ברירה, שהרי בשעה שנתן לו ממכרו- אפילו למאן דאמר ; אין ברירה- אין מעכב דין ברירה, שאפשר להתקיים בלא ברירה, וכן בהרי עלי עולה- וכן כל כיוצא בזה.

הדברים אמנם פשוטים בסברא, אך ניתן להביא מקור לכך מסוגיית עירובין שקובעת זאת בפירוש. למעלה ראינו שר׳ יוסי שייך לשלושת התנאים שסוברים שאין ברירה בלוקח יין מבין הכותים. בסוגיית עירובין לז ע״א דנים בסתירה לכאורה בדעת ר׳ יוסי:

. וסבר רבי יוסי אין ברירה? והתנן- רבי יוסי אומר ; שתי נשים שלקחו את קיניהן בעירוב- או שנתנו קיניהן לכהן .איזהו שירצה כהן יקריב עולה- ולאיזה שירצה יקריב חטאת׳׳

מובאת כאן משנה לגבי קינים, שממנה עולה שלר׳ יוסי יש ברירה. המשנה עוסקת באישה (כגון יולדת) שחייבת להביא קן, שמורכבת משני עופות, אחד לעולה ואחד לחטאת. המשנה דנה בשתי נשים שלקחו ארבעה עופות, כלומר שני קינים. הן לא הגדירו איזו קן שייכת לכל אחת מהן, ומה לעולה ומה לחטאת בכל קן, ונתנו הכל לכהן. כעת הכהן מקריב שני עופות לשמה של כל אישה, וזה עולה להן. אם ההקרבה נעשתה שלא לשם האישה היא פסולה, ולכן ברור שיש כאן ברירה, כלומר הן היו שותפות בארבעת העופות, והקרבת הכהן בוררה איזו קן היתה של רחל ואיזו של לאה, ואיזה עוף הוקדש לעולה ואיזה לחטאת.

הגמרא דוחה:

. אמר רבה ; התם כשהתנו .אי הכי מאי למימרא? . קא משמע לן כדרב חסדא- דאמר רב חסדא ; אין הקינין מתפרשות אלא אי בלקיחת בעלים אי בעשית כהן.

מדובר שהנשים התנו מראש שמה שיקריב הכהן לשם כל אחת מהן יהיה שלה. על כך מקשה הגמרא מה החידוש כאן, ועונה שהחידוש הוא דינו של ר׳ חסדא שקינים יכולות להתפרש (מה לעולה ומה חטאת) גם בעשיית הכהן.

מדוע בהעמדה הסופית אין תלות בשאלת ברירה? הסיבה לכך היא שבעיית ברירה עולה אך ורק במקום שנדרש בירור למפרע. לכן אם היינו חושבים

שהפירוש של הקן יכול להיעשות רק בלקיחת הבעלים (=האישה), אזי התנייה כזו מוליכה אותנו לבעיית ברירה, שכן מעשה הכהן אמור להגדיר מה יצא מהתניית הנשים מלכתחילה. אבל מכיון שר' חסדא מחדש שניתן לפרש את הקן גם במעשה הכהן, שוב אין כאן שום דבר רטרואקטיבי, ולכן אין כאן בעיית ברירה. הקן מתפרשת במעשה הכהן, וכעת כל עוף מוגדר אם הוא לחטאת או לעולה מכאן והלאה, ואין כל צורך בבירור למפרע.

וכך גם כותב הריטב"א שם:

> ***ויש שפירשו הב#ע כשהתנו שהן לקחו קיניהן בעירוב ממש אבל התנו ביניהם מתחלה שלא תזכה אחת מהן בשום קן בעולם עד שיברר אותם הכהן- ומשעה שיברר אותם הכהן ואילך תחול זכותם באותו קן וכשבררם הכהן קודם הקרבה נתברר קנה של כל אחת ומאותה שעה ואילך זכתה בקן שלה- וכן כשנתנו דמי קיניהם מעורבין לכהן התנו שאותו קן שיברר הכהן לאחת מהם בשעת המקח יהא שלה ויהא שלוחם לברר חלק כל אחת מהן דהשתא מתחלת זכייתן בקיניהן הוברר קן כל אחת מהן ואין כאן ברירה.***

וראה שם גם ברש"י ותוס', ובריטב"א בדיבור הקודם. גם ב**שאג"א** סי' צ וצ"א דן בזה באריכות, ומוכיח שכאשר אין צורך ברטרואקטיביות – לא שייכת המחלוקת לגבי ברירה.

כל המקרים הללו לא תלויים בדין ברירה, ובכל זאת לענייננו הם מאד משמעותיים. המצב של הקינים לפני שהכהן מברר או של השדות לפני שהמוכר מחליט איזה מהם לתת לו, הוא מצב של ערבוב כמו שותפות. כפי שראינו, בסוגיות ברירה מצב כזה נוצר רק לשיטה שאין ברירה, אבל בסוגיות הללו (מכירת אחת מחמש שדות או הפרשת קינים מעורבבות) זהו המצב לכל הדעות. ולכן גם כאן יש מקום לדון איך מוגדר הערבוב ברגע הזה. השלכות אפשריות יתעוררו כאשר תעלינה שאלות שנוגעות למצב המעורבב, עוד לפני התרחשות האירוע הקובע (שבעצם מפרק את הערבוב ואת השותפות). למשל אם מישהו גוזל או מזיק או מאבד את אחד מהקינים, את של מי הוא איבד ומה עושות הנשים.

פרק שלישי
דוגמאות למודל של ערבוב בבעלות

מבוא

בפרק זה ננסה להדגים את הרעיון שפגשנו בשני הפרקים הקודמים לגבי חלוקה של הבעלות, בניגוד לחלוקה של הנכס. כפי שהסברנו, הרעיון הזה מניח תפיסה שהשותפות היא בעלות בפני עצמה, ולא רק איחוד של שתי בעלויות פרטיות פשוטות.

תפוסת הבית

הגמרא בב״ב קכו ע״א-ע״ב דנה בשאלה האם יש לבכור את חלק הבכורה גם לפני החלוקה של הירושה או רק אחריה. היא מביאה מחלוקת בין רב פפי לרב פפא בזה. ההשלכה היא האם הוא יכול למכור את חלקו למישהו אחר לפני החלוקה.

כעת הגמרא מביאה את המקור בו רואים את המחלוקת:

> **והא דרב פפי ורב פפא - לאו בפירוש איתמר אלא מכללא איתמר; דההוא בכור דאזיל זבין נכסי דידיה ודפשוט, אזול יתמי בני פשוט למיכל תמרי [מהנהו לקוחות, מחונהו]; אמרי להו קרובים: לא מיסתייא דזבנתינהו לנכסייהו, אלא מימחא נמי מחיתו להו? אתו לקמיה דרבא, אמר להו: לא עשה ולא כלום; מר סבר: לא עשה כלום בפלגא, ומר סבר: בכולהו. שלחו מתם: בכור שמכר קודם חלוקה - לא עשה כלום. אלמא, אין לו לבכור קודם חלוקה. והלכתא: יש לבכור קודם חלוקה.**

כאן הדיון הוא האם הבכור יכול למכור את חלקו לפני החלוקה. והנה, הרשב״ם שם בע״ב כותב:

> ***לא עשה כלום בפלגא. בחלק פשיטותו וכל שכן בחלק פשוט אחיו אבל בחלק בכורה יפה מכר דיש לו לבכור קודם חלוקה.***

כלומר אם הבכור לא יכול למכור את חלק הבכורה לפני החלוקה, גם את חלק הפשיטות שלו הוא לא יכול למכור. מכאן עולה שבאופן כללי אי אפשר למכור את הירושה לפני החלוקה. חידושו של הרשב״ם הוא שבסוגיא לא

מדובר רק על חלק הבכורה אלא יש כאן ויכוח על עצם האפשרות למכור ירושה לפני החלוקה.

ובקו״ש שם סי׳ תד תמה על הרשב״ם:

> *מ#ש הרשב#ם דחלק פשיטות לכו#ע אינו יכול למכור- דאין לו קודם חלוקה- וראיתו נראה מהא דקאמר לא עשה ולא כלום בכולו- עיין שם בתוס) שהניחו בתימה לפי שיטתם/*
>
> *ולכאו) אינו מובן- דבשלמא בבכור דאין לו קודם חלוקה- הנכסין הן לשאר האחין קודם חלוקה- אבל בפשוט- אי נימא דאין לו קודם חלוקה- א#כ הנכסים של מי הן קודם חלוקה- והרי אינן הפקר- וע#כ הן של כל היורשין/*

הוא טוען שלגבי חלק הבכורה היה מקום לומר שהוא לא שייך לבכור לפני החלוקה, שכן האלטרנטיבה היא שהוא שייך לכל האחים בשווה. היתרון של הבכור נוצר רק בחלוקה. אבל אם גם חלק הפשיטות לא נמצא בבעלות היורשים לפני החלוקה, אז למי הוא שייך? הרי לא סביר שלפני החלוקה הירושה היא הפקר. גם לשיטה שהאחים שחלקו לקוחות הם, עולה שאלה דומה: ממי הם לוקחים? למי זה היה שייך קודם? אמנם שם אפשר היה לומר שזו היתה שותפות, והם לוקחים זה מזה. אבל לגבי הדין שמופיע כאן זה ממש לא ברור. הרי כשהיורש בא למכור את חלקו זה לא צריך להיות חלק מבורר. גם אם הוא שותף עם אחיו, אין מניעה ששותף ימכור את חלקו למישהו אחר בלי קשר למודל אותו נאמץ לגבי השותפות.

הקו״ש שם מסביר זאת כך:

> *ונראה כונת הרשב#ם- לפי המבואר . בכורות נ# . דדין תפוסת הבית חלוק מדין שותפין לענין מעשר בהמה- וביאור החילוק הוא- דבשותפין- כל אחד מהשותפין הוא בעלים על חלק- ותפוסת הבית הוי בעלים אחד- כמו בדברים השייכין לציבור- ומצינו לענין קרבנות- קרבן שותפין וקרבן ציבור- ודיניהן חלוקין- דעוף ישנו בשותפין ואינו בציבור- *עיין רמב#ן ר#פ ויקרא) והיינו בדבר של שותפות יש להחפץ בעלים רבים- וציבור הוא בעלים אחד- וה#נ בתפוסת הבית- הנכסים שייכין לכלל היורשין ביחד ולא לכל אחד בפני עצמו- ומשו#ה אין כל אחד יכול למכור אלא א#כ ימכרו כולן ביחד/*

הוא מדמה את תפוסת הבית לבעלות של ציבור שהיא שונה משותפים. הציבור הוא בעלים אחד, אלא שהבעלות מחולקת בין האזרחים שבציבור הזה. לעומת זאת, שותפות היא חלוקה של הנכס ולא חלוקה של הבעלות. ובדוחק היה אפשר לומר שגם שותפות היא חלוקה של הבעלות, אבל שם הצירוף של הבעלות מהפרטים הוא שכוני ולא מזגי.

בכך הוא מיישב גם את קושיית הרשב״א על הרשב״ם:

והרשב#א הקשה על שיטת הרשב#ם- מהא דשותף יכול למכור חלקו- ולפי מ#ש נראה- דבשותפין מודה רשב#ם ולא נחלק אלא בתפוסת הבית דחלוק מדין שותפות ורש#י פ) קורח הביא שאמר משה יודע אני שיש להן חלק בקטורת ציבור לא תאכל האש חלקן- ומשמע מזה- דגם בקרבנות ציבור יש לכל אחד חלק מסוים- וצ#ע- דא#כ אין חילוק בין קרבן צבור לקרבן שותפין- ובאמת כן נראה דעת הרמב#ן . פ) ויקרא דעד מחצה יש להן דין שותפין ורוב ישראל מיקרי ציבור- אבל דעת רש#י אינו כן עיין שם וגם בתפוסת הבית קשה למ#ד יש ברירה- ולדידיה כשחלקו אמרינן איגלי מילתא שזה היה חלקו משעת מיתה- וקודם חלוקה אין חסר אלא הבירור- ואם כן אין חילוק בין תפוסת הבית לשאר שותפין

אבל רואים שיש כאן מחלוקות ראשונים בהבנת תפוסת הבית ובעלות של ציבור. לעומת זאת, בהבנת השותפות נראה שכולם מסכימים שזו חלוקה בנכס עצמו ולא בבעלות.

לבסוף הוא מציין למקור להבחנה שלו ממהר״ח אור זרוע:

׳מ#ש למעלה לחלק לדעת רשב#ם בין שותפין דיכול כ#א למכור חלקו ובין תפוסת הבית- כן כתב בשו#ת ר#ח אור זרוע סי) קכ#א עיין שםΛ

המסקנה מדבריו היא שלגבי שותפות זו ודאי חלוקה בנכס עצמו, אף שניתן לחלוק כיצד בדיוק הוא מחולק. אבל בתפוסת הבית ובציבור נחלקו הראשונים האם גם שם יש חלוקה בנכס או ששם מדובר בחלוקה של הבעלות על הנכס.

בעל ואישה

בהקשר זה יש להביא את דברי **הצ״פ** לגבי מהותה של זוגיות.[7] גם שם הבעל והאישה אינם בעלים על נכסיהם בשותפות, אלא הם יוצרים בעלות אחת של שניהם כמו בתפוסת הבית.

הגמרא בסוטה יז ע״א אומרת:

דריש ר#ע; איש ואשה- זכו . שכינה ביניהן- לא זכו . אש אוכלתן

ורש״י על אתר מסביר:

שכינה ביניהם . שהרי חלק את שמו ושיכנו ביניהן יו#ד באיש וה#י באשה לא זכו אש אוכלתן . שהקב#ה מסלק שמו מביניהן ונמצאו אש ואש

כלומר יש אות אחת משם ה׳ אצל האיש (יו״ד) ואות אחת אצל האשה (ה״א). אם הם זכו אז השם (י-ה) מחבר אותם ליישות אחת, אבל אם הם לא זכו אזי שם ה׳ מסתלק מביניהם ומה שנותר הוא פעמיים ׳אש׳.

בעל **הצ״פ** מבאר את הכוונה בצורה עמוקה יותר. הוא מסביר שמאמונת הייחוד עולה כי הקב״ה הוא אחד ואחיד, ולא מורכב מחלקים. הוא מוסיף ששם ה׳ שמבטא באופן מהותי את עצמותו, גם הוא בעל אותן תכונות: כל אותיותיו מצטרפות למהות אחת (=זוהי ׳הרכבה מזגית׳ של האותיות, כלומר הן מתמזגות לכלל יישות אחת), והוא לא מורכב מאותיות בודדות (=׳הרכבה שכונית׳, כלומר שהחלקים הם שכנים זה לזה, אך לא מזוגים יחד).

הוא מביא המחשה הלכתית לעיקרון הזה מהירושלמי. ישנה מחלוקת לגבי מי שכותב בשבת את שתי האותיות שמ מתוך המילה ׳שמעון׳, האם הוא מתחייב ככותב שתי אותיות בשבת, או שהוא פטור כי זה רק חלק משם ארוך יותר ולא מילה עצמאית. הירושלמי קובע כי לגבי שם ה׳ אין כל

---

[7] ראה על כך בספר התשיעי פרק עשירי, שם עסקנו במהותו של קשר האישות.

מחלוקת, והכותב שתי אותיות מתוך שם ה׳ חייב לכל הדעות. ההסבר שמציע בעל הצ״פ לכך הוא שלשם ה׳ אין חלקים, וכששתי האותיות הללו עומדות לבדן הן אינן חלק של שם ה׳, אלא סתם שתי אותיות. ולכן זה כמו מי שכותב שתי אותיות רגילות בשבת, שהוא כמובן חייב.

כעת, מסביר בעל הצ״פ, אפשר להבין את אגדת חז״ל באופן יותר עמוק. אם האיש והאשה לא זוכים ולא קיים ביניהם קשר של קיימא, אזי האות יו״ד שאצל האיש והאות ה״א שאצל האשה עומדות כל אחת לעצמה שכן אין קשר ביניהן. אם כן, הן אינן יכולות ליצור שם ה׳, שכן שם ה׳ אינו מורכב מחלקים נפרדים. רק כאשר בני הזוג זוכים שתי האותיות מצטרפות ליישות אחת, ואז הן מהוות ביחד שם ה׳, ובכך הן מחברות אותם לקשר של קיימא. הצ״פ מסביר שאין צורך להגיע לכך שאותיות השם מסתלקות כדי להיוותר עם אש, אלא די בכך שהן ניתקות זו מזו, שכן בכך הן מפסיקות להוות חלקים משם ה׳.

אחת ההדגמות שהוא מביא לרעיון הזה לוקחת אותנו ישירות למושגי הבעלות. הגמרא בזבחים ה ע״ב קובעת שקרבן מנחה לא יכול לבוא משותפים. והנה, בתוד״ה ׳כל הנשואות׳, סוטה כג ע״א, מוכיח מהירושלמי שלאישה ולבעל יש חלק במנחת הסוטה כשותפים. מכאן הוא מקשה לגבי מנחת סוטה:

> ***וא#ת מאחר שיש לו חלק בה א#כ הויא לה מנחת שותפות ואומר בפ#ק דזבחים ׳דף ה ;(הניח מנחה לשני בניו ומת קריבה ואין בה משום שותפות הא יש בה משום שותפות אינה קריבה משום דכתיב בה נפש והכי קתני בסיפרי בהדיא׳***

הוא מקשה כיצד אישה יכולה להביא מנחת סוטה מרכושו של בעלה, הרי הם שותפים.

והוא מתרץ על כך:

> ***וי#ל כיון דעיקר כפרה משום דידיה נפש קרינן בה דהא הניח מנחתו לשני בניו דמסיק התם ׳דף ה.(דקניא להו אלמא משום דמכפרי קרינא ביה נפש׳***

כלומר מכיון שמדובר על כפרה אין בעיה כי מנחת הסוטה באה בשביל הבעל.

אבל ה**צ"פ** מציע ליישב זאת על פי מה שראינו למעלה. הוא טוען שהקשר בין איש ואישה אינו קשר של שותפות אלא 'הרכבה מזגית' (ראה דיון על כך בתחילת הספר התשיעי שלנו), כלומר בעלות אחרת משותפת של שניהם, כמו תפוסת הבית. אם כך, לשיטתו בעל ואישה אינם שותפים אלא יוצרים בעלות משותפת אחרת. זה מה שכינינו חלוקה בבעלות ולא בנכס. המנחה לא מחולקת בין שניהם, אלא הבעלות המשותפת של שניהם היא על כלל המנחה. אבל בו בזמן הוא גם מניח ששותפות רגילה היא כן חלוקה בנכס עצמו (לא כמו תפוסת הבית). יתר על כן, תוס' בסוטה לא מוכן לראות כך אפילו את היחס בין איש ואישה. גם שם הוא רואה זאת כשותפות שמחלקת את הנכסים ולא את הבעלות עליהם.

עד כאן נראה שמצבים שבהם מוגדרת בעלות משותפת (תפוסת הבית, בעל ואישתו בנכסיהם) מובאים בהנגדה למצב השותפות הרגיל. כלומר מצב שותפות רגיל הוא לעולם חלוקה של הנכס ולא של הבעלות. כעת נעבור לדון בחצר קטנה (שאין בה דין חלוקה), ונראה שלפחות לדעת הרמב"ם זוהי דוגמה למצב של שותפות רגילה שבכל זאת יש הרואים אותו כחלוקה בבעלות ולא בנכס.

פרק רביעי

סוגיית נדרים

מבוא

בפרק זה נשוב לסוגיית נדרים, ונבחן האם באמת מחלוקת התנאים לגבי שותפות משקפת מחלוקת בדין ברירה. נראה כמה שיטות ראשונים בהבנת העניין, ומתוך הדיון הזה יעלו כמה מודלים להבנת מושג השותפות עצמו.

בחזרה למחלוקת בנדרים: חצר שאין בה כדי חלוקה

הגמרא נדרים מו ע"א-ע"ב דנה במה נחלקו ראב"י וחכמים:

> ***אמר רבה אמר זעירי; מחלוקת שיש בה כדי חלוקה- אבל אין בה כדי חלוקה דברי הכל מותר/ א#ל רב יוסף; הרי בית הכנסת- דכמי שאין בו כדי חלוקה דמי- ותנן; שניהן אסורין בדבר של אותה העיר" אלא אמר רב יוסף אמר זעירי; מחלוקת . שאין בה כדי חלוקה- אבל יש בה כדי חלוקה . דברי הכל אסור/***

יש כאן הבחנה בין חצר שיש בה כדי חלוקה (ד אמות לכל אחד) לחצר שאין בה כדי חלוקה. בשיש בה כדי חלוקה זה יותר אסור מאשר בשאין בה כדי חלוקה. הויכוח הוא האם המחלוקת היא באין בה כדי חלוקה וביש בה לדברי הכל אסור, או שהמחלוקת היא ביש בה כדי חלוקה ובאין בה לדברי הכל מותר.

כלומר יכולה להיות דעה שאסור להיכנס לחלקו גם ביש וגם באין בה כדי חלוקה. יכולה להיות דעה שמותר להיכנס בשני המקרים. יכולה להיות דעה שאוסרת ביש בה כדי חלוקה ומתירה באין בה. אבל לא יכולה להיות דעה שאוסרת באין בה ומתירה ביש בה.

מדוע זה כך? כדי להתיר כניסה צריך להניח שיש ברירה, וזה מניח שלפני הברירה שני החצאים מעורבבים ובכניסה הם מתבררים. ומי שאוסר סובר שהם לא מתבררים. אבל אם הבעלות הבסיסית היא כזאת שאין בה חלוקה בנכס כך שלכל שותף יש חלק משלו, אזי אין שום איסור להיכנס גם בלי דין ברירה.

לפי זה, השיטה שבשניהם מותר להיכנס – סוברת שיש ברירה, ולכן בחצר שאין בה כדי חלוקה גם אם יש בה חלק לכל שותף עדיין היה מותר להיכנס. השיטה שבשניהם אסור – סוברת שאין ברירה, ומאידך, סוברת שגם בחצר שאין בה כדי חלוקה יש חלק לכל שותף. השיטה שמתירה באין בה כדי חלוקה ואוסרת ביש בה – סוברת אין ברירה ובכל זאת בחצר קטנה מותר כי אין שום חלקים מובחנים לכל שותף. אבל שיטה שאוסרת באין בה כדי חלוקה ומתירה ביש בה – לא יכולה להתקיים. שיטה כזאת סוברת שיש ברירה, אז לא ייתכן שהיא תאסור להיכנס באין בה כדי חלוקה, ממ"נ: או שאין חלקים מובחנים לכל שותף ואז מותר להיכנס בלי קשר לבירירה, או שיש חלקים כאלה ואז מותר להיכנס בגלל שיש ברירה.

בכל אופן, יש כאן הנחה שאם בחצר שאין בה כדי חלוקה אין חלק לכל שותף אז הכניסה תהיה מותרת. השאלה היא: למה? הרי במצב כזה הדין היה צריך להיות הפוך, שלכל הדעות יהיה אסור כי הנכנס ודאי נכנס לנכס ששייך גם לחברו. על כורחנו יש כאן הנחה שאם בחצר כזאת אין חלק לכל שותף אז הבעלות הנוכחית עליה אינה של אף אחד מהם. הנכנס לא נכנס לחלק של מי שנאסר עליו, כי הבעלות היא של יישות אחרת משניהם, כמו תפוסת הבית, תאגיד, או ציבור, לפי ה**קו"ש** שראינו. בחצר שאין בה כדי חלוקה השותפות היא חלקים בבעלות ולא חלקים בנכס.

אם כן, בניגוד למה שטענו למעלה, גם בשותפים אפשר אולי לראות את המצב כמו בתפוסת הבית. אם נתפוס את השותפות כבעלות של יישות אחת על הנכס, אלא שהיישות הזאת מורכבת משני אנשים. לכן לכל אחד מהם אין חצי בנכס עצמו אלא חצי בבעלות על כלל הנכס. זה כבר דומה מאד להגדרת ה**קו"ש** ב"ב שראינו לתפוסת הבית.

אמנם רוב הראשונים לא רואים כך את המצב בחצר קטנה. לשיטתם גם חצר קטנה היא שותפות שחולקת בנכס ולא בבעלות. אבל להלן נראה שלפחות ברמב"ם סביר להבין זאת כך.

שיטת הר"ן

הר"ן על משנת נדרים מה ע"ב שהובאה למעלה עוסק ביחס בין חצר שיש בה ושאין בה כדי חלוקה:

*רבי אליעזר בן יעקב אומר זה נכנס לתוך שלו וזה נכנס לתוך שלו. אוקימנא בגמרא בחצר שאין בה דין חלוקה אבל בחצר שיש בה דין חלוקה דברי הכל אסור ובפרק שור שנגח את הפרה *ב#ק דף נא ;(אוקימנא פלוגתייהו ביש ברירה או אין ברירה דר#א סבר יש ברירה והאי לדנפשיה קא עייל והאי לדנפשיה קא עייל ורבנן סברי אין ברירה.*

ותמהני נהי דקא סברי רבנן אין ברירה אמאי אסורין ליכנס לחצר דהא כיון דחצר שאין בה דין חלוקה היא ואין שותף יכול לכוף את חבירו לחלוק ולא לעכב עליו שלא ליכנס לחצר היאך הוא יכול לאסרה עליו הא אין אדם אוסר דבר שאינו שלו ואפילו נדרו ג#כ הן עצמן למה הן אסורים הרי כשכל אחד נכנס לחצר משלו הוא נהנה ולא משל חבירו כיון שאין הלה יכול לעכב עליו.

הוא מקשה מדוע בחצר שאין בה חלוקה רבנן אוסרים גם אם לשיטתם אין ברירה. הרי מדובר בחצר שאף שותף לא יכול לכפות את שותפו לחלוק או לעכבו מלהיכנס לשם. הוא מגדיר זאת כאדם שאוסר דבר שאינו שלו.

כעת הוא מסביר זאת כך:

ונ#ל דהיינו טעמייהו דרבנן משום דכיון דאי אפשר לומר דכל חד קני לכוליה חצר קנין הגוף לעולם דאי ״דמר לאו דמר ו ואי#א לומר ג#כ דבשעה שמשתמש בו איגלי מילתא למפרע דבשעת קניה קנה לה לההיא שעתא קנין הגוף דאין ברירה אלא כל חד מהנך שותפין יש לו לעולם בחצר זה קנין הגוף דהיינו חלקו וקנין שעבוד בחלקו של חבירו שאין הלה יכול לעכב עליו מן הדין אף על גב דלא קני ליה גופא הלכך קסברי רבנן דאותו קנין שעבוד שיש לו על חלקו של חבירו קונמות מפקיעין אותו ומש#ה אסור דקונמות מפקיעין מידי שעבוד כדאיתא בסוף מכילתין ורבי אליעזר בן יעקב פליג עלייהו משום דסבירא ליה דיש ברירה ומש#ה אמרינן דכל שעה ושעה שנכנס לחצר בדנפשיה קא עייל וגוף החצר קניה לו לגמרי לאותו תשמיש שאינו משתמש בה מקנין שעבוד אלא מקנין הגוף שכל שאני יכול לומר שיש לכל אחד קנין הגוף אין ראוי לומר שיהא קנין שעבוד שאין נקרא קנין שעבוד מה שהוא עומד כן לעולם בעל כרחו של כל אחד מהם ורבנן נמי לא דייני ליה

> *כקנין שעבוד אלא מפני שאי אפשר להם לדוע כקנין הגוף דאין ברירה ובסמוך תראה עוד דעתי בברירה זו.*

הוא מסביר שגם לשיטה שמחלוקת התנאים היא בחצר קטנה – המחלוקת היא בשאלה האם יש או אין ברירה (כסוגיית ב"ק נא). לפי חכמים הסוברים שאין ברירה אז לא ייתכן שלכל שותף יש קניין הגוף בכל החצר, ועל כורחנו מדובר בחלוקה של הגוף ביחד עם הסכם שיש שעבוד לכל אחד שלא יוכל למנוע את חברו מלהיכנס לחלקו. אבל קונם מפקיע מידי שעבוד, ולכן לדעת חכמים אין להיכנס גם לחצר קטנה. אבל ראב"י סובר שיש ברירה, ולכן לשיטתו אפשר להעמיד שיש כאן חלוקה של גוף החצר לזמנים שונים, וכל אחד משתמש בחלקו. לכן לשיטתו הקונם לא מונע את השימוש.

אם כך, הוא מסביר שהמחלוקת האם יש או אין ברירה כשהיא מיושמת על חצר קטנה מביאה אותנו לתפיסה שונה של השותפות. אם אין ברירה אז יש חצי מהגוף ששייך לכל שותף, אבל אם יש ברירה אז כל החצר שייכת לכל אחד מהם בזמן השימוש (החלוקה היא זמנית ולא מרחבית). בכל אופן הוא מניח כאן שגם בחצר קטנה יש חלוקה של הנכס ולא רק של הבעלות. לשיטתו כל שותפות היא חלוקה בנכס, והוא לא מוכן לראות שותפות כחלוקה בבעלות. רק תפוסת הבית (ואולי גם בעל ואישתו לפי הצ"פ) הם דוגמאות לחלוקה בבעלות.

פסק ההלכה בסוגיית נדרים

הגמרא בנדרים לו ע"ב מכריעה שהלכה כראב"י:

> *אמר רב הונא: הלכה כר"א בן יעקב. וכן א"ר אלעזר: הלכה כר' אליעזר בן יעקב.*

לאור מה שראינו למעלה, מכיון שפוסקים הלכה כראב"י, יש לנו שתי אפשרויות: או שהמחלוקת היא בחצר שיש בה כדי חלוקה ובה ראב"י מתיר, ואז באין כדי חלוקה הוא ודאי מתיר. לפי זה להלכה שפוסקים כראב"י מותר להיכנס בכל סוגי החצרות. או שהמחלוקת היא באין בה כדי חלוקה ובזה ראב"י מתיר, אבל ביש בה כדי חלוקה גם הוא אוסר, ואז גם הוא כנראה סובר שאין ברירה (והמחלוקת היא בטיב השותפות בחצר שאין

בה כדי חלוקה). לפי זה להלכה מותר להיכנס רק בחצר שאין בה כדי חלוקה אבל ביש בה אסור.

כזכור, סוגיית ב"ק מסבירה שמחלוקת התנאים היא בדין ברירה. לכאורה נראה שהיא הבינה שהתנאים חולקים בחצר שיש בה כדי חלוקה (נגד מסקנת הסוגיא בנדרים). ולפי זה היינו צריכים לפסוק הלכה שבכל החצרות מותר להיכנס. למעלה באמת ראינו שהר"ן מסביר שגם אם המחלוקת היא בחצר קטנה עדיין יסודה הוא במחלוקת לגבי דין ברירה.

הר"ן שם בנדרים מה ע"ב עוסק בסתירה הזאת: כיצד פוסקים להלכה אין ברירה, ובנדרים פוסקים כראב"י שמותר לכל אחד להיכנס לחלקו.

ראשון הוא מביא את תירוצו של ר"ת:

> ***תירץ ר"ת ז"ל דהכא הלכה כר) אליעזר ולא מטעמיה קאמרינן דאיהו סבר דיש ברירה וויתור אסור במודר הנאה ואנן סבירא לן דאין ברירה אבל ויתור סבירא לן דמותר במודר הנאה הלכך לאו בחצר שאין בה דין חלוקה בלבד איירי אלא אפי) יש בה דין חלוקה נמי שרי.***
>
> ***ולפי פי) זה אם נדרו הנאה בפירוש אפי) מדריסת הרגל אסורין ליכנס לחצר.***

ר"ת מסביר שבעצם הלכה היא שאין ברירה, ולכן גם בסוגיא שלנו מה שפוסקים שמותר לכל אחד להיכנס לחלקו בחצר זה לא מטעמו של ראב"י שסובר שיש ברירה אלא בגלל דין "ויתור" (ראה נדרים לב ע"ב). אם יש אדם שנאסר עליי בהנאה מותר לי להשתמש בויתור שלו (למשל כלים שאין לו מה לעשות איתם, או כניסה לחצרו שאין לו הפסד מזה).

הנחתו של ר"ת היא שההיתר של כניסה לחצר לא מעיד שהנכנס נכנס לחלקו שלו (כפי שמנסח זאת ראב"י עצמו), אלא מותר לו להיכנס לחלקו של חברו שנאסר עליו (כי זה רק ויתור ולא שימוש ממשי בשל החבר).

ההשלכה היא שאם הוא נאסר בפירוש גם בויתור אז יהיה אסור לו אפילו להיכנס (לפי ההסבר שפוסקים כאן שיש ברירה יהיה מותר לו להיכנס כי הוא נכנס לתוך של עצמו).

אבל לר"י לא נראה הסברו של ר"ת:

ורבינו יצחק ז"ל לא נראה לו דבריו דלא מסתברא לדחות כמה סתמות שנסתמו במכילתין כמאן דאמר ויתור אסור במודר הנאה וכולה פירקין דלעיל כוותיה אזיל.

לפיכך תירץ הוא ז"ל דודאי קי"ל כמאן דאמר אפי' בדאורייתא יש ברירה מהא דשמעתין.

ר"י סובר שלהלכה גם ויתור אסור במודר הנאה, לכן ר"ת אמנם מרוויח את הסתיר המול ההלכה שאין ברירה, אבל תירוצו יוצר סתירה מול ההלכה שויתור אסור, ולכן הוא לא מרוויח בכך מאומה.

לכן ר"י חולק על השיטה שסוברת שלהלכה אין ברירה, ופוסק שיש ברירה בין בדאורייתא ובין בדרבנן (ראה על כך בספר הרביעי בחלק הרביעי). כעת הוא ממשיך ומסביר ומיישב את כל הסוגיות שמהן עולה שלהלכה אין ברירה.

שיטת הרמב"ם

הרמב"ם בהל' נדרים פ"ז ה"ד פוסק כמסקנת הסוגיא בנדרים (וכן הוא בשו"ע יו"ד סי' רכו ס"א):

היו שניהם שותפין בחצר- אם יש בה דין חלוקה הרי אלו אסורין להכנס לה עד שיחלוקו ויכנס כל אחד לחלקו- ואם אין בה דין חלוקה כל אחד ואחד נכנס לביתו והוא אומר בתוך שלי אני נכנס- ובין כך ובין כך שניהם אסורים להעמיד רחיים ותנור ולגדל תרנגולין בחצר זו.

הוא פוסק שבחצר שיש בה כדי חלוקה אסור להיכנס ובחצר קטנה מותר. נראה ברור מכאן שלדעת הרמב"ם המחלוקת היא באין בה כדי חלוקה. בפשטות זה נגד סוגיית ב"ק שמסבירה שהמחלוקת היא בדין ברירה. עד כאן ראינו שתי אפשרויות להסביר זאת: ר"י ור"ת.

אבל יש לזכור שהרמב"ם פוסק להלכה בכמה מקומות בפירוש שבדאורייתא אין ברירה (ראה הל' מעשר פ"ז ה"א ועוד), ולכן הסברו של ר"י לא אפשרי בשיטתו. מאידך, הרמב"ם גם בבירור פוסק להלכה שויתור אסור במודר הנאה (ראה הל' נדרים פ"ו ה"ב-ג, ובלח"מ על ה"ג שם), מה שמוריד מהפרק גם את הסברו של ר"ת. אם כן, לשיטת הרמב"ם אי אפשר להסביר מדוע להלכה אסור להיכנס לחצר גדולה ומותר לחצר קטנה. לא

תירוצו של ר"ת ולא זה של ר"י יכולים להיכנס ברמב"ם. לכן הסתירה בין הדין שאין ברירה לבין הפסק בסוגיית נדרים שבפרשנות סוגיית ב"ק משמעותו היא שיש ברירה, נותרת בעינה: איך הוא פוסק כראב"י שסובר שיש ברירה ומותר להיכנס לחצר קטנה, על אף שויתור אסור במודר הנאה ושלהלכה אין ברירה. ולמה בחצר גדולה אסור להיכנס.

לכאורה על כורחנו ההסבר בשיטת הרמב"ם הוא כפי שהצענו למעלה. הרמב"ם הבין שהסוגיות חלוקות. לפי סוגיית ב"ק מדובר בחצר גדולה, אבל סוגיית נדרים הבינה שהמחלוקת היא בחצר קטנה, ולכן היא לא תלויה בדין ברירה (כלומר גם לראב"י אין ברירה). הרמב"ם הכריע נגד סוגיית ב"ק, בגלל שלהלכה אנחנו פוסקים שבדאורייתא אין ברירה (ולכן אי אפשר להיכנס לחלקו בחצר גדולה). אז אם ראב"י היה מדבר על חצר שיש בה דין חלוקה (גדולה), כפי שמניחה סוגיית ב"ק, אז בהכרח הוא סובר שיש ברירה. אם כך להכריע הלכה כמותו יסתור את הפסק הכללי בסוגיית ברירה. לכן הרמב"ם מכריע שאם הגמרא אומרת שהלכה כמו ראב"י, כנראה שראב"י גם הוא מסכים עם חכמים שאין ברירה, ולכן בחצר גדולה לדעת שניהם אין להיכנס. מחלוקתם היא בחצר קטנה, ושם הם חלוקים מה טיב השותפות בחצר כזאת. כאן הרמב"ם פוסק כראב"י לפי סוגיית נדרים, שבחצר כזאת מדובר בבעלות מסוג שונה, ולא שלכל אחד מהם יש חלק בחצר. בחצר קטנה הבעלויות מוגדרות כמו בתפוסת הבית, כאילו יש בעלים שלישי והשותפים מחלקים את הבעלות ולא את הנכס. לפי ראב"י מותר להיכנס לחצר כזאת בגלל שאין בנכס שום חלק שהוא של השני (ולא בגלל שיש ברירה).

אם כן, לפי הצעתנו הרמב"ם סובר להלכה כלישנא בגמרא שראב"י עצמו גם הוא סובר שאין ברירה, ומחלוקת התנאים היא בחצר קטנה האם יש בה חלק לכל אחד או שכולה של שניהם (כמו תפוסת הבית לפי **הקו"ש**).

סיכום ביניים

עד כאן ראינו שלוש שיטות בהסבר שיטת ראב"י שהלכה כמותו:

- ר"ת שסובר שפוסקים כראב"י ולא מטעמו. הוא מתיר בגלל שיש ברירה, אבל אנחנו פוסקים כך בגלל שלהלכה ויתור מותר.

- ר״י שסובר שפוסקים הלכה כראב״י בכלל שלהלכה גם בדאורייתא יש ברירה.
- הרמב״ם שסובר שפוסקים להלכה שאין ברירה וגם ראב״י מסכים לזה. מה שמותר להיכנס לחלקו זה מדבר בחצר קטנה, בגלל שאין שם חלק של האחר וחלק שלו אלא זו רשות שונה (כמו תפוסת הבית). ובחצר גדולה באמת אסור להיכנס גם להלכה.

נבחן כעת את תמונת השותפות שעולה מכל אחת מהשיטות הללו. לפי ר״ת אין ברירה, והשותפות היא סטטית. יש חלוקה של הנכס בין השותפים. לשיטתו מה שבחצר גדולה יש היתר להיכנס זה רק בגלל דין ויתור. לפי ר״י גם בדאורייתא יש ברירה, ואז השותפות מוגדרת בצורה שונה. לא מדובר בחלוקה סטטית של הנכס אלא בחלוקה דינמית (או חלוקה סטטית עם חלוקת שעבודים), שלפיה כל פעם שאחד השותפים משתמש בחלקו זה נעשה למפרע החלק שלו בשותפות לרגע זה. גם לשיטתו אין הבדל בין חצר קטנה לגדולה. ולפי הרמב״ם החלוקה היא בנכס והיא סטטית, אבל זה בחצר גדולה. בחצר קטנה זו חלוקה של הבעלות ולא של הנכס, כלומר הבעלות היא אחת כמו בתפוסת הבית.

יישובו של הרמב״ם לפי הר״ן: הסבר רביעי

הר״ן בהמשך דבריו תמה על תירוצו של ר״י, ומוכיח שלהלכה בדאורייתא אין ברירה:

> ***ולא מחוור דודאי בדאורייתא אין ברירה דהא קי״ל כשמואל דאמר *ב״ק ט) האחין שחלקו לקוחות הן ומחזירין זה לזה ביובלו וכדפסק רב נחמן כותיה בפרק השולח *גיטין מח) וטעמא דשמואל משום דקסבר אין ברירה וכדאיתא בהדיא בגיטין בריש פרק כל הגט *דף כח) וההיא דתמורה לא קשיא דלאו אליבא דהלכתא פריך אלא אליבא דמאן דאמר בדאורייתא יש ברירה ובדרך אי אמרת בשלמא קא נסיב לה ודכוותיה בהש״ס טובא***

ולכן הר״ן מביא רמב״ם[8] שמיישב את הסתירה באופן שונה, רביעי במספר:

> *וכי תימא א#כ הדרא קושיא לדוכתה כתב הרב רבינו משה ז#ל בהלכותיו דלא דמיא הך ברירה דהכא לדעלמא דהכא לאו מידי דלא מתברר האידנא ומתברר למחר הוא דנימא אתברירא מילתא למפרע אלא בדהשתא הוא דחצר שאין בה דין חלוקה הוא וכל חד משתמש בכולה וכיון דשותפין נינהו כי האי גוונא הוי תשמישתייהו מהשתא אמרינן כמאן דעייל בדנפשיה הוא ולא משתמש בדחבריה שאם תאסור עליו נמצא זה מוציא אותו מחצירו ואין אדם אוסר נכסי חבירו על בעליהן ובכי האי גוונא אתמר התם בגמרא/ תדע דהא מיבעיא בעיא לה הכא בחדירו דלמא אפילו רבנן מודו ליה לרבי אליעזר בן יעקב משום דכאונסים דמו ולאו כל כמיניה דאסר נכסי חבירו עליו זה לשונו ז#ל/*

הרמב״ם כאן טוען שהמונח ״ברירה״ כאן מופיע במשמעות אחרת מזו הרגילה בתלמוד. בדרך כלל, ברירה עוסקת בהתבררות למפרע, אבל כאן לא נעשה שום דבר למפרע, גם לפי ראב״י. בכל פעם שאחד השותפים נכנס לחצר הוא נכנס לתוך נכס שהוא כעת (!) שלו. לכן אין כאן שום צורך להיזקק להתבררות למפרע. מחלוקת התנאים כאן עוסקת בהתבררות כזאת, ולגביה ההלכה היא שיש ברירה.[9] ניתן לחזק את דבריו בכך שהמחלוקת הזאת בין ראב״י לת״ק לא מובאת באף אחת מהסוגיות בש״ס שעוסקות בברירה. אפילו סוגיית גיטין כה-כו ועירובין לו-לז שהן המקיפות ביותר, ודנות בהרבה מאד מקורות מגוונים של ברירה, לא מתייחסות לסוגיא זו.

---

[8] לא ברור מהיכן ברמב״ם לקוחים הדברים. ראה **ש״ך** יו״ד סי׳ רכו סק״ד, שהביא זאת כדעת הרשב״א שהובאה בר״ן ובראי״ש. ואולי כוונת הר״ן לדברי הרמב״ם פ״ז ה״ה, שמחלק בין מקרה שראובן אסר על עצמו את חלק חברו למצב ששמעון הדיר את ראובן מחלקו שלו (של שמעון).

[9] נזכיר כאן את דברי הרשב״א בתשובה שהובאו למעלה, שהסביר ופירט שבכל מקום שלא מדובר על התבררות למפרע, אין רלוונטיות למחלוקת האם יש או אין ברירה.

נזכיר שלפי הרמב"ם מדובר כאן על חצר קטנה. מהו המודל של הערבוב (השותפות) שמניחים כאן? נראה שלשיטתו כל שותף הוא בעלים על כל הנכס. כאשר הוא נכנס אליו הוא נכנס לשלו (לא בגלל דין ברירה). אם חברו שהדיר אותו היה אוסר עליו את הנכס שלו עצמו הרי זה סותר את הכלל שאין אדם אוסר דבר שאינו שלו. לכן ברור שמותר לכל שותף להיכנס ואין כאן כניסה למשהו שאסור עליו. כל עוד השותף נוהג כדרכו, אין כאן כניסה לחלק של חברו, שהרי זו בדיוק מהות השותפות.

לא לגמרי ברור מהו המודל של השותפות שמניח ההסבר הזה. לכאורה ההסבר כלל לא תלוי במודל ספציפי, שכן יהא אשר יהא המודל, ברור שמה ששייך לראובן לא יכול להיאסר על ידי שמעון. ממילא אם ראובן נוהג כדרכו הרגילה של שותף, בהגדרה הוא נכנס לשלו, ושלו לא יכול להיות אסור עליו. אבל זה לא נכון, שהרי בחצר גדולה באמת אסור להיכנס עד שחולקים (ראה דברי הרמב"ם פ"ז ה"ד שהובאו למעלה).

מלשונו עולה שיש כאן בעלות משותפת על הכל. כלומר זה לא כמו המודלים שראינו לגבי חצר שאין בה דין חלוקה ששייכת לשותפות ולא מחולקת ביניהם (חלוקה של הבעלות ולא של הנכס). לשיטה זו יש לכל אחד מהשותפים בעלות גם בחצר קטנה, אבל היא לא מחולקת בשום צורה גיאוגרפית. זהו כנראה המודל שלכל שותף יש חלק בכל גרגיר.

אבל הר"ן שולל זאת:

> ***ואינו נוח לי דאם איתא מאי לישנא דאין ברירה ויש ברירה דאמרינן התם בפרק הפרה הרי אין טעמו של רבי אליעזר בן יעקב משום יש ברירה כלל אלא מפני שאתה אומר שמשעה ראשונה כל החצר קני לכל אחד מהם***

הוא טוען שלפחות ברמה הלשונית נראה שכאן מדובר על ברירה.

יישובו של הר"ן עצמו: הסבר חמישי

לבסוף הר"ן שם מציע הסבר אחר, אבל דומה:

> ***לפיכך נראין לי דברים כפשטן דברירה דהכא כברירה דעלמא אלא משום דהך ברירה עדיפא פסקינן הכא כר"א בן יעקב מיהו הכא נמי אנו צריכין לברירה דאיגלי מילתא למפרע כברירה***

דעלמא משום דליכא למימר אהאי חצר כולה דמר וכולה דמר דאי דמר לאו דמר ואי דמר לאו דמר.

הוא טוען שלא ייתכן לפרש שיש לכל שותף בעלות על הכל. אם ראובן בעלים על משהו, אז הוא לא של שמעון. שוב רואים שהשיטה הקודמת באמת סברה שיש חלוקה של הנכס עצמו (ולא של הבעלות), אבל כל גרגיר הוא של שניהם.

לכן הוא טוען שבכל רגע נתון יש רק בעלים אחד בכל חלק. אבל בדיוק בגלל זה אנחנו נזקקים גם כאן להתבררות למפרע:

אלא הכי קאמרינן ששותפין הללו בשעה שלקחו החצר על דעת כן לקחוה שבשעה שישתמש בה אחד מהם תהא כולה שלו לתשמיש ולפי שמשעה ראשונה אין אנו יודעין באי זה יום ובאיזו שעה ישתמש בו כל אחד מהם אנו צריכין לברירה לומר שעכשיו שאחד מהם משתמש בה הוברר הדבר למפרע שמשעה ראשונה קנה אותה כולה לשעה זו ובודאי יכול אדם להקנותה חדש אחד לראובן וחדש אחד לשמעון ובזמן כל אחד ואחד קני הוא לו לגמרי דהיינו נכסי לך ואחריך לפלוני אלא משום דהכא אין זמן כל אחד ואחד ידוע לא מהני אלא למאן דאית ליה ברירה דאמרינן דאיגלי מילתא דמשעה ראשונה קנו לזמנים הללו.

אם כן, המחלוקת כאן כן תלויה בדין ברירה למפרע. לכן שוב חוזרת הסתירה, כיצד פוסקים כאן כראב"י אם להלכה נפסק שבדאורייתא אין ברירה?

על כך עונה הר"ן:

וכי תימא וכיון דברירה דהכא כברירה דעלמא דאיגלי השתא מאי דלא הוה ידיע לן בשעת קניה היכי פסקינן כרבי אליעזר בן יעקב כיון דבעלמא סבירא לן דבדאורייתא אין ברירה היינו טעמא משום דברירה דהכא עדיפא מברירה דעלמא דהיינו טעמא דאמרינן בעלמא דאין ברירה לפי שאין ראוי שיחול דבר על הספק ולפיכך האומר לסופר כתוב גט לאשתי ולאיזה מהן שארצה אגרש פסול לגרש בו לפי שיש ספק משעה ראשונה בעיקר הגט לשם מי חל וכן נמי אם בא חכם למזרח ערובי למזרח למערב ערובי לא מהני משום דבשעת קניית העירוב לא היה מתברר כלל איזה מהן

יקנה ולפיכך כיון דבכל חד מהנך עירובי איכא למימר שמא לא יקנה כלל אף על פי שלאחר מכן יתברר הדבר אין ברירה וכן נמי גבי האחין שחלקו כיון דמשעה ראשונה איכא לספוקי שמא לא יזכה בחלק זה כלל נמצא שהוא ספק גמור משעה ראשונה וכל כיוצא בזה אין ברירה אבל הכא עקרו של דבר מתברר משעה ראשונה ומיעוטו לאחר מכן לפי שאף משעה ראשונה אין אנו מסופקין שלא יזכה כל אחד מהם בכל גוף חצר זה ואין אנו מסופקים גם כן שמא אפילו ירצה לזכות פלוני לא יזכה בה שהרי משעה ראשונה אנו יודעין שעתיד כל אחד לזכות בכל גוף חצר זה ושיזכה בו כל שעה שירצה הלכך כיון שעקרו של דבר מתברר מתחלתו ומה שהוא מתברר לאחר מכן שלא נתבררה מתחלה אינו אלא מיעוטא דהיינו הזמן שרצה לזכות בגופה של חצר וזכה בה כל כהאי גוונא יש ברירה שאין המיעוט המסופק מתחילתו ומתברר לאחר מכאן מעכב את הרוב שהיה ברור מתחלתו ומש#ה נהי דבעלמא סבירא לן דבדאורייתא אין ברירה פסקינן הכא כר) אליעזר בן יעקב דבכי הא יש ברירה ורבנן פליגי עליה דכיון דמכ#מ אתה צריך לומר שהוברר הדבר עכשיו שבשעה פלונית היתה קניה לו לגמרי שלא היה מתברר זה מתחלה אפילו בכי האי גוונא אין ברירה ונמצא שאין לכל א) בחלקו של חבירו אלא קנין שעבוד שקונמות מפקיען אותו כך נראה לי

הוא מסביר שהברירה כאן היא רכה יותר, שכן רוב העניין ידוע מראש, שלא כמו בשאר המקרים שבהם עוסקת סוגית ברירה. לכן למרות שלהלכה בדאורייתא אין ברירה, כאן הגמרא פוסקת שיש ברירה. ברור מדבריו שאין כוונתו שאנחנו מחלקים את הפסק בין התנאים, אלא שראב״י עצמו סובר שאין ברירה, אבל במקרה ה״רך״ שכאן הוא סובר שיש. חכמים שחולקים עליו סוברים שסוף סוף מדובר כאן במקרה של התבררות למפרע, ולכן למרות שזהו מקרה רך יותר להלכה גם כאן אין ברירה.

מודל השותפות שהוא מניח הוא מודל של ריבוב על ציר הזמן. טענתו היא שידוע מראש שכל אימת שמישהו ייכנס לחצר היא תהיה שלו. לכן ההתבררות למפרע כאן היא שולית. בעצם מבררים כאן זמנים ולא חלקים

גיאוגרפיים כמו באחים שחלקו (שלאחר החלוקה כל אחד זוכה בחלק מוגדר ולתמיד).

השלכה: האם מותר לחלוק את החצר שנאסרה?

הנמוק״י על הרי״ף כאן מביא שלהלכה גם ראב״י סובר שבחצר גדולה אסור להיכנס:

> ***אבל יש בה דין חלוקה אפילו רבי אליעזר בן יעקב מודה. דאסור דאין ברירה וכדפירשנו הואיל שחברו יכול לעכב עליו א״א לומר שמתחלה קנאוה כולה כל אחד לתשמישו דשמא האחד יכוף את חברו לחלוק ופסיקנא הלכתא כראב״י.***

כעת הוא מביא בשם הריטב״א מחלוקת בין הרשב״א לרא״ה בשאלה האם מותר לשותפים שנדרו הנאה בחצר גדולה לחלוק אותה. ראשית, שיטת הרשב״א:

> ***וכתב הריטב״א ז״ל דעת מורי הרשב״א נר״ו דכיון שאסורין אין להם לחלוק דהא כיון דמודרין זה מזה אסורין ליקח זה מזה כדאי׳ בפרקין דלעיל (דף לא א) וקי״ל (ב״ק דף ט א) דהאחין שחלקו לקוחות הן וכי היכי דיש הנאה בשאר מקח הוא הדין ודאי שיש להם הנאה בחלוקה זו שמוכר כל אחד חלקו להשתמש בו כרצונו.***

הרשב״א טוען שבחצר גדולה יש איסור לחלוק אותה, שכן בחלוקה כל אחד לוקח משהו מחברו (כמו באחים שחלקו, שלהלכה הם לקוחות כי אין ברירה. כלומר הם לוקחים זה מזה), ולקיחה כזאת נחשבת כהנאה (זה שחברו מוכן לחלוק ובכך לאפשר לו להשתמש בחלקו).

אבל הריטב״א עצמו חולק על הרשב״א, וסובר כמורו הרא״ה:

> ***ואני תלמידו הייתי דן דמותרין לחלוק ואף על גב דמתהני אין זה נהנה משל חבירו כלום כי מדין שיתוף שלו זכה כבר בחלוקה וכאילו מקחו קודם לנדרו ויכול לומר שלי אני נוטל וכמדומה לי שכן היה דעת מורי הרא״ה ז״ל עכ״ל.***

טענתו היא שהשותפות כבר מכילה בתוכה את אפשרות החלוקה, ולכן הנדר של אחד השותפים לא יכול לשנות זאת (לחול על זה).

כעת **הנמוק"י** מביא את דברי הר"ן שמסביר את יסוד המחלוקת הזאת. הוא מתחיל בביאור שיטת הרשב"א:

וכ) הרב#ר ז#ל הרשב#א ז#ל כתב דאפילו חלקו אחר הנדר אסורין ליכנס ולא אמרינן הוברר הרבה למפרע שזה חלקו המגיעו משעה ראשונה והוא לא נאסר אלא בחלק חבירו דאי הכי הויא לה הך ברירה כשאר ברירות דעלמא וקי#ל ^ביצה דף לח או בדאורייתא אין ברירה וכי תימא מ#מ הא קי#ל כשמואל דאמר ^ב#ק דף ט או האחין שחלקו לקוחות הן והרי זה כאילו לקחה ממנו ליתא דאפי) לקחה ממנו אסורה כדאמרינן לעיל ^דף לד בו גבי ככרי עליך דאע#ג דיהיב לה במתנה אסור ומכירה הרי היא כמתנה כדתנן בקונם ביתך וכו) ^דף מו או מכרו לאחר מותר הא מכרו לו אסור זהו דעת הרשב#א ז#ל

הרשב"א סובר שבחלוקת שותפות יש ברירה אמיתית, ולכן אם הם חולקים את החצר הרי הוברר לכל אחד חלקו. אבל להלכה אין ברירה בדאורייתא, ולכן גם אם הם חלקו את החצר עדיין כל אחד שייכנס משתמש גם בחלק אסור. הוא רואה את החלוקה הזאת כברירה רגילה, לא כשיטת הר"ן שראינו למעלה.

כעת הוא מביא שהרמב"ם סבר כראב"ה והריטב"א, נגד הרשב"א:

אבל הרמב#ם ז#ל כתב בפ) ז) מהל) נדרים היו שניהם שותפין בחצר דאם יש בה דין חלוקה הרי אלו אסורין ליכנס לה עד שיחלקו ויכנס כל אחד ואחד בחלקו אלמא סבירא ליה ז#ל דלאחר חלוקה שרי

והוא מסביר כעת את שיטתם:

ונראה לי בטעמו ז#ל דאע#ג דקי#ל דבדאורייתא אין ברירה אפי) הכי הכא אנו סהדי שעל דעת כן נשתתפו שלא יוכל אחד מהם לאסרה על חברו בענין שתהא נאסרת עליו לאחר חלוקה דאי הכי אסר עליה נכסי דידיה ואינו בדין עכ#ל ז#ל

כלומר כאן לא חל דין אין ברירה הרגיל. כעת הוא מקשה מדוע, הרי להלכה אנחנו פוסקים שאין ברירה בדאורייתא, וכותב:

ונאמרו הרבה תירוצין והתירוץ שהסכימו האחרונים ז#ל הוא שכתב הריטב#א ז#ל וז#ל הנכון בזה כמו שתירץ רבינו הרמב#ן

ז"ל וכן הרב יונה קרובו בשם הרב שלמה מן ההר ז"ל דלא שייכא הא בברירה דעלמא דהתם הוא בדבר הסתום בתחלתו שא"א להתברר כלל והוא מתברר בסופו לגמרי כענין חלוקת יורשים וכההיא דכתב גט לאיזו שתצא בפתח תחלה אבל זו שבכאן ענין אחר הוא שאנו אומרים שכבר נתברר להם הדבר מתחלתו ועל דעת כן נשתתפו בדבר שאין בו דין חלוקה שיהא כל אחד משתמש בו מדין זכותו תמיד במה שצריך להשתמש עראי וכאילו הוא קני לו באותה שעה ותדע שהרי פעמים שמשתמש בכולו ואין זה ברירה דעלמא וכי נאמר "הדבר) שהוברר הדבר שהוא שלו ועוד כשפעמים משתמש כאן ופעמים כאן היאך נעשה כל הברירות הללו למפרע אלא ודאי ברירה זו מדין קנין הוא ולא דמו אותה בתלמוד מעולם לברירה דעלמא וזה דבר מבואר בלי שום ספק בעולם ולזה הסכימו רבותי עכ"ל

זה דומה מאד להסבר שראינו למעלה בר״ן. אבל יש כאן תוספת הסבר, שהמחלוקת לגבי ברירה היא מחלוקת מטפיזית. האם באמת דברים יכולים להתברר למפרע. אבל אצלנו מדובר בדיני קניינים, שהם חלק מדיני חוזים. שני שותפים יכולים לעשות ביניהם חוזה שקובע שמותר לכל אחד להשתמש בחלקו בשעה שהוא נכנס אליו ״וכאילו הוא קנוי לו באותה שעה״. כלומר כאן זו יכולה להיות הגדרה פיקטיבית בחוזה, גם אם במציאות המטפיזית שום דבר לא באמת מתברר למפרע.

זה כמובן מעורר את השאלה לפי שיטה זו כיצד מחולקות הבעלויות בנכס עצמו? נראה שמדובר בבעלות משותפת על הכל (חלוקה של הבעלות ולא של הנכס). המימוש הוא בצורה של זכות שימוש לכל אחד במקום שהוא נכנס אליו בשעת הכניסה.

הוא מסיים שזו גם שיטת הר״ן (שראינו):

והרנב"ר ז"ל בא ליישב לפירוש זה לשון ברירה ואין ברירה דאמרינן עלה דהא בפרק שור שנגח ־דף נא בו שהרי לא משתמע מהא שיהא טעמו דר"א משום ברירה כלל אלא מפני שאתה אומר שמשעה ראשונה כל החצר קני לכל אחד מהם אלא הכי קאמרינן ששותפין הללו בשעה שלקחו החצר על דעת כן לקחוה שבשעה

שישתמש בה א) מהם תהא כולה שלו לתשמישו ולפי שמשעה ראשונה אין אנו יודעין באיזה יום ובאיזו שעה ישתמש בו כל אחד מהם אנו צריכין לברירה לומר שעכשיו שהאחד מהם משתמש בה הוברר למפרע שמשעה ראשונה קנה אותה כולה לתשמיש זה וכשחברו ישתמש בה למחר נאמר גם כן דאיגלאי מילתא דמשעה ראשונה קנאה כולה לשעה זו והאריך ז#ל בזה בפירושיו ;

זו המשמעות של הברירה ה"רכה" שעליה דיבר הר"ן שראינו את דבריו למעלה. כלום לא באמת מתברר כאן, אלא רק כאילו מתברר. בעצם מדובר רק בזכויות שימוש, ואילו עצמות הבעלות לא משתנה עם הזמן. מכאן גם עולה התפיסה ההלכתית שמותר לחלוק את החצר אחרי הנדר. זו ההשלכה ההלכתית של תפיסת הר"ן והרמב"ן והריטב"א והרא"ה ורבנו יונה והר"ש מן ההר.

נעיר שהרמב"ם מובא גם הוא כאן כחלק מסיעת הראשונים שהבינה את השותפות כר"ן, אבל למעלה ראינו שהר"ן כתב שהרמב"ם תופס את השותפות כבעלות מלאה על הכל (חלוקה של הנכס עצמו, אבל כולו של כל אחד מהשותפים). אמנם ההסבר שמובא כאן יכול להתאים גם לתפיסה ההיא: כל שותף בעלים על הכל, וזכויות השימוש הן שמשתנות. הניסוח כאן רק מחליף את החלוקה בנכס עצמו בחלוקה של הבעלות עליו, וכנ"ל.

פרק חמישי
עדות על חלק השותף

מבוא

אחת האינדיקציות למשמעותה של שותפות מצויה בסוגיית ב"ב, שם הגמרא עוסקת באפשרותו של שותף להיות עד על חלקו של השותף האחר.

המימרא של שמואל

הגמרא שם מב ע"ב מביאה מימרא של שמואל לגבי שותפים:

דאמר שמואל; השותפין מחזיקין זה על זה- ומעידין זה על זה- ונעשים שומרי שכר זה לזה/

בין היתר הוא קובע שהשותפים מעידים זה על זה. למה הכוונה? מסביר הרשב"ם שם:

ומעידין. זה על חלקו של זה להעמידה בידו אם בא אחד מן השוק לערער עליו ולא הוי נוגע בעדות כדמפרש לקמן

רשב"ם מסביר שמדובר באדם שמערער על חלקו של אחד השותפים בנכס, ושמואל קובע שהשותף השני יכול להעיד בנושא הערעור הזה. החידוש הוא שהשותף לא נחשב כנוגע בעדות לגבי זה.

כבר כאן יש מקום לתהות מדוע שהשותף יהיה נוגע בעדות, הרי מדובר בחלקו של שותפו ולא שלו, ובחלק ההוא הוא כלל אינו שותף. זה נכס של חבר. לכאורה עולה מכאן שכל הנכס מחולק בין שניהם, ואין כאן חלק אחד שמצוי בבעלותו של השותף האחר. או שמדובר בחלוקה בבעלות ולא בנכס, או שמדובר בחלוקה בנכס, אבל יש שותפות בכל גרגיר ממנו.

חשוב לציין שגם במודל הזה (שותפות בבעלות) אין כאן נגיעה בעדות, שהרי גם אם החלק יעבור לבעלותו של אדם שלישי השותף שמעיד לא נפגע מכך כלל. נראה שמדובר כאן בפסול של בע"ד ולא בפסול של נוגע בדבר. אדם לא יכול להעיד על נכס שבבעלותו, גם אם הוא לא נוגע בדבר.

נציין שהגמרא גם לא מעמידה את המקרה דווקא בחצר קטנה שלא ניתנת לחלוקה, או למ"ד שיש ברירה (שאין הלכה כמותו). כלומר נראה שהדיון

כאן עוסק בכל השותפויות, ולכאורה נראה שהגמרא מניחה שבכולם הבעלות היא שמחולקת בין השותפים.

בכל אופן, שמואל מחדש שאין בעיה כזאת. לכאורה אין להסיק מכאן שום מסקנה, שהרי באמת ייתכן שאין בעייה בדיוק בגלל שהחלק הזה לא נמצא בבעלותו של המעיד. זה גופא חידושו של שמואל, ששותפות היא חלוקה בנכס ולא בבבעלות.

מהלך הגמרא

הגמרא שם בסוף העמוד מתחילה לדון בקביעה זו של שמואל:

ומעידין זה לזה. אמאי נוגעין בעדותן הן?

הגמרא מתקשה בדיוק בנקודה הזאת, שהשותף נוגע בעדותו וצריך להיפסל לעדות. נראה שהגמרא לא מוכנה לראות במסקנתו של שמואל קביעה שבאמת השותפים מחלקים את הנכס ולא את הבעלות. היא רואה בשותף נוגע בעדות, ובפשטות מתעקשת על המודל שהחלוקה היא בבעלות ולא בנכס (ושוב, נראה שהכוונה היא לבע״ד ולא לנוגע בדבר, שהרי אין לשותף שמעיד נגיעה אמיתית בדיון הזה). אם כן, קביעתו של שמואל טעונה הבהרה.

אמנם הרשב״ם כאן מסביר:

נוגעין בעדותן הן . דכל זמן שלא חלקו לגמרי אם יטול שום מערער כלום מן השדה יפסידו שניהן ונמצא דלעצמו מעיד.

מדובר בערעור שנוגע לחלק כלשהו של הנכס, ואין לשייכו לאחד משני השותפים. לכן לפני שחלקו את הנכס כל אחד מהשותפים יפסיד אם המערער יזכה. אם כן, כעת ברור שמדובר בדין נוגע בדבר ובע״ד ופסול לעדות.

מכאן, שאם המערער טוען רק כנגד חלקו של אחד השותפים, שם ודאי שהשותף השני יוכל להעיד. האם זה אומר ששותפות אינה חלוקה של הבעלות אלא של הנכס? לא בהכרח. גם אם מדובר בחלוקה בבעלות, הערעור הוא רק על חלקו של האחר, ולכן השותף אינו בע״ד.

הגמרא מתרצת:

הכא במאי עסקינן . דכתב ליה ; דין ודברים אין לי על שדה זו.

הגמרא מעמידה בשותף שמוותר על חלקו. זה כמובן מעורר את השאלה ההפוכה: אם כן, מה החידוש במימרא של שמואל? אם השותף הסתלק שוב אין סיבה לפסול את עדותו.

ייתכן שהחידוש הוא שלגבי פסול נוגע אין את הדין שנדרשת "תחילתו בכשרות", כלומר שבכל מהלך העדות מהראיה ועד ההגדה בבי"ד העד יהיה כשר (ראה בחידושי הרמב"ן והרשב"א כאן). אבל להלן נראה שיש כאן חידוש בדין נגיעה בעדות.

כעת מתחיל דיון בשאלה האם הסתלקות כזאת מועילה:

וכי כתב לו מאי הו@ והתניא- האומר לחבירו ; דין ודברים אין לי על שדה זו ואין לי עסק בה וידי מסולקות הימנה . לא אמר כלום"

הגמרא מוכיחה שהסתלקות כזאת לא מועילה, שכן המסתלק נותר בעלים על חלקו.

לכן הגמרא מסבירה:

הכא במאי עסקינן . כשקנו מידו/

מדובר שעשה מעשה קניין, ולכן ההסתלקות שלו מועילה. כעת כל הנכס הוא בבעלות השותף האחר, ולכן הוא יכול להעיד.

כעת מקשה הגמרא:

וכי קנו מידו מאי הו@ הרי מעמידה בפני בעל חובו" דאמר רבין בר שמואל משמיה דשמואל ; המוכר שדה לחבירו שלא באחריות .אין מעיד לו עליה- מפני שמעמידה בפני בעל חובו"

המימרא הזאת של שמואל רואה את מי שמכר שדה לחברו בלי אחריות (כלומר שאם יבוא בע"ח ויגבה ממנו, המוכר לא חייב לפצות אותו), כמי שפסול להעיד על החוב, כי הוא מעמיד את השדה בפני בעל חובו. כלומר אחרי שהוא מכר את השדה יש לו עניין שהיא תישאר של הלוקח כדי שבעלי החוב שלו יוכלו לגבות ממנה. לכן הוא פסול להעיד עליה.

הרשב"ם כאן מסביר:

וכי קנו מידו מאי הוי . אכתי אמאי מעיד להעמיד השדה בידו הרי נוגע הוא בעדות זו דניחא ליה שיהיה השדה ביד השותף מפני שמעמידו האי נותן לפני בעל חובו שאם יש לו שום בע#ח שהלוהו מעות קודם שהקנה לחבירו חלקו שהיה לו בשדה יבא בעל חוב ויטרוף אותה שהרי חציה משועבדת לו ויפטר זה הנותן

מבעל חובו ולא יהיה לוה רשע ולא ישלם כדלקמן בשמעתין שאילו יטרפוה מזה בעדים שיאמרו שלא היה לאלו שותפין חלק בה לא יוכל בעל חוב שלו לגבות הימנה והו#ל לוה רשע ולא ישלם.

למוכר נוח שהשדה תישאר של הלוקח ויוכלו לגבות ממנה, למרות שגם אם לא יגבו ממנה לו עצמו אין מה לשלם ולכן הוא לא יפסיד כסף. הסיבה לכך היא שהוא רוצה לא להיחשב לווה רשע שלא משלם. לדעת רשב״ם זה עדיף למוכר על פני להיות רשע שמשקר לגבי השדה שמכר.

הגמרא מתרצת:

הכא במאי עסקינן . דקביל עליה אחריות. אחריות דמא@ אי נימא אחריות דעלמא- כל שכן דניחא ליה׳ אלא אחריות דאתיא ליה מחמתיה.

הגמרא מעמידה זאת במכירה באחריות, ואם המוכר אחראי למכירה אז בכל אופן חוזרים אליו ולכן באמת אין לו אינטרס להעיד על השדה.

הגמרא מביאה כעת הוכחות שהסתלקות בקניין באמת מועילה כדי להעביר את הבעלות, אבל היא לא מועילה לגבי כשרות לעדות:

וכי מסלק נפשיה מיניה מי מסתל@ והתניא ; בני עיר שנגנב ספר תורה שלהן . אין דנין בדייני אותה העיר- ואין מביאין ראיה מאנשי אותה העיר> ואם איתא- ליסלקו בי תרי מינייהו ולידייני׳

ומסביר רשב״ם:

והתניא כו) . וטעמא משום דאיכא למימר קנוניא הוא דעבוד כדי שיעיד לו עליה ויעמידנה בידו ואחר כך יחזור לשותפותו.

החשש הוא שהמסתלק יעשה קנוניה עם שותפו (שאר בני העיר, במקרה הזה), ולכן הוא פסול להעיד גם אחרי ההסתלקות.

הגמרא מיישבת:

שאני ס#ת- דלשמיעה קאי.

ההנאה שיש לו מהס״ת היא הנאת שמיעה, לכן למרות שהסתלקות רגילה מועילה לעדות כאן זה לא מועיל כי הוא עדיין נשאר נוגע בעדות.

פסק ההלכה

למסקנה נראה ששותף פסול להעיד על הנכס המשותף, אבל עדות שהיא רק על החלק של חברו כשרה. הסתלקות בקניין ובאחריות מועילה להכשיר את המסתלק לעדות גם על הנכס כולו.

אבל הרמב״ם בהל׳ עדות פט״ו ה״ד כותב:

קרקע שבין שני שותפין שבא מערער להוציאה מתחת יד השותף- אינו מעיד לשותפו עליה אלא אם סילק עצמו ממנה וקנו מידו שנתנה לשותף ושאם בא בעל חוב שלו וטרפה מיד השותף משלם לו דמיה ואחר כך מעיד לו עליה וכן כל כיוצא בזה.

מדבריו נראה שהשותף לא יכול להעיד גם כשהדיון הוא רק על החלק של שותפו, וזאת בניגוד למהלך הגמרא שראינו. נראה שהוא למד את הגמרא לא כרשב״ם, ולשיטתו הגמרא עוסקת בערעור על החלק של השותף בלבד (ולא על הנכס המשותף כולו), ובכל זאת דרושה הסתלקות כדי שיהיה כשר להעיד. זה הופך לגמרי את מסקנת הגמרא שראינו.

ובשו״ע חו״מ סי׳ לז ס״א פסק:

כל עדות שיש לאדם הנאה בה- פסול להעיד- לפיכך קרקע של שני שותפים- ובא האחר להוציא מתחת יד האחד- לומר שאותו שמכרה להם גזלה ממנו- אין שותפו מעיד לו עליה לפסול עידי המערער- ואפילו על חלק השותף לא יועיל עדותו- אלא אם כן סלק עצמו ממנה וקנו מידו שנתנו לשותף ואפילו לא סלק עצמו עד לאחר הערעור- מהני- וצריך שיקבל עליו שאם יבא בע״ח ויטרפנה מיד השותף- ישלם לו דמיה וצריך להתנות שאם יבא לחטפה ממנו בטענת אחרות לומר שהיתה גזולה בידו וכיוצא בזה- שאינו מקבל אחריות אבל אם אין המערער טוען אלא על חלק השותף בלבד- כגון שטוען שמכרה לו השותף- יכול להעיד לו- שאז אינו נוגע בעדות כלל.

בתחילת ההלכה הוא חוזר כמעט במדויק על לשון הרמב״ם, אבל מקפיד לומר שהערעור עוסק בשני החלקים (זה ערעור על המכירה לשניהם), ורק הדיון על העדות ממוקד בחלק של השותף האחר. ובאמת בסוף ההלכה הוא כותב שאם הערעור עצמו הוא רק על חלק השותף האחר אזי השותף השני יכול להעיד עליו גם בלי הסתלקות. אבל, כאמור, מלשון הרמב״ם משמע שהשותף פסול גם כשהוא מעיד רק על החלק האחר. מדוע? כנראה מפני

שהנכס הוא משותף לשניהם, ולכן גם אם הערעור נסוב רק על השותף האחר, עדיין יש כאן עדות על נכס ששייך לו עצמו, ובזה הוא פסול גם אם אין לו הנאה ישירה מעדותו.

התלות ביסוד פסול נוגע

ונראה שהדברים קשורים ליסוד פסול נוגע לעדות. הראשונים והאחרונים נחלקו בשאלה האם פסול נוגע הוא משום שהנוגע הוא חשוד לשקר או משום שהוא בע״ד, ואדם שמעיד על עצמו הוא כמו קרוב. יש לכך כמה השלכות, למשל האם הנוגע פסול להעיד גם לחובת עצמו או רק לזכותו. וגם האם צריך שיהיה תחילתו בכשרות (כלומר שכבר בעת שראה את העדות הוא יהיה עד כשר) ועוד.

הסמ״ע כאן בסק״א מביא את דברי **העיר שושן**:

כל עדות שיש לאדם הנאה בה פסול להעיד/ בעיר שושן^סעיף א)ו כתב בזה ז#ל- ולא משום דחשדינן ליה- אלא משום דאדם קרוב אצל עצמו- עכ#ל/

כלומר לשיטתו הפסול הוא כמו קרוב, ולא בגלל חשד לשקר. וכך מסיק גם בעל **קצוה״ח** שם סק״ה.

אבל **הסמ״ע** עצמו (וכן **הש״ך** **ונתיה״מ** ועוד מנושאי הכלים כאן) חולק עליו:

ולא ידעתי מנין לו הא/ ופשוט הוא בעיני דהטעם הוא משום דחשדינן ליה בדבר שיגיע לו הנאה ממנו- וכמ#ש הטור והמחבר בס#ס זה^טור סעיף ט# ומחבר סעיף כ#א)-

הוא טוען שפסול נוגע הוא משום שהנוגע חשוד לשקר. ראה בסעיפים הבאים כמה דחוקים שנאלץ **הסמ״ע** להיכנס אליהם בגלל שיטתו זאת. אמנם בש״ך כאן טוען שאפשר ליישב את דברי **הע״ש** ולומר שגם לשיטתו הנוגע פסול להעיד רק לזכות עצמו ולא לחובתו, שכן רק אז הוא נוגע ודינו כקרוב. כשהוא מעיד לחובת עצמו אין לו נגיעה ממילא הוא לא יהיה פסול גם לדעת **הע״ש**.

יש למחלוקת הזאת נגיעה ישירה גם לענייננו. אם אכן פסול נוגע הוא רק משום חשש שקר בעדותו, כי אז אין מקום לפסול את עדותו אם הערעור נוגע רק לחלק של השותף. כפי שראינו, כך אכן נוקט **השו״ע** בסוף ההלכה.

אבל בלשון הרמב״ם ראינו שנראה שהערעור עוסק רק בחלקו של השותף ועדיין השותף השני יהיה פסול אלא אם הסתלק מחלקו שלו. לאור דברי **הע״ש** ניתן להבין זאת טוב יותר, שכן אם באמת שניהם שותפים בנכס, ואם המודל של השותפות הוא בעלות בכל גרגיר בנכס (חלוקה של הבעלות או חלוקה של כל גרגיר וגרגיר בנכס עצמו) אזי מדובר בעדות על נכס שלו עצמו, ולכן גם אם אין לו הנאה ממונית כלשהי הוא יהיה פסול להעיד עליו.

הערת ה׳סמ״ע׳

בדברי **השו״ע** הנ״ל יש קטע שנראה מאד מוזר. כשהוא עוסק בערעור על הנכס כולו הוא מכניס הערה שאפילו על חלק השותף האחר לבדו הוא אינו נאמן. לא ברור כיצד ייתכן ערעור שהוא רק על חלק השותף האחר. נראה שכוונתו היא שאם הערעור הוא על כל הנכס, אזי במצב כזה לא תועיל העדות של אחד מהם גם לגבי שותפו בלבד. לעומת זאת, בסוף ההלכה הוא עוסק במקרה שהערעור עצמו נסוב רק על אחד השותפים (כגון שהוא טוען שהשותף ההוא מכר לו את חלקו), ואז לדעתו אין שום בעיה.

והסמ״ע כאן בסק״ה כותב על החלק הראשון בדברי **השו״ע**:

> ***ואפילו על חלק השותף לא יועיל כו/) הטעם- דמה שישאר ביד שותפו יהיה גם לו חלק בו כל זמן שלא חלק עמו לפני זה לגמרי, אבל אם חלק עמו לפני זה לגמרי- מעיד לו ,וכ#כ רשב#ם בפרק חזקת ^ב#ב מ#ג ע#א ד#ה טגעינו- דאז אינו יכול לחזור ולומר חלוקתינו בטעות היתה מאחר שיצא חלקי מתחת ידי בתורת גזילה///***

הוא מחלק בין שני מצבים. אם השותפות לא נחלקה ביניהם, אז ברור שהוא לא יכול להעיד גם על חלקו של השני, שהרי אם המערער יזכה יישאר כאן נכס משותף קטן יותר ולכל אחד יהיה חלק קטן יותר. אבל אם הם כבר חלקו את הנכס אז ודאי יכול להעיד לו. פירוש זה כמובן מעורר קושי מה החידוש בדברים? אם הערעור נוגע אליו ברור שהוא לא יהיה נאמן.

אבל אם נפרש שהדיון כאן הוא בשותפות שלא נחלקה, ואז גם כאשר הערעור והעדות הם רק על חלקו של השותף עדיין השותף האחר פסול להעיד, שכן הוא בע״ד שמעיד על נכס שלו עצמו. אך כאמור **בשו״ע** עצמו כנראה לא הבין כך.

מקור מפורש לדברינו

כאמור, **השו"ע** בסוף ההלכה עוסק בערעור שיצא מראש רק על חלקו של השותף האחר. מקור דבריו **בטור** כאן בסי' לז. ו**בשער משפט** כאן סק"ג הקשה עליהם:

*אבל אם אין המערער טוען אלא על^חלקו השותף לבד וכו/. כן הוא לשון הטור- והב#י כתב על זה וז#ל; זה דבר פשוט דהא אינו נוגע בעדות ולשון הרשב#ם *ב#ב מג- א ד#ה נוגעים) משמע דהב#ע בשלא חלקו לגמרי אבל כל אחד משתמש בחצי השדה דאילו חלקו משם ואילך כל אחד מפסיד לעצמו והילכך מעיד לו עליה וזהו שכתב רבינו אבל אם אין המערער טוען אלא על חלק וכו/- עכ#ל משמע שהבין שהטור מיירי הכא בחלקו- וזה תמוה מאוד דאי מיירי הכא כשחלקו מאי איריא כשטוען שהשותף מכר לו חלקו אינו נוגע הא אף כשטוען שחלק השותף גזולה נמי יכול להעיד לשיטת הרשב#ם וכמו שכתב הסמ#ע סק#ח- אלא ודאי נראה פשוט לכאורה דבכהאי גוונא שטוען שהשותף מכר לו חלקו לבד אף שלא חלקו כלל יכול שותף חבירו להעיד לו דהא אינו נוגע בעדות כלל- וכ#כ מוהרש#ק בהגהות הט#ו*

הוא מסיק שלא ייתכן שמדובר כשחלקו את הנכס, שהרי במקרה כזה גם אם יוצא ערעור שהשותף האחר גזל יכול השותף השני להעיד לטובתו. אבל **הב"י** סובר שבערעור על גזל הוא לא יכול להעיד כשטרם חלקו, למרות שאין לו שם שום נגיעה.

שעה"מ שם מסיק כך גם להלכה:

אך מ#מ לדינא נ#ל כהב#י דבלא חלקו אף שמערער שהשותף מכר לו חלקו לבד מ#מ אין השותף חבירו יכול להעיד לו- ולא מבעיא אם הם שותפים בבית ודרים ביחד דאינו יכול להעיד לו דחשיב נוגע בדבר דאפשר עם השותף שלו נוח לו לדור עמו ביחד ועם המערער אינו רוצה לדור ביחד// אלא אפי) בשדה וכה#ג מ#מ נ#ל דמיחשב נוגע בעדות מהאי טעמא די#ל דניחא ליה יותר להיות שותף עם זה השותף חבירו או לחלק עמו מלהיות שותף או לחלק השותפות עם המערער// וא#כ לפ#ז אף היכא דהמערער טוען

שהשותף מכר לו חלקו לבדו אין שותפו יכול להעיד לו אלא כשחלקו דוקא אבל בלא חלקו מיחשב נגע בעדות

הוא מסביר שישנה נגיעה גם בערעור על חלקו של השותף האחר, כל עוד לא חלקו, כי הוא מעדיף את שותפותו של פלוני על אלמוני.[10] ראה בהמשך דבריו שנאלץ לעשות הבחנות בדברי **הטור** כדי ליישב את דבריו.

אך לפי דרכנו אין צורך לכל זה. ברגע שהשותפות לא נחלקה, אף אחד מהשותפים לא יכול להעיד גם על חלקו של האחר, שכן הוא מעיד על נכס שלו עצמו והוא פסול מדין בע״ד.

סיכום

אם אנחנו צודקים בהבנת דברי הרמב״ם, נראה שהוא למד את הסוגיא אחרת לגמרי ממה שראינו. לשיטתו מדובר בשותף שמעיד על חלקו של שותפו עוד בטרם חלוקת השותפות. הוא פסול בלי הסתלקות מחלקו, שכן המודל של השותפות לפי הרמב״ם הוא בעלות משותפת, ולכן אם הוא יעיד כאן הוא מעיד על נכס שלו ולכן הוא פסול לעדות כבע״ד. הראשונים והאחרונים שהבינו את השותפות כחלוקה של הנכס עצמו, אזי עוד בטרם חלוקת השותפות אין כאן בכלל מצב של בע״ד, שהרי אם הערעור הוא רק על השותף האחר זה עוסק בחלקו האחר של הנכס שאינו בבעלותו של השותף המעיד. לכן הם מחפשים בכל מצב כזה נגיעה בעדות כדי לפסול את השותף לעדותו, ונאלצים להידחק.

בפשטות כשהגמרא עוסקת בעדות של שותף בנושא ערעור על חלקו של השותף האחר היא עוסקת במקרה כמו שתיארנו. הראשונים האחרים נאלצים לדחוק בפירוש הסוגיא, מכיון שהם סוברים שמודל השותפות הוא חלוקה בנכס. לפי התפיסה הזאת, גם בטרם חלקו השותפים את השותפות לכל אחד מהשותפים יש חלק מוגדר בנכס (גם אם אנחנו לא יודעים

---

[10] ראה דבריו שם בסק״א שדן באריכות בדברי מהרי״ט שנגיעה לא ממונית לא נחשבת כנגיעה. כאן הוא כמובן לא הולך בשיטה זו. ראה גם **קצוה״ח** שם סק״ב ובשאר נושאי הכלים שם

להצביע עליו), וממילא עדותו של השותף על החלק של שותפו לא אמורה להיפסל מדין בע"ד.

פרק שישי

שותפות: מודלים לוגיים

מבוא

עד כאן ראינו עסקנו בשותפים בבעלות על נכס כלשהו. בדיון עלו כמה סוגי התייחסות, חלקם נוגעים לסיטואציות שונות (חצר גדולה וקטנה, תפוסת הבית ועוד) וחלקם שנויים במחלוקות בין המפרשים. מכיון שהשותפות היא רק תווך שדרכו אנחנו מנסים לבודד מודלים שונים לשותפות (או ערבוב), לא נתייחס לסיטואציות השונות. מבחינתנו כאן מה שחשוב הוא להציג תיאור פורמלי של המודלים השונים, וכך לבנות ארגז כלים לוגי לטיפול בערבובים.

אבני בניין ומסגרת תיאורטית

כל מודל כזה מתייחס ל-n שותפים שמסומנים באינדקס i ($i=1\ldots n$). בנכס יש בסך הכל P חלקים (למשל נקודות בקרקע) שיסומנו באינדקס j. לכל שותף i יש נתח של p_i/P מתוך הנכס. ברור שכאן צריך להתקיים:

$$.\sum_{i=1}^{n} p_i = P$$

במקרה שהחלקים של כל השותפים הם שווים, מתקיים כמובן: $p_i=P/n$.

כפי שראינו, עקרונית יכול להתקיים מצב שבו על אותו חלק בשדה j יש כמה בעלויות במקביל, שיסומנו n_j, אבל אז הבעלות של כל אחד מהם היא קלושה (לאף אחד אין בעלות מלאה על החלק. ראה להלן).

המודלים השונים נבדלים זה מזה בשאלה האם החלוקה היא בנכס או בבעלות, ואם החלוקה היא בנכס כיצד נראית החלוקה הזאת. אם החלוקה היא בבעלות, אזי בעצם יש בעלים אחד ($n=1$) לכל הנכס והוא השותפות כולה, שמורכבת מכל השותפים: $Y=1 \oplus 2 \oplus 3 \oplus 4\ldots \oplus\ n$. השותפות הזאת היא הבעלים על כל הנכס. הלכתית זוהי בעלות שונה, ובמצב כזה

לאף אחד מהשותפים אין אפילו בעלות קלושה על אף חלק מהנכס. בהמשך נציע הצרנה שונה למודל הזה.

אם נניח שהחלוקה היא בנכס, ניתן לתאר את הבעלות של כל שותף i על כל חלק j בנכס ידי אוסף פונקציות y_{ij}, שמוגדרות מעל הקבוצה A. הערך של כל פונקציה כזאת (שיעור הבעלות של הבעלים i מתוך החלק המדובר j) מקיים: $0 \le y_{ij} \le 1$. כשיש כמה בעלים על אותו חלק j בנכס, אזי הפונקציות y_{ij} עבור החלק הזה מקבלות ערכים שבורים (בין 0 ל-1). אם לכל חלק יש רק בעלים אחד אז הערכים של הפונקציות הללו הם 1 או 0.

מה שהפונקציות הללו צריכות לקיים הוא שלוש דרישות:

$$\sum_{j=1}^{P}\sum_{i=1}^{n} y_{ij} = P \quad ; \quad \sum_{i=1}^{n} y_{ij} = 1 \quad ; \quad \sum_{j=1}^{P} y_{ij} = p_i$$

הדרישה הימנית משמעותה היא שאוסף הבעלויות על כל החלקים הוא סך החלק של השותף i בנכס. הדרישה האמצעית משמעותה שכל חלק בנכס צריך להיות בבעלות מלאה אם מתחשבים בכלל השותפים (אין חלקים בנכס שהם בבעלות חלקית של השותפות). הדרישה השמאלית היא נגזרת של התנאי שהוצג למעלה שסך החלקים של כלל השותפים הוא P, כשמשתמשים בשתי הדרישות הימניות כאן.

האלמנט האחרון שנצרך בשפה שלנו הוא קבוצת החלקים של כל שותף בנכס: Δ_i. לדוגמה, אם שותף i הוא בעלים על החלקים הבאים מתוך הנכס: $\{1,3,12,33,41,59,88\}$, אזי זוהי הקבוצה Δ_i, שהיא בעצם תת קבוצה של הקבוצה A שהיא קבוצת כל החלקים בנכס שנמצאים בבעלותו של השותף i. נסמן את מספר החלקים בקבוצה הזאת ב-k_i.

כאן מתקיימים כמובן שלושת התנאים:

$$\bigcup_{i=1}^{n}\Delta_i = A \quad ; \quad \Delta_i \subseteq A \quad ; \quad k_i \ge p_i$$

עד כאן זו תיאוריה כללית לגמרי, ובין מרכיביה תמיד מתקיימים שישה תנאים. ההבדל בין המודלים השונים שראינו לגבי שותפות יכול לבוא לידי

ביטוי בשפה הזאת רק במבנה הפונקציות y_{ij}. כפי שנראה בהמשך, גם המודל של חלוקה בבעלות ולא בנכס יכול להיות מיוצג באמצעות הפונקציות הללו.

מודל ראשון: שותפות שווה ואחידה

אם יש שני שותפים שווים בשדה A, ואנחנו מניחים מודל שבו לכל שותף יש חלק פרופורציוני בכל נקודה בשדה, אזי הפונקציות תהיינה קבועות: $y_{1j}= y_{2j}=1/2$. ובאופן כללי יותר, עבור n שותפים שווים שלכל אחד מהם יש חלק מתאים בשדה, המודל מתאר זאת על ידי פונקציות קבועות: $y_{ij}=1/n$. במקרה זה לכל שותף i יש P חלקים, כלומר מתקיים: $\{\Delta_i = A\}$, $\{k_i=P\}$. אלא שבעלותו של אותו שותף על כל חלק כזה (j) היא $y_{ij}=1/n$. כמובן ששת התנאים מלמעלה שמגדירים את השפה מתקיימים כאן.

מודל שני: שכנות ושכנות מעורבבת

אם יש לנו n שותפים שלכל אחד יש קבוצת חלקים Δ_i שכוללת p_i חלקים אחרים מהשדה, אבל אין שום חפיפה בין הבעלויות (כל חלק שייך רק לאחד מהשותפים). במקרה זה הקבוצות Δ_i הן זרות זו לזו. זוהי חלוקה שלימה של הקבוצה A שמקיימת: $(\forall ij)\{\Delta_i \cap \Delta_j \equiv \phi\}$. הנתח של כל שותף הוא מספר הנקודות שבבעלותו, ולכן מתקיים: $k_i = p_i$.

במקרה כזה עלינו לבנות את הפונקציות y_{ij} כסכומים על פונקציות דלתא קרונקר שמקבלות את הערך 1 בחלק j ששייך ל-Δ_i ו-0 בשאר. מה שמתקבל הוא:

$$y_{ij} = \sum_{k\in\Delta_i}\delta(j-k)$$

הסכום כמובן מתבצע על p_i איברים. כל ששת התנאים מלמעלה מתקיימים גם במקרה הזה.

בעצם זוהי שותפות שבה קבוצת החלקים שבבעלותו של השותף i היא יחידה ומוגדרת היטב, וכל אחד מאיתנו יכול להצביע עליה. מודל כזה מתאר מקרה פשוט ולא מאד מעניין, שהרי מדובר כאן בסוג של שכנות, ולא ממש בשותפות. מה יקרה במודל כזה אם אחד ה״שותפים״ (או שכנים) אוסר את חלקו בהנאה על עמיתו? האם לעמית מותר להיכנס לחלקו שלו? נראה שזה יהיה תלוי באופי השכנות. אם לכל אחד יש חלק מקרוסקופי מובחן ונפרד בשדה, אזי לא מתעוררת שום בעיה. למשל, אם החצי הצפוני של השדה שייך לראובן והשני לשמעון, אז ברור שכל אחד יכול להיכנס לחלקו. זו שכנות פשוטה, כמעט בלי אלמנט של שותפות (למעט מחויבויות שקיימות גם בין שכנים, למשל לדאוג שלא ייווצרו כלאיים בין שדהו של האחד לכרמו של השני).

אבל אפשר לחשוב על שכנות מעורבבת יותר, למשל כשלראובן יש את כל החלקים הזוגיים ולשמעון את האי זוגיים. במצב כזה ייתכן שעל השכן השני תיאסר הכניסה לחלקו שלו, כי מעורבבים שם חלקים של שכנו. אדם שכף רגלו היא באורך של חמישה חלקים של השדה, אזי בכל פעם הוא דורך גם על חלקיו של שכנו ולכן הדבר אסור לו.

האם זו שותפות? בהחלט לא. חשוב להבין שכאן הכניסה אסורה עליו לכל הדעות. גם לשיטת ראב״י יהיה אסור לו כאן להיכנס לחלקו, שהרי כאן אין בכלל שאלה של ברירה. גם כשהוא נכנס לחלקו שלו הוא דורך על חלקים של שכנו, ושום דבר לא מתברר כאן למפרע כי מראש אין כאן שום ערבוב ביניהם. דברי ראב״י עסקו רק בשותפות שבה יש ממד של ערבוב. אם כן, על אף שיש כאן איסור כניסה, מדובר בשכנות מעורבבת ולא בשותפות.

מודל שלישי: שותפות זרה קלסית (הסתברות)

במקרה בו עסקה הסוגיא בנדרים מדובר בשותפות ולא בשכנות. שותפות חייבת להכיל ממד של ערבוב בין הבעלויות. הערבוב הזה יכול להיות קלסי (ספק אפיסטמי, שמטופל על ידי הסתברות) או קוונטי (עמימות אונטית, שמטופלת בלוגיקה עמומה).

שני השותפים שם מתחלקים בבעלות על שדה ויש לכל אחד מהם חלק מוגדר, אבל הוא לא ידוע לנו. הבעייה כאן אינה ערבוב של החלקים, אלא חוסר ידיעה. ועדיין ההנחה היא שבשמים מכירים את החלקים השונים,

וחוסר המידע הוא רק אצלנו כבני אדם. כלומר במציאות האמיתית מדובר במה שכינינו למעלה שכנות, אבל העובדה שאצלנו יש ספק היכן ממוקם כל חלק היא שהופכת את זה למקרה שמוגדר כשותפות. הדרך לטפל בבעיות של אי וודאות אפיסטמית היא באמצעות הסתברות. זה מה שנכנה שותפות קלסית.

מהן האפשרויות השונות במקרה כזה? כאן עלינו לעבור על כל החלוקות האפשריות של הנכס, ולקחת בחשבון כל אחת מהן. אם מדובר בנכס בן 1000 חלקים, ויש לנו שני שותפים בעלי חלק שווה. במצב כזה לכל אחד מהם יש 500 חלקים, אבל אף אחד לא יודע איזה 500 שייכים לראובן ואיזה לשמעון. כמה אפשרויות כאלה ישנן? אם רוצים לבחור p_i חלקים מתוך P בלי חשיבות לסדר הבחירה, מקבלים:

$$\binom{P}{p_i} = \frac{P!}{p_i!(P-p_i)!}$$

במקרה של שני שותפים, אנחנו מקבלים m אפשרויות שונות לחלוקת השכנות:

$$m = \binom{P}{p_1} = \binom{P}{p_2} = \frac{P!}{p_1!p_2!}$$

כלומר יש לנו בעצם m אפשרויות שאיננו יודעים מי מהן נכונה. בהנחת התפלגות אחידה שלהן נוכל לומר שהסיכוי לכל חלוקה כזאת הוא 1/m.

שאלת הכניסה לנכס בעצם מתמצה בשאלה בכמה מהאפשרויות הללו יש צבר גדול של חלקים סמוכים ששייכים לי, שכן זהו הסיכוי שאני באמת משתמש בחלקי (ללא דין ברירה). הסיכוי לכך (מספר האפשרויות מתוך m שבהן זה מתקיים) הוא כמובן אפסי, ולכן אסור לאף שותף להיכנס לחלקו שלו שכן הסיכוי שהוא משתמש בשל חברו הוא כמעט 1. בגבול התרמודינמי (אינסוף חלקים בנכס) הסיכוי לזה הוא ממש 1.

ניתן לראות זאת מתוך אנלוגיה למכניקה סטטיסטית. נניח שיש לנו שני גזים אידיאליים בקופסה. אם אנחנו נותנים להם להתערבב ולהגיע לשיווי משקל, כל אחד מהם יהיה מפולג אחיד בקופסה. נניח כעת שיש אדם שאסור לו לנשום תערובת כזאת אם היא מכילה את אחד המרכיבים (אחד

משני הגזים). האם מותר יהיה לו לנשום חלק מהאוויר בקופסה? ודאי שלא. הסיכוי שמה שהוא נושם יכיל את הגז האסור עליו בגבול התרמודינמי ובשיווי משקל הוא 1.

אם יש לנו n שותפים שמתחלקים ביניהם בנכס באותה צורה, נקבל את מספר האפשרויות הבא:

$$m = \binom{P}{p_1} \cdot \binom{P-p_1}{p_2} \cdot \binom{P-p_1-p_2}{p_3} \cdots \binom{P-p_1-p_2\cdots-p_{n-2}}{p_{n-1}} =$$

$$= \frac{P!}{p_1! p_2! \cdots p_n!}$$

כאשר השתמשנו כאן בקשר שסכום החלקים p_i של כל השותפים הוא P. האם במצב כזה מותר לשותף להיכנס לשדה שנאסר עליו על ידי שותף אחר? כאן עלינו להיכנס לשאלה מה הסיכוי שבחלק בו הוא משתמש יהיו חלקים של השותף שאסור עליו. ושוב, בגבול התרמודינמי (חשבו על תערובת של n גזים אידיאליים בשיווי משקל) נראה שהחלקים של כל שותף מתפלגים באופן אחיד על פני הנכס כולו, ולכן הסיכוי לכך הוא 1. שוב אסור לו להיכנס ולהשתמש בנכס.

מה יאמר ראב״י במצב כזה? האם הוא יתיר את השימוש בנכס מדין ברירה? כדי לדון בכך ניזכר כאן במה שראינו בפרק השני. הצגנו שם שתי סיעות ראשונים שמבינות אחרת את המצב ללא ברירה. ההבנה המקובלת היא שבלא ברירה החלות כלל לא חלה. אבל לפי רש״י החלות חלה בכל אופן, אלא שהיא נותרת עמומה. לגבי שותפות ראינו שהיישום מורכב יותר, שהרי שם ברור שלכל הדעות יש לכל שותף בעלות חלקית בנכס גם אם אין ברירה. שם ראינו שעולות שתי אפשרויות אחרות להבין את מושג הברירה. יש ברירה קלסית בין אפשרויות שאחת מהן נכונה ואנחנו לא יודעים איזו (ברירה סטטיסטית). ויש ברירה קוונטית שנעשית במצב שבו נכללות כל האפשרויות בסופרפוזיציה קוונטית.

והנה, אם תהליך הברירה הוא הכרעה בין אפשרויות סטטיסטיות, אז ראב״י יתיר את הכניסה לנכס, שהרי כניסתו לחלק הזה מבררת שהוא משתמש בחלקו. זה יכול להיאמר לשיטת הראשונים שחולקים על רש״י בהבנת המצב לפני הברירה (ורואים בו אי וודאות אפיסטמית ולא עמימות

אונטית). אבל לשיטת רש"י וסיעתו שברירה פועלת רק על מצב מעורבב קוונטית (עמום אונטית), כאן לא יהיה תהליך של ברירה, ולכן אסור יהיה לכל שותף להיכנס לנכס גם לפי ראב"י.

מסקנתנו היא שלפחות לשיטת רש"י המודל הזה עדיין לא מתאר שותפות אלא לכל היותר שכנות מעורבבת מאד. החולקים על רש"י יראו כבר במודל הזה שותפות. יתר על כן, לשיטתם נראה שרק מודל כזה הוא אפשרי, שהרי כלפי שמיא ודאי המידע גלוי ולכן כל ספק הוא בהכרח אפיסטמי ולא אונטי. הם לא מוכנים עקרונית לקבל עמימות אונטית. כעת נראה כיצד רש"י מבין את מושג השותפות (הזרה).

מודל רביעי: שותפות זרה קוונטית (לוגיקה עמומה)

כפי שראינו, יש תפיסה של שותפות שרואה את החלוקה במסגרת של לוגיקה עמומה אונטית, כלומר כמצב שבו נוטלות חלק כל האפשרויות גם יחד. בתפיסה זו של השותפות, מדובר בסופרפוזיציה קוונטית של כל אפשרויות החלוקה השונות. זה מה שנכנה כאן שותפות קוונטית.

אנחנו מדברים כאן על מצב השותפות כמצב מורכב במציאות עצמה. בתפיסה הזאת לא נכון שהשותפות עצמה מוגדרת היטב ורק אנחנו לא יודעים כיצד החלוקה נראית בשטח. בשטח עצמו יש עמימות, ובעצם החלוקה היא סכום על כל אחת מהאפשרויות שתוארו בסעיף הקודם.

לעניין כניסתו של השותף האסור לחצר, לא יהיה הבדל לדעת חכמים. הם אוסרים להיכנס שכן לשיטתם אין ברירה. אבל לפי ראב"י כן נראה הבדל. לשיטת רש"י רק במצב כזה יאמר ראב"י שיש ברירה ויתיר, שכן הכניסה של השותף לחצר היא כמו מדידה בתורת הקוונטים, והיא גורמת לשותפות "לקרוס" למצב מוגדר היטב קלסית שבו החלק שבשימושו של השותף הוא שלו. זאת לעומת השותפות הזרה הקלסית שבה לפי רש"י ראב"י אוסר, שכן כפי שראינו בסעיף הקודם במצב כזה לא שייכת לשיטתו ברירה.

הבדל נוסף הוא שכאן לא צריך להגיע לגבול התרמודינמי כדי לאסור את הכניסה. במודל השותפות הקלסית, מבין m האפשרויות היו כאלה שבהן השותף משתמש רק בשלו. אלא שמספרן היה קטן, ובגבול התרמודינמי ניתן להתעלם ממנו לחלוטין. אבל במקרה הקוונטי, כל אחת מהאפשרויות מכילה גם מצבים שבהם יש חלקים של השותף האוסר בחלק שבו משתמש

השותף האסור, ולכן אין צורך להיזקק לסטטיסטיקה ולמספרים גדולים כדי לאסור את השימוש בנכס.

יש עוד נקודה חשובה במודל הקוונטי. היה מקום לראות את המצב של אחד השותפים כסופרפוזיציה של מצבי בעלות בנכס, ואת מצבו של השותף השני כסופרפוזיציה המשלימה. מהתיאור הזה יוצא שעדיין הם שותפים זרים במובן מסוים. לגבי שאלת השימוש בחלק אסור נראה אמנם שהשותף שנאסר לא יכול להיכנס לאף אחד מהחלקים בנכס, כי תמיד יש מרכיבים בסכום הסופרפוזיציה שבהם החלק הזה אסור עליו. אבל לעניין שאלת הכשרות לעדות שנדונה בפרק הקודם, נראה שאין מקום לתפיסת הרמב"ם ששותף אחד פסול להעיד על חלקו של שותפו. הרי יהיה אשר יהיה חלקו, ברור שהוא נפרד מחלקו של השותף, ולכן הוא יכול להעיד עליו ואינו נפסל כבע"ד.

אבל אם רואים את המצב הבסיסי בסכום הסופרפוזיציה כמצב דו-אישי, כלומר כמצב שמתאר את הבעלות של שני השותפים (ולא רק של אחד מהם), אזי במצב כזה נראה שבאמת מתקבלת שיטת הרמב"ם שהשותף לא יכול להעיד בערעור שיצא על שותפו, שכן הנכס שעליו הוא מעיד שייך גם לו עצמו.

שכנות לא זרה

כפי שראינו, יכול להיות מצב של בעלויות לא מלאות על חלקים כלשהם (כשיש על אותו חלק כמה בעלים שונים). במקרה כזה הקבוצות Δ_i הן לא זרות (זו לא חלוקה שלמה), ולכן $k_i > p_i$. עקרונית ייתכן מצב ש-p_i אינו מספר שלם, אבל לצורך הפשטות נתעלם מכך. באותו חלק j של הנכס יכולים להיות n_j בעלים. אבל במקרה כזה לכל אחד מהם יש רק שבר מהבעלות על החלק. אפשר להגדיר את השותפות הזאת בכמה צורות:

1. המקרה הפשוט ביותר הוא שהבעלות בכל נקודה מתחלקת בשווה בין n_j השותפים (וההבדלים באחוזי השותפות באים לידי ביטוי רק בכך שמספר הנקודות של כל אחד הוא שונה).

2. המקרה השני הוא שהבעלות בכל נקודה לא מחולקת בשווה לבין השותפים, אלא לכל אחד יש חלק שונה מהבעלות עליה n_j (בד"כ פרופורציוני לאחוז שבבעלותו בכלל הנכס).

3. המקרה הכללי ביותר שבו הבעלות בכל נקודה היא שונה, ואינה פרופורציונית ל-p_i.

נבדוק כעת כל אחד מהמקרים הללו.

מודל חמישי: חלוקת בעלות שווה בכל נקודה

במקרה 1 נקבל $1/n_j$ מהבעלות על הנקודה j עבור כל אחד מהשותפים המעורבים בה. לכן מתקיימים כאן הקשרים הבאים:

$$y_{ij} = \sum_{k\in\Delta_i}\delta(j-k)\ 1/n_j \quad ; \quad p_i = \sum_{j=1}^{P} y_{ij} = \sum_{j\in\Delta_i}\left(\frac{1}{n_j}\right)$$

במקרה כזה מספר הנקודות בקבוצה Δ_i הוא:

$$k_i = \sum_{j=1}^{p}\sum_{k\in\Delta_i}\delta(j-k)$$

אמנם קיים כאן ערבוב בין השותפים וקשה להפריד בין החלקים, אבל במישור העקרוני גם כאן אין שום אי וודאות, לא אונטית ולא אפיסטמית, ולכן גם כאן בעצם מדובר בסוג של שכנות ולא בשותפות. ראב"י יאסור כאן את הכניסה של שותף שנאסר עליו חלקו של שותף אחר. שאלת הברירה לא עולה כאן.

מודל שישי: שכנות אחידה ולא שווה

במקרה 2 זוהי חלוקה אחידה של השותפים בכל הנכס, אבל בכל חלק יש לכל שותף שבר שפרופורציוני לחלקו הכללי בנכס. כאן מתקיימים הקשרים:

$$k_i = P \quad ; \quad y_{ij} = p_i/P \quad ; \quad \Delta_i = A \quad ; \quad n_j = n$$

ניתן לזהות את המקרה הזה עם המודל הראשון (שותפות שווה ואחידה), אלא שכאן השותפות אמנם אחידה אך אינה שווה. שם התקיים $p_i=1/n$, וכאן ערכם של p_i הוא כללי לגמרי.

אם מסתכלים על שני המודלים הללו כחלוקה בנכס, אז גם כאן מדובר בסוג של שכנות ולא בשותפות. אבל המודלים הללו יכולים מבחינתנו גם לייצג שותפות שבה החלוקה היא בבעלות ולא בנכס. האחידות של המודל (בין אם החלקים של השותפים שווים ובין אם לאו) אומרת שבעצם החלוקה היא בבעלות, ולכן בכל גרגיר מהנכס ישנה חלוקה שהיא פרופורציונית לחלקו של כל שותף.

בייצוג הזה ההבדל בין שותפים שחולקים בנכס לשותפים שחולקים בבעלות הוא באחידות המרחבית של y_{ij}, כלומר בכך שהוא לא תלוי ב-j.

מודל שביעי: המודל הכללי

במקרה 3, שהוא הכללי ביותר, אי אפשר לרשום מאומה מעבר לתמונה הכללית. ישנו y_{ij} כלשהו שאינו קבוע אלא תלוי גם ב-i וגם ב-j. מה שניתן לומר הוא רק את ששת התנאים הכלליים של השפה שלנו.

ושוב נאמר שאנחנו עדיין מדברים על שכנות ולא על שותפות, שכן החלקים מוגדרים היטב וידועים גם לנו. אין כאן לא אי וודאות אפיסטמית (קלסית) ולא עמימות אונטית (קוונטית).

לקראת הגדרה כללית של שותפות

אם כן, המודל החמישי והשביעי יכולים לקדם אותנו לקראת הגדרה כללית של מודלים לשותפות. כדי לעשות זאת, עלינו לנסח מודלים שיש בהם אי וודאות אפיסטמית (קלסית) או אונטית (קוונטית) בדומה למה שראינו למעלה.

בכל אחד מהמודלים עלינו להציג את האפשרויות השונות לחלק את הנכס בהתאם לאילוצי המודל, ואז לסכם ביניהם קלסית או קוונטית, בדומה למה שעשינו למעלה. אין טעם לעשות זאת כאן באופן כללי לגמרי, אלא בכל סיטואציה כמו אלו שפגשנו בפרקים הקודמים, יש לאמץ בשפה שלנו את אחד המודלים שהוגדרו כאן.

חלק שני:
השלכות

פרק שביעי

סוגיית חולין: שותפות במצוות

מבוא

בסוגיית חולין נערך דיון מפורט על שותפות בהקשרים שונים של מתנות כהונה (ראשית הגז, בכור, תרומה, ביכורים, מעשר, חלה), ולאחר מכן במצוות שונות (ציצית, מעקה). ושוב מתוך הדיון יעלו התפיסות השונות של מושג השותפות שפגשנו בפרקים הקודמים.

ראשית הגז בשותפות

הגמרא בחולין קלה ע"א – קלו ע"א דנה במתנות כהונה ומתנות עניים שניתנות מנכסי שותפות בין יהודי לגוי:

אלא צאנך למאי אתא@ לכדתניא; בהמת השותפים חייב בראשית הגז- ור) אלעאי פוטר> מ#ט דר) אלעאי . אמר קרא צאנך . ולא של שותפות> ורבנן . למעוטי שותפות עובד כוכבים>

ר' אלעאי פוטר בהמה של שותפים מראשית הגז. ההנחה היא ששותפים חייבים, אבל לר' אלעאי יש פסוק שפוטר אותם. מדוע ההנחה הבסיסית היא שהם חייבים? מפני ששותפות היא בעלות רגילה. דווקא בראשית הגז, להבדיל מבכור, קל מאד להבין זאת. כל שותף חייב לתת את ראשית הגז מחלקו, בלי קשר להגדרת השותפות. גם אם השותפות היא בעלות שלישית, אז היא חייבת לתת את ראשית הגז (אף שהיה מקום לפטור אותה כי שותפות כבעלות נפרדת לא חייבת במצוות. שותפות היא לא "יהודית"). את דעת ר' אלעאי שלומד מהפסוק ששותפות פטורה, ניתן להבין בדיוק כך: השותפות היא בעלות שונה (ולא שלכל אחד יש חצי), והבעלות הזאת אינה יהודית ולכן היא לא חייבת במצוות. בפרט בראשית הגז (להבדיל מבכור), ששם אם השותפות היתה מוגדרת כחלוקת הנכס לא היתה סיבה לפטור כל שותף מחובת ראשית הגז על חלקו, וכנ"ל.

אמנם גם רבנן פוטרים שותפות של יהודי עם גוי. ולכאורה זה לא מובן, שהרי היהודי הוא בעלים על חצי הבהמה, ולמה שלא יתחייב לתת ראשית

הגז על חלקו? לכאורה מוכח מכאן שגם רבנן רואים את השותפות כבעלות נפרדת, אלא שלדעתם אם זו שותפות של יהודי וגוי הבעלות הזאת לא חייבת במצוות, מה שאין כן בשותפות של שני יהודים.
עד כה הנחנו שרבי אלעאי פוטר שותפים מראשית הגז בכל מקרה, והסיבה לכך שהשותפות אינה בנכס אלא בבעלות, וזו בעלות שונה שאינה יהודית. אך האחרונים נחלקו באיזה אופן חלקו רבי אלעאי ורבנן וישנם שלוש אפשריות:

1. מחלוקתם היא בין שיש שיעור גיזה לכל שותף ובין שאין לכל שותף שיעור גיזה שלם, רבי אלעאי פוטר ורבנן מחייבים.
2. מחלוקתם היא במקרה שלכל אחד מהשותפים יש שיעור גיזה שלם רבי אלעאי פוטר ורבנן מחייבים, אולם במקרה שאין לכל שותף שיעור גיזה שלם לכו״ע ששותפים פטורים.
3. מחלוקתם היא במקרה שאין שיעור גיזה שלם לכל שותף רבי אלעאי פוטר ורבנן מחייבים, ושיש שיעור גיזה לכל שותף אף רבי אלעאי מחייב את השותפים.

הרמב״ם בהלכות ביכורים פרק י הלכה יד׳ כותב:

השותפין חייבין בראשית הגז- והוא שיהיה בחלק כל אחד מהן כשיעור- אבל חמש צאן בלבד של שני שותפין פטורין.

הרמב״ם פוסק ששותפות ישראל חייבת, אך בתנאי שיהיה לכל שותף שיעור גיזה. הרמב״ם מוסיף גורם נוסף של כמות, שלא נכתב בסוגיית הגמרא בחולין. מדברי הרמב״ם לא ברור כמי פסק הרמב״ם האם כרבי אלעאי או כרבנן.
בספר מנחת חינוך (מצווה תקח) כתב ששיטת הרמב״ם היא כרבי אלעאי:

השותפים חייבים ברה"ג והוא שיהי׳) בחלק כ"א מהם כשיעור אבל חמש צאן בלבד של שני שותפים פטורין כ"כ הר"מ והטור השמיט ד"ז והש"ע הביאו והדברים תמוהים דמוכח בש"ס דלרבנן דשותפים ישראל חייבים משמע אף דאין בכ"א כשיעור וכן בחלה מבואר שם דשותפים חייבים ובפירוש פסק הר"מ כאן פ"י דבכ"ע חייבים רק בשותפות עכו"ם פטור אם אין בישראל

כשיעור ואם יש בישראל כשיעור חייב אפי) בשותפות עכו#ם וכן פסקינן בש#ע בסי) שכ#ו וש#ל וע) בכ#מ שכ) דאפשר למד הר#מ מדין חלה כו) ואין דמיון וגם הכ#מ הניח בצ#ע וגם למה סתם הר#מ ולא כתב דשותפות עכו#ם פטור בכ#ע דלרבנן מבואר שם דשותפות ישראל חייב וצאנך למעט שותפות עכו#ם א#כ להר#מ דשותפות ישראל א#ח אא#כ כ#א יש לו כשיעור א#כ בשותפות עכו#ם אף בכה#ג פטור ולמה לא הביא הר#מ דשותפות עכו#ם פטור בכ#ע ודין דיש חילוק בין שותף ישראל לעכו#ם מביא בכמה מקומות בה) בכורים וכ#מ וכאן סתם הדברים וצ#ע מאד/ ונראה דהר#מ פוסק כר#א אף על פי דרבנן פליגי כיון דשקלינן וטרינן אליבא דר#א כמבואר בש#ס אמר רבא מודה ר#א וכו) הלכתא כוותי) דאף בשותפות ישראל פטור ואין חילוק בין שותפות ישראל לשותפות עכו#ם ע#כ פטר הר#מ בכ#ע באין כל חלק וחלק כשיעור אך ביש כשיעור לכ#א מצינו גבי חלה אף דשותפות עכו#ם פטר מ#מ אם יש לישראל כשיעור חייב ולא מגרע השותפות ה#נ אבל באין לכאו#א כשיעור דהו#ל שותפות פוסק הר#מ כר#א דאפי) שותפות ישראל פטור וגבי אתרוג קיי#ל דאתרוג השותפים א#י דכתיב לכם חזינן דאפי) שותפות ישראל לא מיקרי לכם וע) בסוכה דף כ#ז שכתבו ג#כ היכי דכתיב לך ואפי) לכם איתמעטו שותפים והיינו כר#א וע#ש שדחו פרש#י ומ#מ דבריהם צ#ע וכן בש#ס דב#ב ע) ברשב#ם שם בדף קי#ז כיון דבאמת פליגי רבנן וסוברים דשותפות ישראל לא איתמעיט אפי) בלשון מצאנך ואמאי פסקו הפוסקים בפשיטות דבאתרוג השותפים א#י בו כיון דכאן סוברים דישראל לא נתמעט וצ#ע כעת עכ#פ ד) הר#מ נכונים דחזינן דהלכתא כר#א דרבה בר רב הונא בב#ב דסובר דא#י באתרוג השותפות סובר כר#א ע#כ פוסק כאן שפיר ד#ז הכלל ד#ז דשותפות ישראל לא מיקרי לכם הוא פלוגתא בין ר#א ובין רבנן והפוסקים פסקו גבי אתרוג דלא מקרי לכם כר#א וצ#ע ובעזה#י אשנה פ#ז

לדעת המנחת חינוך רב אלעאי ורבנן חלקו באופן שאין לכל אחד אחד מהשותפים שיעור גיזה שלם, שלעת רבי אלעאי אין אנו מצרפים את שני השיעורים לאחד, אולם אם יש שיעור גיזה לכל שותף מסכים רבי אלעאי שהשותפים חייבים, כיוון שאין צורך לאחד בין השיעורים. לעומתו רבנן מחייבים את השותפים בכל עניין בין שיש שיעור לכל שותף ובין שאין. המנחת חינוך מוכיח זאת מהרמב״ם (בהלכות ביכורים פ״ו הלכה יד׳) שכתב שעיסת השותפים חייבת בחלה למרות שאין שיעור לכל שותף, וראינו בגמרא רבי אלעאי מודה לרבנן בחלה ששותפים חייבים, ז״א לרבנן חלה וגיזה דינן דומה, מה בחלה חכמים חייבו בין שיש שיעור ובין שאין שיעור, הוא הדין בראשית הגז שחכמים חייבו בין יש שיעור גיזה ובין שאין שיעור גיזה, ורבי אלעאי הוא המבדיל בין גיזה לחלה, שבחלה הוא מחייב השותפים גם כשאין שיעור ובגיזה הוא פוטר כשאין שיעור. היוצא משיטת המנחת חינוך שכנראה רבי אלעאי סובר שהשותפות היא חלוקה בנכס, לכן כשיש שיעור לכל שותף הרי הם מתחייבים בראשית הגז, אולם כשאין לכל אחד שיעור אין השיעורים מצטרפים, כיוון ששותפות היא חלוקה בנכס שלכל אחד יש חצי שיעור, לעומתו ניתן להסביר את רבנן שלדעתם השותפות היא בבעלות, לכן בשותפות של ישראל הבעלות היא יהודית והשיעורים מצטרפים ומספיק שיהיה בכל השותפות שיעור גיזה. [לעומת שותפות עם גוי אין הבעלות יהודית שתתחייב בגיזה, אלא אם כן יהיה לשותף היהודי שיעור גיזה בפני עצמו, שאז אין היהודי מתחייב מכוח השותפות אלא מכוח שיש לו בעלות על חצי מהרכוש שיש בו שיעור חיוב.] אולם הרזב״ז והגר״א סוברים שהמחלוקת בראשית הגז בין רבי אלעאי לרבנן הוא כשיש שיעור גיזה לכל שותף, ואפילו בזה רבי אלעאי פוטר השותפין מראשית הגז ורבנן הם המחייבים, אולם במקרה שאין שיעור גיזה בין לרבנן ובין לרבי אלעאי השותפין פטורים, שאין השיעורים מצטרפים לחייב את השותפות. יוצא מדבריהם שדעת רבנן היא, כשאין שיעור גיזה השותפים פטורים וכשיש שיעור גיזה השותפים חייבים וזוהי דעת הרמב״ם שפסק כמותם.

בחידושי ר׳ חיים הלוי הלכות ביכורים פרק י הלכה יד הביא את המחלוקת בהסבר הרמב״ם, הקשה על הסבר המנחת חינוך והסביר את ההבדל בין חלה לגיזה:

יד) השותפין חייבין בראשית הגז והוא שיהיה בחלק כל אחד מהן כשיעור- אבל חמש צאן בלבד של שני שותפין פטורין- עכ#ל והוא מסוגיא דחולין דף קל#ה ע#א) דתניא שם בהמת השותפים חייבת בראשית הגז ור) אלעאי פוטר- ופסק כחכמים- וכן הוא להדיא ברדב#ז ובביאור הגר#א על יו#ד סי) של#ג יעו#ש- אכן עיין במנחת חינך שהוכיח דהרמב#ם פוסק כר#א- מהא דפסק הרמב#ם בפ#ז מה) ביכורים שם לענין חלה דעיסת השותפין חייבת בחלה אף אם אין בחלק כל אחד מהן כשיעור- ורק בשותפות נכרי הוא דבעינן שיהא בחלק כל אחד מהן כשיעור- וקשה דמאי שנא בראשית הגז דבעינן דוקא שיהא בחלק כל אחד מהן כשיעור- ובעל כרחך דהא דמצריך הרמב#ם שיהא בחלק כל אחד כשיעור הוא משום דפסק כר#א דשותפין פטורין- ועל כן בחלה הא מבואר בחולין דף קל#ה שם דגם ר#א מודה דשותפין חייבין- ועל כן פסק דחייב גם אם אין בחלק כל אחד מהן כשיעור עד כאן דבריו- ומבואר מתוך דברי המנחת חינך דהיכא דיש בחלק כל אחד כשיעור אז ליכא גם לר#א פטורא דשותפות- וזה צ#ע דהרי הא מבואר בחולין שם דר#א ורבנן פליגי גם בתרומה- ובתרומה הא ודאי דאית בחלק כל אחד מהן כשיעור- דבתרומה הא ליכא שיעורא כלל- דכל מקצת בפני עצמו חייב בתרומה- אלא ודאי דהך דינא דשותפים פטורים לר#א הוא בין ביש בחלק כל אחד כשיעור ובין באין בחלק כל אחד כשיעור- ומשום דשותפות הוי דבר הפוטר- ואפילו היכא דאית בחלק כל אחד כשיעור ויש די בכל חלק לבד לחייבו מ#מ כל דחייל שם שותפות מפטר מדין שותפות.

הר"ח מקשה על המנחת חינוך שהרי מבואר בגמרא בחולין שרבי אלעאי חולק על רבנן גם בתרומה, ודעתו ששותפות ישראל בתרומה פטורה, ואם כדברי המנחת חינוך שרבי אלעאי מחייב כשיש שיעור גיזה, מדוע בתרומה הוא פוטר? הרי בתרומה אין צורך בשיעור וכל שיעור חייב בתרומה, מכאן מסיק הר"ח שרבי אלעאי פוטר שותפות מראשית הגז בין שיש שיעור ובין שאין שיעור, והפטור מראשית הגז נובע מעצם השותפות שהיא הסיבה והגורם לפטור כל זמן שיש שם שותפות היא הפוטרת.

המשתמע מדברי הר"ח בבירור שלמעשה השותפות היא כמין ישות חדשה שאינה חייבת במצוות הגז, וזה מתאים להנחה שהשותפות היא בבעלות ולא בנכס, והבעלות החדשה הזאת אינה יהודית היא דבר שונה הפטור ממצוות הגז. וזו גם הסיבה שפוטר רבי אלעאי בתרומה אעפ"י ששם אין שיעור להפרשת תרומה.

על קושיית המנחת חינוך - אם הרמב"ם פוסק כחכמים בראשית הגז שאין השיעורים מצטרפים? אזי אם כן מדוע בחלה מצרפים את עיסת השותפים לשיעור על זה עונה הר"ח בהמשך דבריו:

והא דמחלק הרמב#ם בין חלה לראשית הגז- דבחלה מצטרף של שניהם לשיעורא- ובראשית הגז בעינן דוקא שיהא בחלק כל אחד כשיעור- נראה דהיינו משום דחלוקה חלה מראשית הגז- דבחלה עיקר חיובא ושיעורא הוי רק על גוף החפצא של העיסה- דכל דהויא עיסה שהיא כשיעור נטבלת ומתחייבת בחלה- ועל כן מצטרפי לזה גם משני בעלים מיוחדים- כיון דיש כאן מ#מ עיסת שיעור הנטבלת לחלה- משא#כ בראשית הגז- אחרי דילפינן מקרא דאינה טובלת- הדר דינא דאין כאן חיובא כלל על גוף החפצא של הגיזות- ורק על הבעלים הוא דחייל חיובא- וכן צירוף שיעורא דחמשה צאן ג#כ לא הוי בהחפצא של הגיזות- וכדחזינן דגם בגזז השניה לאחר מכירת גיזות הראשונה ג#כ פסק הרמב#ם בהט# שם דחייב בראשית הגז- ואף על גב דליכא גבי) כלל חפצא גיזות של חמשה צאן כיון דמכר אחת קודם גיזת חברתה- ומ#מ חזינן דחייב בראשית הגז- ובעל כרחך שמע מינה דעיקר צירוף שיעורא בעינן רק לגבי הבעלים- דבגיזת חמשה צאן מתחייב בראשית הגז- ועל כן מצטרפי גם בזה אחר זה- ולפי#ז לא מצטרפי רק בחד בעלים אבל בתרי בעלים לא יוכלו להצטרף כלל בשיעורם- כיון דאין כאן דין צירוף בהחפצא של הגיזות כלל- וגם דכיון דהחיוב חייל רק על הבעלים אם כן מאחר דכל אחד בפני עצמו ליכא גבי) שיעורא שתחייבנו- ממילא לא שייך שיהא אחד מסייע לחבירו בחיובו- ולא מצטרפי יחד- וזהו שפסק דבעינן שיהא בחלק כל אחד מהן כשיעור- משום דבלאו הכי חסר

שיעורא- אבל אין הכי נמי דבעיקר הדין דשותפות פוסק כחכמים דשותפות לא מפטרא- וכמו שכתבנו

הרמב"ם פוסק כחכמים ששותפות ישראל אינה פטורה, וישנו הבדל בין ראשית הגז לחלה, שבראשית הגז החיוב הוא על גברא, ולכן כל עוד אין לשותף שיעור המחייב אותו בראשית הגז הוא פטור כיוון שלא הגיע לכלל חיוב, לעומת העיסה החייבת בחלה, החיוב הוא על החפצא (על העיסה) ברגע שיש על העיסה שיעור החייב בחלה היא מתחייבת בהפרשת חלה (בדומה לשתי עיסות שיש בשתיהן שיעור החייב בחלה ואין באחת מהן כשיעור ונגעו זו בזו ונשכו זו את זו, אם היו של שני אנשים וידוע שאינם מקפידים על עירוב העיסות, הרי אלו מצטרפות.)

לסיכום שלושת אפשרויות במחלוקת בין רבי אלעאי לרבנן בראשית הגז:

אפשרות 1

מנחת חינוך בהסבר הרמב"ם	שותפות ישראל		הסבר
	אין שיעור גיזה	יש שיעור גיזה	
רבנן	חייב	חייב	שותפות בבעלות הבעלות יהודית לכן השיעורים מצטרפים
רבי אלעאי	פטור	חייב	שותפות בנכס לכן כשאין שיעור פטור

אפשרות 2

הרזב"ז והגר"א והר"ח בהסבר הרמב"ם	שותפות ישראל		הסבר
	אין שיעור גיזה	יש שיעור גיזה	
רבנן	פטור	חייב	שותפות בנכס לכן כשאין שיעור פטור
רבי אלעאי	פטור	פטור	שותפות בבעלות הבעלות אינה יהודית - היא בעלות שונה

אפשרות 3

-	שותפות ישראל		הסבר
	אין שיעור גיזה	יש שיעור גיזה	

רבנן	חייב	חייב	שותפות בבעלות - הבעלות יהודית
רבי אלעאי	פטור	פטור	שותפות בבעלות הבעלות אינה יהודית - היא בעלות שונה

ראשית הגז בשותפות גוי

ראינו שרבנן שחולקים על רבי אלעאי פוטרים שותפות של יהודי וגוי מראשית הגז. הגמרא מסבירה שגם ר׳ אלעאי מסכים להם בזה, ולומד זאת ממקום אחר:

ור) אלעאי . שותפות עובד כוכבים מנא לי@ נפקא ליה מרישא דקרא ראשית דגנך . ולא שותפות עובד כוכבים> ורבנן . ראשית *הגז) הפסיק הענין- ור) אלעאי . וי## חדר ערביה- ורבנן . לא נכתוב רחמנא לא וי## ולא ראשית׳׳ ורבי אלעאי . איידי דהאי קדושת דמים והאי קדושת הגוף פסיק להו- והדר ערבי להו

גם בשלב זה הגמרא שואלת שאלה די מפתיעה. הרי ראינו שר׳ אלעאי פוטר אפילו שותפים יהודים מראשית הגז, אז למה לא ללמוד בקו״ח לגבי שותפות עם גוי שודאי פטורה? רואים שיש לפחות צד בגמרא ששותפות גוי תתחייב למרות ששותפות של שני יהודים פטורה. ההיגיון בזה יכול להיות לפי תפיסה של השותפות כחלוקה של הנכס (ולא של הבעלות כפי שראינו למעלה): בשותפות של יהודי וגוי, היהודי הוא בעלות יהודית יחידה על חלקו, ולכן הוא יהיה חייב על חלקו. אבל שותפות של שני יהודים היא בעלות משותפות של שני יהודים ששניהם חייבים על אותו חלק של הנכס, ואין לחייב בראשית הגז כשאין לחיוב הזה נמען ברור.

מדברינו עולה, לפחות בהו״א, שדווקא ר׳ אלעאי הוא בעל התפיסה ששותפות היא חלוקה של הנכס (כנראה כל גרגיר שייך לשניהם). אמנם למסקנה יש לימוד מפסוק שגם שותפות גוי פטורה, וייתכן שזה גופא מה שלמדנו ממנו: שהשותפות פטורה כי היא בעלות נפרדת, ולכן זה לא משנה אם אחד השותפים הוא גוי. אולם המחלוקת אינה פשוטה, וכפי שראינו לעיל בשותפות ישראל בראשית הגז, הרמב״ם חילק בין שיש שיעור גיזה ובין שאין שיעור גיזה, וישנם הסברים שונים באחרונים בדעת הרמב״ם, כמו כן ראינו שיש לנו שלוש אפשרויות למחלוקת בין רבי אלעאי לרבנן.

כעת על פי האפשרויות בשותפות ישראל נבנה את אפשרויות המחלוקת בשותפות עם גוי.

אפשרות 1

מנחת חינוך בהסבר הרמב״ם	שותפות ישראל		שותפות גוי	
	אין שיעור גיזה	יש שיעור גיזה	אין שיעור גיזה	יש שיעור גיזה
רבנן	חייב	חייב	פטור	חייב
רבי אלעאי	פטור	חייב	פטור	חייב

אפשרות 2

הרזב״ז והגר״א והר״ח בהסבר הרמב״ם	שותפות ישראל		שותפות גוי	
	אין שיעור גיזה	יש שיעור גיזה	אין שיעור גיזה	יש שיעור גיזה
רבנן	פטור	חייב	פטור	פטור
רבי אלעאי	פטור	פטור	פטור	פטור

אפשרות 3

	שותפות ישראל		שותפות גוי	
	אין שיעור גיזה	יש שיעור גיזה	אין שיעור גיזה	יש שיעור גיזה
רבנן	חייב	חייב	פטור	פטור
רבי אלעאי	פטור	פטור	פטור	פטור

הסבר אפשרות 1

דעת המנחת חינוך שרבי אלעאי פוטר שותפות ישראל כשאין שיעור גיזה ומחייב בשיש שיעור גיזה, לפי רבי אלעאי שותפות ישראל שווה לשותפות גוי ולכן הוא הדין בשותפות עכו״ם, שפטור שאין שיעור גיזה וחייב שיש שיעור גיזה. על פי הגמרא רבנן חולקים על רבי אלעאי בשותפות ישראל, ומחייבים אפילו שאין שיעור, ומודים לרבי אלעאי בשותפות גוי שפטור כשאין שיעור ומחייבים כשיש שיעור. הנובע מכל האמור שבין לרבי אלעאי ובין לרבנן שותפות עם גוי פטור כשאין שיעור וחייב כשיש שיעור. וכך

למעשה פסק הרמב״ם שלא הבדיל בין שותפות ישראל לשותפות גוי שגם השותפות גוי היהודי רק במקרה שאין לו שיעור גיזה.

את רבנן ניתן להסביר שהשותפות היא בבעלות – כאשר בהעלות היא יהודית השיעורים מצטרפים, כי לבעלות היהודית שהיא אחת יש שיעור, לעומת זאת כשהבעלות היא אינה יהודית כיוון שיש שותף גוי, אין השיעורים יכולים להצטרף, אלא אם כן יהיה ליהודי שיעור גיזה. (ניתן גם להניח שבשותפות עם ישראל היא שותפות בבעלות לכן השיעורים מצטרפים, לעומת שותפות עם גוי השותפות היא בנכס, ולכן צריך שיהיה ליהודי שיעור, וצריך לברר מדוע ישנו הבדל בסוג השותפות כאשר שני השותפים ישראלים לעומת ששותף אחד גוי. אפשר לחלק ששני ישראלים יכולים להתאחד לישות אחת מה שאין כן עם גוי וצריך עיון)

את רבי אלעאי ניתן להסביר שהבעלות בנכס, ולכן כשאין לכל שותף שיעור גיזה הוא פטור, וכן בשותפות עם גוי צריך שיהיה ליהודי שיעור גיזה לפי החזקתו בנכס.

הסבר אפשרות 2

לפי אפשרות זו, רבי אלעאי פוטר שותפות ישראל בכל עניין ביו שיש שיעור גיזה ובין שאין, לפי רבי אלעאי שותפות ישראל שווה לשותפות גוי ולכן הוא הדין בשותפות עכו״ם שפטור בכל עניין. אומנם רבנן חולקים על רבי אלעאי בשותפות ישראל, ומחייבים כשיש שיעור גיזה בשותפות ישראל, אך לפי הגמרא גם הם מסכימים ששותפות גוי פטורה כרבי אלעאי בכל עניין, היינו בשונה משותפות ישראל שחייבת כשיש שיעור גיזה. ולפי הר״ח הרמב״ם פסק כרבנן ששותפות ישראל חייבת שיש שיעור גיזה לכל שותף, ושותפות גוי פטורה בכל עניין (ראה טבלה אפשרות 2), אך קשה עליו מהרמב״ם הלכות ביכורים פרק ו הלכה ט:

היו ישראל ועכו״ם שותפין בעיסה אם היה בחלק ישראל שיעור עיסה החייבת בחלה הרי זו חייבת בחלה.

לפי מהלך הגמרא בחולין שחכמים מסכימים עם רבי אלעאי שבשותפות גוי פטור, ז״א פטור גם כשיש שיעור גיזה לכל אחד כרבי אלעאי אזי לא מובן מדוע פסק הרמב״ם בחלה ששותפות עם גוי חייבת בחלה אם יש ליהודי שיעור עיסה, הרי בראשית הגז חכמים פטרו שותפות עם גוי אפילו

שיש שיעור ליהודי. אפשר לתרץ שכיוון שהחיוב בחלה על החפצא אפילו אם נאמר שאין לנו בעלות יהודית כדי לחייב הגברא, עדיין יש לנו חלק חפצא שהוא יהודי החייב בחלה.

לעיל בשותפות ישראל הסברנו את רבנן, שהם סוברים שהשותפות בנכס, לכן פוטרים כשאין שיעור ומחייבים שיש שיעור, אך כעת יהיה קשה אם השותפות היא בנכס מדוע פוטרים שותפות עם גוי בכל עניין, היה מן הדין לחייב את ישראל כשיש לו שיעור, לפיכך את רבנן ניתן להסביר שהשותפות היא בבעלות והחלוקה היא בבעלות – לדעתם הבעלות צריכה להיות יהודית ובנוסף לכך יש צורך שלכל שותף יהיה שיעור, לעומת זאת כשהבעלות היא אינה יהודית כיוון שיש שותף גוי, השותפות פטורה מעיקרה כיוון שאינה יהודית. (ניתן גם להניח שבשותפות עם ישראל היא שותפות בנכס לכן כשיש שיעור חייב , לעומת שותפות עם גוי השותפות היא בבעלות, והבעלות אינה יהודית לכן פטור בכל עניין, אולם צריך לברר מדוע ישנו הבדל בסוג השותפות כאשר שני השותפים ישראלים לעומת ששותף אחד גוי.)

את רבי אלעאי ניתן להסביר שהשותפות היא בבעלות, והבעלות אינה יהודית היא ישות חדשה לכן פטורה בכל עניין בין בשותפים ישראלים בין בשותפות עם גוי.

הסבר אפשרות 3

לפי אפשרות זו, רבי אלעאי פוטר שותפות ישראל בכל ענין ביו שיש שיעור גיזה ובין שאין, לדעת רבי אלעאי שותפות ישראל שווה לשותפות גוי ולכן הוא הדין בשותפות עכו״ם שפטור בכל עניין. לעומתו רבנן מחייבים שותפות ישראל בכל עניין ופוטרים שותפות עם גוי בכל עניין.

את רבי אלעאי ניתן להסביר שהשותפות היא בבעלות, והבעלות אינה יהודית היא ישות חדשה לכן פטורה בכל עניין בין בשותפים ישראלים בין בשותפות עם גוי.

את רבנן ניתן להסביר שהשותפות היא בבעלות – כאשר הבעלות היא יהודית השיעורים מצטרפים, כי לבעלות היהודית שהיא ישות אחת יש שיעור, לעומת זאת כשהבעלות היא אינה יהודית כיוון שיש שותף גוי, השותפות פטורה מעיקרה.

תרומה בשותפות גוי

הגמרא מביאה תירוץ שני לדברי חכמים מדוע אינם לומדים ששותפות גוי פטורה מראשית הגז מתרומה. הסיבה לכך שלדעתם שותפות גוי באמת חייבת בתרומה ולכן לא ניתן ללמוד מתרומה את הפטור של שותפות הגוי בראשית הגז אלא מצאנך, ולראיה מביאה הגמרה ברייתא:

ואיבעית אימא; שותפות עובד כוכבים בתרומה רבנן חיובי מחייבי- דתניא; ישראל ועובד כוכבים שלקחו שדה בשותפות. טבל וחולין מעורבים זה בזה דברי רבי- רבן שמעון בן גמליאל אומר; של ישראל. חייב- ושל עובד כוכבים. פטור> עד כאן לא פליגי- אלא דמר סבר יש ברירה ומר סבר אין ברירה- אבל שותפות דעובד כוכבים. דברי הכל חייבת

הן לפי רבי והן לפי רשב"ג חלקו של הישראל חייב בתרומה, אלא שלרשב"ג יש ברירה לכן התבואה שנפלה בחלקו של ישראל התבררה שהיא החייבת והתבואה שנפלה בחלקו של הגוי היא הפטורה, לעומתו רבי סובר שאין ברירה וטבל וחולין מעורבים זה בזה, ואעפ"י שחלקו ישראל והגוי את התבואה אין אנו יודעים מה מבינהם הטבל ומהו החולין.

וברש"י שם קלה ע"ב, ד"ה 'טבל וחולין', האריך בהבנת מושג השותפות:

טבל וחולין מעורבין זה בזה. ואפילו לאחר שחלקו לא אמרינן יש ברירה וחלקו של עובד כוכבים הלך לו וזה חלק המגיע לישראל וטבל גמור הוא אלא אין ברירה וגם זה שנשאר חציו טבל וחצי חולין דיש קנין לעובד כוכבים בא#י להפקיע חלקו מיד מעשר ואני שמעתי שאין לו תקנה לפי שאם בא להפריש נמצא מפריש מן הפטור על החיוב ולי נראה שיש לו תקנה בשני צדדין אם יש לו טבל ממקום אחר מפריש על זה לפי חציו שאין חייב אלא חציו ואם אין לו טבל אחר מפריש מיניה וביה לפי כולו כגון אם יש לו עשרים מפריש שנים מהן שאם אין מפריש אלא אחד לא נפטר לפי שזה שהפריש יש חציו שאין שם מעשר חל עליו לפי שהוא פטור ועומד אבל כשמפריש שנים הרי השם חל על האחד ופוטר את העשרה המחוייבין והא ליכא למימר דילמא שניהם המופרשין בחלקו של עובד כוכבים גדלו ואין שם מעשר חל

*עליהם דתניא בגמרא דראש השנה ״דף יב;ן גבי חדש וישן המערבין דקי#ל אין תורמין מזה על זה וקתני צובר את גרנו לתוכו ונמצא תורם מן החדש שבו על החדש שבו ומן הישן שבו על הישן שבו וכי היכי דפריש חדש וישן בחולין איכא נמי חדש וישן במעשר הכא נמי נמצא תורם מן החיוב שבו על החיוב שבו ומן הפטור שבו על הפטור שבו ואפילו למאן דפליג עליה דההוא הכא מודי דהתם הוא דאיכא למימר אין בילה לא נבללו יפה ושמא אין חדש במעשר לפי חשבון הנותר בחולין ואין ישן במעשר לפי חשבון הנותר בחולין אבל הכא יש בילה דהא בכל חטה וחטה יש לעובד כוכבים ולישראל חלק כיון דאין ברירה וכי אפריש מיניה וביה יש במעשר מן החיוב כפי החיוב ומן הפטור כפי הפטור ובתוספתא דדמאי *פרק הן מצאתי דטבל וחולין שנתערבו אם יש לו פרנסה ממקום אחר מוציא לפי חשבון כלומר מפריש ממקום אחר לפי חשבון טבל זה המעורב ואם לאו נוטל מן החולין כפי תרומת מעשר שבטבל ואיני יודע מהו ורבי ורשב#ג הכי פליגי רבי סבר אם יש לו טבל אחר מפריש על זה לפי חציו ואם הפריש לפי כולו דנמצא מרבה במעשרות ומעשרותיו מקולקלים וזה מתוקן ועוד נ#מ שאין מפרישים מזה על טבל אחר ור#ש ^ב#ג סבר יש ברירה וכיון שחלקו הרי חלקו של ישראל כולו חייב ואפילו הוא בא להפריש עליו ממקום אחר מפריש לפי כולו והשם חל על מעשרותיו ומתוקנים הם ואם רצה להפריש מזה על מקום אחר מותר/*

רש״י מביא שיש אומרים שאין לתבואה זו תקנה, כיוון שלא ניתן להפריש תרומות ומעשרות שמא יפריש מן הפטור על החייב, דהיינו שיפריש מחלקו של גוי על חלקו של ישראל, היש אומרים ברש״י (״ואני שמעתי״) סוברים במצב של אין ברירה, החלוקה היא בנכס והיא אינה אחידה. אנו איננו יודעים מה שייך לישראל ומה שייך לגוי, לכן כל האפשריות קיימות. אנו נרחיב בהמשך בדעת התוספות ונראה שהתוספות מציע תקנה.
אך בכל אופן רש״י אינו מסכים עם דיעה זו וסובר שיש תקנה לתבואה באחת משני דרכים:

1. יקח טבל ודאי שיש לו וממנו יפריש ויוצא שמפריש מן החיוב על החיוב. במקרה זה הוא מפריש לפי חשבון הטבל שיש בתבואה, כגון: אם יש לו 100 קילו תבואה רק 50 מתוכם טבל ועליהם מפריש תרומות ומעשרות ו 50 פטורים.

2. במקרה שאין לו טבל ודאי אחר, מפריש מהתבואה המעורבת שהרי בכל גרגיר וגרגיר ישנו חלק חייב של ישראל וחלק פטור של גוי, בהתאם לכך הוא מפריש מן החיוב על החיוב ומן הפטור על הפטור.

רש"י מביא דוגמא מפירות של "חדש" ו"ישן" שהתערבו ביחד ושם אנו מניחים שהתערובת אחידה, ושהוא מפריש מהתערובת עצמה הוא מפריש מחדש על חדש ומישן על ישן. למרות ששם ישנה מחלוקת תנאים האם התערובת אחידה ("יש בילה") כותב רש"י שבמקרה של שותפות כולם מודים שהחלוקה היא אחידה שזו מהות השותפות שבכל חיטה יש חלק לכל שותף גם לגוי וגם לישראל.

אם כן לפי רש"י שמכיוון שפוסקים שאין ברירה בדאורייתא, במצב כזה כל חיטה היא של שני השותפים. כלומר יש כאן תפיסה של חלוקה של הנכס, אבל לא לחצאים עמומים אלא חלוקה בכל גרגיר.

הקובץ שיעורים ביצה לח' מקשה על שיטת רש"י ומתרץ:

ובהא דאחין שחלקו לקוחות הן, דעת רש"י, חולין קל"ה, דאין לך כל משהו ומשהו שאין לשניהן חלק בו, וקשה, דא"כ מאי מהני יש ברירה, דהא כיון דקודם חלוקה היו שותפין בכל משהו, ע"כ לקוחות הן לאחר חלוקה, שכל אחד לקח שדה שלימה, דהא פלוגתא דברירה לא שייכה אלא אם החלוקה מבררת הירושה, אבל איך הוא דין שותפין קודם חלוקה, לכאורה, אינו שייך לדין ברירה, ואי נימא, דדין שותפות הוא שיהו שותפין בכל משהו, למ"ד אין ברירה, למה לא נוכל לאמר כן גם למ"ד יש ברירה

לדעת רש"י שהחלוקה היא בכל גרגיר וגרגיר מאי נפקא מינה אם אין ברירה או שיש ברירה, הרי גם למאן דאמר יש ברירה הרי הם שותפים בכל משהו ומשהו, הברירה יכולה לברר אם מתחילה היה לכל אחד שדה

מיוחדת והברירה מבררת איזה שדה שייכת לכל אחד, אבל אם שותפים בכל משהו ומשהו מה יש לברר.

הקובץ שיעורים מגיע למסקנה שיש הבדל בין הסוברים אין ברירה לסוברים יש ברירה לענין החלוקה

> **וצ"ל דזה תלוי בזה, דלמ"ד יש ברירה כיון דאפשר לברר חלקיהן, היתה הירושה מתחילה לכל אחד על שדה מיוחדת, אבל למ"ד אין ברירה, שלעולם לא יתברר איזו חלק נפל לו, הירושה היא שיהיו שותפין בכל משהו, ולפי"ז, למ"ד לקוחות הן ודאי לקוחות ולא ספק לקוחות**

לסוברים אין ברירה השותפות היא בכל גרגיר וגרגיר, ולסוברים יש ברירה סוברים שהחלוקה היא למחצה ולכל אחד היה מתחילה שדה משלו ובחלוקה נתברר חלקו של כל אחד, הנובע מכך לפירוש רש"י, שמי שסובר שאין ברירה ולקוחות הן, הם לקוחות ודאי ולא ספק לקוחות כיוון שלכל אחד יש חלק במשהו. (ראה להלן שהקהילות יעקוב מחלק לפירוש רש"י בין ירושה לשותפים מרצון)

אולם תוספות אינו מקבל את דעת רש"י. תוד"ה 'טבל', גיטין מז ע"ב כותב:

> *טבל וחולין מעורבין זה בזה . פי׳) בקונטרס אין לך כל חטה וחטה שאין חציה טבל וחציה חולין וצריך לעשר מיניה וביה ולא ממט על טבל גמור ולא מטבל גמור עליו מפני שמפריש מן החיוב על הפטור ומן הפטור על החיוב אבל כי מפריש מיניה וביה מעשר מן החיוב שבו על החיוב שבו ומן הפטור שבו על הפטור שבו ואפילו חלקו בספקן הן עומדים דאין ברירה וקשה דאמר לקמן דאי קנין פירות לאו כקנין הגוף דמי והאחים שחלקו לקוחות הן לא משכחת דמייתי בכורים אלא חד בר חד הא אפילו למ#ד אין ברירה יש לו בודאי חלק בו דמחייב בבכורים והמותר שהוא חולין מצי מקדיש ליה כדאמרינן בפרק הספינה *ב#ב דף פא ;(ודוחק לומר דלא משכחת דמייתי בכורים כהלכתן שלא יצטרך להקדיש*

*קאמר דלישנא משמע דלא מייתי כלל קאמר ועד בפ) יש בכור *בכורות דף מח;(גבי חמש סלעים ולא חצי חמש קאמר דכו#ע אית להו דרב אסי דאמר האחין שחלקו מחצה יורשין ומחצה לקוחות משמע אבל אי לקוחות הן פטורין אפי) למ#ד חמש ואפילו חצי חמש דאפי) חצי חמש ליכא לכך נראה דאין תקנה לטבל זה דכיון דאין ברירה שמא הגיע לו כל חלקו של עובד כוכבים או חציו ולא ידעי) כמה ואי מעשר מיניה וביה שמא מעשר מחלקו והשאר חלקו של עובד כוכבים או איפכא או מקצתו ומיהו יכול לתקן שיפריש עליו ממקום אחר ויפריש גם עליו ממקום אחר ואחרון אחרון מקולקל עד שלא ישאר כי אם מעט וכל המעשרות והתרומות יתנם לכהן וללוי*

תוספות מקשים על שיטת רש״י מהגמרא לקמן גיטין מח׳ עמ׳ א׳. שם רב יוסף אומר שרבי יוחנן חייב לסבור שקניין פירות כקניין הגוף דמי, שאם לא כן תהיה עליו קושיא גדולה מאוד שלא יוכל להסבירה. שהרי דעת רבי יוחנן האחים שחלקו לקוחות הם נחשבים ולא כיורשים, ומחזירים זה לזה את החלק שקבלו כל אחד בקרקע ביובל, כיוון שלרבי יוחנן אין ברירה וכאשר כל אחד נטל חלק לא אומרים הוברר למפרע שזה חלקו שירש מאביו, אלא שמא כל אחד נטל חלקו של אחיו, ולכן מחזירים ביובל זה לזה כדין לקוחות שצריכים להחזיר השדה ביובל. רב יוסף טוען: אילו רבי יוחנן היה סובר שקניין פירות לאו כקניין הגוף דמי, לא היה מצב שבו אדם יביא ביכורים ויקרא את פרשת הביכורים שהרי איננו יודעים אם השדה שנפלה בחלקו היא של אחיו או שלו, ואין אדם קורא פרשת הביכורים אלא על אדמתו שהרי אומר בודוי ״האדמה אשר נתת לי״, אלא אם כן הוא יורש יחיד בן יורש יחיד עד יהושוע בן נון, שאז בוודאי השדה שלו. מכאן נובע אומר רב יוסף שרבי יוחנן מוכרח לסבור שקניין פירות כקניין הגוף, ואף שדה שנפלה בירושה והאחים לקוחות הן, בכל זאת יכולים לומר פרשת ביכורים כיוון שגוף השדה קנויה להם.

מקשים התוספות שפירוש רש״י לא מסתדר עם מהלך הגמרא, אם כדברי רש״י שבכל גרגיר וגרגיר יש לכל אח חלקו בירושה וחלק אחיו, הרי אפילו למ״ד דאמר אין ברירה יכול להביא ביכורים ולומר את פרשת הביכורים, שהרי חלק מהתבואה שברשותו גדל על אדמתו ויכול לומר פרשת

הביכורים גם אם נאמר קניין פירות לאו כקניין הגוף, ועל החלק שברשותו השייך לאחיו יקדיש לשם שמים שלא יהא מכנים חולין לעזרה.
תוספות מקשה קושיא דומה מבכורות (דף מח:) במקרה שהאבא הוריש חמש סלעים הגמרא שם אומרת שאם נאמר שהאחים לקוחות הם לגמרי, אזי אין לנו אפילו שניים וחצי סלעים שנפלו בירושה, משום שאת כל הירושה לקחו האחים זה מזה. ואם כדברי רש"י שבאין ברירה בכל גרגיר יש חלקו וחלק אחיו, הרי מכל מקום יש לכל אח חלק שבסלעים שנפל לו בירושה ודינו כיורש.
לאור קושיות אלו על רש"י, מבארים התוספות את המצב של אין ברירה "טבל וחולין מעורבין זה בזה" באופן שונה מרש"י. ולפיהם אין תקנה לטבל זה שחילקו הישראל והגוי ביניהם, כיוון שאין ברירה יש חשש שמא מה שקיבל הישראל הוא כל חלקו של העובד כוכבים או חציו או כל חלק אחר ואיננו יודעים כמה, ואם ייעשר הישראל מהחלק שקיבל יש חשש שמא החלק שהוא מפריש הוא מחלקו, והחלק הנותר שקיבל הוא חלקו של הגוי, ונמצא שעשה כל חלקו מעשר וכיוון שכך אין חל עליו שם מעשר. או ההיפך שהחלק שהוא מפריש הוא של הנוכרי והחלק הנותר הוא שלו, או מקצתו של החלק שהפריש של ישראל ומקצתו של גוי ואיננו יודעים כמה ומשום כך איננו בטוחים אם הפריש מן החיוב על הפטור או מן הפטור על החיוב וכמה.
כפי שראינו לעיל רש"י למעשה הביא דעה הדומה לתוספות בשם "ואני שמעתי" שאין לתבואה זו תקנה, כיוון שלא ניתן להפריש תרומות ומעשרות שמא יפריש מן הפטור על החייב, דהיינו שיפריש מחלקו של גוי על חלקו של ישראל. למעשה התוספות סוברים במצב של אין ברירה, החלוקה היא בנכס והיא אינה אחידה. אין אנו יודעים מה שייך לישראל ומה שייך לגוי, בהתאם לכך כל האפשריות קיימות ולכן האפשרות להפריש מהתבואה שחולקה אינה אפשרית.
אולם לעומת דעת היש אומרים ברש"י התוספות כן מציעים פתרון לתקן את התבואה, ע"י שיפריש ממקום אחר.
לדוגמה: אם מעוניין להפריש על 100 טון שקיבל בחלוקה, ייקח 11 טון ממקום אחר שהוא טבל וודאי ויפריש אותם על חלקו, כיוון שיש חשש שה-100 טון שקיבל הם חלקו של הגוי, נמצא שה-11 טון לא חל עליהם שם

מעשר ואינם מתוקנים, לכן יפריש עליהם מעוד 1.1 טון נוספים שייקח ממקום אחר, וכן הלאה שתמיד חוששים שלא חל על ההפרשה האחרונה שם מעשר שמא ההפרשה הקודמת מתוקנת. הישראל יעשה זאת עד שלא ישאר בהפרשה האחרונה כי אם מעט גרעינים של חיטה, וישאיר אותם להירקב מחמת הספק שהם טבל או מעשר (למעשה לאחר שש פעמים ישארו בסה"כ 11 גרם חיטה שהם ספק) , וכל המעשרות שהפריש ייתנם לכהן שיש חשש שמא הם מעשרות או חולין מתוקנים. (בסופו של דבר ייתן לכהן 12.222 טון).

שותפות אחים בירושה לעומת שותפות זרים בתרומה

לאור הקושיות של תוספות ממסכת גיטין ומסכת בכורות לעניין שותפות האחים בירושה (ראה לעיל), ששם על פי מהלך הסוגיה לא ניתן לפרש שהשותפות היא בכל גרגיר וגרגיר, תוספות הגיעו למסקנה שגם בשותפות עם גוי בתרומה יש לגוי איזשהו חלק של מחצה, שאיננו יודעים כלל איזה חלק הוא, אך בקהילות יעקב גיטין סימן לד' ביאר שיטה חדשה ברש"י :

וכעת נראה לעניות דעתי שאפשר שרש#י ז#ל מחלק בין שותפות אחין שירשו לשותפות שנשתתפו מדעתם ולקחו שדה בשותפות שלא על מנת לחלק אלא בשביל שיהנו מהפירות בשותפות- דבאחין שירשו הנה הם יורשים מה שמגיע להם על פי דין חלוקה- וכיוון שעל פי דין חלוקה מגיע לכל אחד חלק מסויים ולא שיטלו כל אחד ואחד משהויין שהרי האחים לא נשתתפו ולא נשתעבדו זה לזה להיות שותפים רק בעל כרחן חלקיהן מעורבים מחמת שירשו ביחד ודאי עכ#פ כל אחד ירש חלק מסויים שכן הדין נותן שיטלו חלק מסויים ולכן האחין שירשו גם רש#י ז#ל מודה דיש לכל אחד ואחד חלק מסויים וכיון שאין ברירה ולא אפשר לברר החלקים שפיר יש לחוש שהחליפו חלקיהם זל#ז והו#ל לקוחות בכל החלק שהגיע לו- אבל בשותפין שנשתתפו שלא ע#מ לחלוק אלא ע#מ לאכול פירותיהן בשותפות בזה מפרש רש#י ז#ל דבכל משהו הן שותפין דודאי אדעתא דהכי נשתתפו שבאם צד אחד מאותה שדה ישביח פירות מרובין וצד אחד תכסיף ולא תשביח לא יהא אחד מהשותפין לכול לתפוס הפירות

של חצי שדה שהשביח ולטעון שמא זהו חלקו- דאדעתא שיקבלו כאו#א מחצית שבח בכל משהו של השדה נשתתפו ואע#פ שאכתי י#ל דלעולם בקנין הגוף יש לכאו#א מחצה מסויים אלא שכאו#א שיעבד חלקו לפירות שיהיו שותפין בכל השדה כעין שכתב הר#ן ז#ל ר#פ השותפין מ#מ חז#ל ירדו לסוף דעתם של משתתפין שלא ע#מ לחלוק- שכוונתם להיות שותפים בגוף ובפירות בכל משהו שבאותה שדה- דהא מה שפירש רש#י ז#ל שהן שותפין בכל חיטה וחיטה לא מליבו הוציא דברים אליו אלא משום שלשון הגמרא הכריחתו דאמרינן טבל וחולין מעורבין זב#ז משמע דזה ברור שבחלקו איכא תערובות טבל וחולין ואילו לפירוש התוס) הא איכא נמי לספוקי שמא כולו טבל ושמא כולו חולין- ושפיר י#ל דהכי אמרו חז#ל דעת המשתתפים שלא ע#מ לחלוק שכוונתם להיות שותפין בגוף ובפירות בכל משהו שבו וכמשנ#ת- אבל בהאחין שירשו דבע#כ נשתתפו וירשו חלקיהן בתערובות שפיר י#ל דגם לרש#י ז#ל ירשו כאו#א חלק מסויים מאחר שהדין נותן שיחלוקו כן ומה שמגיע להם ע#פ דין חלוקה זה ירשו מתחילה וכמשנ#ת

הקהילות יעקב מבאר שלשיטת רש״י יש הבדל מהותי בין שותפות של אחים בירושה שזו שותפות בעל כורחם, לבין שותפות של אנשים זרים שזו שותפות מרצון ולא על מנת לחלוק, בשותפות מרצון כוונתם האמתית להיות שותפים בכל דבר בשותפות לכן יש לכל אחד חלק בכל גרגיר וגרגיר, ועל דעת כך נשתתפו, מאידך גיסא האחים שירשו נשתתפו בעל כורחם ומטרתם ורצונם לחלוק את הירושה ולא להיות שותפים בכל משהו ומשהו, אלא חלקיהם מעורבים ולכל אחד ישנו חלק מסויים ובזה גם רש״י מודה שיש לכל אחד חלק מסויים, וכיוון שאין ברירה ואי אפשר לברר החלקים יש חשש שכל אחד לקח חלק חברו והרי הם לקוחות בכל החלק שהגיע אליהם ובזה מודה רש״י לתוספות בניגוד לשותפים זרים שרצונם היה להשתתף ועל דעת כך נשתתפו להיות שותפים בכל גרגיר.

סיכום

בסוגיית שותפות של גוי עם ישאל בשדה דעת רבי היתה שטבל וחולין מעורבין זה בזה, ראינו שישנה מחלוקת בין רש״י לתוספות בהסבר הדין :

- דעת התוספות שלכל שותף ישנו חלק בנכס והחלוקה אינה אחידה, אין אנו איננו יודעים מה שייך לישראל ומה שייך לגוי, לכן כל האפשריות קיימות יוצא שהאפשרות להפריש מהתבואה שחולקה אינה אפשרית, ותוספות מציעים פתרון אחר יתר מורכב. (ראה לעיל).

- דעת רש״י , במצב כזה כל חיטה היא של שני השותפים. כלומר יש כאן תפיסה של חלוקה של הנכס, אבל לא לחצאים עמומים אלא החלוקה היא בכל גרגיר וגרגיר. הקהילות יעקב מבאר שלדעת רש״י יש לחלק בין שותפות של אחים בירושה שזו שותפות בעל כורחם, ששם לכל אחד יש חלק שאינו ידוע כתוספות, לבין שותפות מרצון ששם החלוקה היא אחידה בכל גרגיר וגרגיר.

פרק שמיני

שותפות באתרוג – "ולקחתם לכם"

מבוא

בפרק זה נעסוק במצוות לקיחת ארבעת המינים שהתורה כתבה ויקרא כג' מ': "ולקחתם לכם ביום הראשון פרי עץ הדר כפות תמרים...." ודרשו חכמים "לכם" – משלכם. נברר מהו גדר שלכם? האם מספיק שיהיה לאדם חלק משלו בארבעת המינים? או שמא יש צורך שהכל יהא שלו? ומה הדין בשותפות באתרוג האם השותף יוצא ידי חובתו? ובאיזה סוג של שותפות גם לדעת הסוברים ש"לכם" שהכל צריך להיות שלכם, בכל זאת השותף יוצא ידי חובה.

בדין לכם האם יש צורך שהכל יהיה שלו

המשנה בסוכה אומרת אין אדם יוצא בלולבו של של חבירו ובתלמוד בבלי מסכת סוכה דף מא עמוד ב נאמר:

תנו רבנן; ולקחתם . שתהא לקיחה ביד כל אחד ואחד/ לכם . משלכם- להוציא את השאול ואת הגזול/ מכאן אמרו חכמים; אין אדם יוצא ידי חובתו ביום טוב הראשון של חג בלולבו של חבירו- אלא אם כן נתנו לו במתנה/

אכן מהגמרא מבואר שאין אדם יוצא בלולב שאינו שלו, אך לא מבואר מה הדין במקרה של שותפות האם הוא בגדר "שלכם" או שמספיק שיהיה לאדם חלק משלו. התלמוד הבבלי מסכת בבא בתרא דף קלז עמוד ב דן באתרוג של תפוסת הבית:

אמר רבה בר רב הונא; האחין שקנו אתרוג בתפוסת הבית- נטלו אחד מהן ויצא בו- אם יכול לאוכלו . יצא- ואם לאו . לא יצא- ודוקא דאיכא אתרוג לכל חד וחד- אבל פריש או רמון – לא

הרשב"ם מפרש שמדובר באחים שירשו אתרוג מאביהן, או שקנו במעות ירושת אביהם בתפוסת הבית, כל זמן שלא חלקו ואחד מהאחים נטלו לצאת בו ידי חובה בלי ידיעתם של האחרים, יש לבדוק אם אין האחים מקפידים זה על זה אם יאכלנו, כגון שיש עוד אתרוגים בתפוסת הבית או שיש הרבה בשוק או שיצאו ידי חובתם, במקרה זה יצא ידי חובה כיוון שנקרא כולו שלו. אולם כאשר מקפידים אין זה נחשב הכל שלו ואינו יוצא ידי חובה. כך מסביר הרשב"ם את דבריו מסכת בבא בתרא דף קלז עמוד ב:

ואם לאו לא יצא. דכתיב (ויקרא כג) ולקחתם לכם משלכם שיהא כולו שלו ולא שמקצתו שלו דאע"ג דדרשינן בשחיטת חולין (בפ' ראשית הגז (דף קלה:) לכון בגדיכם עריסותיכם תרומותיכם לרבות טלית של שותפין ועיסת השותפין ותבואת השותפין שחייבין בציצית ובחלה ובתרומה ה"ה נמי אי הוה כתיב הכא פרי עץ הדרכם (אפי') של שותפות אבל כיון דכתיב לכם צריך שיהא כולו שלו והאי דלא כתיב ולקחת לך היינו למדרש מיניה שתהא לקיחה לכל אחד ואחד כדדרשינן (במס' סוכה (דף מא:) ובתורת כהנים)

אף על פי שלגבי טלית הפרשת חלה ותרומה דרשנו מהכתוב בלשון רבים בגדיכם עריסותכם ותרומתכם לרבות שותפים באתרוג אין דורשים כן, שהרי לומדים מ"ולקחתם" לרבות לקיחה לכל אחד ואחד ולא לרבות אתרוג השותפים, ואם התורה היתה רוצה לרבות שותפים היתה כותבת פרי עץ הדרכם. לפיכך באתרוג יש צורך שכולו יהיה שלכם, ואינו יוצא באתרוג השותפים. כך כתב גם התוספות סוכה דף כז: ד"ה כל האזרח.

ראיה נוספת שאין יוצאים באתרוג השותפים הביא המנחת ברוך מדברי התלמוד מסכת סוכה דף מו עמוד ב:

אמר רבי זירא: לא ליקני איניש הושענא לינוקא ביומא טבא קמא. מאי טעמא? דינוקא מקנא - קני, אקנויי - לא מקני, ואשתכח דקא נפיק בלולב שאינו שלו

שאין להקנות הלולב לקטן הסיבה היא שקטן יכול לקנות ואינו יכול להקנות בחזרה וכתוצאה מכך יטול האדם לולב שאינו שלו ולא יצא ידי

חובה. אם כן אומר המנחת ברוך ישנו פתרון יקנה לקטן רק חלק בלולב ויהיה עמו בשותפות ובכך אין צורך שיקנה לו הקטן בחזרה, אך כיוון שהגמרא לא הציע פתרון זה משמע שאין יוצאים ידי חובה בלולוב של שותפים.

לעומתם דעת רבינו אביגדור הכהן שיוצאים ידי חובה באתרוג בשותפים הובא בשו״ת הרא״ש כלל לה סימן ב:

*וכי הוה דרשינן לכם משעת לקיחה להכשיר מתנה ע#מ להחזיר הכי נמי דרשינן ליה לרבות השותפין דכל היכא דכתיב לכם בין יחידים בין רבים במשמע. כדאיתא *בפ) כל שעה(^יומא יא ;(בית השותפין מטמא בנגעים- ופריך פשיטא- ומהדר מהו דתימא ובא אשר לו הבית לו ולא להם- משמע אי הוה כתיב להם שותפין בכלל ה#ה לכם דכתיב אף שותפים במשמע. והכי מילי שותפין שלקחוה לשם מצוה דהא בלקיחה דמצוה הכתוב מדבר ועלה קאי לכם. אבל לקיחתו לסחור לחודיה לא מיקרי לכם אא#כ יכול לאכלו כדאמרינן בפרק יש נוחלין *קלז ;(ואם אינו יכול לאכלו אינו יוצא בו- דבעיא שיהא כולו שלו והא ליכא כי החצי הוא של חברו.*

מכיון שהתורה כתבה ״לכם״ בלשון רבים באה לרבות אתרוג השותפים, ומביא ראיה מממסכת יומא הגמרא שם אומרת - בית של שותפים מטמא בנגעים והדבר לא פשוט שכן כתוב ״ובא אשר לו הבית״ בלשון יחיד הייתי חושב רק בית של יחיד, אי לכך צריך לרבות שאף בית השותפים מטמא מכאן אומר הרב אביגדור הכהן אילו היה כתוב בלשון רבים ״להם״ היה ברור שבית השותפים מטמא הוא הדין באתרוג שכתוב ״לכם״ לרבות אתרוג השותפים.

על כל פנים הוא מתיר את אתרוג השותפים בתנאי שקנו אותו לשם מצווה, שהרי כתוב ״ולקחתם לכם״ שלקיחה תיהיה לכם לשם מצווה ולא סתם שותופות לשם סחורה, לכן לדעתו אסר רבה בר רב הונא אתרוג של תפוסת הבית אם מקפידים שלא יאכלו, כיוון שלא נלקח לשם מצווה ובזה לא ריבתה התורה שותפים, לפיכך צריך שלא יקפידו על אכילתו ויהא הכל

שלו, בשונה מאתרוג שנלקח לשם מצווה ששם ריבתה התורה שיוצאים באתרוג השותפים.

בסיכומו של דבר, לפי כל הדעות אם נקנה האתרוג בשותפות לסחורה או לאכילה ולא לשם מצווה אין יוצאים בו ידי חובה. הסיבה לכך כנראה נובעת שיש כאן חלוקה בנכס, לכל אחד יש חלק באתרוג שהוא לא שלם ובחצי של שותפו הוא יוצא מדין שאלה, ואין כאן דין "לכם" משלכם שכולו יהיה שלכם, אלא שנותר להסביר לדעת הרב אביגדור הכהן במה שונה אתרוג הנקנה בשותפות לשם מצווה היוצאים בו ידי חובה, לבין הנקנה לסחורה, מצד אחד אפשר לומר שלדעתו זו גזירת הכתוב, אך להלן בפסקה הבאה לגבי אתרוג הנקנה ע"י הקהל נראה הסבר נוסף.

אתרוג שכל הקהל קונים בשותפות

היו הרבה קהילות הנמצאות במקומות שלא היה ניתן להשיג אתרוגים לכל הקהל, לכן הציבור היה קונה בכספם המשותף אתרוג למצווה שישמש את כל הקהל, אומנם לפי דעת רבינו אביגדור הכהן יוצאים באתרוג השותפים ידי חובה כיוון שנלקח למצווה, אולם לדעת שאר הראשונים אין יוצאים באתרוג השותפים, ונשאלו הראשונים האם יוצאים בזה ידי חובה ?

הרשב"ם (מסכת בבא בתרא דף קלז עמוד ב ד"ה ואם לאו לא יצא), מסביר מדוע אפשר לצאת באתרוג הקהל ידי חובה :

ומנהג שלנו שנהגו לברך כל הקהל באתרוג אחד דעתנו מסכמת לתת כל אחד במתנה את חלקו לחבירו כדאמרינן גבי רבן גמליאל ור) יהושע במסכת סוכה *שם סדף מא ;10 ואף על גב דלא פריש כמאן דפריש דמי דלא גרע ממתנה ע#מ להחזיר דלהכי מיהא דעת כל הקהל שוה שינתן לכל אחד עד שיברך עליו ואח#כ יחזיר והני מילי ביום טוב ראשון אבל ביום טוב שני אמרי) מתוך שיוצא בשאול יוצא בגזול

אומר הרשב"ם כיוון שקנאוהו על דעת לצאת בו ידי חובה, הרי זה כאילו פירשו שבשעה שאחד מהקהל נוטל את האתרוג כל הקהל נותן לו את חלקו

באתרוג במתנה, ובשעה שהוא נוטל הוי כולו שלו, ואח"כ שהוא גומר הוא מקנה אותו לאחר במתנה וכן הלאה, בדומה למעשה רבן גמליאל בספינה שכל אחד הקנה לשני במתנה על מנת להחזיר. וכעין זה כתבו התוספות מסכת סוכה מא עמ' ב ד"ה אלא:

מה שנהגו הקהל לקנות אתרוג בשותפות מלמדין אותן שיהו כולם נותן כל אחד ואחד חלקו לחבירו על מנת להחזיר ויש לסמוך דכיון דקנאוהו על מנת לצאת בו ואף על גב שלא פירשו סתמא דמלתא כאילו פרשו דמי כיון דבענין אחר אין יכולין לצאת בו.

כך מסביר החתם סופר את דעת רבינו אביגדור הכהן (ראה לעיל) בזה שיוצאים באתרוג השותפים הוא בנקנה לשם מצווה, ועל דעת שכל אחד מקנה לחבירו את חלקו באתרוג כפי שהסביר הרשב"ם ותוספות ולכן למעשה אין מחלוקת בינו לבין שאר הראשונים.

הטור אורח חיים הלכות לולב סימן תרנח מביא את תשובתו של רב שרירא גאון המציע פתרון אחר איך לקנות את האתרוג מכספי הקהל:

תשובה לרב שרירא מקום שאין אתרוג ולולב מצויין וגובים מהקהל מכל א) וא) וקונין ונוטלו חזן הכנסת בידו בשעת החלל ומברך עליו ונותנו לזקנים ומברכין עליו ושוב נוטלו כל אחד מחבירו עד שמברכין עליו כל הקהל יצאו ידי חובתן או לא והשיב ודאי בשאר ימות החג מיום ב) והלאה יצאו ידי חובתן באותו לולב אבל ביום הראשון צריך כל א) לולב שלו וכן ראוי שתעשו להיות קונין הלולב לא) מן הצבור או שיקחנו מממונו או שיתנו הדמים לחזן במתנה והוא יקנהו לעצמו ובי#ט הראשון יתנו במתנה לא) מן הזקנים וכל אחד יתנהו לחבירו במתנה עד שיבא ליד כולם ובאשכנז ובצרפת נוהגים כרשב#ם;

לדעתו הפתרון ההלכתי הוא לקנות את האתרוג לאחד מן הציבור או להקנות לו את כל הכסף והוא יקנה בזה את האתרוג לעצמו וכעת כולו שלו ויוצא בו ידי חובה וכיגמור יקנהו במתנה לאחר מהקהל וכך יעבור האתרוג במתנה מאחד לשני והוי "לכם" –משלכם.

דעה שלישית היא דעת הרשב״א בבא בתרא קלז עמ ב׳ שאין כל אחד צריך להקנות את חלקו בשעת הנטילה:

ומסתברא לי דהכא לא בשלקחו אתרוג לצאת בו קאמר אלא לאכלו ולהריח בו- דאי למצוה ולצאת בו נראה שכל אחד יכול לצאת בו ולקחתם לכם קרינא ביה- דבכל כי הא אמרי) יש ברירה שהרי בשעה ששתפו בו ולקחוהו לצאת יודעים היו שאינו ראוי לחלק הילכך על דעת כן לקחוהו שבשעה שיטלנו זה לצאת בו שיהא כולו שלו לצאת בו- וכן כל שאינו נטלו כל אחד ואחד מהם ^יכול ליטלו- וברירה זו כעין ברירה שאמרו בפרק שותפין שבנדרים *מ# ב)(בחצר שאין בה דין חלוקה שהשותפין שנדרו הנאה זה מזה נכנסין בו- וטעמא דמלתא משום דיש ברירה כדאיתא התם ואף על גב דבעלמא קיי#ל דבדאוריתא אין ברירה- אלא דבכי הא כו#ע לא פליגי דיש ברירה דכל שנשתתפו בחצר שאין בה דין חלוקה אנן סהדי דעל דעת כן נשתתפו בה שכל שזה נכנס בה יהא מקום דריסת הרגל ועמידתו שלו וכשזה מסתלק והאחר נכנס יהא שלו- וכן פירש שם ה#ר שלמה בר ר) אברהם ממונטפשליר

כיוון שלקחוהו לשם מצווה אנו אומרים בזה יש ברירה שהרי בזמן שלקחוהו היו יודעים שאינו ניתן לחלוקה ועל דעת זה לקחוהו, שבשעה שכל אחד מהם יטלנהו לצאת ידי חובה יהיה כולו שלו. כפי שהסביר הרשב״א בנדרים ששותפים שנדרו הנאה זה מזה הלכה כראב״י שנכנסים לחצר המשותפת והגמרא במסכת בבא קמא נא: הסבירה טעמו של ראב״י משום שיש ברירה, למרות שלהלכה נפסק בביצה לח. שאין ברירה, לפיכך מסביר הרשב״א שמדובר בחצר שאינה ניתנת לחלוקה ובחצר כזו כולי עלמא מודים שיש ברירה, הסיבה לכך שבשעה שקנו את החצר בשותפות על דעת כך נשתתפו שבזמן שכל אחד אחד מהם נכנס לחצר יהיה מקום דריסתו שלו ואין לחבירו חלק בו , מכיוון שבחצר כזו אין דרך אחרת לחלק את החצר, הוא הדין באתרוג כיוון שהאתרוג נקנה למצווה אין דרך אחרת לצאת בו ידי חובה אלא אם כן יהיה כולו שלו, ולכן כל אחד כאשר נוטלו הרי בזמן זה הוא שלו לגמרי ואין לחבירו בו חלק, ולאחר מכן שנונתו לחבירו כולו של חבירו, כפי שהסברנו בפרק רביעי שהחלוקה בשותפות

היא בזמן השימוש ולא בנכס, אף בשותפות באתרוג החלוקה היא בזמן השימוש בנטילתו ולא באתרוג עצמו ולכן נחשב בגדר ״לכם״ שכולו שלו.

(ראה לעיל פרק רביעי בפיסקה ישובו של הר״ן הסבר חמישי)

הבית יוסף אורח חיים סימן תרנח מסכם את ההבדל בין שלושת הדיעות:

*כתבו הרא#ש בפרק לולב הגזול *שם) והחילוק שבין דעת רשב#ם לדעת רב שרירא פשוט דלרשב#ם אין צריך להקנותו לשום אדם אלא גובין סתם וקונין אותו סתם ונוטלו אחד מהם ויוצא בו ונותנו לחבירו ויוצא בו ונותנו לחבירו וכן כולם ולרב שרירא צריך להקנות בפירוש הדמים או הלולב לאחד מן הקהל ויוצא בו ואחר כך יתנהו במתנה לחבירו ויוצא בו ונותנו לחבירו עד שיבוא לידי כולם והרב המגיד *שם) כתב בשם הרשב#א *חי) ב#ב שם- שו#ת ח#א סי) סב ותו) מסתברא לי דהא דאחין בשלא לקחוהו לצאת בו היא אלא לאכלו ולהריח בו אבל לקחוהו לצאת בו ודאי בכל גווני יוצאין בו דאמרינן יש ברירה שהרי בשעה שלקחוהו היו יודעין שאינו ראוי ליחלק ועל דעת כן לקחוהו שבשעה שיטלנו כל אחד מהן לצאת בו שיהא כולו שלו // ///אף בלולב כיוצא בו ואינן צריכין להקנות עכ#ד ואפשר שעל דעת זה סמכו בהרבה מקומות שלוקחים לולב אחד וכל הקהל יוצאים בו בין בראשון בין בשני עכ#ל*

החילוק בין הדיעות מתי צריך להקנות והאם מקנה בפועל:

- דעת שרירא גאון יש להקנות מלכתחילא בפירוש את הלולב לאדם או לקנות אותו עבורו בלבד ולא לכל הקהל אחרי שהוא גומר ליטלו הוא מקנה אותו בפועל לחבירו וכן הלאה בדיוק בדומה ללולב פרטי של אדם. למעשה אין כאן שותפות כלל בנכס אלא שותפות רעיונית שכל אחד מקבל לולב במתנה ומעבירו לחבירו במתנה.
- דעת הרשב״ם והתוספות הציבור קונה את האתרוג במשותף לצורך מצווה ובזמן הנטילה כל אחד מקנה את חלקו לחבירו במתנה על מנת להחזיר שעל דעת כן קנהו למעשה הם מקנים לו את חלקם בזמן הנטילה.

- דעת הרשב"א כיוון שקנו האתרוג לשם מצווה יש ברירה, והחלוקה בשותפות היא בזמן, בשעה שכל אחד נוטלו כולו שלו ולא מתבצע שום קנין בשעת הנטילה.

הנפקא מינה בין הדיעות היא האם קטן יכול להיות שותף באתרוג הקהל? שהרי למדנו לעיל במסכת סוכה שלא יתן אדם לולבו לקטן שהרי קטן יכול לקנות ואינו יכול להקנות בחזרה, וכתוצאה מכך לא יצא האדם ידי חובה שהרי הלולב עדיין בבעלות הקטן ואינו שלו. הנובע מכך שלדעת הרשב"ם והתוספות שבזמן הנטילה שסברתם היא שבזמן שאחד מהקהל נוטל את האתרוג של הציבור, הציבור מקנה לו את חלקם באתרוג ונעשה כולו שלו , אם ישנו קטן בשותפות אינו יכול להקנות את חלקו וכתוצאה מכך לא כל האתרוג שייך לנוטל ואינו יוצא ידי חובה. אפשר לומר שרב שרריא גאון אינו חולק על הרשב"ם והתוספות והסיבה שלא סמך על אתרוג הקהל, אלא במקרה שמקנים את כל האתרוג לאדם אחד והוא מעבירו לחבירו במתנה כמו באתרוג פרטי של אדם וכמעשה רבן גמליאל, כדי שידעו בברור שאין להעבירו לקטן, בשונה בשותפות שאם בטעות קטן יהיה שותף לא יצאו ידי חובתם. לעומתם דעת הרשב"א החלוקה בשותפות מעין זו שלא ניתן לחלק את הנכס היא בזמן השימוש, וברגע שאחד גמר ליטול אינו צריך להקנותו לשני אלא הוא עובר אליו מכח הסכם השותפות, כתוצאה מכך אפילו אם קטן יהיה שותף האתרוג כולו יעבור לנוטלו, כיוון שאין צרין את הקניית הקטן אלא האתרוג עובר אוטומטית להבא בתור.

אחים שקנו אתרוג מתפוסת הבית

כפי שראינו לעיל בבא בתרא בשם רבא בר רב הונא: האחין שקנו אתרוג בתפוסת הבית אם יכול אחד לאוכלו ואין האחים מקפידין עליו כגון שיש כמה אתרוגים - יוצא בו ידי חובה. יש לחקור האם יש הבדל בין אתרוג שנקנה מתפוסת הבית, לבין אתרוג שנקנה בשותפות בין סתם אנשים, או אפילו בשותפות בין אחים אבל שלא מתפוסת הבית .

הטור אורח חיים הלכות לולב סימן תרנח כותב:

אחין או שותפין שיש להן אתרוג בשותפות אם יכול אחד מהן לאכלו ואין חבירו מקפיד עליו יוצא בו דחשיב כשלו ואם לאו לא

יצא שאין השותפין יכולין לצאת באתרוג המשותף עד שיתן לו חבירו חלקו

הוא מביא דין אחין או שותפים שיש להם אתרוג בחדא מחתא, ולפיו דינם שווה, שגם בשותפים רגילים אם יכול אחד מהם לאוכלו ואין חבירו מקפיד עליו, הרי שיוצא ידי חובה, ודין זה אינו מיוחד רק לאתרוג של תפוסת הבית. לפי הטור הדבר נחשב בגדר "לכם" ברגע שאינם מקפידים, והדבר צריך בירור אם השותפות היא בכל אתרוג ואתרוג שיש להם הרי האתרוג שהשותף נוטל אינו כולו שלו הרי שיש לו חצאי אתרוגים ואיך יוצא ידי חובה, אלא יש לומר כיוון שאינם מקפידים אם אחד השותפים יאכלנו אפילו את כולו, הרי מתברר שהשותפות בינהם היא חלוקה של אתרוגים שלמים, ולכן שנוטלו הוי כשלו ממש שהרי יכול לאוכלו ויתכלה מן העולם והוי כלאחר חלוקה. או שנאמר כיוון שאינם מקפידים באכילה הרי ברגע שנוטלו ודאי מסכים השותף להקנות לו במתנה שיצא ידי חובה.

לעומתו השולחן ערוך הביא את דין השותפין והאחים מתפוסת הבית בשני סעיפים נפרדים וכך כותב השולחן ערוך אורח חיים הלכות לולב סימן תרנח:

<u>סעיף ז</u>

+ שותפים שקנו לולב או אתרוג בשותפות- (כט) (י) אין אחד מהם יוצא בו ידי חובתו ביום הראשון עד שיתן לו (ל) חלקו במתנה. הגה; ודוקא שלא קנו לצורך מצוה- אבל אם קנו לצורך מצוה (לא) יוצאים בו מסתמא- (לב) דאדעתא דהכי קנאוהו (המגיד).

<u>סעיף ח</u>

האחים (לג) שקנו אתרוגים (לד) מתפיסת הבית ונטל אחד מהם אתרוג ויצא בו- אם יכול לאוכלו (לה) ואין האחים מקפידים בכך- יצא. ואם היו מקפידים- לא יצא עד שיתנו לו חלקם במתנה. ואם קנה זה אתרוג וזה פריש- או שקנו כאחד אתרוג- רמון ופריש מתפיסת הבית- אינו יוצא באתרוג עד שיתנו לו חלקם במתנה- ואף על פי שאם אכלו אין מקפידים עליו- מפני שכל שאין שם מאותו המין (לו) אין מחילתם בסתם מועלת- אבל כשיש שם

מאותו חמין אפילו היה מעלה מאחרים מחילתן בסתם מועלת-
**לזן לפי שאינם מקפידים*

לגבי שותפים בסעף ז' השולחן ערוך כותב שאינו יוצא ידי חובה, עד שיתן לו חלקו בממתנה, לעומת זאת בסעיף ח' לגבי אחים שקנו אתרוגים מתפוסת הבית מספיק שיכול לאוכלו ואין האחים מקפידים יוצא בו ידי חובה ואין צורך שיתנו לו את האתרוג במתנה. לכאורה משמע מהשולחן ערוך שבשותפים זרים אין מועיל הדין שאינם מקפידים, אם נאמר כיוון שאחים מחילתן יותר שלימה אם כן למה דוקא מתפוסת הבית גם באחים שותפים שלא מתפוסת הבית היה ראוי להועיל הדין שאינם מקפידים. ומה מיוחד באחים ודוקא בתפוסת הבית שמספיק שאינם מקפידים?

אלא יש לומר כפי שהבאנו בפרק השלישי ששותפות רגילה החלוקה היא בנכס עצמו ויש לברר איך הוא מחולק, לעומת זאת באחים מתפוסת הבית ישנם מהראשונים שפירשו שהחלוקה היא בבעלות שעל הנכס, וכל אח הוא הבעלים על כל הנכס ולכן באתרוג נחשב בגדר "לכם" שהאתרוג בשלמותו שלו, אומנם גם שאר האחים כל האתרוג שלהם, שגם הם בעלים על הכל, אך כיוון שאין חלוקה של האתרוג נחשב כולו שלו, יש רק לבדוק שאין האחים מקפידין עליו שלא לאוכלו, כי באתרוג אם אינו יכול לאוכלו זה מעכב או משום שאין לו זכות לאוכלו זה פוגם ה"לכם" ואינו נחשב שלו באופן מלא, בניגוד לשותפים שלא מתפוסת הבית החלוקה היא באתרוג עצמו, ואין לו אתרוג שלם משלו שלם ואם אינם מקפידים הם רק מאפשרים לו להשתמש בחלק האתרוג שלהם בתור השאלה ואינו בגדר "לכם" –שלכם.

סוכת השותפים

ראינו לעיל באתרוג שאין אדם יוצא באתרוג חבירו מדין "לכם" - שיהיה שלכם והוא הדין באתרוג השותפים שנקנה לסחורה או לאכילה, אולם לגבי סוכת חבירו (סוכה שאולה) בתלמוד בבלי מסכת סוכה דף כז עמוד ב ישנה מחלוקת בין רבי אליעזר לחכמים האם דין סוכה דומה לדין אתרוג:

תניא- רבי אליעזר אומר; כשם שאין אדם יוצא ידי חובתו ביום טוב הראשון של חג בלולבו של חבירו- דכתיב ולקחתם לכם ביום הראשון פרי עץ הדר כפת תמרים. משלכם- כך אין אדם יוצא ידי חובתו בסוכתו של חבירו- דכתיב חג הסוכת תעשה לך שבעת ימים. משלך/ וחכמים אומרים; אף על פי שאמרו אין אדם יוצא ידי חובתו ביום טוב הראשון בלולבו של חבירו- אבל יוצא ידי חובתו בסוכתו של חבירו- דכתיב כל האזרח בישראל ישבו בסכת. מלמד שכל ישראל ראוים לישב בסוכה אחת/. ורבנן- האי לך מאי דרשי בי@. מיבעי ליה למעוטי גזולה- אבל שאולה. כתיב כל האזרח/. ורבי אליעזר- האי כל האזרח מאי עביד לי@. מיבעי ליה לגר שנתגייר בינתים- וקטן שנתגדל בינתים/. ורבנן; כיון שאמרו עושין סוכה בחולו של מועד. לא אצטריך קרא/

לדעת חכמים אדם יוצא בסוכה שאולה וכן בסוכת השותפין וכך נפסק להלכה, לעומתם רבי אליעזר משווה בין אתרוג לסוכה כפי שבאתרוג אין אדם יוצא באתרוג חבירו הוא הדין בסוכה. אנו נדון בדעתו של רבי אליעזר האוסר סוכה שאולה, האם הוא אוסר סוכת השותפים בדומה לאתרוג השותפים, או שמא שותפות באתרוג שונה משותפות בסוכה.

תוספות מסכת סוכה דף כז עמוד ב' ד"ה כל האזרח תמהים על דעת רבי אליעזר, אם נאמר שלא יוצאים בסוכת השותפים, אזי נצטרך לכל אחד מבני הבית סוכה בפני עצמו.

*ותימה דלר) אליעזר דבעי סוכה שלכם אין שנים יוצאין בסוכה א) לעולם ויהא צריך לכל בני הבית סוכה לכל אחד וא) ושמא הוה מרבי מדכתיב תשבו כעין תדורו *שותפין) שיכולים לישב יחד בסוכה אחת/*

התוספות מעלה אפשרות שרבי אליעזר מרבה שיכולים לשבת ביחד מהפסוק "בסוכות תשבו" תשבו כעין תדורו. בגירסת התוספות חלוקים האחרונים האם זה בא לרבות רק אדם וביתו או שזה בא לרבות אף את סוכת השותפים, בניגוד לאתרוג שאתרוג השותפים אסור.

המהרש"ל טוען שאין לרבות סוכת השותפין וכך כותב בחכמת שלמה מסכת סוכה דף כז עמוד ב :

בא#ד מדכתיב תשבו כעין תדורו שותפין כו) נמחק שותפין ונ#ב נ#ל טעות דמסתמא ר#א פוסל בשותפות כמו שפוסל בשאולה וממעטינן מלך דהא מוקי כל האזרח לדברים אחרים ועוד וכי ברירה ליה כל כך דרך דירה בשותפות בשלמא מה שאדם עושה סוכה אחת לכל בני ביתו הוא דרך דירה אבל לא בענין אחר ועוד א#כ מאי פירשו התוס) לעיל דבחנם דחק רש#י דממעטים שותפות כו) הא תשבו כעין תדורו מרבי שותפות אלא על כרחך ט#ס ;

לדעתו כפי שרבי אליעזר פוסל בשאולה הוא פוסל בשותפים ומה גם שאין דרך דירה לדור בשותפות ומשפחה דרכה בכך, וכן ממה שהקשה תוספות על רש"י שבחינם דחק לפרש שראיית חכמים "מכל האזרח" שמדובר שאין לכל אחד שוה פרוטה ואעפ"כ יוצאים ידי חובה והוא הדין לשאולה, ומספיק היה להוכיח שסוכת השותפים כשירה והוא הדין לשאולה, משמע שסבירה ליה לתוספות שלרבי אליעזר בניגוד לחכמים סוכת השותפים פסולה והוא הדין לשאולה. לכן תשבו כעין תדורו נאמר רק אדם ובני משפחתו.

לעומתו המהרש"א בחידושי הלכות מסכת סוכה דף כז עמוד ב טוען שגם סוכת השותפים כשירה אף לרבי אלעיזר:

לישנא שיכולין לישב אינו מכוון כלל לדרכו אלא דרגילים הל#ל ואין להאריך בשאר/// ///אבל לר#א דמוקי כל האזרח למלתא אחריתא ואיכא הכא מיעוטא דלך וריבויא דתשבו כעין תדורו ודאי דאית לן למימר הכא כמו גבי ציצית לאוקמא מיעוטא דלך לשאולה וריבויא דתשבו כעין תדורו לשותפות והיינו דקאמרי לשותפין היכולין כו) דלר#א שפיר מצינן לאוקמא ריבויא לשותפין שיכולין לישב בסוכה א) בשותפות דהאי ריבויא דתשבו כעין תדורו לא משמע סוכה לכל ישראל דאינם יכולים לישב בה בשותפות משא#כ לרבנן ריבויא דכל האזרח דמשמע סוכה אחת לכל ישראל דאינם יכולים לישב בה בשותפות כפרש#י והדברים ברורים ודו#ק ;

לדעתו גם מלשון התוספות משמע שיוצאים בסוכת השותפים שכתב שיכולין לישב בסוכה אחת ואם מרבה רק אדם וביתו היה כותב שרגילין לישב. וכפי שבציצית יש הבדל בין טלית שאולה לטלית של שותפים, שהרי שממעטים בציצית מ״כסותך״ ציצית שאינה שלו ומ״על כנפי בגדיכם״ מרבים טלית השותפים, כך הוא לרבי אליעזר לענין סוכה, מ״תעשה לך״ ממעטים סוכה שאולה ומ״תשבו״ מרבים סוכת השותפים, ואין לומר שאם סוכת השותפים כשירה אזי גם סוכת שאולה כשירה. לכן מסקנתו שסוכת השותפים כשירה לרבי אליעזר אף שבאתרוג למדנו שאתרוג השותפין לא יוצאים בו ידי חובה.

הריטב״א מסכת סוכה דף כז עמוד ב דן האם לדעת רבי אליעזר יש הבדל בדין בין לולב (או אתרוג) השותפים לבין סוכת השותפים:

תניא רבי אליעזר אומר כשם שאין אדם יוצא ביום טוב ראשון בלולבו של חבירו כך אינו יוצא בסוכתו של חבירו, פי׳ מדקא מדמי לה ללולב משמע דסוכת השותפין אין יוצאין בו ביחד כשם שאין יוצאין שניהם בלולב של שיתוף משום שאול- והיינו דנקטינן לרבנן שכל ישראל יוצאין בסוכה אחת באחת שהיא משותפת ביניהם משא״כ לרבי אליעזר- ותימה אם כן לרבי אליעזר כל אחד ואחד מבני הבית שהם בני חיובא צריך סוכה לעצמו ואפילו הוא ובניו הגדולים אין יוצאין בסוכה אחת וזה היאך אפשר- ושמא נאמר דרבי אליעזר פטר איש וביתו בסוכה אחת כדכתיב תשבו כעין תדורו ומה דירה איש וביתו אף סוכה איש וביתו ביחד-

בתחילה סובר הריטב״א כפי שהסביר המהרש״ל בדעת התוספות לעיל שרבי אליעזר מרבה מתשבו כעין תדורו רק את סוכת אדם וביתו ושאין הבדל בין סוכת השותפים לאתרוג השותפים ובשניהם אין יוצא ידי חובה מדין לכם אלא שנראה לו יותר שסוכת השותפים שונה מאתרוג השותפים.

״אלאו שיותר נראה לומר דמודה רבי אליעזר דסוכה של שותפין יוצאין בה דלא דמיא ללולב דהתם כי נפיק ביה חד מינייהו בכוליה נפיק ולא סגיא דלא נפיק בחולקא דחבריה והוי שאול- דכיון ״שמסתמא/ ״שמשתמשו בכולו ליכא למימר ברירה דהא

*ודאי אין כולו חלקו- ודכותה אם משתמש בכל החצר אסור במודר הנאה אא"כ התנו קודם הנדר דמר משתמש אב"ג ומר משתמש דה"ו- וכיוצא בו- אבל הכא בשותפין כל אחד ואחד לשלו הוא נכנס ויש ברירה וכדאמרינן בנדרים *מ"ח ב)(דשותפין שנדרו הנאה זה מזה שניהם מותרין ליכנס לחצר שיכול לומר לתוך שלי אני נכנס ואיני נכנס לתוך שלך- ואפילו למאן דאסר התם- נדרים שאני דזיהור אסור במודר הנאה וחייש דלמא מתהני מדחבריה- אבל לגבי מצות סוכה דלתוך שלו הוא נכנס לכם קרינא ביה- ומה שאמרו חכמים מלמד שכל ישראל יוצאין בסוכה אחת אם בבית אחת שהיא משותפת ביניהם דכולי עלמא היא ואפילו לרבי אליעזר- אלא הכי קאמר שיוצאין בסוכה של איש אחד בזה אחר זה ובהא הוא דפליג רבי אליעזר דוקא.*

הריטב"א סובר שיש הבדל מהותי בין השימוש באתרוג לבין השימוש בסוכה באתרוג כשאדם נוטלו הוא צריך את כל האתרוג גם אם נאמר שיש ברירה אי אפשר לומר שהכל שלו אלא רק חציו, וחציו השני הוא כשאול, לעומת זאת בסוכה אינו צריך את כל הסוכה ואם נאמר שיש ברירה לתוך שלו הוא נכנס כפי שלמדנו בנדרים (ראה פרק רביעי בספרנו זה) ששותפין שנדרו הנאה זה מזה שניהם מותרין ליכנס לחצר, שיכול לומר לתוך שלי אני נכנס ואיני נכנס לתוך שלך, וכפי שבמודר הנאה אינו יכול להשתמש בכל החצר גם אם נאמר שיש ברירה, שהרי אין הכל יכול להיות שלו, אלא אם כן התנו בפירוש בהסכם שכל אחד משתמש בימים אחרים ז"א חילקו בינהם את זמן השימוש בפירוש בהסכם, נובע מכך שלדעת הריטב"א שבשותפות בין אנשים ישנה חלוקה בנכס, ואם נאמר שיש ברירה הדבר יברר לנו איזה חלק שייך לכל שותף, אך אי אפשר לומר ששניהם בעלים על הכל, לכן באתרוג השותפים אין יוצאים ידי חובה כיוון שהוא צריך את כל האתרוג, ובסוכה כאשר הוא יושב מתברר שבחלקו הוא יושב והחצי השני של הסוכה הוא של חבירו ולכן יוצא ידי חובה. השאלה היא מה הדין בסוכה קטנה שהיא בדיוק שבע טפחים על שבע טפחים הרי גם אם נאמר בחלקו הוא יושב הרי בחצי שלו אין שיעור סוכה, או שנאמר כיוון שישנה סוכה כשירה ברגע שאני יושב בחלקי אני יוצא ידי חובה? הערוך לנר מסכת סוכה דף כז עמוד ב על שאלה זאת:

סברת הריטב"א איך כתבו סתמא ולא חלקו בין סוכה גדולה לסוכה קטנה דבסוכה קטנה שאין לכל א) מהשותפין שיעור ז) על ז) לא שייך סברת הריטב"א דכל א) לשלו נכנס דע"כ כל א) משתמש בחלק חבירו.

לדעתו אין מספיק שאדם ישב בחלק השייך לו בסוכה שהיא בכללותה כשרה, אלא הוא חייב שכל חלקו אם נפרידו יהיה סוכה כשירה.

השפת אמת מסכת סוכה דף כז עמוד ב מקשה ומביא סברא הפוכה לריטב"א:

שוב מצאתי בחי) הריטב"א שכ) דבאמת גם לר"א יוצא בסוכת השותפין מטעם ברירה וכ) דל"ד לאתרוג דצריך להיות כל האתרוג שלו אבל הכא מקום שמשתמש בו שלו הוא- ולא זכיתי להבין דבריו דמאי נ"מ בין סוכה לאתרוג הא נמי כל הסוכה צריך להיות שלו ואדרבה באתרוג י"ל דבשעה שלוקח האתרוג כולו שלו הוא אבל בתשמיש הסוכה לא הוי שלו רק מקום השימוש ואנ בעינן שיהי) כל הסוכה שלו

ראשית הוא טוען כפי שאתרוג צריך להיות כולו שלו כך סוכה כולה צריכה להיות שלו, אומנם אפשר לומר שהריטב"א דיבר בסוכה גדולה שאם נפריד את חלקו עדין תיהיה כשירה, אולם משמע מהשפת אמת שרק המקום שהוא יושב בו בפועל מתברר כחלקו, ובו אין למעשה שיעור סוכה, ולכן כל הסוכה צריכה להיות שלו, אך לדעת הריטב"א משמע שכל האיזור הנצרך לו לשיעור סוכה מתברר כשלו ויוצא ידי חובה.

שנית סובר השפת אמת, באתרוג הסברה לומר שכולו שלו כיוון שבשעה שלוקח אותו הוא משתמש בכולו ומתברר בשעת השימוש שכולו שלו מה שאין כן בסוכה שרק בחלק שמשתמש שלו ואין לו סוכה שלימה.

את הריטב"א אפשר להסביר בדרך הבאה: הריטב"א דיבר במקרה שיש לשותפים אתרוג אחד, וכיוון שהחלוקה בשותפות היא בנכס, לא ניתן שאחד מהם יצא באתרוג משום שרק חצי שייך אליו ואינו שלם, אולם אם יהיה להם מספר אתרוגים אין הכי נמי כמו שאמר הריטב"א שיוצא בסוכת

השותפים שמתברר היכן שיושב הוא חלקו, כך במספר אתרוגים בשותפות מתברר שהאתרוג שלקח הוא שלו.

יש לציין שכל הדיון לגבי סוכת השותפים הוא אליבא דרבי אליעזר ומדובר בסוכה שלא נעשתה לשם מצווה, אולם אם נשתתפו לשם מצווה דומה הדבר לאתרוג השותפים שנקנה לשם מצווה שיוצאים בו ידי חובה. (ראה לעיל בפיסקה - אתרוג שכל הקהל קונים בשותפות)

אתרוג הגדל בחצר משותפת של בית מגורים (מבוסס על מאמרו של הרב שלמה זלמן אולמן האם דייר יכול לצאת בארבעת המינים הגדלים בחצר משותפת כתב עת: אורייתא יז תשע״ג רכג- רל)

מדובר באדם שנטע עץ אתרוג בחצר משותפת של בית מגורים, אומנם העץ שייך לו, אך כיוון שהקרקע שעליה גדל האילן משותפת כיוון שלכל דיירי הבניין יש שייכות באתרוג שהרי הם הביאו את הקרקע, אפשר שאינו בגדר ״לכם״ שהרי ראינו לעיל שדעת רוב הראשונים שאין יוצאים באתרוג השותפים וכן פסק השולחן ערוך. אולם אפשר שיוצא ידי חובה כפי שנבאר להלן:

א. יוצא ידי חובה - כדין המעמיד תנור וכריים בחצר שאין לה דין חלוקה

למדנו לעיל בסוגיית נדרים שלדעת הר״ן שותפות בחצר שאין לה דין חלוקה, החלוקה היא בזמן השימוש, וכל אחד שמשתמש בשלו שמשתמש, וכפי שכתבנו בדעת הרשב״א לגבי אתרוג שנקנה לשם מצווה, שהחלוקה בשותפות היא בזמן וכל אחד בזמן שנוטלו כולו שלו.

לגבי הנודרים הנאה זה מזה, המשנה בנדרים אמרה ו״שניהם אסורים להעמיד רחיים ותנור״ ופירש הר״ן מסכת נדרים דף מו עמוד א:

דאע#ג דאמרי) בפרק חזקת חבתים דשותפין אחעמדה כדי לא קפדי מ#מ אי קפדי יכולין לעכב זה על זה ואף על פי שדרכן לותר ויתור אסור במודר חנאה

משמע לפי פירוש הר״ן לעולם כל עוד אינו מעכב בשלו הוא משתמש, אלא שמכוח תנאי ההשתמשות בניהם, שכל אחד יכול לעכב את חבירו מלהניח תנור וכיריים, במודרים הנאה זה מזה אינם יכולים להניח תנור וכיריים, כיוון דויתור אסור במודר הנאה, למרות ששותפין על העמדה לא מקפידים

מ״מ אם יקפידו יוכלו לעכב. אבל במצב שלא נדרו, כל עוד אינו מעכב בשלו משתמש, שאם לא כן גם בסתם אינו יכול להעמיד, שהרי משתמש גם בחלק חבירו. הנובע מכך מה בתנור וכיריים שהם דברים קבועים לפי הר״ן אני אומר בשלו הוא מניח הוא הדין בנוטע עץ אפשר לומר בשלו הוא מניח, אלא שאפשר לחלק שתנור וכיריים פחות קבועים מעץ שאפשר לטלטלם ממקומם ועץ קבוע יותר ואולי בעץ לא אמר הר״ן שהחלוקה היא בזמן כיוון שמשתמש במקום באופן קבוע.

כל הדיון לעיל הוא בהנחה שחצר מגורים היא חצר שלא ניתנת לחלוקה, למרות שמבחינת גודלה היא ניתנת לחלוקה, אך כיוון שאין רגילות לחלקה ואין אפשרות לחלקה ועל דעת כך קנו אותה שלא לחלקה, הוי כחצר שאין לה דין חלוקה בדומה לבית כנסת, שהגמרא דימתה אותה לחצר שאין בה דין חלוקה, כיוון שאין רגילות לחלק בית כנסת.

תלמוד בבלי מסכת נדרים דף מו עמוד א

אמר רבה אמר זעירי מחלוקת, שיש בה כדי חלוקה- אבל אין בה כדי חלוקה, דברי הכל מותר, א#ל רב יוסף ; הרי בית הכנסת- דכמי שאין בו כדי חלוקה דמי- ותנן ; שניהן אסורין בדבר של אותה העיר' אלא אמר רב יוסף אמר זעירי ; מחלוקת . שאין בה כדי חלוקה- אבל יש בה כדי חלוקה . דברי הכל אסור, אמר רב הונא ; הלכה כר#א בן יעקב> וכן א#ר אלעזר ; הלכה כר) אליעזר בן יעקב,

הט״ז ביורה דעה מקשה על הרמב״ם הסותר את עצמו וכן השולחן ערוך שפסק בעקבותיו, שמצד אחד פסק כר׳ אליעזר בן יעקב שהמודרים הנאה מותרים בחצר שאין בה דין חלוקה, ומצד שני פסק שאסורים בבית כנסת והרי לפי הגמרא בית כנסת כחצר שאין בו דין חלוקה. הט״ז ביורה דעה סימן רכד מתרץ את הסתירה ומביא שלוש דרגות בחצר לעניין אם יש בה דין חלוקה:

- אחד שיש בה דין חלוקה גמורה שהיא גדולה שיש בה שיעור לחלק לזה ולזה

- שניה חצר שאין בה דין חלוקה לגמרי שהיא קטנה שאין בה ארבע אמות ולא ניתן לחלקה
- שלישית והוא האמצעי ביניהם כגון בית כנסת שמבחינת גודלה יש לה שיעור לחלקה אלך אין דרך לחלקה. נמצא שמצד אחד אפשר לקרא לה חצר הניתנת לחלוקה ומאידך גיסא אין דרך לחלקה ואין נקראת חצר הראויה לחלוקה.

וכך מסביר הט״ז את דעת רב יוסף בגמרא:

ומשני רב יוסף דהכי קאמר דפליגי באין בה דין חלוקה כלל דהיינו בחצר דנקטה מתניתין בפלוגתא דראב#י ולפי זה במילתא מציעתא דהיינו בית הכנסת הוה בכלל יש בה דין חלוקה ולכולי עלמא אסור וא#כ אתיא מתניתין דשניהם אסורים בבית הכנסת לכולי עלמא ועל כן פסקוה להלכה, כן נראה לע#ד לתרץ ברור ונכון הגם כי הרמב#ן והר#ן אסקוה בקושיא מכל מקום הרמב#ם והרא#ש והטור והשולחן ערוך לאו בני טועים נינהו ח#ו בפרט במילתא דמפורש בתלמוד וראוי להמליץ בעדם כפי מה שבכל כל שכן במידי דרויחא בס#ד כמ#ש;

לדעת רב יוסף המחלוקת בחצר קטנה שאין בה ארבע אמות ואין בה דין חלוקה לגמרי שדעת רבי אליעזר להתיר, אולם בחצר בדרך האמצעית כבית כנסת שמבחינת גודלה ניתן לחלקה רק שאין דרך לחלקה דברי בכל אסור, וזוהי דעת הרמב״ם שהתיר בחצר קטנה ואסר בבית הכנסת. אולם משמע שהט״ז אינו סובר כן אלא הביא זאת לתרץ את הרמב״ם. וכך פסק הש״ך בס״ק ב׳ שבית כנסת כחצר שאין בו דין חלוקה:

ב וי#א כו) בכל דבר שאין בו דין חלוקה כלומר בב#ה וכה#ג אין בהם דין חלוקה ומותר כדלקמן סימן רכ#ו וכ#פ מהרש#ל פ) שור שנגח את הפרה סי) ל#ב וכן נראה עיקר בש#ס;

נמצאנו למדים שדין חצר בית מגורים דומה לבית הכנסת, ולדעות שבית הכנסת אין לו דין חלוקה הוא הדין לחצר בית מגורים, ואדם הנוטע עץ בשלו משתמש וכנוטע בתוך שלו ויוצא ידי חובה. וכפי שאדם מעמיד תנור וכיריים ובשלו הוא מעמיד הוא הדין לעץ. אומנם אולי יש לחלק שתנור

וכיריים אפשר לעוקרם ולטלטלם לכן בזמן שמשתמש שלו הוא, אבל עץ דבר קבוע הוא ואי אפשר לומר ששטח האדמה שיושב עליו העץ הוא שלו באופן תמידי אולי גם עץ ניתן לעוקרו ולהעבירו ודבר זה צריך בירור.

ב. יוצא ידי חובה מכח שכל שותף הוא גורם הכרחי ביצירת האתרוג

אפשר לחלק ולומר שכל שאסרנו את אתרוג השותפים מדובר שקנו אותו שני אנשים ובמקרה זה כל אחד אחראי על חצי אתרוג וביחד יש להם אתרוג שלם, אך אין לאחד מהם שייכות על החצי השני שנקנה בממון חבירו, לעומת זאת בנוטע עץ, לאדם הנוטע יש שייכות לכל האתרוג שאילולי נטע לא היה נוצר אתרוג, וכן בעל הקרקע אילולי הקרקע לא היה נוצר כלל אתרוג ולכל אחד יש סיבה לזכות בכל האתרוג ושניהם בעלים על כל האתרוג ואין כאן חלוקה של חצי חצי, שהרי הנוטע הוא הגורם והסיבה ליצירה גם על חצי השייך לחבירו ונקרא גם שלו.

להלן נביא שתי הוכחות לדבר:

1. הזורע בשדה הפקר: בתלמוד ירושלמי (וילנא) מסכת מעשרות פרק א הלכה א מובא שהזורע שדה של הפקר חייב בתרומות ומעשרות

רבי זעירא רבי יסא בשם רבי לעזר הזורע שדה הבקר חייב במעשרות.

וכן פסק הרמב"ם להלכה בהלכות תרומות פרק ב הלכה יא:

וכן ההפקר פטור מן התרומה ומן המעשרות- ואפילו הפקירו העכו#ם לו- אבל הזורע שדה הפקר חייב בתרומה ומעשרות.

מהרמב"ם משמע שחייב על הכל בתרומות ומעשרות והלא התבואה גדלה על קרקע הפקר וישנו חלק הפטור ומדוע שיהיה חייב על הכל? אלא יש לומר כיוון שהזרע הוא הסיבה וגורם הכרחי להווצרות התבואה ולולי הזרע לא היה כלל תבואה יוצא מכך שהוא בעלים על הכל התבואה ולכן חייב בתרומות ומעשרות על כל התבואה שגדלה.

2. דין דמי ולדות ושבח ולדות לאשה לאחר מיתת הבעל:

אדם שהזיק אשה הרה גזירת הכתוב היא שהמזיק משלם דמי ולדות לבעל, ודמי שבח הולדות (גוף האשה שהושבח מחמת הולדות) ישנה

מחלוקת למי משלמים, לדעת חכמים לבעל ולדעת רשב"ג חולקין הבעל והאשה בשבח הולדות . ורש"י במקום מפרש

חולקין . שדמי הנפח מחמת שניהן באיך

זאת אומרת כל אחד מהם הוא גורם נפרד ליצירת הולד ובלעדיו לא היה ולד, וכיוון שרשב"ג אינו דורש מהכתובים שהשבח שייך לבעל הרי שהוא שייך לשניהם.

תלמוד בבלי מסכת בבא קמא דף מט עמוד א

היתה שפחה ונשתחררה או גיורת . פטור/ אמר רבה; לא שנו אלא שחבל בה בחיי הגר ומת הגר- דכיון דחבל בה בחיי הגר זכה בהו גר- וכיון דמת הגר זכה בהו מן הגר- אבל חבל בה לאחר מיתת הגר . זכיא לה איהי בגוייהו- ומיחייב לשלומי לה לדידה/ א#ר חסדא; מרי דיכי" אטו ולדות צררי נינהו וזכיא בה@ אלא איתיה לבעל . זכה ליה רחמנא- ליתיה לבעל . לא///

בהמשך הגמרא דנה במקרה שאשה נחבלה לאחר מיתת בעלה הגר שאין לו יורשים, למי משולמים דמי הולדות? לדעת רבה דמי הולדות לאשה, ולדעת רב חסדא כיוון שאין בעל - המזיק פטור. כעת הגמרא מביאה שתי ברייתות סותרות הדנות במקרה דנן, ברייתא אחת אומרת חייב וברייתא שנייה אומרת פטור.

///// לימא כתנאי; בת ישראל שנשאת לגר ונתעברה ממנו- וחבל בה בחיי הגר . נותן דמי ולדות לגר- לאחר מיתת הגר . תני חדא; חייב- ותני חדא; פטור> מאי לאו תנאי נינהו" לרבה ודאי תנאי היא- אלא לרב חסדא מי לימא תנאי היא@ ל#ק; הא רבנן- הא רשב#ג/ אי רשב#ג- מאי אריא לאחר מיתה@ אפי) מחיים נמי אית לה פלגא" מחיים אית לה פלגא- לאחר מיתה כוליה/ ואיבעית אימא; הא והא רשב#ג- כאן בשבח ולדות- כאן בדמי ולדות/ אמרי; משבח ולדות לישמע דמי ולדות- ומדרשב#ג לישמע לרבנן" אמרי; לא- שבח ולדות דשייכא ידה בגוייהו . זכיא בהו בכולהו- דמי ולדות דלא שייכא ידה בגוייהו . לא זכיא בהו כלל/

הגמרא מיישבת לפי רבה -זו מחלוקת תנאים התנא המחייב הוא כדעת רבה והתנא הפוטר הוא כדעת רב חסדא. אולם רב חסדא יכול להסביר אחרת שאין הברייתא מדברת על דמי הולדות ולדעת כולם החובל לאחר מיתת הבעל פטור מדמי ולדות, אלא הברייתא מדברת על שבח הולדות, התנא הפוטר הוא כדעת חכמים הסוברים שגם שבח ולדות נותנים הכל לבעל ולכן שהבעל היה גר ומת פטור החובל, והתנא המחייב הוא רשב״ג הסובר, שהבעל חי הבעל והאישה חולקין בשבח הולדות, ולכן שאישה קיימת היא זוכה בכל שבח הולדות. אפשרות אחרת היא לומר ששני הברייתות הם כדעת רבי שמעון אלא התנא המחייב עוסק בשבח ולדות לכן אשת הגר שמת זוכה בחלק בעלה בתשלום שבח הולדות והתנא הפוטר עוסק בדמי ולדות ולכן אינה זוכה בתשלום לאחר מיתתת הבעל. הגמרא מיד מקשה מה ההבדל בין שבח ולדות לדמי ולדות כפי שהאישה זוכה בחלק הבעל בשבח הולדות תזכה גם בדמי הולדות? מתרצת הגמרא בשבח ולדות יש לאישה שייכות בחיי הבעל שהרי לדעת רשב״ג הם חולקין, לכן לאחר מיתת העל זוכה בהכל, אולם בדמי ולדות בחיי הבעל כולם לבעל ואין לה בהם שייכות, לכן לאחר מיתת בעלה הגר אין היא זוכה בהם. והביאור בזה, שבדמי הולדות גזירת הכתוב שאינה שותפה כלל בחיי הבעל ולכן לאחר מיתת הבעל אינ הזוכה בהם, לעומת זאת בשבח ולדות שהבעל והאשה חולקין, משמע שיש להם שותפות על זה, והשותפות נוצרה מכח זה שכל אחד מהם הוא גורם הכרחי ליצירת הולדות, ושותפות מסוג זה לכל אחד יש סיבה על הכל נחשב כל גורם כאילו הוא הבעלים על הכל, ולכן שהבעל מת מיד האשה זוכה בהכל. ולדעת רבא החולק על רב חסדא הסובר שגם דמי ולדות לאחר מיתת הגר לאשה גם הוא מאותו הטעם כיוון שכל אחד הוא סיבה ליצירת הולדות הבעל והאשה בעלים על הכל , אלא שמחיים גילתה התורה שדמי ולדות לבעל, אבל לאחר מיתה חוזרת האשה להיות בעלים על כל דמי הולדות וזוכה בהכל.

לסיכום ראינו שני אפשריות לצאת באתרוג שניטע בחצר משותפת של מגורים. ראשית, חצר כזו דינה כחצר שאינה ניתנת לחלוקה כבית כנסת, או מסיבה שקנו אותה על דעת שלא לחלוק, ובחצר כזו דעת הר״ן והרמב״ן כל שותף כמשתמש בשלו, ולכן האתרוג נחשב שלו.

שנית, לנוטע בשדה חבירו ולבעל הקרקע לכל אחד יש קנין וסיבה על כל הפירות משום שכל אחד מהווה גורם ליצירת הפירות ולכן הנוטע עץ אתרוג בחצר המשותפת נחשב כבעלים על הכל, בדומה למה שהזכרנו לעיל לגבי אתרוג הקהל שנקנה לשם מצווה ולאתרוג מתפוסת הבית שכל אחד בעלים על הכל ויוצא ידי חובה.

כיתבו לכם - מצוות כתיבת ספר תורה בשותפות

ישנה מצוות כתיבת ספר תורה על כל אחד מישראל שנאמר: "ועתה כתבו לכם את השירה הזאת" (דברים לא יט). וכך כותב הרמב"ם הלכות תפילין ומזוזה וספר תורה פרק ז הלכה א:

> *מצות עשה על כל איש ואיש מישראל לכתוב ספר תורה לעצמו שנאמר ועתה כתבו לכם את השירה-*

מהרמב"ם משמע "לכם" – משלכם, וכך כתב בשו"ת בית יהודה חלק יורה דעה סימן כג

> **ועוד דהכא בנ"ד דקנו ס"ת אנשים הרבה ודאי דלא קיים שום אחד מהם מצות כתיבת ס"ת דהא מוטלת על כל איש ואיש כמו שכתב הרמב"ם**

הטעם הוא כמו שכתבנו לעיל לגבי אתרוג השותפים שנאמר "ולקחתם לכם" – משלכם, שם ראינו בדעת הרשב"ם והתוספות שלכם משמע שכולו שלו ולא מקצתו, הוא הדין בספר תורה "כתבו לכם" שצריך להיות כל הספר שלו ולא מקצתו ואין יוצא בספר תורה בשותפות.

לעומתו בשו"ת באר יצחק חלק יורה דעה סימן יט כתב שיוצאים בכתיבת ספר תורה בשותפות:

> *ולפ#ז יש לדון דשפיר יוצאים שותפים ידי מצות עשה הנ#ל בכתיבת ס#ת בשותפות כמו באתרוג שכתבו הראשונים דאם קנו לצורך מצוה דיוצאים משום דאנן סהדי דמקנה כ#א לחבירו כדי לצאת י#ח- א#כ ה#ה בנ#ד דג#כ שייך לומר דאנן סהדי דמקנה כ#א לחבירו כדי לצאת מצות כתיבת ס#ת- והא דכתבו האחרונים לדחות זה משום דבעי שיהי) הס#ת שלו בכל עת ובכל שעה- ז#א*

*לפמש#כ להוכיח דאף במכרה אחר שכתבה דג#כ יוצא בזה- אלמא דלא בעינן שיהא לעולם אצלו- וידועה שיטת רש#י במנחות *דף ל) דלקח ס#ת מן השוק כחוטף מצוה- ומצוה עביד וכן הכריע הגר#א זצ#ל *בסי) ע#ר- לכן שפיר מהני לצאת אף בשותפות- ואף דבעת שכתבו לא שייך לומר כן- עכ#ז י#ל דאחר שנכתבה הס#ת יכוון כ#א להקנות לחבירו כשנוטל בידו במתנה ע#מ להחזיר- ואף שאסור למכור ס#ת עכ#ז הא בקנו מתחלה אדעתא דימכור לאחרים מותר למכור כמש#כ הט#ז באו#ח *סי) קנ#ג ס#ק י) ע#ש- כן נראה לפענ#ד ללמד זכות על החבורות שנהגו בכל תפוצות ישראל לכתוב ס#ת בשותפות דיצאו בזה מצות כתיבת ס#*

הוא משווה שותפות בספר תורה כשותפות באתרוג לצורך מצווה (ראה לעיל) כמו באתרוג שכל אחד נוטל האחרים מקנים לו חלקם במתנה על מנת להחזיר הוא הדין בספר תורה בזמן שהוא קורא בו כל אחד מקנה את הספר תורה במתנה על מנת להחזיר ולכן כולו שלו, אפשר לצרף את דעת הרשב״א שבשעה שנשתתפו בקניית האתרוג על דעת כך קנו אותו, שבשעה שכל אחד משתמש יהיה כולו שלו, וכן דעת הר״ן בנדרים בקרקע שאינה ניתנת לחלוקה, כל שותף שמשתמש בזמן השימוש כולו שלו, הוא הדין בספר תורה שעל דעת כך קנו אותו שבזמן שכל אחד קורא בו כולו שלו.

אומנם בשו״ת באר יצחק לעיל הוכיח שאין צורך שהספר תורה יהיה בתמידות שלו, אולם לדעת הסוברים שספר התורה צריך להיות בתמידות שלו אין הדבר יועיל, כיוון שאינו דומה לאתרוג, שבאתרוג די לנו שבשעה שנוטל יהיה כולו שלו, לעומת ספר תורה המצווה שתמיד יהיה שלו, הנובע כך שלפי הר״ן והרשב״א שהחלוקה בשותפות היא בזמן השימוש, הספר תורה לא בתמידות שלו ואינו יוצא ידי חובה, אולם לפי שיטת הרמב״ן שבחצר שאינה ניתנת לחלוקה כל אחד מהשותפים בעלים על הכל בכל עת ובכל זמן (וראינו לעיל קושיית הר״ן על הרמב״ן שאם אחד בעלים על הכל איך גם השני בעלים על הכל לכן הסיק הר״ן שהחלוקה היא בזמן השימוש), אזי הספר תורה בתמידות שלו, ויצא ידי חובה.

סיכום

בפרק זה עסקנו באתרוג השותפים ובירנו השיטות הם הוא בגדר שלכם ויוצא בו ידי חובה או שמא רק חלקו שלו ואינו יוצא בו יוצא חובה.

בסיכומו של דבר, ראינו לפי כל הדעות אם נקנה האתרוג בשותפות לסחורה או לאכילה ולא לשם מצווה אין יוצאים בו ידי חובה. הסיבה לכך כנראה נובעת שיש כאן **חלוקה בנכס**, לכל אחד יש חלק באתרוג שהוא לא שלם ובחצי של שותפו הוא יוצא מדין שאלה, ואין כאן דין "לכם" משלכם שכולו יהיה שלכם, אולם לדעת הרב אביגדור הכהן אתרוג הנקנה בשותפות לשם מצווה יוצאים בו ידי חובה, מצד אחד אפשר לומר שלדעתו זו גזירת הכתוב, אך אפשר שהוא כאתרוג הנקנה ע"י הקהל בשותפות ששם ראינו שלוש אפשרויות לצאת בו ידי חובה:

- דעת שרירא גאון יש להקנות מלכתחילא בפירוש את הלולב לאדם או לקנות אותו עבורו בלבד ולא לכל הקהל אחרי שהוא גומר ליטלו הוא מקנה אותו בפועל לחבירו וכן הלאה בדיוק בדומה ללולב פרטי של אדם. למעשה אין כאן שותפות כלל בנכס אלא שותפות רעיונית שכל אחד מקבל לולב במתנה ומעבירו לחבירו במתנה.
- דעת הרשב"ם והתוספות הציבור קונה את האתרוג במשותף לצורך מצווה ובזמן הנטילה כל אחד מקנה את חלקו לחבירו במתנה על מנת להחזיר שעל דעת כן קנהו למעשה הם מקנים לו את חלקם בזמן הנטילה.
- דעת הרשב"א כיוון שקנו האתרוג לשם מצווה יש ברירה, **והחלוקה בשותפות היא בזמן השימוש**, בשעה שכל אחד נוטלו כולו שלו ולא מתבמצע שום קנין בשעת הנטילה.

הנפקא מינה בין הדיעות היא האם קטן יכול להיות שותף באתרוג הקהל? שהרי קטן יכול לקנות ואינו יכול להקנות בחזרה, וכתוצאה מכך לא יצא האדם ידי חובה שהרי הלולב עדיין בבעלות הקטן ואינו שלו. ולכן לדעת הרשב"ם והתוספות שבזמן שאחד מהקהל נוטל את האתרוג של הציבור, הציבור מקנה לו את חלקם באתרוג ונעשה כולו שלו , אם ישנו קטן בשותפות אינו יכול להקנות את חלקו וכתוצאה מכך לא כל האתרוג שייך לנוטל ואינו יוצא ידי חובה. אבל לדעת הרשב"א שהחלוקה בשותפות

באתרוג היא בזמן השימוש כנכס שלא ניתן לחלוקה, וברגע שאחד גמר ליטול אינו צריך להקנותו לשני אלא הוא עובר אליו מכח הסכם השותפות, כתוצאה מכך אפילו אם קטן יהיה שותף האתרוג כולו יעבור לנוטלו, כיוון שאין צרין את הקניית הקטן אלא האתרוג עובר אוטומטית מכח השותפות להבא בתור. ואפשר לומר שזו הסיבה שהתיר הרב אביגדור הכהן באתרוג שנקנה לשם מצווה שהוא כנכס שאינו ניתן לחלוקה שעל דעת כך קנו אותו והחלוקה בו היא בזמן השימוש ולכן שנוטל הוא בגדר כולו שלו.

בשו"ת באר יצחק השווה שותפות בספר תורה כשותפות באתרוג לצורך מצווה, כפי שבאתרוג שכל אחד נוטל האחרים מקנים לו חלקם במתנה על מנת להחזיר הוא הדין בספר תורה בזמן שהוא קורא בו כל אחד מקנה את הספר תורה במתנה על מנת להחזיר ולכן כולו שלו, אך אפשר לצרף את דעת הרשב"א שבשעה שנשתתפו בקניית האתרוג על דעת כך קנו אותו כך בספר תורה , שבשעה שכל אחד משתמש יהיה כולו שלו, וכן דעת הר"ן בנדרים בקרקע שאינה ניתנת לחלוקה, כל שותף שמשתמש בזמן השימוש כולו שלו, והוא הדין בספר תורה שעל דעת כך קנו אותו והחלוקה בשותפות היא בזמן השימוש. אולם לדעת הסוברים שספר התורה צריך להיות בתמידות שלו יש לחלק בין דעת הרשב"א והר"ן לדעת הרמב"ן:

- לדעת הר"ן והרשב"א **שהחלוקה בשותפות היא בזמן השימוש** אין הדבר יועיל בספר תורה, משום שבאתרוג די לנו שבשעה שנוטל יהיה כולו שלו, לעומת ספר תורה המצווה שתמיד יהיה שלו, ולא רק בזמן השימוש בספר התורה.
- לפי שיטת הרמב"ן שבחצר שאינה ניתנת לחלוקה **כל אחד מהשותפים בעלים על הכל בכל עת** ובכל זמן (וראינו לעיל קושיית הר"ן על הרמב"ן שאם אחד בעלים על הכל איך גם השני בעלים על הכל לכן הסיק הר"ן שהחלוקה היא בזמן השימוש), אזי הספר תורה בתמידות שלו, ויצא ידי חובה.

וכן ראינו באתרוג של אחים מתפוסת הבית, שהשולחן ערוך הבדיל בין שותפים רגילים לתפוסת הבית - אפשר לומר כפי שהבאנו בפרק השלישי ששותפות רגילה החלוקה היא בנכס עצמו ויש לברר איך הוא מחולק,

לעומת זאת באחים מתפוסת הבית ישנם מהראשונים שפירשו **שהחלוקה היא בבעלות שעל הנכס**, וכל אח הוא הבעלים על כל הנכס ולכן באתרוג נחשב בגדר "לכם" שהאתרוג בשלמותו שלו, אומנם גם שאר האחים בעלים על הכל, אך כיוון שאין חלוקה של האתרוג נחשב כולו שלו, בשונה משותפים שלא מתפוסת הבית החלוקה היא באתרוג עצמו, ואין לו אתרוג שלם משלו שלם ואף שאינם מקפידים הם רק מאפשרים לו להשתמש בחלק האתרוג שלהם בתור השאלה ואינו בגדר "לכם" –שלכם.

ראינו שלדעת רבי אליעזר האוסר סוכה שאולה ביאר הריטב"א שאין לאסור סוכת השותפים כפי שאוסרים אתרוג השותפים, כיוון שיש הבדל מהותי בין השימוש באתרוג לבין השימוש בסוכה, באתרוג כשאדם נוטלו הוא צריך את כל האתרוג גם אם נאמר שיש ברירה הדבר רק יברר איזה חלק באתרוג הוא שלו באתרוג, אבל אי אפשר לומר שהכל שלו אלא רק חציו, וחציו השני הוא כשאול, כיוון שלדעתו החלוקה היא בנכס, לעומת זאת בסוכה אינו צריך את כל הסוכה ואם נאמר שיש ברירה לתוך שלו הוא נכנס ואפשר ליחס לו חלק מהנכס, ההבדל נובע מכך שלדעתו **החלוקה היא בנכס**.

כמו כן עסקנו באתרוג הגדל בחצר משותפת, וראינו שני אפשריות לצאת ידי חובה באתרוג שניטע בחצר משותפת של מגורים. ראשית, חצר כזו דינה כחצר שאינה ניתנת לחלוקה כבית כנסת, או מסיבה שקנו אותה על דעת שלא לחלוק, ובחצר כזו דעת הר"ן והרמב"ן כל שותף כמשתמש בשלו, ולכן האתרוג נחשב שלו.

שנית, לנוטע בשדה חבירו ולבעל הקרקע לכל אחד יש קנין וסיבה על כל הפירות משום שכל אחד מהווה גורם ליצירת הפירות ולכן הנוטע עץ אתרוג בחצר המשותפת נחשב כבעלים על הכל, בדומה למה שהזכרנו לעיל לגבי אתרוג הקהל שנקנה לשם מצווה ולאתרוג מתפוסת הבית שכל אחד בעלים על הכל ויוצא ידי חובה.

פרק תשיעי

שותפות בין יהודי לגוי בבהמה לענין איסורים ושבת

מבוא

בפרק זה נדון בשותפות בין גוי לישראל בבהמה לענין איסור שביתת בהמתו בשבת, שהרי מלבד שיש על היהודי לשבות בשבת, בנוסף התורה ציוותה עליו לדאוג לשביתת בהמתו בשבת. אנו נדון בפרק זה באיזה אופן חלקו של היהודי בשותפות בבהמה חייב לשבות בשבת ובאיזה אופן הדבר מותר משום שאין הדבר נחשב ששבהמתו עובדת בשבת. ובשותפות בבהמה השייכת לכהן וישראל לענין להאכילה בתרומה וכן בשותפות של ישראל ואינו יהודי בשדה לענין חלוקת הפירות בשנות הערלה.

שביתת בהמתו עיקרי ההלכה

התורה ציוותה על שביתת בהמתו של ישראל בשבת

- לדעת רש"י והר"ן אם בהמתו עושה מלאכה בשבת הוא עובר בלאו כפי שכתוב בספר דברים פרק ה פסוק יד:

וְיוֹם הַשְּׁבִיעִי שַׁבָּת לַיקוָק אֱלֹהֶיךָ לֹא תַעֲשֶׂה כָל מְלָאכָה אַתָּה וּבִנְךָ וּבִתֶּךָ וְעַבְדְּךָ וַאֲמָתֶךָ וְשׁוֹרְךָ וַחֲמֹרְךָ וְכָל בְּהֶמְתֶּךָ וְגֵרְךָ אֲשֶׁר בִּשְׁעָרֶיךָ לְמַעַן יָנוּחַ עַבְדְּךָ וַאֲמָתְךָ כָּמוֹךָ;

- התוספות והרמב"ם ועוד ראשונים סוברים שאינו באיסור לאו אלא במצוות עשה, כפי שכותה הרמב"ם הלכות שבת פרק כ הלכה א:

*אסור להוציא משא על הבהמה בשבת שנאמר * שמות כ#גן למען ינוח שורך וחמורך- אחד שור וחמור ואחד כל בהמה חיה ועוף- ואם הוציא על הבהמה אף על פי שהוא מצווה על*

שביתתה אינו לוקה לפי שאיסורו בא מכלל עשה- לפיכך המחמר אחר בהמתו בשבת והיה עליה משאוי פטור/

בגמרא מסכת עבודה זרה דף טו עמוד א מבואר שגם אם בהמת ישראל עושה מלאכה ע״י גוי עובר הישראל על שביתת בהמתו:

ובכל מקום אין מוכרין בהמה גסה כו׳. מ״ט? נהי דלרביעה לא חיישינן, מעביד ביה מלאכה חיישינן. וניעביד, כיון דזבנה קנייה! גזירה משום שאלה ומשום שכירות. .... אלא ש״מ, שכירות לא קניא. והשתא דאמרת שכירו׳ לא קניא, גזירה משום שכירות, וגזירה משום שאלה, וגזירה משום נסיוני

הגמרא מסבירה מדוע אסרה המשנה למכור בהמה גסה לגוי שמא יעשה בה מלאכה בשבת שואלת הגמרא ומה בכך שיעשה בה מלאכה בשבת הרי היא שלו ואין הגוי מצווה על שביתת בהמתו, מבארת הגמרא החשש הוא שאם נתיר למכרה יבא הישראל להשאילה או להשכירה לגוי והגוי יעבוד בה בשבת והרי עובד בבהמת ישראל (כיוון שבשאלה ושכירות עדיין המשאיל והמשכיר הם הבעלים) ויעבור הישראל המשכיר אל שביתת בהמתו שהוא עדיין הבעלים.

הגמרא אומנם דנה האם שכירות קונה, אך למסקנת הגמרא שכירות לא קניה ולכן אסור ליהודי להשכיר את בהמתו לגוי בשבת כדי שיעשה בה מלאכה בשבת ואף אסור לו להשכירה לימות החול ולהתנות איתו שלא יעשה מלאכה בשבת שאין הגוי נאמן, אלא חייב לומר לו שיחזירה לפני השבת כפי שכתב השולחן ערוך אורח חיים הלכות שבת סימן רמו סעיף ג:

*+ *ין ז ?ד= גן ג)ן אסור ד)| להשכיר ה)| או להשאיל+ בהמתו לאינו יהודי *יאן כדי שיעשה בה מלאכה בשבת- ח שאדם מצווה *יבן על+ שביתת בהמתו/ הגה; אבל יכול להשכירה או להשאילה- ולהתנות שיחזירנה לו קודם השבת- אבל לא מהני אם מתנה עם הא#י שתנוח בשבת- כי *יגן אין האינו יהודי נאמן על כך *סמ#ג וסה#ת ומרדכי פ#ק דשבת)ואם השאילה או השכירה לאינו יהודי- והתנה עמו להחזירה לו קודם השבת ועיכבה בשבת- *ידן ט יפקירנה*

**טו) ביע לבין עצמו קודם השבת- או יאמר *טז) בהמתו י קניה לא#י- *יז) כדי שינצל מאיסורא דאורייתא/ הגה; ואם רוצה- יכול להפקירה לפני ג) בני אדם כדין שאר הפקר- ?ה= ואפילו הכי אין שום אדם ו)\ יכול לזכות בה *יח) דודאי אין כונתו רק יא כדי להפקיע מעליו איסור שבת *טור/ ודוקא בשבת- ?ו= אבל בי#ט *יט) יב אין אדם ^יח\ מצווה ז)\ על שביתת בהמתו ביום טוב *ב#י סי) ש#ה בשם שבלי הלקט)*

ואם התנה הנוכרי עם האינו יהודי שיחזירנה לו קודם השבת והאינו יהודי לא החזירה הפתרון שהביא השו"ע בשם הריבש, הוא שיפקירנה או יקנה אותה לאינו יהודי כדי שינצל מאיסור שביתת בהמתו

המגן אברהם סימן רמו סק"ח מסביר את מסקנת הגמרא מדוע בשכירות המשכיר היהודי עובר על שביתת בהמתו:

*ח שאדם מצווה כו)/ וזה אסור מדאורייתא דקי#ל דשכירות לא קניא כ#א לענין אונאה *תוס) בע#א דף ט#ו(ואף דבח#מ סי) ר#ס ס#ד כתב דמקרי חצירו של השוכר לענין קנייה וצ#ל כמ#ש הריב#ש דדוקא לענין הנאה של השכירות מקרי חצירו וזהו ג#כ הנאה הוא אבל הגוף של המשכיר*

מסקנת הגמרא היא שמי שהוא הבעלים על גוף הבהמה עליו רובץ החיוב של שביתת הבהמה ולא מי שהוא בעלים על השימוש בבהמה. אפשר לומר שהדיון בגמרא נסוב למי שייכת הבהמה לעניין דין שביתת בהמתו האם לשוכר שהוא הבעלים על השימושים של הבהמה או למשכיר שהוא הבעלים על גוף הבהמה ומסקנת הגמרא שהשבתת הבהמה חלה על הבעלים בגוף הבהמה שהוא ישראל המשכיר.

שביתת בהמתו – בשותפות בין ישראל לאינו יהודי

ישראל ואינו יהודי השותפים בבהמה והגוי רוצה לעבוד בבהמה המשותפת בשבת, יש לברר האם הישראל עובר בכך על איסור שביתת בהמתו שהרי יש לו חלק בבהמה בשבת השייך לו שהישראל מצווה על שביתתו, והשאלה היא האם זה נחשב שחלקו עובד בשבת ואם כן, האם ישנו פתרון הלכתי בהסכם השותפות שימנע מהישראל לעבור על איסור שביתת בהמתו.

בשותפות של ישראל ואינו יהודי בחפצים שאינם בעלי חיים הגמרא דנה במסכת עבודה זרה דף כב עמוד א:

הנהו מוריקאי דעבד כוכבים נקיט בשבתא וישראל בחד בשבתא- אתו לקמיה דרבא- שרא להו. איתיביה רבינא לרבא; ישראל ועבד כוכבים שקיבלו שדה בשותפות- לא יאמר ישראל לעובד כוכבים טול חלקך בשבת ואני בחול- ואם התנו מתחלה. מותר- ואם באו לחשבון. אסור'' איכסיף. לסוף איגלאי מלתא דהתנו מעיקרא הוו.

מדובר בישראל ונוכרי שקבלו עליהם יחד עבודות השדה (בין שקבלו עליהם יחד עבודת השדה באריסות שיעבדו שניהם ויחלקן בינהם את היבול המגיע להם, ובין שיש להם שדה בשותפות) הברייתא אומרת לא יאמר הישראל לנוכרי קח על עצמך את עבודת השדה בשבת ואני אקח על עצמי את עבודת השדה ביום ראשון כנגד השבת, רש"י מסביר:

לא יאמר ישראל. טול אתה חלקך בשבת לפי שנעשה שלוחו על חצי היום המוטל עליו.

משום שהעבודת השדה מוטלת על שניהם ולכן כאשר עושה הנוכרי עבודות השדה בשבת נחשב הוא הוא כמי שעושה חצי מהעבודות בשלחיתו של ישראל.

אכן במקרה של שותפות בשדה הברייתא מציעה פתרון שאם התנו מתחילה לפי שהקימו את השותפות שהגוי יעבוד בשבת והישראל כנגדו ביום חול הדבר מותר ומסביר רש"י:

מותר. דהא לא קיבל עליה ישראל עבודה דשבת ואין העובד כוכבים שלוחו.

הואיל ומעולם לא הוטלה חלק ממלאכת השבת על ישראל, נמצא שאין העובד כוכבים עושה חלק מהעבודה בשליחות ישראל. כך למעשה פסק השולחן ערוך אורח חיים הלכות שבת סימן רמה להלכה:

**א) ישראל ואינו יהודי+ א)\ שיש להם שדה א)(או א תנור או מרחץ או רחיים של מים בשותפות- או שהם שותפין בחנות בסחורה- *ב) ב)\ אם התנו מתחלה בשעה שבאו להשתתף *ג)*

*שיחיח שכר חשבת לאינו יחודי ג)ו לבדו-+ *ד) ב אם מעט *ח) ואם חרבח- ושכר יום א) כנגד יום חשבת לישראל לבדו- *ו) מותר/*

במקרה שהוקמה כבר השותפות ולא התנו בינהם כתב השולחן ערוך אורח חיים הלכות שבת סימן רמה סעיף ג כיצד אפשר לתקן :

*חיכא שלא חתנו בתחלח- יש תיקון ע#י *ד) שיחזיר חמוכר לחם ז דמי חקרקע או ימכרוחו לאיש אחר ויחזרו ויקנוחו בשותפות- ויתנו בשעת חקניח> ואם נשתתפו בחנות ולא חתנו- יחזור כל אחד ויטול חלקו- ויבטלו חשותפות- ואחר כך יחזרו לחשתתף- ויתנו בתחלח> ואם קבל חקרקע לעשות בו מלאכח בשותפות- יבטלו חשיתוף וימחלו זח לזח- ואחר כך יחזרו לחשתתף ויתנו בתחלח/*

הפתרון הוא לפרק את השותפות ולהתנות לפני שמקימים אותה מחדש.

הפתרון שראינו להתנות לפני הקמת השותפות לגבי שותפות בחפצים שאינם בעלי חיים, שיהיה שכר שבת לאינו יהודי לבדו ושכר יום חול כנגדו ליהודי אינו מוסכם בין הפוסקים לגבי שותפות בבהמה ובבעלי חיים אחרים, הסיבה לכך היא משום שהתנאי מועיל בכך שאין הנוכרי נחשב שעושה עבודות בשליחות ישראל, ואין הישראל עובר על איסור שביתת כלים, הואיל ופסקנו להלכה כבית הלל שאין אדם מצווה על שביתת כליו בשבת, ולכן אף אם הגוי עובד בכלים המשותפים בשבת אין עם זה בעיה הלכתית, אך בבעלי חיים ישנה עוד איסור של שביתת בהמתו ולכאורה חלק הבהמה השייך לישראל עובד בשבת, והשאלה האם גם בזה יועיל התנאי לפני הקמת השותפות. הבית יוסף (אורח חיים סימן רמה ד"ה ואם) הביא מחלוקת בין הפוסקים האם רשאי הישראל לומר לגוי תעבוד אתה עם הבהמה בשבת ואני אעבוד עימה יום אחד בחול כנגד השב.

בספר שבלי הלקט ענין שבת סימן קיג כתב להתיר :

שאל ר) צדקיה ב#ר בנימין אחי חשני זצ#ל לחר#ר אביגדור כחן צדק זצ#ל מח תקנח יש ליחודי שקנח שוורים ועשח אריסות עם חנכרי לשנח ולשנתים ולשלש שנים וחנכרי חורש בחן בשבת ובחול וחשיב לו דיש לחתנות מתחלח עם נכרי חימים שיבאו לי

לא תתנם לי כי אם ביום פלוני כמו ביום ב) או ביום ג) כדמוכח בגמרא ואם התנו מתחלה מותר/

לדעתו אין הבדל בין שדה לבהמה ולכן אם התנו מתחילה הדבר מותר, ואין הישראל עובר על שביתת בהמתו, אולם הבית יוסף מביא בשם הריצב״א שאם הגוי יעבוד בשבת השותף היהודי יעבור על איסור שביתת בהמתו אפילו אם התנו מתחילה:

*וזאת תשובת ריצב#א ושאלת על ישראל שיש לו עם הגוי שדות בשותפות ושוורים/ בשביל השדות אין איסור וכו) אבל מחמת השוורים יש לאסור דאדם מצווה על שביתת בהמתו ואיני מוצא תקנה להתיר אם לא שימכור אותם לגוי האריס או שילוה לו אותם בהלואה גמורה שיהא רשות ביד הגוי להוציאם שלא ברשות ישראל אם ירצה ויזקוף הדמים על הגוי ואחריות השוורים על הגוי ולא בתורת שאלה כי אם בתורת הלואה כדפרישית ועוד נראה בעיני שאפילו לא יהא רשות ביד הגוי להוציאם שלא ברשות הישראל יש למצוא תקנה כגון שיזקוף הדמים על הגוי במלוה ויחזור הגוי וימשכן אותם לישראל ולא ימשכנם להרהון אצלו אלא שיעשם אפותיקי כל זמן שלא יפרע לו מעותיו דבענין זה לא יצאו מרשותו כלל ואפילו אם יהרהנם אצלו יש להתיר אלא שלא יאמר לו מעכשיו דקיימא לן כרבא דאמר *פסחים ל;) מכאן ולהבא הוא מתיר עכ#ל*

לדעת הריצב״א הפתרון שהציעה הגמרא שיתנו לפני הקמת השותפות אינה מועלת אלא לשדה בלבד ולא לבהמה, משום שהתנאי מועיל שלא יהא הגוי כשלוחו של ישראל, אך עדיין חלק הישראל בבהמה עובד בשבת, יוצא מכך שלדעתו בשותפות החלוקה היא בנכס או גרגיר גרגיר או לחציין, ולכן ברגע שהבהמה תעבוד בשבת משמעות הדבר שיש לנו שתי חצאים נפרדים חצי אחד של גוי העובד ואינו אסור בשביתת בהמתו וחצי שני השייך לישראל העובד בשבת ואסור משום שביתת בהמתו. וכן כתב הכלבו (סימן לא) בצורה ברורה:

וישראל וגוי שהיו משותפין בבהמה ומשתכרין בשכירותה- לא יועיל לו תנאי- אפילו התנו מתחלה שיהא שכר שבת מהגוי

ושיטול הישראל יום אחר כנגדו- מכל מקום חלק הישראל עושה מלאכה בשבת ואסור משום שביתת בהמה- ויש מערימין להשאיל בהמה מערב שבת ומפקירין אותה ושוב אינה שלו ואינו עובר.

כפי שראינו לעיל דעת שיבולי הלקט להתיר כשהתנו מעיקרא ואינו מבדיל בין שדה לבהמה וכן כתב בשו״ת הריב״ש (סימן קנא) להתיר והוא מביא שני סיבות להתר:

והצד השני שאמרת שהיה לעובד כוכבים חלק בבהמות ופרע שליש דמיהן בזה נראה שאם התנו מתחלה בשעה שנשתתפו לומר לעובד כוכבים טול אתה לעצמך יום השבת ואנחנו יום אחר כנגדו שהוא מותר. דומיא דההיא דתניא בסוף פ) קמא דע"ז *כבן ישראל ועובד כוכבים שלקחו שדה בשותפות לא יאמר ישראל לעובד כוכבים טול אתה חלקך בשבת ואני חלקי בחול- ואם התנו בתחלה מותר. ואף על גב דלא דמי לגמרי- דהתם אין הישראל מצווה על שביתת שדהו. וגם דהתם השדה לקחו באריסו) וכיון שהתנו מתחלה הרי הכותי נתחייב בעבודת השדה בשבתות והישראל נסתלק ממנה ואין הכותי שלוחו ואין הישראל נותן בדרך זה שכר שבת. אבל במזון זה הרי בחלק ישראלים בבהמות איכא אכתי משום שביתת בהמתו. אלא שיש לומר שכיון שהתנו בזה מתחלה בשעת לקיחת הבהמות הרי הוא כאלו הבהמות קנויות לכותי ביום השבת ואין לישראלים חלק בהן- וביום החול כנגדו הבהמות לישראלים ואין לכותי חלק בהם.

לטענתו ברגע שהתנו מראש שהגוי יעבוד בשבת והישראל ביום חול משמעות התנאי שהבהמה קנויה לנוכרי ביום שבת ואינה שייכת לישראל ומימלא אינו עובר על שביתת בהמתו, וכנגד יום השבת היא קנויה לישראל ואינה שייכת לנוכרי. אם נתבונן בשאלתו משמע שדעת הריב״ש שסתם שותפות היא חלוקה בנכס ולכן קשה לו מה יועיל התנאי הרי חלקו של ישראל עובד בשבת, אך הוא מתרץ שזו בסתם שותפות שלא התנו, אבל ברגע שהתנו זה כאילו התנו שהחלוקה בשותפות היא בזמן השימוש, וביום

השבת כולה קנויה לגוי ומימלא אין הישראל עובר על שביתת בהמתו. אך הריב"ש אינו מסתפק בהסבר זה ומביא עוד סיבה להתיר:

וגם יש טעם להתיר לפי שהכותי לא ימנע מעשות מלאכה בבהמות כיון שיש לו חלק בהם אין לישראל ליטול שכר שבת כיון שכבר התנו מתחלה. אבל אם לא התנו מתחלה אלא שאחר שנשתתפו אומרים טול אתה חלקך בשבת ואני חלקי בחול זה אסור. אף אם אין כאן משום שביתת בהמות מאחר שיש לכותי חלק בבהמות ואינו נמנע מעשות בהן מלאכה על כרחו של ישראל עדיין יש אסור כשלוקח ריוח יום החול כנגד יום השבת ושהרי לוקח שכר של שבת שלא בהבלעה. ובכגון זה שלא התנו מתחלה יותר היה אפשר להתיר בשלא יאמר לו כלל טול אתה חלקך אלא שיתן הכותי לישראל) חלקם בריוח כל השבוע ביחד לפי שאז יקבלו שכר שבת בהבלעה. ומשום שביתת בהמתו ליכא כיון שהכותי עושה בה מלאכה מחמת חלקו על כרחו של ישראל ושלא ברצונו. אלא שעשו הישראלי) אסור מתחלה להשתתף עם הכותי בלא תנאי והכותי יעשה מלאכה בבהמות על כרחם.

גם אם נאמר שעל פי שהתנו מראש שהנוכרי יעבוד בשבת עדיין יש לישראל חלק בגוף הבהמה גם ביום השבת, אין הישראל עובר משום שביתת בהמתו הואיל והגוי שאף לו יש חלק בבהמה עובד בחלקו של שותפו הישראל בעל כורחו, ומשום שהישראל אינו יכול למונעו אינו עובר על שביתת בהמתו, זאת אומרת לפי הסבר זה בשותפות יש לנו חלוקה בגוף הנכס עצמו ואף אם נעשה תנאי שהגוי ישתמש בה בשבת אין זה אומר שהבהמה קנויה לו, אלא יש לו את זכות השימוש בשבת ואין הוא נחשב שלוחו של ישראל, אך עדין הישראל גם הוא הבעלים בגוף הבהמה והחצי שלו בבהמה עובד בשבת, אלא למרות זאת הוא פטור כיוון שנעשה הדבר בעל כורחו בניגוד לרצונו.

בשו"ת פנים מאירות חלק א סימן י סובר שאם התנו מתחילה לפני הקניה הדבר יועיל אף לדעת הריצב"א:

ואם ישראל וגוי קנו יסקנס בהמה בשותפי) לענין פסח נראה דאם מתנים בתחילה קודם לקיחה שהוא יתן מזון) סמזונתס קודם

פסח וגוי בשבוע של פסח נראה דמותר ואף שכתוב הבי) 0שכתב הב#פ0 בשם שיבולי הלקט בא#ח סי) רמ#ה האי התירא לענין שבת כתוב 0כתב0 אבל מדברי תשוב) הרש#בא נראה דלא מהני ע#י תנאי שיתנו תחילה משום דסוף סוף חלק דישראל עושה מלאנה 0מלאכה0 בשבת נראה לי דע#כ האי תחילה דנקט הבי) 0הב#פ0 לאו תחילה קודם הקני) אלא תחילה קודם שיעשה הגוי מלאכה ותדע דהא לבסוף כתוב התיר ברור לדעת הריב#ש על ב) יהודי) שהי) שותפי) עם גוי בבהמות אם התנו תחילה משעת שנשתתפו לומר טול אתה לעצמך יום השבת ואנחנו יום אחד כנגדו מותר כיון שהתנו מתחילה הרי הוא כאלו הבהמת קניות לגוי ביום השבת ואין לישראלים חלק בהם ////אם מתנים קודם קני) אין שום חולק בזה דהא כיון שהתנו מתחילה בשעת קניות הבהמות הרי היא כאלו הבהמות קניות לגוי בשבת וכן נראה מדעת הרצ#בא שלא יכול למצוא התיר לישראל אחרי שכבר קנאו כדמוכח מתוך שאלתו

לדעת הפנים מאירות כאשר מתנים מתחילה לפני הקמת השותפות שכל אחד משתמש ביום אחר, באותו יום הבהמה קנויה לו לא לגמרי ואין חלוקה בגוף הבהמה, הסיבה שלפני הקמת השותפות הצדדים יכולים לקבוע את צורת השותפות ולכן לדעת כולם אין עובר על שביתת בהמתו, וכל המחלוקת בין הפוסקים אם התנו לאחר הקמת השותפות כיוון כיוון שסתם שותפות לכל אחד יש חלק בגוף הבהמה, ולכן לדעת האוסרים משהוקמה השותפות לא יעזור התנאי לשנות את העובדה שחלק הישראל עובד בשבת.

האמרי בינה (דיני שבת סימן ג) מביא לימוד מחודש להתיר משום שביתת בהמתו בשותפות בין ישראל לנוכרי :

אם יש לישראל ולנכרי בהמ) בשותפות אם הישראל מצווה על שביתתה ביום השבת לכאורה נראה כמו דממעטין בש#ס חולין ידף קל#ה) לענין ראשית הגז מדכ) צאנך ולא שותפות נכרי ה#נ מדכתיב למען ינוח שורך וחמורך ממעטין שותפות נכרי

האמרי בינה טוען כפי שהגמרא בחולין ממעטת שותפות של ישראל ונוכרי מראשית הגז שנאמר: ״גז צאנך״ למעט שותפות עם נוכרי (ראה בספר זה בפרק שותפות במצוות), הוא הדין באיסור שביתת בהמתו נאמר: ״למען ינוח שורך וחמורך״ למעט שותפות נוכרי שאינו בכלל איסור שביתת בהמתו (בשו״ת יביע אומר חלק ח אורח חיים סימן ל הביא מספר פוסקים הסוברים שאין אנו יכולים לדרוש את הפסוקים מה שלא דרשו חז״ל בש״ס)

האמרי בינה מוסיף לומר שלכאורה אפשר לומר לומר שאין מחלוקת בין שיבולי הלקט לריצב״א והריב״ש:

ולכאור) י#ל דגם הריצב#א וריב#ש אינם חולקים על השב#ל דהוא לא איירי רק בבהמ) אחת דאין בה דין חלוק) א#כ הוי כשותפות ממש ולא קרינן בי) שורך המיוחד לך/

שותפות בבהמה אחת היא שותפות שאין בה דין חלוקה ולכן אינו נקרא ״שורך״, ואפשר להסביר זאת כך שהואיל בדבר שאין בו דין חלוקה, השותפות אינה חלוקה בנכס אלא גם הנוכרי יש לו חלק בכל הבהמה וגם הישראל יש לו חלק בהכל, (ליתר ביאור ראה שיטת הרמב״ן והר״ן בספר זה בפרק שמיני שותפות באתרוג ובפרק רביעי סוגיית נדרים) והואיל אין חלק המיוחד ליהודי אזי הוא לא בגדר ״שורך״ משום שגם הגוי שותף בכל חלקי הבהמה ששותפות גוי היא המונעת את האיסור, אבל בשותפות במספר בהמות שיש בה דין חלוקה, זה נחשב בגדר ״שורך״ כיוון שישנה חלוקה בנכס, אי לכך אסור לגוי לעבוד בה בשבת משום שחלק הישראלי עובד בשבת ואסור משום שביתת בהמתו.

בפרק שמיני עסקנו בשותפות באתרוג ושם נתבאר שלפי שיטת הרמב״ן שבחצר שאינה ניתנת לחלוקה **כל אחד מהשותפים בעלים על הכל בכל עת** ובכל זמן לשיטה זו יש לכל אחד מהשותפים בעלות בחצר קטנה, אבל היא לא מחולקת בשום צורה גיאוגרפית. זהו כנראה המודל שלכל שותף יש חלק בכל גרגיר. (וראינו לעיל קושיית הר״ן על הרמב״ן שאם אחד בעלים על הכל איך גם השני בעלים על הכל לכן הסיק הר״ן שהחלוקה היא בזמן השימוש), אזי באתרוג של מצווה שדינו כחצר שאינה ניתנת לחלוקה הוא כולו שלו וגם כולו של שותפו, ואין מניעה שהאתרוג שייך גם לאחר, ולכן

הוא בגדר "לכם" שלכם ויצא בו ידי חובה משום שבאתרוג מה שחשוב שהוא יהיה שלך, לעומת זאת לעניין שביתת בהמתו הלימוד מפסוק "שורך" הוא שהתנאי לעבור על איסור שביתת בהמתו, הוא שלא יהיו שותפים נוספים ולכן שיש שותף נוכרי אין איסור של שביתת בהמתו אעפ"י שכל אחד בעלים על הכל, מה שאין כן באתרוג שהתנאי לצאת ידי חובה הוא שאני אהיה בעלים על כל האתרוג.

הכלל הזה קיים בעוד הרבה איסורים ומצוות שנמצאים בערבוביה, שיש לבדוק בכל מקרה בעירבוב מה הדבר המונע ומהו הנחוץ לצורך המצווה:

- אם ישנו דבר המונע את קיומה, יש לבדוק שאינו קיים בדבר המעורב.
- אם ישנו דבר הנחוץ לקיום המצווה, יש לבדוק שהוא קיים בדבר המעורב.

אם התשובה היא חיובית אזי ניתן לקיים את המצווה, וכן באיסור מסויים יש לבדוק מהו הגורם לאיסור ואח"כ לברר האם גורם האיסור נמצא בדבר המעורב ואם אכן הוא קיים, אזי ישנו איסור בדבר. (ראה להלן בספרנו זה בפרק אחד עשר: בין השמשות, בפסקה כל משך זמן בין השמשות היום והלילה מעורבים ביחד.) שגם לעניין בין השמשות לשיטה שבין השמשות היום והלילה מעורבים בו, יש לבדוק בכל מצווה האם צריך שיהיה יום או לילה או לחלופין האם היום פוסלו או הלילה פוסלו ובהתאם לכך לקבוע האם בין השמשות כשר לאותה מצווה שיש בו גם מן היום וגם מן הלילה.

האמרי בינה מוסיף לחלק בין שותפות במספר בהמות לשותפות בבהמה אחת על פי שיטת הר"ן (ראה בפרק רביעי שיטת הר"ן בסוגיית נדרים)שבדבר שאין בו דין חלוקה יש ברירה והחלוקה היא בזמן השימוש:

וגם למ"ש הר"ן מס) נדרים ריש פ) השותפין בדבר שאין בו דין חלוקה קנאו ע"ד כן שכל זמן שא) ישתמש יהיה כולו שלו ואינו יכול לאסור האחד על חבירו דע"ד כן נשתתפו ואמרינן בזה יש ברירה א"כ כאן נמי כשהנכרי משתמש עם הבהמ) בשבת הוי כולה של הנכרי ואין הישראל יכול לאסור עליו" // מ"מ י"ל דלענין שביתת בהמ) אין זכות הישראל אוסר כיון דאינו משמש

בשל הישראל רק שלו נעשה אז מטעם בריר) ובפרט כשנשתתפו בחדיא ע#ד כן/ משא#כ הריצב#א והריב#ש דאיירו ביש להם ביחד לישראל עם הנכרי בשותפות שוורים הרב) ויש בהם דין חלוקה א#כ שייך החצי לישראל קנין הגוף ואין להנכרי בשבת רק קנין פירות והוי כמו שאלה ושכירות דלא קנייא/ וגם כשיבואו אח#כ לידי חלוקה אולי יש ברירה לחומרא ויבורר למפרע הבהמה שעשה בה הגוי מלאכה בשבת של ישראל היתה ולכן אסו

שיטה זו ראינו גם בדעת הרשב״א (בספרנו זה בפרק שמיני: שותפות באתרוג) ,בשותפות באתרוג של מצווה שאין כל אחד צריך להקנות את חלקו בשעת הנטילה, כיוון שלקחוהו לשם מצווה אנו אומרים בזה יש ברירה שהרי בזמן שלקחוהו היו יודעים שאינו ניתן לחלוקה ועל דעת זה לקחוהו, שבשעה שכל אחד מהם יטלנהו לצאת ידי חובה יהיה כולו שלו. כפי שהסביר הרשב״א בנדרים ששותפים שנדרו הנאה זה מזה הלכה כראב״י שנכנסים לחצר המשותפת והגמרא במסכת בבא קמא נא: הסבירה טעמו של ראב״י משום שיש ברירה, למרות שלהלכה נפסק בביצה לח. שאין ברירה, לפיכך מסביר הרשב״א שמדובר בחצר שאינה ניתנת לחלוקה ובחצר כזו כולי עלמא מודים שיש ברירה, הסיבה לכך שבשעה שקנו את החצר בשותפות על דעת כך נשתתפו שבזמן שכל אחד אחד מהם נכנס לחצר יהיה מקום דריסתו שלו ואין לחבירו חלק בו , מכיוון שבחצר כזו אין דרך אחרת לחלק את החצר, הוא הדין באתרוג כיוון שהאתרוג נקנה למצווה אין דרך אחרת לצאת בו ידי חובה אלא אם כן יהיה כולו שלו, ולכן כל אחד כאשר נוטלו הרי בזמן זה הוא שלו לגמרי ואין לחבירו בו חלק, ולאחר מכן שנונתו לחבירו כולו של חבירו, כפי שהסברנו בפרק רביעי בדעת הר״ן שהחלוקה בשותפות היא בזמן השימוש ולא בנכס, אף בשותפות באתרוג החלוקה היא בזמן השימוש בנטילתו ולא באתרוג עצמו ולכן נחשב בגדר ״לכם״ שכולו שלו. (ראה לעיל פרק רביעי בפיסקה ישובו של הר״ן הסבר חמישי) ,

האימרי בינה מסביר שהוא הדין בשותפות בבהמה אחת, בזמן שהגוי משתמש בה בשבת כולה קנויה לו ואין הישראל עובר על שביתת בהמתו, אולם בשותפות בהרבה בהמות שיש בהם דין חלוקה והחלוקה היא בנכס

עצמו, והואיל ולישראל יש חלק בגוף הבהמה, אי לכך שהגוי עובד בשבת חלקו של הישראל בבהמה עובד בשבת ועובר על איסור שביתת בהמתו. ומוסיף לומר שיתכן שאין מחלוקת בין הפוסקים משום ששיבולי הלקט דיבר בשותפות בבהמה אחת שהחלוקה בזמן השימוש ולכן התיר והריצב״א והכלבו דיברו בשותפות בהרבה בהמות ולכן אסרו.

שותפות בין ישראל לאינו יהודי בנטיעות - לעניין עורלה

בהמשך לדיון בשותפות בין ישראל לאינו יהודי בשדה לעניין שבת, התלמוד בבלי מסכת עבודה זרה דף כב עמוד א: מביא את גרסתו של רב גביהה שרבא נשאל לעניין שותפות של ישראל ואינו יהודי בנטיעות לעניין איסור עורלה:

רב גביהה מבי כתיל אמר ; הנהו שתילי דערלה הוה- עובד כוכבים אכיל שני דערלה וישראל שני דהתירא- אתו לקמיה דרבא- שרא להו/ והא אותביה רבינא לרבא״ לסיועי סייעיה/ והא אכסיף״ לא היו דברים מעולם/ איבעיא להו ; סתמא מא@ ת#ש ; אם התנו מתחילה . מותר- הא סתמא אסור/ אימא סיפא ; אם באו לחשבון . אסור- הא סתמא מותר״ אלא מהא ליכא למשמע מינה/ הדרן עלך לפני אידיהן/

באו לפני רבא שני שותפים ישראל ונוכרי ישנם מספר פירושים באיזה סיטואציה מדובר.

רש״י מבאר שמדובר שקיבלו שדה באריסות כדי לנטוע בו עצים ויעבדו בו ויקטפו את הפירות בשותפות ובכל שנה יקבלו מחצית או שליש מהפירות כשכרם, בפועל הנוכרי לקח בשכרו את הפירות בשלוש השנים הראשונות שהיו ערלה והישראל לקח בשכרו את שלוש השנים הבאות שכבר אינן עורלה, והתיר רבא את הפירות ומסביר רש״י:

שרא להו . דהיתר גמור הוה דהא אף על גב דקיבלוה יחד לכתחילה ואמר לו ישראל היה אתה עובד בג) שנים הללו ואני ג) אחריהם אין כאן איסור שליחות דהא ישראל נמי שרי לעבדה

ואי משום אכילה שישראל אוכל כנגדן ונמצא נהנה מפירות ערלה שמכרן אין זה נהנה שכן המשפט שנה שזה עובד הוא אוכל.

למרות שקיבלו את האריסות בסתם והמלאכה בשדה בכל שנה הוטלה על שניהם ורק לאחר מכן סכמו שהנוכרי יקח את שלוש שנות הערלה וכנגדם יקח הישראל את שלוש שנות ההיתר, אין כאן איסור משום שליחות שהגוי עבד בעבור ישראל בשלוש השנים הראשונות, משום שגם לישראל אין איסור לעבוד בשדה בשנות הערלה, אלא יש רק איסור להנות ולאכול מהפירות. ואם נאמר שלכאורה הישראל למעשה מכר את חלקו בפירות בשנות הערלה וקיבל בתמורתם את חלקו של הנוכרי בשנות ההיתר ונמצא שהוא נהנה מפירות הערלה, מסביר רש״י שאין הדבר כן אלא המנהג הוא שבשנים שהנוכרי עובד בשדה הפירות כולם שלו ואין לישראל חלק בהם, ובשנים שישראל עובד בשדה הפירות כולם שלו ואין לנוכרי חלק בהם נמצא שהישראל והנוכרי אינם שותפים כלל בפירות ואין הישראל נהנה מפירות הערלה כיוון שלא היה שייכים לו כלל. וכן כתב הרא״ש מסכת עבודה זרה פרק א סימן כה ביתר ביאור:

ואפילו לא התנו מעיקרא יכול הישראל לומר טול אתה שני ערלה ואני שני היתר. דאיסור של שליחות ליכא דגם הישראל מותר בעבודת שני הערלה. ואי משום אכילה דישראל אוכל כנגדו ונמצא נהנה מפירות שני ערלה שנתן הישראל חלקו בהם לעובד כוכבים כדי שיתן לו כנגדו בשני היתר. כיון שהישראל אינו עובד הגפן בשני ערלה אין לו לישראל כלום בפירות כ"א לעובד כוכבים שכן מנהג השתילים בשנה שהוא עובד אוכל הפירות בשכר עמלו ואין לשותפו חלק בפירות.

ומדגיש הרא״ש שאפילו לא התנו מעיקרא הדבר מותר.

יש לציין שבשונה משותפות של בהמה לענין שבת, אין שותפות הישראל והנוכרי משפיעה על הסטטוס של הפירות אלא הפירות בשלוש השנים הראשונות הם עורלה בין אם כולם היו של הנוכרי ובין אם כולם היו של ישראל אלא הבירור כאן הוא האם לישראל יש חלק בפירות העורלה? אם כן, יוצא שהוא עובר על איסור הנאה מפירות עורלה, או לחילופין אין לו חלק בהם כלל כפי שכתבו רש״י והרא״ש. וממילא אינו כמחליף פירות

עורלה בפירות היתר ואין הוא נהנה מפירות עורלה ולכן חלוקה כזו של השנים היא מותרת.

הרמב"ם הלכות מאכלות אסורות פרק י הלכה יד כותב שמדובר בשותפים בנטיעות עצמן:

נכרי וישראל שהיו שותפין בנטיעה אם התנו מתחלת השותפות שיהיה הנכרי אוכל שני ערלה וישראל אוכל שלש שנים משני היתר כנגד שני הערלה הרי זה מותר, ואם לא התנו מתחלה אסור ובלבד שלא יבאו לחשבון, כיצד כגון שיחשוב כמה פירות אכל הנכרי בשני ערלה עד שיאכל ישראל כנגד אותן הפירות אם התנו כזה אסור שהרי זה כמחליף פירות ערלה.

+/השגת <u>הראב"ד</u>/ נכרי וישראל שהיו שותפין וכו'. א"א אנו מפרשים באותו מעשה שלא היו צריכין להתנות בתחלה לפי שאין בשני ערלה אכילת איסור אלא שזמר העצים וזרע תחתיהן ירק ואכל שהיו האילנות קטנים והיה השדה ראוי לזרוע שם ולפיכך ישראל שאכל אחריו שני היתרא לא אכל דמי איסורא.+

הרמב"ם בשונה מרש"י והרא"ש מבאר שמדובר שהתנו מעיקרא לפני השותפות שהנוכרי יקבל את שנות העורלה והישראל יקבל את שנות ההיתר, אבל במקרה שלא התנו מעיקרא הדבר אסור. הר"ן (על הרי"ף מסכת עבודה זרה דף ז עמוד א) מסביר את הסיבה לכך:

ובודאי שדבריו מחוורים שמכיון שקבלו ישראל ועובד כוכבים שדה זו בשותפות זכה ישראל בחציין של פירות הללו ואם יאמר לו להעובד כוכבים טול אתה חלקך בשני ערלה ואני בשנים של היתר נמצא שנטל חלופי ערלה

משום שלדעת הרמב"ם השותפות היא בגוף הנטיעות עצמן הרי שלישראל יש חלק בפירות הצומחים מהם כפי שיש לגוי חלק בפירות הצומחים מהם שהרי כפי שביארנו בכמה מקומות ששותפות בדבר שניתן לחלוקה השותפות היא חלוקה בנכס ולכן שהגוי לקח את הפירות בשנות העורלה הוא לקח את חלקו של ישראל ובתמורה הוא נתן את חלקו בפירות בשנות ההיתר, אי לכך הישראל עובר על איסור הנאה מפרות עורלה, וזו הסיבה

שהצריך הרמב״ם שיש להתנות מעיקרא שכל השדה בשנים הראשונות הם של הגוי ובשנים האחרות הם של הישראל.

הראב״ד בהשגותיו על הרמב״ם (ראה לעיל) סובר שהגמרא לא הצריכה תנאי מראש, ולכן מעמיד את המקרה בגמרא בסיטואציה אחרת, אך אין זה אומר שהוא חולק על הרמב״ם שיש צורך בתנאי מראש כאשר השותפות היא בגוף הנטיעות כי אחרת לא היה מעמיד א הגמרא בסיטואציה אחרת.

השולחן ערוך יורה דעה הלכות ערלה סימן רצד סעיף יג פסק כדברי הרמב״ם:

*לח| נכרי וישראל שהיו שותפין בנטיעה- כח לט| אם לא התנו מתחלה- כו אסור/ מו ?יט= ואם התנו מתחלת השותפות שיהא העובד כוכבים אוכל שני ערלה וישראל אוכל ג) שנים משני היתר כנגד שני ערלה- ח#ז מותר- כז מא| ובלבד שלא יבואו לחשבון כיצד- כגון שיחשוב כמה פירות אכל העובד כוכבים בשני ערלה עד שיאכל ישראל ?כ= כנגד אותן הפירות- *יא) שזה אסור מפני שהוא כמחליף פירות ערלה/ הגה; כח מבו ?כא= ויש מתירין אפילו לא התנו מתחלה- רק כט שהישראל אומר לעובד כוכבים; טול אתה שני הערלה ואני אטול שני היתר כנגדן *טור והרא#ש/*

הרמ״א הוסיף שיש מתירין גם בלא התנו מראש, כדברי רש״י ורא״ש, משמע מדברי הרמ״א למרות שרש״י והרא״ש העמידו את הגמרא בשותפים שלקחו שדה באריסות ולא הצריכו להתנות מראש, הוא הדין גם בשותפים בגוף הנטיעות שאין צורך להתנות מראש, למרות שאפשר לחלק ולומר שמה שהתיר רש״י הוא דוקא בשותפות של אריסות, משום שבאריסות אפשר לומר שנה שזה עובד הפירות שלו ושנה שזה עובד הפירות שלו, לעומת זאת בשותפות בגוף הנטיעות ממש הרי לישראל יש חלק בפרי עצמו שהוא תוצר של העץ שבו הוא שותף, אי לכך אפשר לומר שרש״י במקרה של שותפות בגוף הנטיעות עצמן יסכים שצריך תנאי מראש, בשונה משותפים שלקחו שדה באריסות שאינם שותפים בגוף הנטיעות, מצד שני אפשר לומר שהרמ״א הבין בדעת רש״י שגם בשותפות בגוף הנטיעות אין

הכרח לומר שפועל יוצא מזה שהם שותפים גם בפירות הצומחים מהם בעתיד, אלא מנהג העולם גם במקרה זה, שנה שזה עובד הפירות שלו ושנה שזה עובד הפירות שלו, ואין לישראל כלל חלק בפירות הערלה גם בשותפות בגוף הנטיעות, הסיבה לכך ששותפות בנטיעות לצורך הפירות אין החלוקה היא לחציין, אלא לפי שנות העבודה בשדה וזה בדומה לכך שהותנה מראש משום שזה מנהג העולם בשותפים בשדה.

שותפות בין ישראל לכהן בבהמה - לעניין האכלתה בתרומה.

הגמרא בסוגייתנו לענין שביתת בהמתו קבעה שישראל המשכיר בהמתו לגוי והגוי עובד בה בשבת עובר הישראל על שביתת בהמתו משום ששכירות לא קונה ועדיין הבהמה נחשבת של הישראל, לשם כך מביאה הגמרא את המשנה ממסכת תרומות פרק יא משנה ט ומשם גם אנו לומדים שאסור לישראל להאכיל בהמתו תרומה:

ישראל ששכר פרה מכהן מאכילה כרשיני תרומה וכהן ששכר פרה מישראל אף על פי שמזונותיה עליו לא יאכילנה כרשיני תרומה ישראל ששם פרה מכהן לא יאכילנה כרשיני תרומה וכהן ששם פרה מישראל מאכילה כרשיני תרומה;

לא זו בלבד שאסור לישראל לאכול תרומה אלא אסור לו להאכיל את בהמתו כרשיני תרומה.

התוספות תוספות מסכת יבמות דף סו עמוד ב מקשה הרי למדנו בעירובין שתרומה מותרת בהנאה לישראל:

לא יאכילנה כרשיני תרומה . והא דתנן *עירובין דף כו ;(מערבין לישראל בתרומה דשרי בהנאה אר"ת דהיינו דוקא הנאה שאין של כילוי אבל הנאה של כילוי כגון להאכיל לבהמתו אסור וכן להדליקה ולהסיקה תחת תבשילו כדתנן במסכת תרומות *פי"א מ"י(מדליקין בשמן של תרומה במבואות האפילות ע"ג כהן ברשות כהן פי) כשיש שם כהן שצריך לאותה אורה דנר לאחד נר למאה אבל לא ברשות ישראל

מסביר ר״ת בדבר שאינו מתכלה מותר לישראל להנות ממנו כמו לערב בו אבל בדבר המתכלה כגון להאכיל כרשיני תרומה אסור בהנאה לישראל.

אך התוספות ישנים מסכת יבמות דף סו עמוד ב תרצו בשם הרב משה:

וה"ר משה תירץ דכל הנאות של תרומה מותרו) לישראל רק להאכיל לבהמתו משום דהויא בכלל נפש כדדרשינן על כל נפשות מת לא יבא שומע אני אפילו נפש בהמה כשהוא אומר לאביו ולאמו וכו) משמע דבהמה הויא בכלל נפש ולהכי אמרי) הכא דהיכא שהפרה של ישראל אין להאכילה תרומה כדכתיב וכהן כי יקנה נפש קנין כספו דבעינן שהנפש יהיה קנין כספו כשאוכל בתרומה;

לדעתו בהמה היא בכלל נפש והרי כתוב "וכהן כי יקנה נפש קנין כספו", התורה דורשת שהנפש תיהיה קנין כספו של הכהן כדי שתוכל לאכול בתרומה והבהמה בכלל זה, ולכן אעפ"י שלישראל מותר להנות מתרומה אפילו שמתכלה, אסור לו להאכיל את בהמתו כיוון שאינה קנין כספו של כהן.

עד כה ראינו שישנם שני טעמים לאסור להאכיל כרשיני תרומה בהמה של ישראל:

- דעת ר"ת משום שיש איסור הנאה בדבר המתכלה.
- דעת הרב משה בן אברהם אף שהנאה מתרומה מותרת אף בדבר המתכלה הדבר אסור משום שהבהמה אינה קנין כספו של הכהן.

כעת נברר האם מותר להאכיל כרשיני תרומה בהמה בשותפות כהן וישראל.

התוספתא מסכת תרומות (ליברמן) פרק י הלכה ט:

ישראל שהיה יושב בחנותו של כהן הרי זה ממלא לו את הנר שמן שריפה עולה לעלייה ויורד לדות לעשות צרכיו של כהן ולא לעשות צרכיו של ישראל אם היה שותף עמו בחנות הרי זה מותר

מהתוספתא אנו לומדים שכל עוד גם הכהן נהנה מהתרומה מותר גם לישראל להנות מהתרומה אעפ"י שהיא מתכלה, שהרי אסור לישראל להשתמש בשמן שריפה לצורך עצמו בחנות של הכהן אולם אם הישראל שותף עם הכהן בחנות מותר לו להנות מהשמן, הואיל שהכהן שותף עמו בחנות וגם לו יש הנאה מזה אינה נחשבת הנאה שמתכלה, משום שאינה הנאה בלעדית של הישראל וכדי שתחשב מתכלה היא צריכה להיות מתכלה רק עבור ישראל.

וכן פסק הרמב"ם הלכות תרומות פרק יא הלכה טז:

ממלא הכהן נר שמן שריפה ונתנו לישראל לעלות בו לעלייה ולהכנס לחדר לעשות צרכי הכהן אבל לא צרכי ישראל. ואם היה שותף עמו מותר.

מצד שני פסק הרמב"ם הלכות תרומות פרק ז לגבי עבד של שני שותפין:

עבד של שני שותפין שהיה אחד מהן כהן אינו מאכיל ה"ז העבד אסור לאכול.

מקורו של הרמב"ם בתורת כהנים סרשת אמור פרשה ה:

(ג) אוציא את עבד עברי שאינו כסף ולא אוציא את של שותפין תלמוד לומר כספו, הוא פרט לשחציו עבד וחציו בן חורין.

בשו"ת שואל ומשיב (מהדורה תליתאה חלק ב סימן קלד) מבאר על אותו עיקרון שהתרנו לישראל השותף עם כהן בחנות להנות משמן תרומה, שאף בהמה השייכת לכהן וישראל בשותפות אוכלת בתרומה, משום שאף הכהן נהנה מזה ואין ההנאה לישראל בלבד ולכן הדבר מותר, ומה שאסרנו הנאה מתכלה זה כאשר הישראל נהנה לבדו:

וכעת נראה לי דבר חדש דהנה אף שכתבו התוס) דקנין פירות לא"מ הוא משום דקנין הגוף הוא עיקר אבל עכ"פ אם נימא דשכירות קונה עכ"פ מקרי שותפין דזה יש לו בה קנין הגוף וזה יש לו בה קנין פירות והרי מבואר בחו"מ סי) ר"ס לענין מציאה דהו"ל כחצר שותפין ואף לפמ"ש הש"ך שם דל"ק היינו משום דשכירות לא קני אבל אם נימא דשכירות קני פשיטא דמקרי שותפין.

והמשנה בתרומות שאסרה לכהן השוכר פרה מישראל לאכילנה בתרומה הוא משום ששכירות לא קניא, אך אם שכירות קניא (אפילו רק לקנין פירות) היה הכהן שותף בבהמה ומותר היה להאכילה בתרומה שבהמת כהן וישראל מותרת בתררומה משום שגם חלק הכהן נהנה.

השואל ומשיב מבאר בהמשך דבריו מדוע בשונה מבהמה בשותפות המותרת בתרומה העבד בשותפות אסור בתרומה:

א"כ ניחו דמבואר בתו"כ דכהן וזר שיש להם עבד בשותפות דאסור לאותו העבד שיאכל בתרומה היינו משום דעל העבד איכא

איסור כל דלאו קנין כספו של כהן לבדו אסור לאכול תרומה אבל כאן דעיקר האיסור בשביל הנאה של כילוי וכיון שכן כיון דיש לו להכהן שותפות בו ועושה בשבילו מותר וכמ#ש התוס) בפסחים דף ל#ד ד#ה מחמין דלכך מדליקין בבה#כ ובבה#מ משום דנר לאחד נר למאה ומשום דגם הכהן מתהני מיניה ומכ#ש כאן דודאי מתהני מיניה.

עבד בשונה מבהמה מחוייב במצוות וחל עליו איסור לאכול בתרומה מצד הישראל שבו שאינו קנין כספו של הכהן בשונה מבהמה שאין עליה איסור לאכול בתרומה, אלא שאסור לישראל להאכילה כיוון שנהנה מתרומה שהיא מתכלה, אך כיוון שגם הכהן נהנה אין כאן איסור הנאה מדבר המתכלה.

האימרי (בינה דיני שבת סימן ג) חולק וסובר שבהמת השותפים אסורה בתרומה:

*ואף אם יש לישראל ולכהן בשותפות ממש הבהמה הגוף והפירות אינו מאכילה בתרומה כמו בעבד של שני שותפים כהן וישראל שאינו אוכל כמבואר ברמב#ם *פ#ז ה) י#ז) מתרומות והוא מתו#כ פרשת אמור *ושם מבואר אוציא אני של שותפים תלמוד לומר כספו הוא פרט לחציו עבד וחציו ב#ח//// וא#כ כמו כן בהמ) של שותפו) כהן וישראל ג#כ אינו מאכיל)*

כפי שעבד של שני שותפים כהן וישראל אינו אוכל בתרומה שאינו קנין כספו של הכהן הוא הדין בהמת השותפים אינה אוכלת בתרומה ואינו מקבל את החילוק שכתב השואל ומשיב בין עבד לבהמה:

ואף די#ל דוקא בעבד דהוא בעצמו חייב במצות ל#ת דוכל זר לא יאכל ולכך דוקא אם הוא של כהן וקנין כספו מותר אבל באם יש לישראל שותפות בו אסור להאכיל בשביל שחלק הזרות אסור לאכול אבל להאכיל לבהמה דליכא איסור להבהמה רק או משום דהישראל אסור ליהנות מתרומה בהנאה של כלוי לשיטת ר#ת ובזה כיון דהכהן רוצה להאכילה והוא מותר להאכיל וליהנות בהנא) של כילוי ולא איכפת לי) במה שהישראל נהנה//// אך זה

איט דהא אף אם שכירות ל#ק הא מ#מ נימ) כיון דמזונותי) על הכהן ומה הנאה יש לישראל במה שמאכילה כרשיני תרומ) וע#כ צ#ל כיון דכרשיני תרומ) בזול ומאכילה הרב) ומתפטמה הבהמה הרבה ויש הנאה לישראל ולכך אסור לכהן להאכיל) אף דלצורך עצמו עושה מ#מ כיון שיש בזה הנאה של כילוי לישראל אסור כן נמי בשל שותפים אסור/

ולדעתו על אף שיש לכהן הנאה אין להתיר להאכיל בהמת השותפים בתרומה ומוכיח מהמשנה בתרומות לעיל שאסרה לכהן להאכיל בהמה ששכר מישראל משום ששכירות לא קניא ומדוע אסרה המשנה הרי אף הכהן נהנה שהרי חייב במזונותיה, ולכן זה שהכהן נהנה אינה סיבה להאכיל את הבהמה בתרומה והוא הדין בבהמת השותפים כיוון שאינה קניין כספו. וכן מביא את דעת רבי משה בן אברהם (ראה לעיל) שגם הבהמה היא בכלל גזירת הכתוב של קנין כספו ולא כדעת ר״ת. וכן הביא ראיה מהירושלמי שלא חילקו בן עבד לבהמה עי״ש.

אך השואל ומשיב בהמשך דבריו מסביר מדוע בשכירות אף שהכהן נהנה חל איסור:

דבשלמא בשכירות לא קניא אף שמזונותן עליו לא אמרינן דכיון דמתהני מיניה יהי) מותר דא#כ יוכל ליתן לישראל ג#כ וע#ז לא נתנה לו התורה רשות כלל דלאו קנין כספו כלל אבל כל שקניא לי) ניהו דלאו קנין כספו לגמרי הוא מכל מקום הוא בשלו עושה וממילא הישראל מתהני מיניה ומותר בהנאה של כילוי וז#ב/

בכהן ששכר בהמה מישראל כיוון ששכירות לא קניא ואין לכהן קנין כלל בזה לא התירה התורה להאכיל לבהמה אף שהכהן נהנה, אבל כל שיש לכהן קנין בדבר (אילו שכרות היתה קונה או בהמת השותפים) אפילו לא בכולו כיוון שהכהן נהנה מזה אין בזה הנאה של כילוי ומותר.

בשו״ת פנים מאירות חלק א סימן י כתב להתיר ביום שהבהמה בשימוש הכהן:

ואם ישראל וכהן קנו בהמה בשותפ) נראה דאותן ימי) שהא בבית כהן מותר להאכלים 0להאכילם0 תרומה דקנין כספו ואף שחלק הישראל ג#כ נהנה/

כפי שיטת הר״ן שבדבר שאין בו דין חלוקה, החלוקה בשותפות היא בזמן השימוש, ולכן ביום שהיא נמצאת אצל הכהן כולה שייכת לכהן ונקראת קנין כספו ומותר להאכילה תרומה והדבר מותר אף לדעת הרב משה בן אברהם שבהמה דינה כעבד וצריכה להיות קנין כספו של כהן כדי להאכילה בתרומה. (ראה דעתו שהובאה לעיל לעניין שביתת בהמתו כשמתנים לפני הקמת השותפות שהחלוקה היא בימים ודאי שהתנאי מועיל לכולי עלמא וכל אחד בעלים על הכל ביום שלו)

המנחת חינוך (מצוה רפ אות ב ד״ה ועבד) על אותו עיקרון של הר״ן רצה להתיר אף בשותפות בעבד השייך לכהן ולישראל ותמה על הרמב״ם מדוע אסר לעבד השייך לכהן וישראל לאכול בתרומה :

ועיינתי בת#כ פרשה ה) ה#ג אינו מבואר זה בפי) אלא בלשון הזה אוציא ע#ע כו) ולא אוציא של שותפין ת#ל כספו פרט לח#ע וחב#ח א#כ נוכל לומר דוקא ח#ע וחב#ח אבל של שותפים אפשר דאוכל///

לדעתו משמע מהתורת כהנים שהוציאו עבד של שותפין שאינו אוכל בתרומה הכוונה רק לחציו עבד וחציו בן חורין, משום שלענין איסורים אי אפשר לומר ביום של עצמו כולו לעצמו וביום של רבו כולו לרבו הסיבה היא שביום של עצמו הוא בן חורין ולא מצינו עבד משוחרר שחוזר ומשתעבד, ובחציו עבד החלוקה שכל יום הוא גם עבד וגם בן חורין. לעומת זאת בעבד אחד השייך לכהן וישראל בשותפות אפשר לומר עפ״י הר״ן בשעה שהכהן משתמש בו הוא כולו של הכהן ויש לו בו קנין הגוף ולכן אוכל בתרומה, ובשעה שהישראל משתמש בו הוא כלוו של ישראל ואינו אוכל בתרומה .

א#כ לפי ד) הר#ן הללו א#כ אפי) אם זר יש לו שותפות מ#מ ביום של הכהן יש להכהן על כל העבד קה#ג ותרומה תלוי בקה#ג א#כ למה לא יאכל תרומה אף דביום של ישראל אסור היינו משום דאז יש לישראל קה#ג ולענין תרומה בודאי עבד אם נמכר כ#פ לכהן ולישראל אם הוא של כהן אוכל בתרומה ואם הוא של ישראל אינו אוכל ואם חזר ונמכר לכהן אוכל וא#כ אמאי לא יאכל באם יש לזר

שותפות בו וה#ח אם נתן עבד לכהן וא#ל ואחריך לפ) כיון דהמקבלים ^ישו לו קה#ג בודאי אוכל ולמה לא יאכל כאן

ומבאר המנחת חינוך שכמו שעבד של כהן שנמכר לישראל אינו אוכל בתרומה ואם חזר ונמכר לכהן שוב אוכל בתרומה הוא הדין בעבד השייך לכהן וישראל בשותפות, שהוא בשימוש הכהן כולו של הכהן ואוכל בתרומה ובשימוש ישראל כולו של ישראל ואינו אוכל בתרומה וחוזר חלילה. וכן הדין בנתן עבד לכהן ואמר ואחריך לפלוני כל עוד הוא ברשות הכהן אוכל בתרומה.

אך בסוף דבריו כתב כיוון שהרמב״ם פסק שאינו אוכל בתרומה בודאי מצא באזה מקום דין וצריך עיון.

האמרי משה (סימן יג) מיישב את דברי הרמב״ם שאסר, משום שכדי שהעבד יאכל בתרומה הוא צריך להיות קנוי לרבו קניין הגוף באופן קבוע, ואין מועיל קניין הגוף שהוא זמני שהיום הוא של הכהן ומחר שח ישראל ובשונה מנתן עבד לכהן ואמר ואחריך לפלוני שיכול למכור את העבד לעולם, אולם בשותפות אף שקנוי לכהן קניין הגוף בזמן שמשתמש בעבד, אינו יכול למוכרו ואינו קניין גמור שיקרא קניין כספו לאכול בתרומה.

סיכום

בפרק זה עסקנו בשותפות בין ישראל לאינו יהודי בבהמה וראינו שלדעת חלק מהפוסקים (הכולבו וריצב״א) הפתרון שהציעה הגמרא (כדי לפטור את הישראל מאיסורי שבת) שיתנו לפני הקמת השותפות שביום השבת הבהמה תיהיה ברשות הגוי אינה מועלת אלא לשדה בלבד ולא לבהמה, משום שהתנאי מועיל שלא יהא הגוי כשלוחו של ישראל, אך עדיין חלק הישראל בבהמה עובד בשבת, יוצא מכך שלדעתו בשותפות החלוקה היא בנכס או גרגיר גרגיר או לחציין, ולכן ברגע שהבהמה תעבוד בשבת משמעות הדבר שיש לנו שתי חצאים נפרדים חצי אחד של גוי העובד ואינו אסור בשביתת בהמתו וחצי שני השייך לישראל העובד בשבת ואסור משום שביתת בהמתו.

לעומתם השיבולי הלקט והריב״ש התירו ברגע שהתנו מראש שהגוי יעבוד בשבת והישראל ביום חול משמעות התנאי שהבהמה קניה לנוכרי הביום

שבת ואינה שייכת לישראל ומימלא אינו עובר על שביתת בהמתו, וכנגד יום השבת היא קנויה לישראל ואינה שייכת לנוכרי. הנובע מכך שדעת הריב"ש שסתם שותפות היא חלוקה בנכס ולכן לא יועיל התנאי לאחר הקמת השותפות הואיל חלקו של ישראל עובד בשבת, אולם זה בסתם שותפות שלא התנו, אבל ברגע שהתנו שהחלוקה בשותפות היא בזמן השימוש התנאי מועיל, וביום השבת כולה קנויה לגוי ומימלא אין הישראל עובר על שביתת בהמתו.

הפנים מאירות טוען שכלל אין מחלוקת כשהתנו לפני הקמת השותפות לדעתו כאשר מתנים מתחילה לפני הקמת השותפות שכל אחד משתמש ביום אחר, באותו יום הבהמה קנויה לו לגמרי ואין חלוקה בגוף הבהמה, הסיבה שלפני הקמת השותפות הצדדים יכולים לקבוע את צורת השותפות ולכן לדעת כולם אין הישראל עובר על שביתת בהמתו, וכל המחלוקת בין הפוסקים אם התנו לאחר הקמת השותפות כיוון שסתם שותפות לכל אחד יש חלק בגוף הבהמה, ולכן לדעת האוסרים משהוקמה השותפות לא יועיל התנאי לשנות את העובדה שחלק הישראל עובד בשבת.

וכן דעת הרמב"ם ששותפות בנטיעות בין ישראל לאינו יהודי היא בגוף הנטיעות עצמן ולכן לישראל יש חלק בפירות הצומחים מהם בשנות הערלה והחלוקה בשותפות היא חלוקה בנכס אי לכן שהגוי לקח את הפירות בשנות העורלה הוא לקח את חלקו של ישראל ובתמורה הוא נתן את חלקו בפירות בשנות ההיתר, משום כך הישראל עובר על איסור הנאה מפרות עורלה, אולם שהתנו מתחילה התנאי מועיל להפוך את החלוקה לחלוקה בזמן השימוש שכל השדה בשנים הראשונות הם של הגוי ובשנים האחרות הם של הישראל.

כמו כן ראינו שהרמ"א הבין בדעת רש"י ורא"ש שגם בשותפות בגוף הנטיעות אין הכרח לומר שפועל יוצא מזה שהם שותפים גם בפירות הצומחים מהם בעתיד, אלא מנהג העולם גם במקרה זה, שנה שזה עובד הפירות שלו ושנה שזה עובד הפירות שלו, ואין לישראל כלל חלק בפירות העורלה גם בשותפות בגוף הנטיעות, הסיבה לכך ששותפות בנטיעות לצורך הפירות אין החלוקה בפירות לחציין, אלא לפי שנות העבודה בשדה וזה בדומה לכך שהותנה מראש משום שזה מנהג העולם בשותפים בשדה.

פרק עשירי

חציה שפחה

מבוא

בפרק זה נציג את הדין של חציה שפחה וחציה בת חורין, זהו מונח הלכתי המתאר שפחה כנענית שהיו לה שני אדונים לאחר מכן שחררה אדון אחד וע״י כך הקנה האדון האחד את חציו לשפחה עצמה, כעת חציה היא בת חורין (חופשיה) ושייכת לעצמה וחציה שפחה שייכת לאדון (השותף) האחר שלא שחררה. אנו נחקור את צד השפחות וצד הבן חורין שבה. האם יש בה ובבועלה איסור? האם תופסים בה קידושין? בחציה או בכולה? ומה דינה לאחר שנשתחררה?.וכן נדון לענין חצי עבד חצי בן בן חורין מה הדין לגבי קידושיו? כיצד הוא נידון לגבי איסורים? וכיצד חלוקת הממון בינו לבין אדוניו?

שפחה חרופה

אדם הבא על שפחה חרופה חייב להביא קורבן אשם וכך נאמר בתורה ויקרא פרק יט כ-כב:

**כ וְאִישׁ כִּי־יִשְׁכַּב אֶת־אִשָּׁה שִׁכְבַת־זֶרַע וְהִוא שִׁפְחָה נֶחֱרֶפֶת לְאִישׁ וְהָפְדֵּה לֹא נִפְדָּתָה אוֹ חֻפְשָׁה לֹא נִתַּן־לָהּ בִּקֹּרֶת תִּהְיֶה לֹא יוּמְתוּ כִּי־לֹא חֻפָּשָׁה ;*

**כא וְהֵבִיא אֶת־אֲשָׁמוֹ לַיקוָק אֶל־פֶּתַח אֹהֶל מוֹעֵד אֵיל אָשָׁם ;*

במסכת כריתות (דף יג עמ׳ ב׳) דן התלמוד מהי שפחה חרופה ושם מצאנו שלוש דעות בתנאים:

תלמוד בבלי מסכת כריתות דף יא עמוד א

איזוהי שפחה כו/ ת#ר ; והפדה . יכול כול@ ת#ל ; לא נפדתה- יכול לא נפדת@ ת#ל ; והפדה- הא כיצ@ פדויה ואינה פדויה- חציה שפחה וחצייה בת חורין ומאורסת לעבד עברי- דברי ר#ע

רבי ישמעאל אומר; בשפחה כנענית הכתוב מדבר ומאורסת לעבד עברי- א#כ מה ת#ל והפדה לא נפדת@ דברה תורה כלשון בני אדם> ר) אלעזר בן עזריה אומר; כל עריות מפורשות לט- משוייר לט חציה שפחה וחציה בת חורין ומאורסת לעבד עברי> אחרים אומרים; לא יומתו כי לא חופשה . בשפחה כנענית הכתוב מדבר ומאורסת לעבד כנעני

- דעת רבי עקיבא מדובר בחציה שפחה וחציה בת חורין המאורסת לעבד עברי
- דעת רבי ישמאל מדובר שפחה כנענית המאורסת לעבד עברי
- דעת אחרים מדובר בשפחה כנענית המאורסת לעבד כנעני

ההלכה נפסקה כדעת רבי עקיבא שמדובר בחציה שפחה וחציה בת חורין המאורסת לעבד עברי שהבא עליה חייב בקורבן אשם והיא חייבת מלקות. ורש״י (גיטין מג. ד״ה ואם לחשך) מבאר שלאו דוקא המאורסת לעבד עברי אלא הוא הדין לכל ישראל אלא הגמרא נקטה כדרך העולם שבד״כ מדובר בעבד עברי המותר בשפחה, וכן פירש הרשב״א. החתם סופר (מג.) מבאר שכוונת רש״י שהוא הדין לכל ישראל הוא אך ורק לסוברים שקידושין תופסים בחציה שפחה חציה בת חורין, ברם לפי הסוברים בגמרא שאין בה תפיסת קידושין אלא מאורסת הכוונה מיוחדת אזי רק שהיא מיוחדת לעבד עברי הבא עליה חייב אשם, אולם לא ניתן לומר שתיהיה מיוחדת לישראל שהרי אסור לו לבא עליה ובמה תיהיה מיוחדת לו? ולכן רק על הצד שתופסים קידושין בחצי שפחה אמר רש״י שהוא הדין לכל ישראל המקדש חצי שפחה ולאו דווקא עבד עברי.

להלן אנו נעסוק בדעת רבי עקיבא ונברר מהי משמעות האירוסים? האם הם קידושין רגילין שהרי הבא עליה אינו חייב מיתה?

האם תופסים קידושין בחציה שפחה חציה בת חורין.

התלמוד דן בזה במסכת גיטין דף מג עמ׳ א׳ ותחילה הגמרא דנה בקדושין מי שחציו עבד וחצי בן חורין.

איבעיא להו ; מי שחציו עבד וחציו בן חורין שקידש בת חורין- מה@ אם תמצא לומר בן ישראל שאמר לבת ישראל התקדשי לחציי . מקודשת- דחזיא לכוליה- הא לא חזיא לכוליה

למדנו במסכת קידושין (ז עמ׳ א) שאם אמר אדם לאשה התקדשי לי לחציי הרי היא מקודשת, אולם האומר לאשה חצייך מקודשת לי היא אינה מקודשת לו, הגמרא כאן מסתפקת לענין חצי עבד וחצי בן חורין שקידש אשה אם נדמה את זה לאומר התקדשי לי לחציי הרי היא מקודשת, במקרה זה היא ראויה לכולו אלא שכוונתו לאמר לה שיקח אשה נוספת עליה (ראה בהמשך הפרק בפסקה ״חצי עבד חצי בן חורין המקדש לעומת חציה שפחה המתקדשת״ דעתו של רבי שמעון שקאפ שגם אם אמר במפורש שכוונתו לקדשה רק לחצי גופו מקודשת ומה ההבדל בינו לבין חציו עבד חציו בן חורין) , אך בחצי עבד חצי בן חורין אין היא ראויה לכולו שהרי חציו עבד ואינו בר קידושין ואם יחולו הקידושין הרי היא מקודשת רק לחצי אדם הבן חורין ושמא אינה מקודשת באופן כזה.

ואם תמצא לומר בן ישראל המקדש חצי אשה . אינה מקודשת- דשייר בקנינו- והא עבד לא שייר בקנינו- מא@

מצד שני אפשר לדמות את זה לאומר חצייך מקודשת לי שאינה מקודשת כיוון שלא ניתן לקדש חצי אשה (שהרי לא ניתן לפרש כוונתו שמתיר לה להתקדש לעוד אדם כיוון שאין אשה יכולה להתקדש לשנים), הוא הדין שלא יכול לקדש אשה לחצי איש הבן חורין, אך הגמרא מסיקה שאין לדמות בין המקרים כיוון שבמקדש חצי אישה נשאר חצי באישה שאינו מקודש, כלומר ניתן לקדש חצי אדם והסיבה שאינה מקודשת כיוון שלא קידש את כל מה שאפשר לקדש (שייר בקנינו) , אך במקרה של חצי עבד וחצי בן חורין הוא קידש את כל מה שראוי בו לקידושין ובמקרה זה יתכן וקידושין תופסים לחצי אדם. הגמרא בהמשך לא הצליחה להכריע מה הדין בחצי עבד וחצי בן חורין שקידש אשה.

הגמרא כעת עברה לדון במקדש חציה שפחה וחציה בת חורין, אומנם בצד השפחות שבה אין תופסים קידושין, הדיון של הגמרא נסוב על צד החירות שבה האם תופסים בה קידושין.

אמר רבא; כשם שהמקדש חצי אשה אינה מקודשת- כך חציה שפחה וחציה בת חורין שנתקדשה . אין קדושיה קדושין. דרש רבה בר רב הונא; כשם שהמקדש חצי אשה אינה מקודשת- כך חציה שפחה וחציה בת חורין שנתקדשה . אינה מקודשת.

דעת רבא היא שאין קידושין תופסין בחצי אשה ואין הבדל אם שייר בקנינה או לא שייר אין אשה מתקדשת לחציה ואף רב הונא סבר כך בתחילה, אלא שהקשה רב חסדא:

א#ל רב חסדא; מי דמ@ התם שייר בקנינו- הכא לא שייר בקנינו. הדר אוקים רבה בר רב הונא אמורא עליה- ודרש; והמכשלה הזאת תחת ידיך . אין אדם עומד על דברי תורה אלא אם כן נכשל בהן- אף על פי שאמרו; המקדש חצי אשה אינה מקודשת- אבל חציה שפחה וחציה בת חורין שנתקדשה . קדושיה קדושין> מ#@ התם שייר בקנינו- הכא לא שייר בקנינו.

רב חסדא סובר שהמקדש חצי אשה אינה מקודשת הסיבה היא ששייר בה חצי שאינו מקודש ז"א לא קדש את כל מה שיכול לקדש, אולם במקדש חציה שפחה חציה בת חורין קדש כל מה שראוי לקדש שהרי הקידושין חלים על כל צד החירות שבה שראוי לקידושין ולכן הקידושין תופסים. בעקבות סברא זו חזר רבא בר רב הונא להורות שהמקדש חציה חציה בת חורין שהיא מקודשת.

עוד אמורא נוסף הסובר שאין הקידושין תופסין:

אמר רב ששת; כשם שהמקדש חצי אשה אינה מקודשת- כך חציה שפחה וחציה בת חורין שנתקדשה . אין קידושיה קידושין> ואם לחשך אדם לומר; איזו היא שפחה חרופ@ זו שחציה שפחה וחציה בת חורין המאורסה לעבד עברי- אלמא בת איתרוסי היא' אמור לו; כלך אצל ר) ישמעאל- שהוא אומר; בשפחה כנענית המאורסה לעבד עברי- ושפחה כנענית בת איתרוסי היא@ אלא מאי אית לך למימ@ מאי מאורסת . מיוחדת- הכא נמי מאי מאורסת . מיוחדת.

רב ששת סובר שאין הקידושין תופסים בה ואין להביא ראיה משפחה חרופה, שהרי שם לדעת רבי עקיבא מדובר בחציה שפחה וחציה בת חורין המאורסת לעבד עברי שהבא עליה מביא אשם, ולכאורה משמע שתופסים בה קידושין על צד החירות שבה, הדבר אינו כן אלא הכוונה מאורסת מיוחדת והראיה שגם לרבי ישמעאל הסובר שמדובר בשפחה כנענית המאורסת לעבד עברי השתמש בלשון מאורסת ובודאי שאין הכוונה מקודשת אלא מיוחדת והוא הדין לרבי עקיבא שלא מדובר שמקודשת אלא מיוחדת ומסקנתו היא שאין קידושין תופסים בחציה שפחה חציה בת חורין.

קידושי שני אנשים באותה אשה לחציין

בהמשך למחלוקת האם קידושין תופסים בכלל בחציה שפחה, דן רב חסדא בחציה שפחה שנתקדשה לראובן, לאחר מכן נשתחררה וכעת היא כולה בת חורין ובשלב זה היא התקדשה לשמעון, ז״א ראובן ושמעון ביצעו בה מעשה קידושין אחד לפני שיחוררה אחד לאחר שיחרורה. השאלה היא האם היא מקודשת לשניהם או לאחד מהם? וכך אומר רב חסדא:

> ***אמר רב חסדא; חציה שפחה וחציה בת חורין שנתקדשה לראובן ונשתחררה- וחזרה ונתקדשה לשמעון- ומתו שניהם. מתייבמת ללוי- ואין אני קורא בה אשת שני מתים- מה נפש@ אי קדושי דראובן קדושין. קדושי דשמעון לאו קדושין- ואי קדושי דשמעון קדושין. קדושי דראובן לאו קדושין.***

אישה שהיה לה זיקה לשני אחים והם מתו היא נקראת אשת שני מתים ואינה יכולה להתייבם לאח השלישי אלא רק לחלוץ. רב חסדא סובר שבמקרה שלנו היא יכולה להתייבם לאח השלישי לוי מכיוון שאין היא נחשבת נשואה לשני אחים, אלא שלכל הדעות או שהיא נשואה לראובן או לשמעון. **רש״י** מסביר שבכל אופן שנפסוק לגבי המחלוקת לעיל בין אם קידושי חציה שפחה וחציה בת חורין תופסין ובין אם לא, היא מקודשת רק לאחד, שהרי אם קידושי ראובן תפסו איך קידושי שמעון יכולים לתפוס

ואם קידושי שמעון תפסו לאחר שנשתחררה ז״א קידושי ראובן לא היו קידושין ובכל מקרה מקודשת רק לאחד מהם.

תוספות (ד״ה מה) אינו מקבל את הסברו של רש״י, שהרי רב חסדא סבר לעיל שקידושי ראובן תופסים שהרי לא שייר בה כלום, אם לא יתכן שרב חסדא הסתפק אם קידושי ראובן תופסים, אלא רב חסדא הסתפק האם הקידושין של ראובן פקעו לאחר שנשתחררה או התפשטו בכולה ורצונו לומר, שבין אם נאמר שברגע שנשתחררה החצי שפחה פקעו הקידושים של ראובן אזי היא מקודשת לשמעון בלבד, ובין אם נאמר שברגע שנשתחררה גמרו הקידושין של ראובן אזי היא מקודשת לראובן בלבד, שאיך שלא ננקוט היא מקודשת לאחד מהם. (ראה להלן המחלוקת בין רב יוסף לרבי זירא).

האבני מילואים (סימן מד ס״ק ד) מסביר שמה שגילתה תורה שהבא על שפחה חרופה חייב אשם הוא לגבי דין אשת איש, אבל לענין קרובים כמו אשת אח הוא חייב כרת:

*והא דפי) רש#י הספק בפלוגתא דלעיל ולא פי) בפלוגתא דלקמן אי גמרי אי פקעי כפי) תוס) נראה דרש#י ס#ל דאפי) למ#ד פקעי בנשתחררה היינו דוקא לאיסור אשת איש דבתר דפקע ה#ל כפנויה וכגרושה ושריא לאחר- אבל לאיסור אשת אח כיון דאפי) אחר גירושי אחיו או אחר מיתת אחיו אסורה לאחיו וכדאי) בפ) הבע#י *דף נ#ה(דדריש דאשת אח לאחר מיתה דכתיב ערות אחיו גילה וא#כ ה#ה בזה דפקעי לא עדיף מגירושין גמורין וכיון דכבר הי) בה ליקוחין שעה א) אסורה עליו עולמית. ואף על גב דכתב רש#י פקעי קידושין דבא השיחרור והפקיע הקידושין ומקודשת לשני שהרי נשתנה גופה וה#ל כקטן שנולד ע#ש- מכל מקום אינו מועיל אלא לאיסור אשת איש דיש היתר לאיסורו במיתת הבעל או בגירושין פקע נמי ע#י שחרור אבל איסור אשת אחיו כיון דאין היתר לאיסורו ע#י מיתת הבעל או ע#י גירושין לא פקע נמי ע#י שחרור וכל שהיתה שעה אחת אשת אחיו תו ליתא בהתיר) ולא מהני הך סברא דהוי כקטן שנולד אלא לומר מה#ט פקעי קידושין*

אבל באשת אחיו אף על גב דפקע קידושין כיון דאינו אלא מכאן ולהבא אסורה עליו עולמית משום אשת אח

הסיבה שרש״י אינו מקבל שהספק של רב חסדא הוא אם פקעו הקידושין או גמרו, משום שאפילו אם פקעו עדיין היא נחשבת אשת אחיו, משום שלפי רש״י פקעו זה דומה לגירושין או למיתת הבעל ועדיין האח אסור באשת אחיו המת, ולמעשה אין נפקא מינה אם גמרו או פקעו בשני המצבים אין קידושי שמעון תופסים משום אשת אחיו, וזו הסיבה שרש״י חייב לפרש הספק שאם תפסו קידושי ראובן אין תופסים קידושי שמעון משום אשת אחיו ואם לא תפסו קידושי ראובן אזי תפסו קידושי שמעון.

החתם סופר (גיטין דף מג עמוד ב׳) טוען שרש״י אינו מקבל את דעתו של התוספות שהספק של רב חסדא הוא, אם פקעו הקידושין או גמרו שאם כן המחלוקת בדין פקעי או גמרי היתה צריכה להיות מובאת בגמרא קודם דברי רב חסדא ולא לאחריו. ולכן נראה שרב חסדא הסתפק אם תופסים קידושים בחצי שפחה או לא.

מה נפשך אי קידושי דראובן אחני- פירש#י דמספקא ליה) אי קידושין תופסין או לא ולא בעי לפרש אי גמרי או פקעי דא#כ ה#ל להקדים פלוגתא דגמרי או פקעי וכ#כ בס) בני אהובה-

וצ#ל דס#ל לרש#י דר#ח פשיטא ליה ח#ע וחב#ח אין קידושין קדושין ובח#ש וחב#ח מספקא ליה אי קרא במאורסת או במיחדת ומשו#ה כדרש ר#ה אינו מקודשת א#ל התם שייך בקנינו משו#ה אינה מקודשת לגמרי אבל הכא ספיקא הוה וחוששין לקדושין כצ#ל

יש לומר שלדעת רש״י דברי רב חסדא שקידושי חציה שפחה אינו דומה לקידושי חציה אשה שלא שייר בקנינו, אין זה אומר שלדעתו חלו הקידושין, אלא גם רב חסדא הסתפק האם קידושים תופסים בחציה שפחה, שהרי יש מחלוקת איך לפרש בשפחה חרופה את המלה מאורסת, מקודשת או מיוחדת? וספיקו הוא, שמצד אחד קידש חציה ואינה מקודשת לחציין כפי שרצה רב הונה לומר, ומצד שני לא שייר בקנינה ומקודשת. (וכעין זה כתב הפני יהושוע גיטין מג עמ ב׳ ד״ה מה נפשך) והוסיף **הפני יהושוע** (גיטין מג: ד״ה מה נפשך) שלא יתכן שספיקו של רב חסדא היה אי

פקעי או גמרי, שאם כן מה בא לחדש רב חסדא שהרי בודאי שמקודשת רק לאחד מהם, ולכן ספיקו הוא האם חציה שפחה מקודשת או לא, ועל הצד שהיא מקודשת רב חסדא בא לחדש שלא שייך לומר שראובן שייר מקום גם לקידושי שמעון לתפוס אלא קידושיו הוא בכולה ואם קידושי הראשון תפסו אינה יכולה להתקדש לשני, ואין שייך לומר בשום עניין שיתפסו קידושי שניהם, ותקרא אשת שני מתים.

החתם סופר בהמשך דבריו מסביר מדוע אין קידושי שמעון יכולים לחול בחצי השני:

והנה לכאורה מדאמר ר"ח אי קדושי דראובן קידושין פי' אי תפסי בה קידושין שוב קדושי שמעון לא הוה קדושין דוחק לומר דפשיטא לי' דגמרי- ומשו"ה אין קדושי שמעון קדושין דעדיין לא שמענו בפלוגתא דגמרי ופקעי מידי- אלא משמע לכאורה דס"ל לא גמרי ולא פקעי אלא אי קדושי ראובן קידושין לחצי אף על גב דהוה חצי אשה מ"מ גז"ה הוא כמ"ש ר"ן פ"ק דקידושין מ"מ קידושין שמעון שקידש אח"כ חצי' השניה שנשתחררה לא הוה קידושין משום דלא גלי ביה קרא כי היכי דפשיטא בח"ע וחב"ח לא שייך קידושין משום חצי איש ה"נ בחצי אשה רק בח"ש וחב"ח דגלי הכא אבל אידך צד חירות לא כנלע"ד שיטת רש"י-

רב חסדא מסביר כך מדוע היא מקודשת רק לאחד מהם, על הצד שקידושי ראובן אינם תופסים בחציה שפחה, אזי ברור לאחר שנשתחררה רק קידושי שמעון תפסו . ועל הצד שקידושי ראובן תפסו בחצי הבן חורין שבה, אחרי שנשתחררה (אין לומר שרב חסדא סובר שקידושיה נתפשטו בכולה ולכן אינה מקודשת לשמעון שהרי הגמרא עדיין לא עסקה עדיין במחלוקת זו) קידושיה לא פקעי ולא גמרי ומקודשת עדיין בחציה לראובן, ובכל זאת אין קידושי שמעון יכולים לתפוס בחצי השני למרות שגם שמעון לא שייר בקנינו שהרי קידש של מה שיכל לקדש, שאין אישה מתקדשת לחציין, ומה שבחציה שפחה מקודשת שלא שייר בקנינו הוא לימוד מיוחד מגזירת הכתוב, ואין לנו ללמוד מכאן

שגם קידושי שמעון יתפסו בחצי אשה כפי שקידושי ראובן תפסו ששם זה חידוש רק לגבי חצי שפחה.

התפארת יעקב מסכת גיטין דף מג עמוד ב׳ מסביר כחתם סופר ומביא הסבר נוסף מדוע קידושי שמעון אינם תופסים למרות שלכאורה לא שייך בקנינו (על הצד שקידושי ראובן תפסו ולאחר שנשתחררה לא פקעי לא גמרי) :

ולכאורה יש לדקדק אפי׳) למ״ד מקודשת דלא שייך בקנינו מ״מ לשמעון נמי מקודשת דלא שייך בקנינו דכבר נתקדשה חצי׳) ומה שנשאר בה לקדש קידש-///// ועוד יש לומר דכה״ג לא מיקרי לא שייך כיון דמקודשת חצי׳) אחר הרי שייך בקנינו תפיסת קידושין לאחר ומה נ״מ במה שתוכל להתקדש לאחר אח״כ או שכבר נתקדשה ס״ס כיון שנתפסו בה קידושין גם לאחר חשיב שייך בקנינו ;

למרות ששמעון קידש כל מה שיכול לקדש, עדיין נחשב ששייך בקנינו את חציה השני לראובן, שהרי בחצי השני כבר מקודשת לראובן ובזה הוא משייך לקידושי ראובן להמשיך לתפוס ולכן אינה מקודשת לשמעון, ואינו דומה לחצי שפחה שהחצי שפחה שבה אינו ראוי לקידושין כלל ולא שייך לשום אדם אחר מקום לקדש.

התפארת יעקב אינו מקבל את פירוש רש״י שגם רב חסדא הסתפק אם בחציה שפחה הקידושין תופסים שהרי פסק לעיל בפירוש שהיא מקודשת, כמו כן אין לומר שהיה ספק לו אם גמרי או פקעי קידושין שהרי עדיין הגמרא לא הביאה מחלוקת זו ואם זה היה ספיקו של רב חסדא היתה הגמרא מביאה ראשית את המחלוקת בעניין גמרי ופקעי ולאחר מכן את דברי רב חסדא. לכן הוא מביא הסבר משלו :

אבל לדעתי הכוונה בפשיטות שלא בא ר״ח בכאן לאשמועינן אלא דלא נימא כיון דמקודשת חצי׳) ממילא תופסין בה קידושין של שמעון ומקודשת לשניהם והוי׳) אשת ב) מתים קמ״ל דלשניהם ע״כ אינה מקודשת דאי קידושי ראובן קידושין ע״כ דקידושי שמעון אין קידושין דשייך בקנינו קידושי ראובן ואי קידושי שמעון הוי קדושין דלא שייך בקנייט כיון שהיתה מקודשת

לראובן חצי) א#כ ע#כ קידושי ראובן אינם כלום דהא שייר קידושי שמעון ועכ#פ אי אפשר שתהא מקודשת לשניהם- והשתא שאינה מקודשת לשניהם פליגי בה אח#כ למי מקודשת אי גמרי אי פקעי ור#ח ידע שפיר אי גמרי אי פקעי רק דס#ד דלא גמרי ולא פקעי רק מקודשת לשניהם קמ#ל דאי אפשר שיהא לשניהם דאי מקודשת לזה אינה מקודשת לזה וכן להיפך;

כל מה שרב חסדא רצה לומר שאם נאמר שלאחר שנשתחררה מצב הקידושין בה אינם משתנים כלומר לא גמרי ולא פקעי, לא יתכן מצב שהיא תהיה מקודשת לשניהם. אם נאמר שמקודשת לראובן בהכרח שאינה מקודשת לשמעון שהרי שמעון הבא לקדש לאחר שיחרורה משייר בקנינו מקום לקידושי ראובן, ואם נאמר שקידושי שמעון תופסים בהכרח שקידושי ראובן אינם תופסים שהרי שייר בקנינו מקום לקידושי שמעון לתפוס. ולאחר שברור לנו שאינה יכולה להיות מקודשת לשניהם מביאה הגמרא את המחלוקת אי גמרי אי פקעי (שתובא להלן)

חציה שפחה חציה בת חורין שנשתררה קידושיה מתבטלים או מתפשטים בכולה?

התלמוד מסכת גיטין דף מג עמ' ב' ממשיך לדון מה קורה עם קידושי חציה שפחה חציה בת חורין בעת שיחרורה:

איתמר; חציה שפחה וחציה בת חורין שנתקדשה לראובן ונשתחררה- וחזרה ונתקדשה לשמעון- רב יוסף בר חמא אמר ר#נ; פקעו קדושי ראשון- ר) זירא אמר רב נחמן; גמרו קדושי ראשון/ א#ר זירא; כוותיה דידי מסתברא- דכתיב; לא יומתו כי לא חופשה- הא חופשה יומתו/ א#ל אביי; ולתנא דבי ר) ישמעאל- דאמר; בשפחה כנענית המאורסת לעבד עברי- הכי נמי דכי חופשה יומתו׳ אלא מאי אית לך למימ@ שחופשה וחזרה ונתקדשה- הכא נמי שחופשה וחזרה ונתקדשה/

מדובר בחציה שפחה וחציה בת חורין שהתקדשה לראובן ולאחר שנשתחררה לגמרי התקדשה לשמעון, השאלה היא למי מהשניים היא

מקודשת?. (הדיון הוא לפי הדעה שקידושי ראובן תופסים בחציה שפחה שאם לא כן בודאי שמקודשת היא לשמעון לאחר שנשתחררה).

- דעת רב יוסף פקעו קידושי ראשון- קידושי ראובן פקעו ועתה חלים קידושי שמעון
- דעת רבי זירא גמרו קידושי ראשון - קידושי ראובן תופסים כעת בכולה והיא מקודשת לגמרי לראובן, ולכן קידושי שמעון אינם תופסים.

א. הסבר מדוע פוקעים קידושי ראשון

רש"י מסכת גיטין דף מג עמוד ב:

פקעו קדושי ראשון . אפי' למ"ד מקודשת בא השחרור והפקיעה ומקודשת לשני שהרי נשתנה גופה והויא לה כקטן שנולד

עבדים שהטבילו אותם לשם עבדות יצאו מכלל עכו"ם ולכלל ישראל לא באו, וכשישתחררו הרי הם כישראל לכל דבר, כיוון ששיחרור עבד הוא כעין גירות וגר שהתגייר כתינוק שנולד, הרי השפחה נחשבת לאשה אחרת שהרי נולדה מחדש ולכן הקידושין הקודמים מתבטלים.

התוספות מבארים כשם שלא ניתן לקדש חצי אשה, כך לא יתכן שתהא אשה מקודשת בחציה וכך כותב התוספות מסכת גיטין דף מג עמוד ב ד"ה גמרו:

גמרו קידושי ראשון . והא דאמרי' בפ"ק דקידושין *דף ז.(בהמה של שני שותפין הקדיש חציה וחזר ולקחה והקדיש חציה כו) הא לא הקדישה לא גמרי שאני התם דאפשר שתרעה ויהיו חציה דמיה הקדש וחציה חולין אבל הכא <u>דאי אפשר שתהא חציה מקודשת דכי יקח איש אשה כתיב לא חצי אשה מסתבר למימר או גמרי או פקעי</u> ואף על גב דהתם מדמי למקדש חצי אשה לא קשה מידי דמייתי שפיר דהיכא דאיכא דעת אחרת לא פשטי בכולה אי נמי איכא למימר דבהמה של שני שותפין ששייר

בקנייט קצת שהרי בהמה היתה בת הקדש לפיכך לא גמרי אבל הכא חציה שפחה לא היתה בכלל קידושיך

התוספות טוענים שברגע שהשפחה השתחררה היא במצב שמקודשת לחציה ואין קידושין לחצי אשה ולכן פוקעים הקידושין, ואין לומר שהקידושין התפשטו בכולה כדין אדם שמקדיש איבר בבהמה שהנשמה תלויה בו, ששם ההקדש מתפשט בכולו, כיוון ששם אין דעת אחרת המעכבת ובאשה יש דעת אחרת, שכן הוא תלוי בדעת האשה ולכן אינם יכולים להתפשט, מצד שני אינם יכולים להשאר במצב של חצי מקודשת כיוון שאין מציאות כזו של אשה המקודשת לחציין לכן הם פוקעים.

קובץ הערות (סימן מו) מסביר שלרש״י לא ניתן לקדש חצי אשה, אך ברגע שהקידושין תפסו אין הקידושין פוקעים למרות שאח״כ נעשית חצי אשה ע״י שיחרורה, ולכן רש״י צריך את הסיבה שפוקעים משום שהיא כתינוק שנולד, לעומתו תוספות סוברים כשם שלא ניתן לקדש חצי אשה, הוא הדין אם כבר חלו הקידושין אינם יכולים לתפוס בחצי אשה ולכן הם פוקעים, וכך הוא כותב:

דן ורש#י פירש שם ^ד#ה פקעו| דטעמא דמ#ד פקעי- לא משום חצי אשה- אלא משום דגר שנתגייר כקטן שנולד דמ/ והיינו דס#ל לרש#י- דאף דאין קידושין חלין מתחלה בחצי אשה- מ#מ לא פקעי משו#ה- וכמו במתה וכנ#ל/ וק#ק- דסברות רש#י ותוס) לענין חצי- הן סברות הפוכות מלענין ערוה/ דבס#פ החולץ מוכח מרש#י ^מ#ט ע#ב ד#ה דהא| דאם נעשית ערוה לאחר קידושין- פקעו קידושין- כשם שאין קידושין חלין מתחלה בערוה/ ובתוס) שם ^ד#ה סוטה| חלקו על רש#י- דאיסור ערוה אינו מפקיע קידושין שכבר חלו/ וצ#ל דחצי אינה דומה לערוה/ ולדעת תוס) יש לחלק בפשיטות- דחצי לא הויא אשה- וא#כ ודאי אינו שייך שיהיו קידושין במי שאינה אשה- כמו אילו משכחת שאשה נעשית איש- ודאי פקעו קידושיה לכו#ע/ אבל לדעת רש#י צריך ביאור מאי שנא חצי אשה מערוה/ ^ואפשר דגם רש#י ס#ל כפירוש תוס)- דטעמא דפקעי הוא משום חצי אשה- אלא דמפרש

מ#ט לא אמר גמרי- ופירש דכיון דגופא אחרינא הוא לא שייך גמריו;

לעומת זאת סברות רש"י ותוספות הם הפוכות לעניין ערוה, שבמקרה ונעשית האשה ערוה לאחר הקידושין, לדעת רש"י הקידושין פוקעין אעפ"י שהקידושין תפסו בתחילה ולדעת התוספות אין איסור הערוה מפקיע הקידושין שכבר חלו. את תוספות ניתן להסביר שבאיסור ערוה האשה עצמה שייך בה קידושין רק ישנו איסור ערוה שמפריע, אך בחצי אשה לא שייך בה בכלל קידושין שאין קידושין בחצי אשה ולכן פוקעין הקידושין. סברת רש"י יותר קשה להסביר לכן הוא מעלה אפשרות שגם רש"י מסכים עם התוספות שאין קידושין יכולים להתקיים בחצי אשה למרות שחלו הקידושין, ובכל זאת רש"י היה צריך את הסברה שע"י השיחרור השתנה גופא והיא כקטן שנולד, אך ורק כדי להסביר מדוע הקידושין לא יכולים להתפשט על החצי החדש שנולד אלא הם פוקעים.

הקובץ הערות (סימן מו סעיף ה) הקשה על פירוש רש"י מדוע שיפקעו הקידושין?:

ה) ובפירש#י פ) השולח- בחציה שפחה וחציה בת חורין שנתקדשה ונשתחררה- פקעי קדושיה משום דגר שנתגייר כקטן שנולד דמי- ולכאורה קשה- דהא לא נשתנה עכשיו אלא צד העבדות- וצד החירות לא נשתנה

אומנם גר שנתגייר כקטן שנולד אך הוא רק על החצי של העבדות שבה ועל צד זה ממילא לא חלו הקידושין, ובחצי הבן חורין שבה שבהם חלו הקידושין לא השתנה דבר ולכן לא מובן למה שיפקעו הקידושין מצד החירות שבה.

החתם סופר (מסכת גיטין דף מג עמוד ב ד"ה פקעי) מביא ההסבר:

פקעי קידושי ראשון, פירש"י דהוה כקטן שנולד, צ"ל צד חירות נמי הוה כקטן שנולד דמעיקרא לא נתקדש אלא לחיוב אשם, ועתה ראוי להתקדש לחייב עליה מיתה,

לדעתו צריך לומר שברגע שהשתחררה לא רק צד העבדות שבה השתנה אלא גם צד החירות שבה כיוון שעד עכשיו הבא עליה היה חייב אשם וכעת

הבא עליה חייב מיתה וכיון שגם צד החירות השתנתה פקעו הקידושין, היוצא מדבריו שחציה שפחה חציה בת חורין גופא מקודש לחציין, חצי גוף בן חורין שהוא המקודש וחצי השפחות שבה שאינו מקודש, ברגע שנשתחררה אם לא היה משתנה החצי בן חורין שבה לא היו פוקעים הקידושין, למרות שהיתה לפני כן חציה שפחה וחציה בת חורין וכעת כולה בת חורין, וזאת משום שהם חציים נפרדים אין שינוי בחצי האחד של העבדות משפיע על החצי השני של החירות, והסיבה שפוקעים הקידושין הוא שגם החצי הבן חורין שבה השתנה.

הקובץ הערות (סימן מו סעיף ה) מביא הסבר שונה מהחתם סופר ודעתו היא שאין הגוף מחולק לחציין:

/ וצ#ל דס#ל לרש#י דח#ע וחב#ח- אינו חצי גוף עבד וחצי גוף ב#ח- <u>אלא כל הגוף יש לו דיני עבד ודיני בן חורין-</u> ועתה כשנשתחרר לגמרי- פקעו ממנו דיני עבד- ומשו#ה שייך בו גר שנתגייר וכו/ אלא דקשה דהא ח#ע וחב#ח- היה קודם שחרור עבד של שני שותפין- וכל שותף הרי יש לו בהעבד חצי גוף- כמו בבהמה של ב) שותפין- וכששחרר אחד חלקו- הרי נשתחרר חצי גוף/ ואפשר דבעבד של ב) שותפין לא אמרינן דיש לכ#א חצי גוף- משום דינקי מהדדי- כמבואר בביצה *ל#ז ע#ב) גבי בהמה של ב) שותפין- ובעבד גרע יותר- דבבהמה אפשר לחלק הבשר אחר שחיטה- ובעבד לא שייך זה/

לשיטתו חציו עבד וחציו בן חורין אין זה אומר שגופו מחולק שחצי גופו עבד וחצי גופו בן חורין אלא כל הגוף הוא מעורב, בכולו יש דיני עבד ובכולו יש דיני בן חורין, ולכן חציה שפחה ברגע שחרורה כל גופא השתנה ולכן פוקעים הקידושין. אולם לדעת **התוספות** (גיטין מא עמ׳ א ד״ה לישא) משמע שהגוף מחולק לחציין כפי שמסביר הקובץ הערות בהמשך דבריו:

ובתוס) פרק השולח ^גיטין מ#א ע#א ד#ה לישא| הקשו בהא דח#ע וחב#ח אסור בח#ש וחב#ח משום דאתי צד עבדות ומשתמש בצד חירות- מאי שנא מהא דפרד מותר בפרדה- ולא אמרינן אתי צד סוס ומשתמש בצד חמור- ותירצו דלענין כלאים תרי מיני אסר רחמנא- ופרד ופרדה מין אחד הוא/ ובתשב#ץ ח#ב

סי) ד) פירש דבריהם- דבפרד היא הרכבה מזגית- ובח#ע ובחב#ח היא הרכבה שכונית ^הובא בהקדמה לשב שמעתתאו- וכונתו דבח#ע וחב#ח הוי חצי גוף עבד וחצי גוף ב#ח- וזה שלא כדברי רש#י הנ#ל/

תוספות מקשים במה שונה חציו עבד וחציו בן חורין האסור בחציה שפחה חציה בת חורין משום שצד העבדות שבו משתמש בצד החירות, לעומת פרד המותר בפרדה ושם אין אנו אומרים שצד הסוס שבו משתמש בצד החמור. מתרצים התוספות שפרד ופרדה הם מין אחד, ז״א זו בריה חדשה שאינה מחולקת לחציין אלא מין חדש, ולענין כלאיים אסרה התורה מינים שונים, ופרד ופרדה הם מנים שוים. התשב״ץ מסביר שבפרד מדובר בהרכבה מזגית בדומה לתרכובת של שני יסודות של חומר שיצרו מהם חומר חדש כגון מים המורכב משני אטומי מימן ואטום אחד של חמצן H_2O וממנו נוצר חומר חדש המים, לעומת חצי עבד חצי בן חורין זו הרכבה שכונית של שני דברים השוכנים זה בצד זה ואינם מעורבים וכפי שמסביר הקובץ הערות שחציו עבד חצי גופו עבד וחצי גופו בן חורין ולא כפי שהסביר רש״י שכל גופו עבד וכל גופו בן חורין.

הקובץ הערות ממשיך ומקשה משור פסולי המקודשין:

וקשה מהא דאיתא שלהי מכות ^כ#ב ע#או המרביע שור פסולי המוקדשין לוקה- ופירש המפרש ^ד#ה המרביעו- משום דיש בו צד קדושה וצד חולין- ואתי צד קודש ומשתמש בצד חולין/ והכא ודאי הוי הרכבה מזגית- דכל הגוף יש לו דיני קודש וחולין- והוי דומיא דפרד/ וצ#ל דפרד אינו מין סוס ולא מין חמור אלא מין שלישי- אבל שור פסוה#מ יש בו צד קודש וצד חולין/ וח#ע וחב#ח דומה בזה לפסוה#מ- אפילו לפירש#י- דיש בכולו דיני עבד ודיני ב#ח/ ^עיין ריטב#א מכות שם בשם הרמ#ה- דהטעם משום דהעור והגיזה קודש- והבשר חולין עיין שם- וא#כ הוי ג#כ הרכבה שכונית/ מו ;

התלמוד (במסכת מכות דף כב׳ עמוד א׳) דן בשור פסולי המקודשין, מדובר בשור שהוקדש לקרבן ונפל בו מום ונפדה, ואף על פי שנפדה השור, עדיין יש בו תורת קדושה, ועל שור זה אומר רבי הושעיא שהמרביע שור פסולי

המקודשין לאחר שנפדה לוקה משום שעבר על איסור כלאיים כיוון שמרביע חולין בקודשים, וזאת משום שהתורה החשיבה אתו לשניים, לשני גופים חלוקים שיש עליהם גם תורת קודשים וגם תורת חולין, והוא הדין אפילו אם הרביעו על מינו אסור משום כלאים, כיוון שמרביע חלק חולין שבו על חלק קדשים שבה או קדשים על חולין, ומוסיף רבי יצחק הוא הדין במנהיג אפילו מנהיג עם מינו ואפילו מנהיגו בפני עצמו, חולין וקדשים הוא מנהיג וחייב משום כלאים ("לא תחרוש בשור וחמור יחדיו") כיוון שהוא עצמו כלאים שיש בו גם חולין וגם קודשים שעשאו הכתוב שני גופים ושני מינים.

מקשה **הקובץ הערות** הרי שור פסולי המקודשין דומה להרכבה מזגית שהרי כולו קודש וכולו חולין שהרי אין חלקיו מופרדים, ולכאורה היה צריך להיות מותר במינו כדין פרד המותר במינו, ומתרץ שיש הבדל מהותי בין פרד לשור פסולי המקודשין שפרד הוא לא סוס ולא חמור אלא מין שלישי תרכובת של סוס וחמור שיצרה בריה חדשה לגמרי, לעומת שור פסולי המקודשין נכון שכולו קודש וכולו חולין אך אינו בריה חדשה אלא יש בו צד קודש וצד חולין השוכנים זה לצד זה, והוא הדין בחציו עבד וחציו בן חורין ואפילו לדעת רש"י הסובר שכולו עבד וכולו בן חורין אין לומר שהוא מין חדש אלא אדם שיש בו צד עבדות וצד חירות.

הריטב"א (מסכת מכות דף כב עמוד א) הביא בשם הרמ"ה לגבי שור פסולי המקודשין שעשאו הכתוב שני מינים הבשר והעור:

*והקשו בתוספת דהיכי שמעט דקדשים וחולין הם כלאים זה בזה עד שנאמר כן אפילו בגוף אחד המורכב מהם- ורבינו מאיר הלוי ז#ל פירש דהואיל והבשר והעור שני מינים הם והכא פלגינהו רחמנא בקדשים שעשה הבשר חולין והעור והגיזה קדש נחלקים העור והבשר זה מזה ונעשה כאילו הם שתי גופים ממש- וכל אלו הפירושים תמוהים שנעשה מסברא שלנו ולא מגזרת הכתוב מגוף אחד שני גופים חלוקים ושני מינין מפני שיש בו שני דיני הלכות- ובודאי שאין לנו בזה אלא מה שאמרו בתוספות שפירש רבינו תם ז#ל סמוך לפטירתו ליישב לזו וליישב מה שנתקשה לכל במס) בכורות *ל#ג א)(דאמרינן התם דגבי פסולי המוקדשין תלתא צבי*

*ואיל כתיבי ואמרינן דחד מינייהו לכדרבי הושעיא ור) יצחק וכתב רש#י ז#ל התם דלא איתפרשא מילתייהו- ופירש ר#ת ז#ל סמוך לפטירתו דהיינו משום דר) הושעיא ור) יצחק דכתב רחמנא *כצבין ^בפסוליו\ המוקדשין וחד כצבי וכאיל לדונו לענין כלאים בהרבעה והנהגה כאילו הוא מורכב מבהמה ^יחידה\ או מצבי ואיל שהם שני מינין- ונצטרך לומר שגזירת הכתוב הוא זה וחדוש הוא שחדשה תורה לעשות גוף אחד כשני גופים- וחדוש אחר גדול יש בו שהרי אפילו בשני מינין וגופין מחולקין אין איסור כלאים לדעת הרמב#ם ז#ל *פ#ט מה) כלאים ה#ז/*

לדעת הרמ״ה חלק הבשר בשור חולין הוא ומותר באכילה, והעור אסור בגיזה ועבודה, ומכיוון שהבשר והעור מופרדים זה מזה נחשב כשני מינים ואסור לחרוש בו, ועל זה כתב הקובץ הערות לעיל שזה למעשה הרכבה שכנית שהחלקים מופרדים ולכן נחשבים לשני מינים, בשונה מפרד שהוא הרכבה מזגית ובריה חדשה.

אולם **הריטב״א** אינו מקבל פירושו של הרמ״ה כפי שאינו מקבל את פירושו של הריב״ן כיוון שקשה לומר שנעשה גוף אחד של שור כשני גופים וכשני מינים שונים וזאת רק משום שיש בו שני דיני הלכה של קודשים וחולין. לכן לדעתו אין להכניס בענין זה סברות מדעתנו וחייבים לומר שהדבר הוא גזירת הכתוב וחידוש גדול שחידשה התורה, כפי שפירש רבינו תם (תוספות מכות כב. ד״ה שהרי) משום שכתוב בפסולי המקודשין ״יאכלנו כצבי וכאיל״ שהם שני מינים, לומדים מפסוק זה ששור פסולי המקודשין נחשב כשני מינים לעניין כלאיים, ובזה מיושב מה שאמרו במסכת בכרות (לג.) ששלוש פעמים כתוב בפסולי המקודשין כצבי וכאיל אחד מהם כרבי הושעיא שאסור להרביע שור פסולי המקודשין ואחד כרב יצחק שאסור להנהיג שור פסולי המקודשין.

עד כה הסברנו את דעת רב יוסף בר חמא שפוקעים הקידושים בעת שחרורה וכעת נסביר את דעת רבי זירא שמתפשטים הקידושין בכולה ברגע שחרורה.

ב. הסבר מדוע מתפשטים הקידושין בכולה

האבני מילואים (סימן לא סעיף כב) שואל איך יתכן שיתפשטו הקידושין בכולה הרי בשעת הקידושין האשה נתרצית רק לחציה ומדוע שיתפשטו הקידושין בחציה השני בלא דעתה? וכך הוא כותב:

וטעמא דמ"ד גמרו קידושי ראשון לא אתברר דהיכא גמרו קידושי בחצי) השני והוא צד שפחה כיון דמעיקרא לא נתרצית אלא לחצי.

ולפי מ"ש נראה טעמא דמלתא כיון דחצי) שפחה וחצי) ב"ח תפסי קידושי בחצי) ב"ח כיון דלא שייר בקנייתו וכדאי) שם פרק השולח וכיון דכבר תפסי הקידושין למחציתה לכן כדאשכח מקום לחול בה קידושין במחצית השני) ממילא חייל בכולה דקידושי פשטו בכולה בע"כ- ודוקא בקידשה לחציה כיון דאי) דעת אחרת המעכב א"כ לא התחיל קידושין לחציה כיון דשייר בקנייתו אבל בחצי) שפחה וחצי) ב"ח דכבר חייל במקצתו דלא שייר בקנייתו וכיון דחייל במקצתו ממילא פשטו קידושי בכולה כיון דאשכח מקום לחול הקידושין-

האבני מילואים מסביר שהסיבה שהמקדש חצי אשה אינה מקודשת ואין הקידושין פושטים בכולה, מאחר שיש דעת אחרת של האשה המעכבת לחציה השני וכיוון שאין אשה מקודשת לחציין, לכן אין הקידושין תופסים מעיקרא והם אפילו לא מתחילים, אולם אם כבר חלו הקידושין כמו בנדון שלנו של חציה שפחה משום שלא שייר בקנינו, מאחר שכבר חלו מקצתם על כל חצי גופה הפנוי לקידושין אזי ברגע שיתפנה החצי השני בעת שחרורה הם התפשטו בכולה. היוצא מדבריו שיש הבדל בין שחלו כבר הקידושין בחלק ממנה, שאז הם מתפשטים בכולה ובעל כורחה לבין שעדין לא חלו הקידושין שאינם יכולים להתפשט בכולה ללא רצונה ולכן אינם חלים כלל ועיקר.

אך קשה לתוספות במה שונה בהמה של שני שותפים שהקדיש שותף אחד חציה ולאחר מכן קנה את חציה השני והקדישו, הדין הוא שהבהמה קדושה אך אינה קריבה.

*ובתוס) שם ד#ה גמרו קידושי ראשון ע#ש בהא דאמרינן בהמה של שני שותפין הקדיש חצי) וחזר ולקחה והקדיש חצי) ומשמע הא לא הקדישה לא גמרה ע#ש *מש#כו תוס) בזה/*

משמע משם שדוקא אם הקדיש את החצי השני היא קדושה אבל אם לא הקדישה לאחר שקנה חציה השני, לא היתה הקדושה מתפשטת בכולה, אם כן מדוע רבי זירא טוען שבחציה שפחה חציה בת חורין הקידושין נגמרין ומתפשטים בכולה?

האבני מילואים בהמשך דבריו סובר שיש הבדל בין המקדיש בהמה שהיא דמים לקידושין בחציה שפחה שהיא קדושת הגוף:

*ולפי מ#ש טעמא דגמרו קידושי בכולה כיון דכבר תפסי קידושין בקצתה ואיכא מקום להתפשט בכולה ממילא פשטו קידושי בכולה אבל התם בבהמה של שני שותפין והקדיש חצי) דקודם שלקחה משותף לא הי) עלה קדושת הגוף רק קדושת דמים וכשחזר ולקחה לא מתפשט בכולה דקדושת דמי) לא מתפשט- ועיין פ#ק דקידושין *דף ז)(ושם מבואר דכשהקדיש חצי) לא הוי עלה רק קדושת דמים/ אבל בקידושי אשה כיון דכבר חייל קדושת הגוף במחצית ב#ח אח#כ כשנשתחררה ממילא פשטה קדושת הגוף בכולה*

בבהמה של שני שותפין שהקדיש חציה לא הקדיש את גוף הבהמה, אלא הקדושה חלה רק על דמי הבהמה וקדושת דמים אינה מתפשטת בכולה, לעומת זאת בקידושי חצי שפחה הקידושין חלים על חצי גופה הבן חורין וממילא כיוון שחצי גוף מקודש ברגע השיחרור מתפשטים הקידושין בכל גופה.

התוספות (ד״ה גמרו ראה לעיל) מביא שני סברות אחרות, בתרוצו הראשון הוא כותב שבבהמה יש אפשרות שתהא חציה הקדש וחציה חולין ותרעה עד שתסתאב, ולכן הקדושה יכולה להשאר במצבה הנוכחי על חציה בלבד,

אולם באשה אין מצב כזה של אשה המקודשת לחציה, לכן הקידושין צריכים או לפקוע או להתפשט ודעת רבי זירא שאין סיבה לקידושין לפקוע שכיוון שתפסו כבר לכן הם מתפשטים בכולה.

הסברה השניה בתוספות שהמקדיש חצי בהמה שייר בקנינו קצת שהרי החצי השני היה ראוי להקדשה רק שלא היה ברשותו להקדישו ולכן שקנה את החצי השני אין הקידושין מתפשטין כיוון שמלכתחילא הם היו רק על חצי אולם שקידש חציה שפחה לא שייר בקנינו דבר, שהרי אין בכלל שייכות של קידושין בצד השפחות שבה, ולכן כאשר היא משתחררת הקידושין מתפשטים בכולה.

תפארת יעקב מסכת גיטין דף מג עמוד ב מביא תירוץ נוסף מדוע שונה הקדש בהמה מקידושי חצי שפחה:

> ***בד"ה גמרו קידושי ראשון כו) לא הקדישה לא וכו), ולדעתי יש לחלק בפשיטות ג"כ דהתם לא הקדיש רק חצי) שהי) שלו ומאיזה צד נימא שאי היה שלו לגמרי הי) מקדיש כולה שמא לא רצה להקדיש רק דמי שווי) של חצי- הלכך אח"כ דחזר ולקחה צריך להקדיש חצי) הנשאר מחדש- אבל הכא קידש כולה ושניהם נתרצו בקידושין רק שאין הקידושין חלין על חצי שפחות וכל שנשתחררה ממילא פשטין בכולה ואין צריך קידושין אחרים כיון ששניהם כבר נתרצו בכולה- כן נראה לי;***

המקדיש חצי בהמה אי אפשר לומר שאילו כולה היתה שלו היה מקדיש את כולה יתכן שאפילו אם כולה היתה שייכת לו היה מקדיש שווי של חצי בהמה ולא יותר, ולכן ברגע שקנה את החצי וכל הבהמה שייכת לו אין הקדושה מתפשטת בכל הבהמה, אבל בקידושי חציה שפחה שניהם נתרצו שכולה תיהיה מקודשת לו, אלא חלק השפחות שבה שלא שייך בו קידושין מונע מהם להתפשט וברגע שנשתחררה הקידושין מתפשטים בכולה שכך היה רצון האיש והאישה מלכתחילא.

החתם סופר מסכת גיטין דף מג עמוד ב ד"ה פקעי, מסביר את דעת רבי זירא מדוע גמרו קידושי ראשון:

פקעי קידושי ראשון- פירש#י דהוה כקטן שנולד- צ#ל צד חירות נמי הוה כקטן שנולד דמעיקרא לא נתקדש אלא לחיוב אשם- ועתה ראוי להתקדש לחייב עליה מיתה- <u>וצ#ל מ#ד גמרי דה#ל כמקדש מעיקרא מעכשיו לכשתחזר</u> וכ#כ בני אהובה והכא לא הוה דבר שלא בא לעולם כיון שכבר היא משוחררת חצי) עומדת להשתחרר אפי) בשפחה שאין כופין- ומורי בהפלאה כתב דה#ל כמקנה דבר שבא לעולם עם דבר שלב#ל דמגו דחייל אצד חירות חייל נמי אצד עבדות לכשישתחרר-

כשמקדש חצי שפחה כוונתו לקדש כולה, חציה הבן חורין כעת, וחציה השפחה לכשתשתחרר, וזו המשמעות שלא שייר בקנינו ולכן ברגע השיחרור הקידושין מתפשטים בכולה. ואין זה נחשב דבר שלא בא לעולם כיוון שחציה המשוחרר כבר תפס בו הקידושין, או כדעת המקנה שאפשר להקנות דבר שבא לעולם עם דבר שלא בא לעולם. (היוצא מדבריו שהקידושין תופסים בחצי גופא ולכשתשתחרר הוא יעברו לחצי השני ז״א גופא מחולק לחציין)

חצי עבד חצי בן חורין המקדש לעומת חצי שפחה המתקדשת

בסוגייה בגיטין לעיל ראינו שהגמרא דנה בחצי עבד חצי בן חורין המקדש אשה, והסתפקה הגמרא האם הקידושין תופסים? מצד אחד אינו יכול לקדש לחציו שאינה ראויה לחצי העבדות שבו, אך מצד שני שמא נאמר כיוון שלא שייר בקנינו שהרי קידש בכל חלק גופו הראוי לקדש הקידושין יתפסו. בהמשך הביאה הגמרא מחלוקת לגבי קידושי חציה שפחה וחציה בת חורין, דעת רבא ורב ששת שאינה מקודשת שאין מקדשין אשה לחציין, לעומת דעת רבה בר רב הונה שהיא מקודשת כיוון שלא שייר בקנינו. על פניו נראה ששני הנדונים חצי עבד וחצי שפחה דינם זהה, אם נאמר שחציה שפחה מקודשת כיוון שלא שייר בקנינו והקידושין תופסים בחציה הבן חורין, לכאורה הוא הדין צריך להיות בחציו עבד המקדש שיתפסו הקידושין כיוון שלא שייר בקנינו, אולם **הר״ן** מקשה שאין כן הדבר, וכך כותב הר״ן על הרי״ף מסכת קידושין דף ג עמוד ב:

אוקי רבה בר רב הונא אמורא עליה ודרש// ///אף על פי שאמרו המקדש חצי אשה אינה מקודשת חציה שפחה וחציה בת חורין

שנתקדשה קידושיה קידושין מאי טעמא התם שייך בקנינו הכא לא שייך בקנינו, ואף על גב דפליג רב ששת התם ואמר חציה שפחה וחציה בת חורין שנתקדשה אין קידושיה קידושין משמע דקי"ל דמקודשת משום דרב חמא ור' זירא ס"ל דתפסי בה קידושין דמדפליגי בנשתחררה אי פקעי קדושי ראשון או גמרי קידושי ראשון כמו שאכתוב לפנינו בסייעתא דשמיא מכלל דסבירא להו מיהת דתפסי בה קידושין ואף על גב דכי תפסי בה משמע דהיינו טעמא משום דלא שייך בקנינו משמע לי דאפילו הכי לא מפשטא בעיין דמי שחציו עבד וחציו בן חורין וקדש בת חורין משום דאיכא למימר דשאני הכא דגלי קרא דכתיב והיא שפחה נחרפת לאיש וקיימא לן דהיינו חציה שפחה וחציה בת חורין המאורסת לעבד עברי דאלמא בת אירוסין היא ולפיכך כתב הר"ם במז"ל בפרק רביעי מהלכות אישות המקדש אשה שחציה שפחה וחציה בת חורין אינה מקודשת קידושין גמורין עד שתשתחרר כלומר שהיא מקודשת אבל אין חייבין עליה כאשת איש כדכתיב לא יומתו ועוד שאם קדשה אחר לאחר שנשתחררה הרי היא ספק מקודשת כמו שיתברר בסמוך בסייעתא דשמיא ומ"מ קודם שחרור פסק דתפסי בה קידושין ובמי שחציו עבד וחציו בן חורין שקידש בת חורין פסק שהרי זו ספק מקודשת;

אף על פי שבחציה שפחה פסקנו שקידושין תופסין בה משום שלא שייך בקנינו, שהרי רב חמא ורבי זירא נחלקו האם הקידושין בחציה שפחה פקעי או גמרי זאת אומרת לדעת שניהם הקידושין תופסים (ראה מחלוקתם לעיל), וכן אנו פוסקים להלכה, ובכל זאת אין זה אומר שבחציו עבד תופסים הקידושין שהרי בסוגיה של חצי עבד עדיין נשארנו בספק ולהלכה היא ספק מקודשת, אף הרמב"ם (הלכות אישות פ"ד הט"ז, י"ז) חילק בן חציו עבד לחציה שפחה, שפסק שהמקדש חציה שפחה חציה בת חורין מקודשת, לעומת חציו עבד המקדש בת חורין כתב הרמב"ם שמקודשת מספק. הר"ן תמה מדוע שונה הדין בין חציה שפחה לחציו עבד? הרי כשם שאנו אומרים שבחציה שפחה תופסים הקידושין משום שאינה נחשבת חצי אשה כיוון שלא שייך בקנינו, אף בחציו עבד חציו בן חורין יש לומר

שקידושיו תופסים משום שאינו נחשב חצי איש, מאותה הסברה שלא שייר בקנינו.

הר"ן מסביר שהסיבה לכך שבחציה שפחה היא מקודשת משום שהתורה גילתה לנו שהיא מקודשת מדין שפחה נחרפת שתופסים בה הקידושין, ולהלכה אנו נוקטים כרבי עקיבא שמדובר בחציה שפחה המקודשת לעבד עברי, אולם בחציו עבד התורה לא גילתה מה דינו ולכן נשארנו בספק האם נחשב חצי איש למרות שלא שייר בקנינו.

האבי עזרי (אישות פרק ד הט"ז) מסביר בדברי הר"ן שמה שחצי שפחה מקודשת אינם קידושין רגילים אלא קידושין מחודשים שגילתה לנו התורה בשפחה חרופה, ומשום כך אין חייבים עליהם מיתה אלא אשם. ונכון הדבר שגם בחצי שפחה יש את החיסרון של חצי אשה אף על פי שלא שייר בקנינו כמו בחציו עבד, ומשום כך לא חלים הקידושין מדין קידושין רגילים, אלא שבחצי שפחה אלו קידושין מיוחדים שגילתה התורה בשפחה חרופה, וזו הסיבה שלא לומדים מקידושי חצי שפחה לקידושי חציו עבד, כיוון שהם קידושים מיוחדים השייכים רק בשפחה חרופה. האבי עזרי מסביר שהקידושין בחציה שפחה הם קידושין מחודשים הוא רק על הצד שחציו עבד אין קידושיו קידושין, אולם לפי הצד שקידושיו קידושין משום שלא שייר בקנינו אזי גם בחציה שפחה קידושיה קידושין גמורים.

האבני מילואים (סימן מד ס"ק ג) מבאר שקידושי חציה שפחה הם קידושין גמורים וישנם קידושין לחצי אשה משום שלא שייר בקנינו, אלם ישנו הבדל בין אשה התקדשת לאיש המקדש, אי לכך אין ללמוד מחציה שפחה שיש בה קידושין לחציו עבד שאין תופסים בו קידושין :

ונראה לענ#ד דודאי גבי קידושין עיקר הקידושין מצד הבעל דכתיב כי יקח איש אשה וכמ#ש הר#ן בנדרים ידכ#טו/יל- א- ד#ח ואשהו ז#ל כיון דכתיב כי יקח איש אשה ולא כי תלקח אשה לאיש מש#ה בעינן נתן הוא ואמר הוא ולא כל הימנה שתכניס עצמה לרשות הבעל אלא מכיון שהיא מסכמת לקידושי האיש ההוא היא מבטלת דעתה ורצונה ומשוי נפשה כדבר של הפקר והבעל מכניסה לרשותו הלכך אין דנין בקידושין מצד האשה אלא מצד הבעל עכ#ל- וא#כ בחציה שפחה כן) כיון שהיא מסכמת

*לקידושי האיש ומבטלת רצונה שיקנה את חצי בת חורין שלה ולא שייך בקניינו מש#ה ה#ל ודאי קידושין אבל בחצי עבד וחצי בן חורין כיון דצד עבדות ליתיה בתורת קידושין כלל לא אתי צד עבדות ומקדש לצד חירות וכדאמרינן בראש השנה *דף כ#ט) בחצי עבד וחצי ב#ח דאינו מוציא עצמו בתקיעת שופר דלא אתי צד עבדות ומפיק לצד חירות ע#ש וכן פסק הרמב#ם ובטור א#ח סי) תקפ#ט דאינו יוצא אלא כששומע מפי אחרים וכן במקרא מגילה אינו יוצא מפי עצמו כמבואר בטור א#ח סי) תרפ#ט- א#כ חצי עבד וחצי ב#ח שקידש לא אתי צד עבדות ומקדש לצד חירות וע#י אחרים נמי אינו יכול לקדש דכל מידי דאיהו לא מצי עביד לא משוי) שליח ודוקא תקיעת שופר ומקרא מגילה מהני מפי אחרים דהני לאו מדין שליחות וכמ#ש בספר כפות תמרים שם ושליח מצי להוציאו משום דלאו מדין שליחות גמור אתינן עלה והוי כהאי דאמרינן בעלמא *קידושין כג- ב) הני כהני שלוחי דרחמנא דאי שלוחי דידן מי איכא מידי דאיהו לא מצי עביד ושלוחו מצי עביד עכ#ל וא#כ בקידושין דבעי שליחות גמור וממילא היכי דאיהו לא מצי עביד שלוחו ג#כ לא מצי למיעבד/ משא#כ בשפחה כיון דמצד האשה ליכא תורת קידושין אלא שמבטלת דעתה ורצונה והבעל הוא המקדש א#כ אפי) בצד שפחה שבה מהני הסכמה *וביטלון *וביטולו רצונה לגבי בעל המקדש אותה והבעל באמת אינו קונה אלא צד חירות שבה דהא לא שייך בקנינו וזה ברור ונכון/*

האבני מילואים מבאר שעיקר הקידושין הוא מצד הבעל כמו שכתב הר״ן שכתוב ״כי יקח איש אשה״ ולא כי תלקח אשה לאיש, ולא היא מכניסה עצמה לרשות הבעל, אלא בהסכמתה היא מבטלת דעתה ורצונה ועושה עצמה כדבר של הפקר, המאפשר לבעל לעשות את פעולת הקנין להכניסה לרשותו, ז״א כל פעולת הקידושין היא מצד הבעל ואינה מצד האשה. אם כן אומר האבני מילואים בחציה שפחה כיוון שהיא מסכימה שיקנה את החצי הבן חורין שבה והוא לא שייך בקנינו תופסים הקידושין, אבל חצי עבד וחצי בן חורין כיוון שצד העבדות אינו בתורת קידושין בכלל לא יכול צד העבדות לקדש את צד החירות, כפי שאינו מוציא את עצמו בתקיעת

שופר שאין יכול צד העבדות שבו להוציא את צד החרות, הוא הדין בחצי עבד המקדש אשה לא יכול צד העבדות שבו לקדש את צד החירות, וגם ע"י אחרים אינו יכול לקדש מדין שליחות כיוון מה שהוא לא יכול לעשות גם שלוחו אינו יכול לעשות, מה שאין כן בחציה שפחה שלא היא עושה את פעולת הקידושין, אלא רק מבטלת דעתה ורצונה והבעל הוא המקדש ומבצע את הפעולה בשלמות לכן יכול לקנות צד החירות שבה משום שלא שייר בקנינו. היוצא מכך שבחציו עבד ישנה בעיה במבצע את פעולת הקידושין, וכיוון שמעשה הקידושין אינו שלם אין הקידושין תופסים, למרות שהקידושין יכולים לחול על חצי איש, לעומת זאת בחציה שפחה מעשה הקידושין שלם ולכן הם חלים אפילו בחציה שפחה כיוון שלא שייר בקנינו.

הקהילות יעקב (גיטין סימן לב סעיף ד) מסביר בדרך שונה את ההבדל בין קידושי חצי עבד לקידושי חצי שפחה:

ונראה דיש לבאר בזה ע"פ המובן בפשיטות ענין ח"ע וחב"ח שממשות מחצית הגוף הוא עבד ומחציתו ממש הוא משוחררא"ו שכל איבר שבו הוא חציו ממש משוחרר וחציו עבד- מיהו כ"ז בהגוף אבל נפשו ונשמתו שהוא רוחני ודאי אינו דבר החלוק לחלקים ועל נפשו פשיטא שמחמת קנין רבו בחצי גופו אית לי) תורת דיני עבד ומחמת מחציתו הקנוי לעצמו אית לי) תורת ישראל ודיני עבד ודיני ישראל שניהם חופפין בו וכמו שכתבנו לעיל- והנה אשה הנקנית היא קנין על גופה ממש שהבעל אית לי) זכיי) בגופה כקונה חפץ וכשהיא חצי שפחה זוכה הבעל בחצי גופה המשוחרר וכעין מיגו גייז היינו שקונה פלגא ובאותה פלגא שקנה אית לי) בה קנין גמור ומוחלט- ובזה הוא דגלי קרא דוהיא שפחה נחרפת לאיש שקידושין תופסים בה בהפלגא המשוחרר- אבל האיש המקדש הלא אין גופו בשרו אבריו וגידיו קונים אשה- דזכותי קנינים ובעלות הם מתיחסים לאדם כולו שהיינו לנפשו הרוחנית- ולפמש"כ דנפשו פשיטא שאין חצי נפש כך וחצי נפש כך אלא שהוא כולו בדיני ישראל ודיני עבדות בעירבוביה וקנינו מקלש קליש מצד שותפות דיני עבדות שבו וכדר שאמרו בהפרת ארוסה דהאב והבעל שותפים בה וכשאחרד מפר מקלש קליש

האיסור כיון שלא נעשה הפרה שלימה משניהם. וה"נ כיון שהרב והוא עצמו שותפין בנפשו כל מעשה הבאה מכח אחד מהסן מקלש קלישה והקידושין הבאין מצד כח זכות של עצמו קלי- ובהא ליכא גזירת הכתוב ויש להסתפק אם חלו או לא ולהכי נשאר הגמרא בספיקא- משא"כ קידושי ח"ש וחב"ח שהוא ענין אחר דהוי לי) בגדר מיגו גייז דהגוף עצמו הוא חצי ממשו משוחררוחצי עבד וכנ"ל.

הקהילות יעקב מבאר שיש להתייחס לחצי עבד וחצי בן חורין בשני מישורים, מישור אחד הוא הגוף, והגוף ממשו מחולק לשני חצאים (או חצאים שלמים או כל איבר איבר מחולק לשניים) החצי אחד הוא עבד והחצי האחר בן חורין, אולם את הנפש ונשמה לא ניתן לחלק, הנפש היא מורכבת בעירבוביה ואין היא מחולקת כלל לחלקים, אלא יש לה על כולה דיני עבד מחמת קנין רבו בחצי גופו ועל כולה דיני ישראל מחמת קנין עצמו בחצי גופו.

בהתאם לאמור לעיל מובן ההבדל בין חצי עבד המקדש לחציה שפחה התקדשת, בקידושי חציה שפחה הקנין והזכייה הוא בגופה כחפץ, ומכיוון שהגוף מחולק לשניים, הבעל זוכה רק בחצי גופא בחלק המשוחרר, ובזה גילתה התורה שיש לו קניין גמור בחלק זה שכולו משוחרר. לעומת זאת בחציו עבד הקנין מתבצע ע"י הנפש של האדם והנפש אינה מחולקת אלא כולה עבד וכולה בת חורין בערבוביא, אי לכך מצד העבדות שבה הקנין שלה נחלש כיון שאינו נפש של ישראל גמור, ולכן יתכן שאינו יכולה לבצע קניינים כישראל שלם והקידושים אינם תופסים, ובזה התורה לא גילתה לנו מה דינו ולכן הגמרא נשארה בספק.

בחידושי ר' שמעון שקופ קידושין סימן טז כתב דברים דומים לדברי הקהילות יעקב ולא קיבל את טענת האבני מילואים :

ולפ"ז י"ל דלהכי מחלקינן בין חצי שפחה לחצי עבד דבאשה ממעטינן שיקנה כולה- היינו דלא כהס"ד דחצי גוף של אשה לא סגיא לקדושין שנאמר דלקדושין בעינן דוקא גוף שלם- אלא הא דבעינן שיקנה את כולה היינו שלא יהיה שיור במה דלא נתקדשה- ומשו"ה אמרינן דבחצי שפחה י"ל כיון דלא חזיא יותר

הוה כקדש את כולה- וכן נקטינן להלכה. אבל באיש אם נפרש ג#כ כמו באשה שכולו יקנה שיהיה כל הגוף הבעל והקונה לא שייך לחלק ולומר כיון דחצי עבד לא חזי) הוה ככולו- דרק לענין האשה דמשום שיור קאמרינן דהיכא דלא חזיא לא הוה שיור אבל באיש הקונה אין כאן מושג שיור רק דליכא קונה ומשו#ה אף דלא חזי) מ#מ ליכא קונה דבעינן שיהיה בעל איש שלם ולא חצי איש. אבל בן חורין אף שמפרש לחצי בהדיא מ#מ איכא איש שלם שכל הגוף הוא הקונה.

וזה נ#ל בטעם הרמב#ם פ#ה מאישות שחילק ג#כ דבחציה שפחה הוה מקודשת ודאי ובחצי עבד פסק דהוה ספק קדושין כפי סוגית הש#ס דגיטין דף מ#ג ועי) בס) אבני מילואים סי) מ#ד סק#ג מש#כ בזה לדמות לתקיעת שופר דלא מצי לתקוע בעצמו להוציא את עצמו. ודבריו רחוקים לענ#ד ממרכז האמת וההגיון הישר דרק בכחות הגוף כתקיעה שייך לדון דהתקיעה באה מחצי גוף עבדות- אבל בקנינים שהוא ענין רוחני לא שייך חציים. ולפמש#כ הוא טעם נכון ומסתבר. ורק לפי הס#ד דאמרינן אשה ולא חצי אשה דבעינן התיחדות של כל גופה פשוט להש#ס דגם באיש ראוי לדרוש כן איש ולא חצי אשה- אבל לפי המסקנא דאמרינן דלא דרשינן כן שיהא צריך דוקא גוף שלם להתיחדות רק דלא יהיה בה שיור שעי#ז תהיה מיוחדת רק לו . וזה לא שייך באיש דהרי ראוי לו למינסב אחריתא ולא בעינן שיהיה מיוחד לה. אבל אפשר לדרוש מה דכתיב איש שיהא קונה שלם ולא חצי גוף יהיה הקונה ובחצי עבד הוה הקונה רק חצי גוף משא#כ בבן חורין כמש#כ- ודו#ק.

לטענתו שהאיש קונה לא שייך לומר כיוון שחציו לא ראוי לקנין הרי זה ככולו, רק לענין אשה אפשר לומר כיוון שחציה לא ראוי קנה את חלקה הראוי ואין כאן שיור וכאילו קנה את כולה , אולם באיש שצריך לבצע קנין אין מושג של שיור, אלא צריך שיהיה אדם שקונה ואם אינו שלם אין לנו כאן אדם שקונה ואין הקנין מתבצע, ולכן חצי עבד אינו יכול לקנות כיוון שאינו שלם ורק אדם שלם יכול לבצע קניין.

רב שמעון שקופ אינו מקבל את הסבר של האבני מילואים המדמה את מעשה הקנין של חצי עבד לתקיעת שופר, כפי שלא יכול צד העבדות להוציא את צד החירות כך לא יכול צד העבדות לקדש את צד החירות, הסיבה היא שבתקיעה שבאה מכוחות הגוף אפשר לדון שהיא באה מחצי גוף של עבדות, לעומת קנינים שהם ענינים רוחניים לא שייך לחלק את הגוף לחציים.

על פי זה מסביר רבי שמעון שקאפ את מימרא דרבא במסכת קידושין (ז עמ' א): אמר אדם לאשה התקדשי לי לחציי הרי היא מקודשת, ומסביר רבא שבמקרה זה היא ראויה לכולו אלא שכוותנו לאמר לה שיקח אשה נוספת עליה, ומבאר רבי שמעון שקאפ שאף אם אמר אדם התקדשי לי לחציי, אפילו שאין כוונתו לומר שאם ארצה אקח עוד אשה, אלא אמר בפירוש התקדשי רק לחצי גופי הרי היא מקודשת, כיוון שאת מעשה הקידושין עשה אדם שלם שכולו בן חורין ולכן הקידושין תופסים אפילו לחצי גופו, כיוון שכל גופו קנה אותה שבקנינים צריך האדם בשלמותו לקנות שהוא דבר רוחני, מה שאין כן חצי עבד שאין כולו בשלמותו יכול לבצע את ההקנין.

מכל האמור לעיל ראינו שדעת האבני מילואים, הקהילות יעקב ורבי שמעון שקופ שגופה של החציה שפחה מחולק לשניים (ומסביר הקהילות יעקב או שהגוף מחולק לשני חלקים שלמים או שכל איבר ואיבר מחולק לשניים, בדומה לכל גרגיר וגרגיר) לכן ניתן לקדש את חציה הבן חורין שהוא מופרד, אולם בחצי עבד המקדש דעת האבני מילואים המעשה חסר, כיוון שהגוף מחולק לשניים וחצי גוף העבדות משתתף במעשה ולכן יש חסרון במעשה, לעומתו טוענים רב שמעון שקאפ והקהילות יעקב שבמעשים של קנין שהוא דבר רוחני אין להתייחס לאדם כגוף כחפץ המחולק לשניים, אלא לכולו כמכלול אחד כנשמה ובה אין הפרדה בן צד העבדות לצד החירות אלא כולה יחידה אחת של עבדות ובין חורין.

מהות הקידושין בחציה שפחה וחציה בת חורין

כפי שראינו לעיל, נחלקו בגמרא מה הכוונה מאורסת בחציה שפחה, דעת רב ששת שחציה שפחה המאורסת הכוונה מיוחדת, ולדעת רב חסדא ורבה

בר רב הונא שמאורסת הכוונה מקודשת, ויש לברר לסוברים שמקודשת מה מהות הקידושין בחציה שפחה, שהרי הבא עליה לא חייב מיתה כשאר אשת איש אלא קרבן אשם והיא חייבת מלקות. ישנם שלוש דעות באחרונים המסבירים זאת.

כפי שראינו לעיל (בפסקה הקודמת) דעת **הר"ן** וכפי שמסבירו האבי העזרי שאין תופסים קידושין בחצי אשה, ובחציה שפחה לא מדובר בקידושין רגילין אלא בקידושין מחודשים שחידשה התורה בשפחה חרופה, ולכן מובן מדוע לא לא חייבים עליהם מיתה. האחרונים נחלקו מה גדר קידושים אלו:

1. **החלקת מחוקק** (אהע"ז סימן מד ס"ק יג) במקרה שמת המקדש חציה שפחה בלא בנים ויש עוד נשים נוספות אין חליצת החציה שפחה פוטרת את צרותיה, מאחר שאין קידושיה קידושין גמורין אלא קיושין מחודשים, כמו כן כותב החלקת מחוקק (אהע"ז סימן מד ס"ק טו) אם גירש המקדש חציה שפחה, אפשר דאין בו איסור ד"ת להחזירה לאחר שנשאת, מאחר דלא היתה אשת איש גמורה אצל הראשון דהא אינם חייבים עליה רק אשם.
2. **האבני מילואים** (סימן מד ס"ק ג) מבאר שקידושי חציה שפחה הם קידושין גמורים וישנם קידושין לחצי אשה הואיל שלא שייך בקנינו, והסיבה שהבא עליה לא חייב מיתה הוא גזירת הכתוב שהקל הכתוב בענשה ולא חייב מיתה אלא אשם ומלקות, ולכן חולק האבני מילואים על החלקת מחוקק ופוסק בס"ק ה' שחליצת חציה שפחה פוטרת את צרותיה וכמו כן פסק בס"ק ז' שהמקדש חציה שפחה יש בו את האיסור של מחזיר גרושתו כיוון שקידושיו קידושין גמורים והתורה רק הקלה בעונשו. עוד כתב בס"ק ד אם קדשה ראובן ראשון ולפני שנשתחררה יקדשה שמעון יתפסו קידושי שמעון, מכיוון שבשפחה חרופה אין חיוב מיתה ולא כריתות ולכן תופסים בה קידושי שני. (יש לברר כיצד יכולים לתפוס בה קידושי שני לאחר שהראשון קידש את כל חציה הבן חורין, כמו כן באשת איש שאין חייבים עליה כרת כיצד תופסים קידושי שני)

3. בשו"ת **רבי עקיבא איגר** (מהדורא קמא סימן קעא) נקט שקידושי חציה שפחה הקידושין גמורים והסיבה שהבא עליה אין חייב מיתה כיון שיש חיסרון בביצוע של האיסור :

> ***לענ#ד מה דמקודשת הוי קדושין גמורים- אלא דמה דאין חייבין מיתה על חצי שפחה וחצי בת חורין- היינו כיון דביאתו לא היה בכולה א#א, ומשום דמשתמש בצד אישות לא חייבי) תורה מיתה,***

אדם הבא עליה לא היתה ביאתו על אשת איש שלמה, אלא על חצי שפחה שאינו חייב עליה ועל חצי אשת איש, ומשום שאינה כולה אשת איש לא נחשב הדבר שבא על אשת איש כדי לחייבו מיתה, אלא הוא השתמש בחצי אשת איש ועל זה התורה לא חייבה מיתה. היוצא מכך שלדעת רעק"א חציה שפחה היא כשאר חייבי מיתות בית דין ולכן אין תופסים בה קידושי שני (ולא כדעת האבני מילואים), והסיבה שלא חייבים עליה מיתה כיוון שהבא עליה לא בא על אשה שכל גופא אשת איש. משמע מדברי רעק"א שהוא מתייחס לחציה שפחה כחצי גוף שפחה וחצי גוף אשת איש, ולכן הבא עליה אין חייב מיתה, שאילו היתה כולה שפחה וכולה בת חורין אזי הבא עליה היה חיב מיתה.

כעת ננסה לברר כיצד התייחסו הפוסקים לגופו של חציו עבד וחציו בן חורין והוא הדין לחציה שפחה.

חציו עבד וחציו בן חורין כיצד מתחלק גופו

התלמוד בבלי (מסכת גיטין דף מא עמוד א) דן כיצד יעשו את החלוקה בחציו עבד בינו לבין רבו :

מתני', מי שחציו עבד וחציו בן חורין . עובד את רבו יום אחד ואת עצמו יום אחד- דברי ב#ה ב#ש אומרים ; תקנתם את רבו ואת עצמו לא תקנתם" לישא שפחה אי אפשר . שכבר חציו בן חורין- בת חורין אי אפשר . שכבר חציו עבד- יבט@ והלא לא נברא העולם אלא לפריה ורביה- שנאמר ; לא תוהו בראה לשבת יצרה"

אלא מפני תיקון העולם- כופין את רבו ועושה אותו בן חורין- וכותב שטר על חצי דמיו/ וחזרו ב#ה להורות כדברי ב#ש/

לדעת בית הלל הסכם השותפות ממשיך כפי שהיה בין השותפים, עובד את עצמו יום אחד ואת רבו יום אחד (והוא הדין בשפחה שנמצאת במצב זה), בית שמאי מסכימים לעיקר הדין אך ישנה סיבה חצונית המעכבת את ההסדר הזה, מאחר שאינו יכול לקיים מצוות פריה ורביה שאסור הוא הן בשפחה והן בבת חורין, ולכן מאלצים את האדון לשחררו כדי שיוכל לקיים מצוות פריה ורביה, וחזרו בית הלל להורות כבית שמאי כמשנה אחרונה שכופין את רבו לשחררו.

תלמוד בבלי (מסכת גיטין דף מב עמוד א:) דן בחציו עבד שכופין את רבו לשחררו כמשנה אחרונה במקרה שנגחו שור האם יש לו קנס כעבד שיש לו אדון וצריך לשלם 30 שקלים לרבו או הוא כאחד שאין לו אדון ופטור מקנס:

איבעיא להו; מעוכב גט שחרור- יש לו קנס או אין לו קנ@ כסף שלשים שקלים יתן לאדוניו- אמר רחמנא- והאי לאו אדון הוא- או דלמא כיון דמחוסר גט שחרור. אדון קרינא בי@ ת#ש; המית מי שחציו עבד וחציו בן חורין- נותן חצי קנס לרבו וחצי כופר ליורשיו> מאי לאו כמשנה אחרונה/ לא- כמשנה ראשונה/

התלמוד לא פשט את הבעיה ונשאר בספק, האם גם לאחר משנה אחרונה נחשב שיש לו אדון וחיבים לשלם לו חצי מהקנס. במסכת חגיגה דף ד' מבואר שמי שחציו עבד פטור מן הראיה שנאמר: "אל פני האדון ה'" ורק מי שיש אדון אחד חייב יצא זה (החציו עבד) שיש לו אדון אחר, ומבואר שם שזהו רק למשנה ראשונה לפני ההוראה שכופין את רב אולם למשנה אחרונה שכופין אץת רבו לשחררו באמת חייב במצוות ראיה כיוון שנחשב אין לו אלא אדון אחד שרבו אינו חשוב אדונו כיוון שמחויב לשחררו. התוספות (במסכת חגיגה דף ד' ד"ה לא נצרכה) הקשה מדוע במסכת גיטין לגבי קנס הגמרא לא פשטה את הבעיה האם למשנה אחרונה נחשב שיש לו אדון?, לעומת במצוות ראיה לגמרא היה ברור שנחשב שאין אדון וחייב בראיה, ותירץ התוספות בשונה ממצוות ראיה שנגחו שור ומת התגלה למפרע שהוא לא משוחרר, וכן הקשה הרשב"א (בגיטין) ותירץ שלענין

מצוות ראיה כדי שיהיה פטור צריך שהאדון יהיה שליט על מעשה ידיו שיכול לעכבו מלעלות לרגל בשביל ביטול מלאכתו ומשנה אחרונה שאין לו במעשה ידיו כלום אינו נקרא אדון לענין מצוות ראיה אבל יתכן שיש לו שם אדון לעניין קנס.

הקהילות יעקב (גיטין סימן לב) תמה על ההשוואה של התוספות והרשב״א בין מצוות ראיה בחגיגה לחיוב קנס בגיטין בחצי עבד למשנה אחרונה:

וצ#ע טובא עיקר קושייתם מסוגיא דגיטין לסוגיא דחגיגה דהא בסוגיא דגיטין כדבעינן למימר דאכתי אדון קרינן בי) הייט דוקא על צד חצי צד העבדות קרינן בי) אדוניו ויטול רק חצי קנס וכדמוכיח הגמרא מהא דתניא ונותן #חצי קנס# לרבו ובעינן לאקומי כמשנה אחרונה ולהוכיח מכאן דגם למשנ#א קרינן בי) אדוניו וללמוד מזה דמעוכב ג#ש קרינן בי) אדוניו- ועכ#פ בהאי ח#ע וחב#ח ליכא אדוניו רק על החצי עבד ובזה הוא דאבעיא לן ולא איפשטא- אבל בהאי סוגיה דחגיגה דמבואר דלמשנה אחרונה חייב בראיה הלא זהו רק על הצד חצי חרות דהצד עבדות בלא#ה פשיטא דפטור דה#ל מ#ע שהזמ#ג ע#ש בגמרא- אלא דגם על צד החירות בעינן למפטרי) כיון דעכ#פ סוף סוף עובד כל גופו את הרב יום אחד וקרינן גם בהצד החירות שיש לו אדון אחר- ואהא דפשיטא לן דלמשנה אחרונה לא קרינן בי) שיש לו אדון אחר וכל זה הוא על הצד החירות דפשיטא לן דרבו לא מקרי אדוניו- ומזה ענין לסוגיא דגיטין דמספק#ל אי קרינן בי) אדוניו על הצד חצי עבדות וכמשת#ב וצ#ע

הקהילות יעקב מבאר שבסוגיא של גיטין הדיון הוא על צד העבדות שבו, האם נקרא עדיין אדוניו שנחשב אדון על חצי העבד והאם נותן לרבו קנס בגין חצי העבדות, לעומת זאת בחגיגה שפשטו שלמשנה אחרונה לא נקרא אדוניו מדובר על הצד הבן חורין שבו, שהרי צד העבדות ודאי פטור מראיה שזה מצוות עשה שהזמן גרמא ועל הצד של בן החורין באמת אין הוא נקרא אדוניו שכן צד החירות משוחרר וגם לעבוד לרבו אינו צריך מצד תקנת משנה אחרונה, מה שאין כן בגיטין שדנים בצד העבדות שאינו צריך לעבוד

מצד תקנת משנה אחרונה, אך מכל מקום קנוי הוא לרבו לענין גט שחרור להתרת איסורים ונשארנו בספק האם נקרא אדוניו.

כדי להסביר את את ההשוואה של התוספות בין הסוגיא בגיטין לסוגיא בחגיגה הקהילות יעקב מביא הסבר מחודש מהו הגדר של חצי עבד וחצי בן חורין לדעת התוספות והרשב״א:

> *נראה מזה לענ#ד דדעת התוספות והרשב#א ז#ל בענין חצי עבד וחצי בן חורין הוא שאין הפירוש שחצי ממשות הגוף הוא עבד וחציו השני משוחרר/ א#נ חצי ממשו של כל אבר ואבר הוא עבד וחצי משוחרר- אלא הוא כעין מש#כ הר#ן ז#ל ר#פ השותפין דנדרים בשם הרמב#ן ז#ל דשותפין בדבר שאין בו כדי חלוקה הוי כולו להאי וכולו להאי ע#ש וה#נ עבד זה שאין בו עדי חלוקה הנה כשנשתחרר חציו אית לרבו צד זכיי) ותורת בעלות בכולו^ וממילא גם הדיני ישראל ודיני עבד שניהם חופפין על כל גופו דאיכא על כולו תורת עבד מפאת קניני רבו ותורת ישראל מפאת קניני עצמו שיש לו בו ׀ ומשו#ה שפיר הקשו דלפום מאי דבעינן למימר בגיטין דגם למשנה אחרונה קרינן ביה אדוניו ע#כ שכל גופו יש לו אדון מפאת זכות עבדות שיש לרבו בכולו רק שמ#מ תשלומי דמי עבד ליכא אלא חצי קנס לרבו שהרי אותו גוף עצמו ג#כ קנוי לעצמו והוא ורבו שותפין בגופו ונטל הרב רק מחצה תשלומין כדין שותף אבל עכ#פ כח שותפות דרבו איכא בכל גופו- ואי מחמת זכות הרב קרינן בי) אדוניו נמצא שכל גופו אית ליה אדון אחר וכמשת#ב/*

הקהילות יעקב מבאר שחצי עבד וחצי בן חורין אינו מתחלק למחציתו ממש, אלא ההסבר הוא שכל הגוף יש עליו דיני עבד מצד חלק האדון שיש בו, וכל גופו יש עליו דיני בן חורין מצד החלק המשוחרר שבו, וכמו שכתב הר״ן בשם הרמב״ן שהשותפים בדבר שאין בו כדי חלוקה הדבר שייך כולו לזה וכולו לזה וכל אחד נקרא בעלים על כל החפץ וישנם שני בעלים על כל החפץ, והוא הדין לגבי חציו עבד שיש על כל גופו דיני ישראל מצד החלק המשוחרר ועל כל גופו דיני עבד מצד בעלות רבו, ושניהם דיני עבד ודיני ישראל תופסים בכולו. ולפי זה טוב הקשו התוספות והרשב״א, היות

ומבואר בגיטין לגבי קנס שמצד דיני עבדות שעליו אפשר שיחשב אדוניו על כל גופו, יוצא מכך שאותו גוף שאנו באים לחייב בראיה יש עליו אדון אחר על כל גופו מצד דיני עבדות שעליו, ואם כן מדוע פשוט לנו בחגיגה שיהיה חייב בראיה.

הקצות החושן דן בהוראה שהביאה הגמרא לגבי חציו עבד חציו בן חורין למשנה ראשונה, במסכת גיטין דף מבי עמוד אי:

נגחו שור יום של רבו. לרבו- יום של עצמו. לעצמו/ אלא מעתה- יום של רבו ישא שפחה- יום של עצמו ישא בת חוריך' איסורא לא קאמרינך/ ת#ש; המית מי שחציו עבד וחציו בן חורין- נותן חצי קנס לרבו וחצי כופר ליורשיו> אמא@ הכי נמי לימא; יום של רבו לרבו- יום של עצמו. לעצמו'' שאני הכא- דקא כליא קרנא/.

אם נגח שור למי שחציו עבד חציו בן חורין והזיקו תשלום הנזק מתחלק כך, ביום שעובד את רבו תשלום הנזק לרבו וביום שעובד את את עצמו תשלום הנזק לעבד עצמו, ומקשה הגמרא אם כן לפי זה ביום של רבו נחשב הוא לעבד גמור ויכול הוא לישא שפחה וביום של עצמו נחשב הוא כבן חורין גמור ויכול הוא לישא בת חורין והלא לפי המשנה אינו יכול לישא אף אחת מהן, מתרצת הגמרא שבאיסורא לא אומרים כן, ופירש רש״י שלגבי איסורים של העבד אין אומרים שיחלק לימים, אלא תמיד כולל בתוכו צד עבדות וצד חירות ואסור בשפחה, אבל לענין ממון כגון מלאכתו ורווחים שיגיעו לידיו נחלקים הם לפי ימים.

כפי שראינו מדברי הגמרא שבאיסורא לא אומרים ביום של רבו כולו עבד וישא שפחה וביום של עצמו כולו בן חורין וישא בת חורין, אלא תמיד חציו עבד וחציו בן חורין, קצות החושן (סימן קעא סק״א) דן מה דינו לענין גדרי ממון:

וכיון דלעולם הוא חצי עבד וחציו בן חורין ואפילו ביום רבו הרי הוא חצי בן חורין ואסור בשפחה- ובישראל ליכא קנין הגוף אלא בעבד עברי הנמכר בתורת עבד עברי- אבל כל זמן שאינו נמכר בתורת עבד עברי לית ביה קנין הגוף- ובע#כ אינו אלא שעבוד למעשה ידיו/ וכי תימא היא גופה קשיא כיון דבשאר שותפין אמרינן ברירה א#כ גבי איסורא נמי נימא ברירה כיון דהו#ל

*כאומר נכסי לך ואחריך לעצמי וכן בכל יום- וכדאמרינן בשאר שותפין דמהאי טעמא אית ליה קנין הגוף לכל שותף בשעה שמשתמש בכולה- וא#כ מהאי טעמא נמי ישא שפחה ביום רבו וביום עצמו בת חורין כיון דגבי שותפי אמרינן ברירה שם אפילו לגבי איסור שם בקונם/ ליתיה- דגבי עבד לא מצינו למימר הכין- דאי נימא ביום רבו הוי כולו עבד וביום עצמו כולו בן חורין א#כ הוי משוחרר וחוזר ומשתעבד- וכבר אמרו בירושלמי *גיטין פ#ד ה#ד(דלא מצינו עבד משוחרר וחוזר ומשתעבד והובא בתוס) פרק השולח*שם(דף מ) *ע#ב(ד#ה הקדש חמץ ושחרור- ע#ש שכתבו שחרור נמי דהוי כמו קדושת הגוף כיון דחייל שעה אחת תו לא פקע ע#ש- וא#כ צריך לומר בעבד שחציו בן חורין לעולם אינו אלא חצי עבד וחצי בן חורין ואפילו ביום רבו אסור בשפחה וביום עצמו נמי אסור בבת חורין משום צד עבדות שבו- וצד חירות נמי בו לעולם- וא#כ הא דמשתמש הרב עם צד בן חורין ע#כ אינו אלא משום שעבוד כמו בשאר שותפין לחכמים דרבי אליעזר בן יעקב בנדרים/*

מבאר הקצות החושן שאף על פי שבכל חלוקה לימים כגון בחצר שאינה נתנת לחלוקה הדין הוא שכל שותף בעלים גמור בזמן השימוש, מכל מקום לגבי חציו עבד שעובד את עצמו יום אחד ואת רבו יום אחד לא יתכן לומר שביום של רבו הוא קנוי לגמרי לרבו, שהרי בישראל אין קניין הגוף ואין רבו קונה את חציו הבן חורין, כמו כן אם נאמר שביום של עצמו הוא קנוי לגמרי לעצמו יוצא שביום של עצמו הוא בן חורין לגמרי ולמחרת ביום של רבו הוא חוזר ומשתעבד לרבו, והדבר סותר לדברי הירושלמי והתוספות שלא מצאנו שעבד משוחרר חוזר ומשתעבד לרבו, ולכן מסקנתו היא שחציו עבד וחציו בן חורין גם ביום של רבו הוא חצי בן חורין, ואינו אלא משועבד למעשה ידיו כמו בשאר שותפים (כדעת חכמים בקרקע שאינה ניתנת לחלוקה ראה הסוגיא בנדרים לעיל בפרקים הקודמים) ולכן אפילו ביום של רבו אסור בשפחה מצד הבן חורין שבו, והוא הדין הפוך ביום של עצמו הוא עדיין חצי עבד ואינו בן חורין לגמרי ואסור בבת חורין מצד החצי עבד שבו. לדעתו הגוף הוא תמידי באותו אופן חציו עבד וחציו בן חורין בין ביום של רבו ובין ביומו, והחלוקה בימים היא על הרווחים והפירות למרות שאין

הגוף מתחלק לפי הימים יום לו ויום לרבו את הרווחים כן יכולים לחלק בינהם. היוצא מדבריו שכפי שבאיסורים לא אומרים ביום של רבו כולו עבד אלא תמיד חציו עבד וחציו בן חורין ולכן לא יכול לשאת שפחה, הוא הדין לעניין חלוקת הממונות ביום של רבו עדיין חציו בן חורין אין כל גופו קנוי לרבו.

הקהילות יעקב מבאר שקושייתו של הקצות החושן שאותו גוף שהוא בן חורין גמור איך יתכן שיהיה בו קנין הגוף לרבו שהרי אין קנין בגוף ישראל בן חורין היא טענה נכונה לשיטתו שחצי עבד וחצי בן חורין הוא כפשוטו שחצי הגוף הוא בן חורין וחצי הגוף הוא הוא עבד, ולכן החצי גוף הבן חורין לא יכול להשתעבד לרבו , אך לפי ההסבר שהביא הקהילות יעקב בדעת התוספות והרשב״א שחצי עבד אינו מתחלק ממש לחצי גוף אלא המשמעות שלו היא שבכל הגוף יש דיני עבד מצד חלק רבו ועל כל הגוף יש עליו דיני בן חורין מצד החלק המשוחרר שבו, כך ניתן להסביר שבחלוקת הימים יום לו יום לרבו כל הגוף קנוי לרבו ביום של רבו, ולפי מה שאמרנו שדיני עבד תפוס בו בכל גופו באמת יכול להיות כולו קנוי לרבו ביום של רבו משום דיני העבד שעדיין תפוס בו בכולו, זאת עוד לפני חלוקת הימים שכך המשמעות של חצי עבד, ומצד זה שהוא בן חורין יש לו גם כן בעלות וקניני ממון לעצמו ביום של עצמו, ולכן כל שחלקו לזמן קניני הממון בינהם יתכן לומר שיש לרבו ביומו קניין הגוף ממש מחמת שצד עבדות שורה בכולו וקושיית הקצות החושן שבישראל אין קנין הגוף יש לההסביר שזה לא משום שבגוף ישראל לא יכול להיות קניין הגוף, אלא הסיבה היא משום שישראל אינו יכול להקנות את עצמו לעבדות וקנין הגוף קיים רק בזה שיש עליו שם עבד, ולכן כעת ששורה עליו שני השמות בכולו, יתכן בו קניין הגוף משום שם עבד השורה עליו בכולו. לפי הסבר זה דעת הגמרא שדוקא לעניני ממנות יש חלוקה לימים בקניין גוף אבל לעניין הגדרתו לדיני איסור וקידושין אינו מחולק לימים.

שיטת הירושלמי האם יש חלוקה לימים בגופו בחציו עבד

הקהילות יעקב כותב שצריך עיון על דברי קצות החושן, אם תמיד הוא נחשב חציו עבד וחציו בן חורין ואין חלוקה בקניין הגוף לימים, אזי מדוע

הגמרא בגיטין (ראה לעיל) אומרת נגחו שור ביום של רבו לרבו היכן מצאנו שאדם בן חורין יכול לשעבד גופו שאם יגחוהו יהא דמיו לחבירו, אלא חייבים לומר שגוף האדם הוא של רבו ביום של רבו ולכן דמי נגיחתו משולמים לרבו כיוון שלעניני ממון הוא קנוי לרבו

הקהילות עקב מוסיף ומביא ראיה שישנה חלוקה לימים בגופו מהירושלמי מסכת גיטין פרק ד ה״ה :

מצא מציאה ביום של רבו של רבו ביום של עצמו של עצמו. וליית מחר בעי יעבדה ליה למריה. קידש אשה ביום של מריה אין חוששין לקידושיו. ביום של עצמו חוששין לקידושיו. ולא כן אמר ר' חייה בשם ר' יוחנן מי שחציו עבד וחציו בן חורין קידש אשה אין חוששין לקידושיו. דכוותה גירש אין חוששין לגירושיו.

המוצא מציאה ביום של עצמו זכה בה ולמחרת ביום של רבו רבו זוכה בה, נובע מכך שביום של רבו יש לרבו זכות עבדות גם לענין מה שקנה עבד קנה רבו שזוכה גם מה שיש לו מאתמול, ואם נאמר שביום של רבו הצד הבן חורין רק משועבד למעשה ידיו ולענייני הממון, הרי זה רק לדברים שזוכה בהם ביום של רבו ולא שיזכה רבו במה ששייך לבן חורין מאתמול ביום של עצמו, אלא מוכח פה שדעת הירושלמי שביום של רבו כולו קנוי קניין הגוף לרבו.

קצות החושן (סימן רמט׳ ס״ק ב) מסביר לשיטתו שאין ראיה מהירושלמי שהרי הירושלמי והבבלי חולקים ביניהם.

ונראה דירושלמי לסוגיא דידיה אזיל- דאמר שם בירושלמי קידש אשה ביום של מריה אין חוששין לקידושיו ביום של עצמו חוששין לקידושיו- ומסוגיא דידן מבואר דאין העבד מתחלק לאיסור- ע"ש פרק השולח דף מ"ב שם אלא מעתה ביום רבו ישא שפחה וביום עצמו ישא בת חורין- ומשני באיסורא לא קאמרינן- ופירש רש"י ד"ה איסורא) דאין האיסור נתחלק אלא למלאכה ושבח נתחלק- ומש"ה כיון דלתלמודא דידן לעולם הוא חצי עבד וחצי בן חורין בין ביום של עצמו בין ביום של רבו אסור בשפחה ובבת חורין- וא"כ הא דנתחלק למלאכה אינו אלא כמו חצר שאין בו דין חלוקה- ועובד רבו עמו יום אחד שלם אף על גב דהוא חצי

בן חורין עבור שעבד לעצמו בחצי עבד דרבו- וא"כ זה שעבד רבו יום שלם הוי כאילו נתן אחר לרבו פרוטה בכדי שיהיה עבד עובד לעצמו יום אחד- וה"נ הכא במה שעבד בחצי חירות עובד לעצמו בחצי עבדות ונתחלק כה"ג המלאכה ושבחו- ומש"ה אין הרב זוכה ביום מחר במה שקנה לעצמו כיון דכבר נתן חלף עבודתו במה שעבד לו בצד חירות- אבל הירושלמי דסבירא ליה דנתחלק ג"כ לאיסור ואם קידש ביום רבו אין חוששין לקידושיו וביום עצמו חוששין לקידושיו- א"כ הו"ל יום עצמו בן חורין גמור וביום רבו עבד גמור- א"כ מה דעבד ביום עצמו שהוא בן חורין- אח"כ כשנעשה עבד ביום רבו מה שקנה עבד קנה רבו אפילו מה שקנה קודם שנעשה עבד- ומשום דלית כאן שיתוף כלל אלא ביום רבו עבד גמור וביום עצמו בן חורין גמור.

הירושלמי לשיטתו הסובר שגם לאיסורים מתחלק לימים, שהרי לשיטתו אם קידש ביום של רבו אין חוששין לקידושיו שהוא עבד גמור, וביום של עצמו חוששים לקידושיו כיוון שהוא בן חורין גמור, אי לכך גם לעניני הממון ביום של עצמו הוא בן חורין גמור וקנה את המציאה, וביום של רבו הוא עבד גמור ותופס בו הדין מה שקנה עבד קנה רבו אף ברכוש שקנה אתמול בהיותו בן חורין גמור, לעומת זאת הבבלי הסובר שלאיסורים אין העבד מתחלק לימים אלא תמיד חציו עבד חציו בן חורין הוא הדין לגבי ממונות שאין קניין הגוף מתחלק לימים, וביום של רבו אין לו אלא שיעבוד במחצית הבן חורין ואין אומרים מה שקנה עבד קנה רבו.

אולם מצאנו שדעת **רבינו גרשום** (מסכת בבא בתרא דף יג עמוד א) אינה כדעת קצוה"ח:

וחציו בן חורין ששחררו אחד מן השותפין, לישא שפחה אינו יכול מפני צד חירות שבו וכותב שטר לרבו על חצי דמיו שיפרע לו ממה שירויח לאחר שיהיה כולו בן חורין מפני שכשהוא חצי עבד אין לו ממון כלום שכל מה שמרויח ביום שהוא עובד לעצמו סוף למחר כשהוא עובד לרבו הרי הוא עבדו וכל מה שקנה עבד קנה רבו להכי צריך לכתוב שט"ח על חצי דמיו.

למשנה אחרונה האומרת שכופין את רבו וכותב לו שטר על דמיו, במכוון נקטה המשנה כותב לו שטר ולא אמרה שישלם לו חצי דמיו לפי שכל מה שמרויח היום סוף סוף רבו יזכה בו למחר, הרי שלרבינו גרשום גם לפי הבבלי ביום של רבו מה שקנה עבד קנה רבו, זאת אומרת שיש לו קניין הגוף בכולו ביום של רבו שאם לא כן היה זוכה בממון ששייך לחצי בן חורין שבו.

אומנם דעת **תוספות רי"ד** (ב"ב יג עמוד ב ד"ה עובד) שבמציאה מתחלקים בשווה ולא כירושלמי:

"חו) עובד את רבו יום או) כתב רבי) יצחק בתוס) ומציאתו נמי באותו יום לרבו ואינו נרא) לי דאע#ג דעבוד תקנה לחלוק מלאכת ידיו מ#מ קנין הגוף יש לשניהם עליו תמיד שהרי ביום שעובד לעצמו אינו מותר בבת חורין וכיון שהגוף קנוי לשניהם תמיד מה שקנה עבד קנה רבו והילכך מציאתו לשניהם אך אם חלקותו למצוא מציאות כגון דאקפי נהרא כדאמרי) גבי פועל ;

ואין זה חשוב באיזה יום מצאה, כיוון שקנין הגוף יש לשניהם עליו תמיד, לכן החלוקה בימים היא אינה חלוקה לימים בגופו, אלא רק למעשה ידיו ולרווחים, וכיוון שהמציאה אינה מעשה ידיו אלא דבר שבא במקרה החלוקה בינהם שווה, אלא אם כן עבודתו למצא מציאות אזי הדבר נחשב למעשה ידיו וביום של רבו של רבו וביום שלו לעצמו.

בסיכומו של דבר ראינו שדעת קצות החושן שישנה מחלוקת בין הירושלמי לבבלי, שדעת הירושלמי החלוקה בחציו עבד היא לימים בגופו, שביום של רבו הוא עבד גמור ולכן יכול לשאת שפחה, והוא הדין לעניני הממונות שאם מצא מציאה היא שייכת לרבו משום מה שקנה עבד קנה רבו ואפילו מציאה שמצא אתמול בהיותו בן חורין ביום של רבו רבו קונה את המציאה משום מה שקנה עבד קנה רבו. ולדעת הבבלי בתחילה סברה הגמרא שהחלוקה היא לימים בגופו, אך בעקבות הקושיא של הגמרא, שהרי ביום של רבו ישא שפחה וביומו בת חורין, מכאן ההוכחה שאינו מתחלק לימים בגופו והוא הדין בממנות שאינו מתחלק בימים בגופו אלא לרווחים בלבד,

ואין הבדל בין איסורים לממנות שכפי שבאיסורים אין החלוקה לימים זהו סימן שגם בממנות אין גופו מתחלק לימים.

לעומתו סובר הקהילות יעקב שדעת הבבלי הוא כדעת הירושלמי שהחלוקה בימים היא חלוקה בגוף ולא רק ברווחים, כיוון שבכולו יש דיני עבד ובכולו יש דיני בן חורין ולכן יום אחד הוא לרבו עבד גמור ויום אחד הוא לעצמו בן חורין גמור, אלא שהירושלמי אינו מבדיל בין איסורים לממון וכפי שבממון גופו מחולק, כך גם דיניו מחולקים ויום אחד יכול לשאת שפחה יום אחד בת חורין, אך הבבלי מחלק בין איסורים לממון אעפ״י שבשניהם גופו מחולק לימים, אלא שבאיסורים אנו מסתכלים על כל הימים בכללותם ולכן יש לו דיני עבד ודיני בן חורין מעורבים בכל הזמנים ואינו יכול לשאת שפחה ואינו יכול לשאת בת חורין, לעומת זאת לעניין ממנות אנו מסתכלים על כל יום ספציפי ויום אחד לעצמו ויום אחד לרבו. (קהילות יעקב סימן כז הבדל בין הבבלי לירושלמי)

הנפקא מינא בין השיטות האם חלוקה לימים בגופו או למעשה ידיו

נביא כעת שתי נפקא מינות להלכה וזאת כדי לבאר את המחלוקת בין השיטה הסוברת שהחלוקה בחציו עבד היא לימים בגופו לבין השיטה הסוברת שהחלוקה היא לרווחים ולמעשה ידיו בלבד, וגופו תמיד חציו עבד וחציו בן חורין.

כבר בפסקה הקודמת ראינו נפקא מינא אחת לגבי **מציאה** שמצא החציו עבד למי היא שייכת:

1. לדעה הסוברת שהחלוקה היא לימים בגופו, מצא מציאה ביומו היא שלו אבל למחרת ביום של רבו רבו קונה אותה מצד מה שקנה עבד קנה רבו שהרי ביום של רבו כולו עבד. (רבינו גרשום, קהילות יעקב)
2. לדעה הסוברת שהחלוקה היא למעשה ידיו, המציאה אינה נחשבת כמעשה ידיו אלא מדובר בדבר חד פעמי שבא מכח הגוף והגוף משותף לשניהם, או אפילו אם נאמר שמדובר במעשה ידיו וזכה בהם העבד ביומו ודאי שלמחרת אין רבו יזכה בו מכח מה שקנה

עבד קנה רבו שהרי גם ביום של רבו הוא עדיין חציו עבד וחציו בן חורין ולא עבד גמור. (תוספות רי״ד, קצות החושן)

ענין שני שדנו בו הפוסקים האם מותר לרבו ביום של רבו **להשתעבד בו** כעבד כנעני:

1. לדעה הסוברת שהחלוקה היא לימים בגופו, היוצא מכך ביום של רבו מותר לו להשתעבד בו כעבד כנעני, משום שהוא עבד גמור ואין כעת איסור שהוא משתעבד בחלק שהוא בן חורין משום שביום של רבו כולו עבד, ורק למחרתו ביומו הוא יהיה בן חורין.
2. לדעה הסוברת שהחלוקה היא למעשה ידיו ולא לגופו אסור לרבו להשתעבד בו אפילו ביום של רבו, וכך טוען קצות החושן (סימן קעא סק״א) שזו גם דעת הרשב״א:

> ***ונפקא מיניה- דביום רבו נמי אינו יכול לעבוד בו עבודת עבד דהיינו עבודת פרך- כיון דחצי בן חורין הוא אפילו ביום רבו ובישראל אסור לעבוד עבודת פרך/ וניחא בזה דברי הרשב#א בחידושיו ריש פ#ק דשבת *ד- אן בהא דאמרו וכי אומרין לו עמוד וחטא כדי שיזכה חבירך וז#ל- וא#ת אכתי אשכחן וכו) מדתנן בפרק השולח מי שחציו עבד וחציו בן חורין שכופין את רבו ועושה אותו בן חורין כדי שיקיים מצות פריה ורביה וכו)- ולי נראה דשאני התם כיון דחציו בן חורין לית בהו משום בהם תעבודו *ויקרא כה- מו(משום צד חירות שבו עכ#ל/ ולכאורה תיקשי כיון דעובד את רבו יום אחד הרי מתקיים בהם תעבודו/ ולפי מ#ש כיון דמשום צד חירות שבו לעולם אין לו רשות לעבוד בו עבודת עבד- ובהם תעבודו היינו עבודת עבד דוקא ודו#ק***

ביום של רבו אינו יכול לעבוד בו עבודת עבד משום שגם ביום של רבו הוא עדין חציו בן חורין ואינו יכול להשתעבד בחצי הבן חורין. ביאור זה מסתדר יפה עם דעת הרשב״א שמסביר שאדוניו של חציו עבד המשחררו, אינו עובר על הציווי של בהם תעבודו האמור בעבד כנעני משום צד החירות שבו, ומבאר קצות החושן מכאן

שדעת הרשב"א שאפילו ביום של רבו הוא נחשב עדיין שחציו בן חורין ולכן אין רבו יכול להשתעבד בו, אי לכך אינו עובר על הציווי בהם תעבודו שכבר אינו יכול לשעבדו לא ביומו ולא ביום של רבו.

אתי עשה של פריה ורביה ודחי לא תעשה שלא יהיה קדש בחציו עבד

התוספות (מסכת בבא בתרא דף יג עמוד א) הקשו מדוע כופין את רבו לשחררו שתבא מצוות עשה של פריה ורביה ותדחה את מצוות לא תעשה של לא יהיה קדש?:

כופין את רבו . וא"ת אמאי כופין ליתי עשה דפרו ורבו וידחה לא תעשה דלא יהיה קדש ואומר רבינו יצחק חדא דבעידנא דמיעקר לאו לא מקיים עשה דמשעת העראה קא עקר ללאו ועשה דפרו ורבו לא מקיים עד גמר ביאה ועוד דהיא אסורה לינשא לו דלגבי דידה ליכא עשה ועוד אפי' מפקדא דאפשר לה באחר ועוד כיון דאפשר לקיים שניהם ע"י כפיה לא דחי

רבינו יצחק מתרץ שהעבירה על הלא תעשה נעשית לפני ביצע המצווה של פרו ורבו. תירוץ שני הבעיה מצד האשה שהיא אסורה להנשא לו שאינה מצווה על פריה ורביה ואפילו לדעה שהיא מצווה אפשר לה להנשא לאחר.

הטורי אבן (מסכת חגיגה דף ב עמוד ב) הקשה על דברי התוספות ממעשה במסכת בגיטין בחציה שפחה וחציה בת חורין שכפו את רבה לשחררה כדעת רבי יוחנן בן ברוקה (הסובר שגם אשה חייבת בפריה ורביה), וקשה הרי לפי רבי יוחנן בן ברוקה אפשר לה להנשא לחצי עבד חצי בן חורין שהרי שניהם חייבים במצוות פרו ורבו ואי אפשר להם באחרת, ובמקרה כזה אפשר לאמר יבא עשה של מצוות פריה ורביה ידחה לא תעשה של לא יהיה קדש:

מיהו י"ל דלהאי תירוץ) דמשום לתא דידה דאפשר לה באחר א"א לו בב"ח ולא בשפחה א"ש. וקשה לי מהאי מעשה דחצי' שפחה וחצי' ב"ח שהיו כופין את רבה לשחררה ואמר כמאן כריב"ב והא לדידיה כיון דא"א להו באחר ואחרת ליתי עשה

ולידחי ל#ת/ י#ל על דרך שפי) התוס) דעבד אין מצווה על מ#ע דפ#ו וא#כ אין חל עשה דפ#ו אלא על צד חירות שבו- וכן לריב#ב על צד חירות שבה- אבל בצד עבדות שבו ובצד שפחות שבה לא אפי) לריב#ב והא האי ל#ת דקדש היא מחמת עבדות שבהן דאסורין בבת חורין ובן חורין/ משום הכי האי עובדא דחצי) שפחה וחב#ח דהיו כופין את רבה לשחררה לריב#ב ניחא/ דליכא למימר אתי עשה דפ#ו ודחי ל#ת דלא יהי) קדש דלא אמרינן עשה דוחה ל#ת אלא אם העשה הוא באותו דבר של הל#ת כגון כלאים בציצית דבאותו חוט של תכלת שעובר משום כלאים דסדין של פשתן בו בעצמו מקיים מ#ע של תכלת בציצית- אבל הכא העשה דפ#ו הוא בצד חירות שבו דאי מצד עבדות אינו מצווה על פ#ו ואי נסיב בת חורין עובר על צד עבדות משום ל#ת דקדש והא בהאי צד ליתא לעשה אלא באידך צד החירו) וכיון דאין העשה חלה באותו צד עצמו שעובר על ל#ת לא אתיא עשה דהאי צד ודוחה ל#ת דאידך צד כיון דלא הוי דומיא דכלאים בציצית דנפק) לן מיני) דעשה דוחה ל#ת/ דהא עשה הדוחה והלא תעשה הנדחה שניהם בענין אחד וצד אחד

ומבאר הטורי אבן שהכלל שיבא עשה וידחה לא תעשה נאמר במקרה שבאותו הגוף שעובר בו את הלא תעשה מקיים בו את מצוות העשה, אך החציו עבד אינו כן שהרי את מצוות הלא תעשה עובר הצד עבדות שבו שאינו חייב במצוות פריה ורביה ואת העשה מקיים צד החירות שבו, והם כשני גופים נפרדים ואין לומר במקרה זה יבא עשה וידחה לא תעשה.

הקהילות יעקב (מסכת גיטין סימן לב אות ב) מבאר שדברי הטורי אבן הם לדעה הסוברת שהגדר של חציו עבד בוא שחצי גוף הוא בן חורין וחצי גוף הוא עבד, לכן אי אפשר לומר יבא עשה וידחה לא תעשה שהם כגופים נפרדים והגוף המחוייב בעשה אינו אותו גוף המחוייב בלא תעשה :

אבל לפמש#כ שכל הגוף כולו יש בו תורת עבדות מחמת זכות רבו ותורת ישראל מחמת זכות עצמו- א#כ שפיר מתקיים העשה באותו גוף עצמו שעובר הלא תעשה שהרי כולו בחיוב פו#ר מחמת צד תורת החירות שיש בכולו ומשנ#ת/

לפי שיטתו של הקהילות יעקב בהסבר התוספות והרשב"א (ראה לעיל) שהגדרתו של חציו עבד וחציו בן חורין שעל כל גופו יש דיני עבדות ועל כל גופו יש דיני ישראל, אם כן ברור הדבר שיש כאן קיום מצוות העשה באותו גוף שעובר על מצוות הלא תעשה ואפשר לומר יבא עשה וידחה לא תעשה.

סיכום

בפרק זה ראינו את ההתייחסות לחציה שפחה וחציה בת חורין וכן לחציו עבד וחציו בן חורין, דעה אחת סוברת שיש להתחייס אליהם כחצי גוף עבד וחצי גוף בן חורין, ודעה שניה שיש להתייחס אליהם שכל הגוף עבד וכל הגוף בן חורין ומחלוקת זו היה השלכות במספר דיונים בגמרא:

- **לענין חציה שפחה שנתקדשה ונשתחררה לדעה שפקעי הקידושין** מסביר החתם סופר לשיטת רש"י שצריך לומר שברגע שהשתחררה לא רק צד העבדות שבה השתנה אלא גם צד החירות שבה, כיוון שעד עכשיו הבא עליה היה חייב אשם וכעת הבא עליה חייב מיתה וכיוון שגם צד החירות השתנתה פקעו הקידושין, היוצא מדבריו שחציה שפחה חציה בת חורין גופא מקודש לחציין, חצי גוף בן חורין שהוא המקודש וחצי השפחות שבה שאינו מקודש, ברגע שנשתחררה אם לא היה משתנה החצי בן חורין שבה לא היו פוקעים הקידושין, למרות שהיתה לפני כן חציה שפחה וחציה בת חורין וכעת כולה בת חורין, כיוון שהם חציים נפרדים אין שינוי בחצי האחד של העבדות משפיע על החצי השני של החירות וכל הסיבה שפוקעים הקידושין הוא שגם החצי הבן חורין שבה השתנה. לעומתו מסביר הקובץ הערות לשיטת רש"י, שחציו עבד וחציו בן חורין אין זה אומר שגופו מחולק שחצי גופו עבד וחצי גופו בן חורין אלא כל הגוף הוא מעורב, בכולו יש דיני עבד ובכולו יש דיני בן חורין, ולכן חציה שפחה ברגע שחרורה כל גופא השתנה ולכן פוקעים הקידושין. אולם דעת הקובץ הערות בהמשך דבריו ששיטת תוספות היא שחציו עבד - חצי גופו עבד וחצי גופו בן חורין, ולא כפי שהסביר רש"י שכל גופו עבד וכל גופו בן חורין. (ראה בפיסקה קידושין פקעי או גמרי).

- **לעניין ההבדל בין איש המקדש לחציין ובין אישה המתקדשת לחציין** –ראינו דעת הקהילות יעקב (וכן דעת ר״ש שקופ) שיש להתייחס לחצי עבד וחצי בן חורין בשני מישורים, מישור אחד הוא הגוף, והגוף ממשו מחולק לשני חצאים (או חצאים שלמים או כל איבר איבר מחולק לשניים [״כל גרגיר וגרגיר״]) החצי אחד הוא עבד והחצי האחר בן חורין, אולם את הנפש ונשמה לא ניתן לחלק הנפש היא מורכבת בעירבוביה ואין היא מחולקת כלל לחלקים, אלא יש לה על כולה דיני עבד מחמת קנין רבו בחצי גופו ועל כולה דיני ישראל מחמת קנין עצמו בחצי גופו, והואיל וגופה של החציה שפחה מחולק לשניים לכן ניתן לקדש את חציה הבן חורין שהוא מופרד, אולם שחצי עבד מקדש הוא מעשה של קנין שהוא דבר רוחני אין להתייחס לאדם כגוף וכחפץ המחולק לשניים, אלא לכולו כמכלול אחד וכנשמה שבה אין הפרדה בן צד העבדות לצד החירות אלא כולה יחידה אחת של עבדות ובין חורין. לעומתם דעת האבני מילואים גם לעבד המקדש מתיחסים שהגוף מחולק לשניים וכיוון שחצי גוף העבדות משתתף במעשה המעשה חסר וקידושין לא תופסים.

- **לעניין מדוע אדם הבא על חציה שפחה שנתקדשה אינו חייב כרת** – דעת החלקת מחוקק שאינם קידושין גמורים ודעת האבני מילואים הקלה התורה בעונשו, אולם דעת רעק״א היא שאדם הבא עליה לא היתה ביאתו על אשת איש שלמה אלא הוא השתמש בחצי אשת איש ועל זה התורה לא חייבה מיתה, כיוון שהבא עליה לא בא על אשה שכל גופא אשת איש. משמע מדברי רעק״א שהוא מתייחס לחציה שפחה כחצי גוף שפחה וחצי גוף אשת איש ולכן הבא עליה אין חייב מיתה ואילו היתה כולה שפחה וכולה בת חורין, אזי הבא עליה היה חייב מיתה.

- **מדוע במצוות ראיה נחשב אדון גם על צד הבן חורין** - הקהילות יעקב מבאר שחצי עבד וחצי בן חורין אינו מתחלק למחציתו ממש, אלא ההסבר הוא שכל הגוף יש עליו דיני עבד מצד חלק האדון שיש בו, וכל גופו יש עליו דיני בן חורין מצד החלק המשוחרר שבו, ושניהם דיני עבד ודיני ישראל תופסים בכולו, ולפי זה טוב הקשו

התוספות והרשב״א שכיוון שמבואר בגיטין לגבי קנס שמצד דיני עבדות שעליו אפשר שיחשב אדוניו על כל גופו, יוצא מכך שאותו גוף שאנו באים לחייב בראיה יש עליו אדון אחר מצד דיני עבדות שעליו ואם כן מדוע פשוט לנו בחגיגה שיהיה חייב בראיה.

- **לעניין אתי עשה ודחי לא תעשה** - לדעה הסוברת שהגדר של חציו עבד הוא שחצי גוף הוא בן חורין וחצי גוף הוא עבד, אי אפשר לומר יבא עשה של פריה ורביה וידחה לא תעשה שלא יהיה קדש, כיוון שהם כגופים נפרדים והגוף המחוייב בעשה אינו אותו גוף המחוייב בלא תעשה, אולם לפי הדעה שהגדרתו של חציו עבד וחציו בן חורין שעל כל גופו יש דיני עבדות ועל כל גופו יש דיני ישראל, אם כן ברור הדבר שיש כאן קיום מצוות העשה באותו גוף שעובר על מצוות הלא תעשה ואפשר לומר יבא עשה וידחה לא תעשה.

פרק אחד עשר

היזק בשותפות

מבוא

בפרק זה נעסוק בשנים שגרמו להיזק , וההיזק הוא משותף לשניהם. ננסה לברר מה חלק כל אחד מהמזיקים בנזק? את מי מהם יכול לתבוע הניזק ובאיזה חלק בנזק? וכיצד ואיך כל שותף בנזק, משלם את חלקו בנזק שגרם? מה הדין שאחד מהמזיקים פטור או שאינו בר חיוב או שאינו יכול לשלם או שאינו נמצא ? מכל הדינים ננסה לברר מהי מהות השותפות בניהם וכיצד היא משפיעה על פסיקת ההלכה בשאלות שהצגנו.

שור שדחף חבירו לבור

המשנה במסכת בבא קמא עוסקת בשור שהיה מהלך בסמוך לבור ונפל על פניו לבור , כיוון שנבהל מקול הלומת הפטיש של שכירו של בעל הבור שנכנס להרחיב את הבור , המשנה אומרת שבעל הבור חייב לשלם את הנזק ובזה דנה הגמרא בבא קמא נג' עמוד א':

תלמוד בבלי מסכת בבא קמא דף נג עמוד א

אמר מר ; נפל לפניו מקול הכרייה חייב, ואמא@ נימא ; כורה גרם ליה!'

הגמרא שואלת מדוע בעל הבור צריך לשלם? הרי אילו לא היה הכורה מבהיל את השור הוא לא היה נופל אזי מדוע שנחייב את בעל הבור, לדעת רש"י את הכורה לא ניתן לחייב כי הוא גרמא בעלמא (לא הזיק ישירות) וגרמא בניקין פטור, ובעל הבור פטור אף הוא.

אמר רב שימי בר אשי ; הא מ@ רבי נתן היא- דאמר ; בעל הבור הזיקא קא עביד- וכל היכא דלא אפשר לאשתלומי מהאי משתלם מהאי

רב שימי אומר שהמקור להלכה זאת, היא דעת רבי נתן הסובר שבעל הבור הוא גם שותף לנזק, וכל נזק שלא ניתן לגבותו מזה שגרם לכך שהוא הכורה

גובים מבעל הבור, ולכן בעל הבור משלם את כל הנזק. זאת אומרת רבי נתן חולק על חכמים בשני עניינים :

- בעל הבור שותף לנזק
- כאשר אי אפשר לחייב את אחד השותפים לנזק מחייבים את השני בכל הנזק

המקור לדין זה היא מחלוקת רבי נתן וחכמים בשור שדחף חבירו לבור.

- דתניא ; שור שדחף את חבירו לבור . בעל השור חייב- בעל הבור פטור> רבי נתן אומר ; בעל השור משלם מחצה ובעל הבור משלם מחצה.

דעת חכמים שבעל השור חייב ובעל הבור פטור. ונחלקו מפרשי התלמוד בדעת חכמים בשני עניינים בדין בעל השור שאמרו חכמים שחייב בכמה חייב?, ובדין בעל הבור שאמרו חכמים שפטור מה טעם הפטור? .

דין בעל השור ובעל בור **לדעת חכמים:**

דעת רש"י מסכת בבא קמא דף נג עמוד א :

בעל הבור פטור . בין שהשור הניזק שוטה בין שהוא פקח דאמר ליה בעל הבור אי לאו תורך לא נפל והאי דחיפה מעשה בידים הואי ולא גרמא.

מאי דאית לי כו) . אבל רבנן בתר מעיקרא אזלי וסברי דבעל השור כולה הזיקא עבד הלכך במועד בעל השור משלם כוליה ובתם בעל השור משלם פלגא ופלגא מפסיד וגבי מתניתין נמי בתר כורה אזלינן ושניהם פטורין.

רש"י טוען מכיוון שהשור הדוחף התחיל בנזק ואלולי השור הדוחף לא היה נגרם הנזק, לכן החיוב כולו מוטל על בעל השור, אי לכך בשור מועד משלם נזק שלם ובשור תם משלם חצי נזק. כיוון שהוא הגורם העיקרי לנזק. ובשור תם ובור, משום שלדעת חכמים משלם השור חצי נזק ובעל הבור פטור לגמרי, זו הראיה לרש"י שאין חכמים סוברים "וכל היכא דלא אפשר לאשתלומי מהאי משתלם מהאי" שאם היה כן היה בעל הבור צריך להשלים את חצי הנזק וחכמים פטרו אותו לגמרי.

אולם תוספות בבא קמא יג. ד״ה אי, חולק על רש״י בשני דברים:

ונראה לר"י דרבנן דאמרי בעל השור חייב ובעל הבור פטור היינו דבעל השור משלם מחצה במועד ובתם רביע ובעל הבור פטור לגמרי שלא חייב הכתוב בור אלא היכא דנפל ממילא דכתיב ונפל שמה שור אבל אם אחרים מפילים אותו בבור פטור בעל הבור

תוספות לא מסכימים עם רש״י שיש להטיל את כל החיוב על בעל הבור, שהרי הוא עשה חצי נזק, לכן בשור מועד בעל השור משלם חצי נזק, ובשור תם משלם רבע מהנזק. עוד טוען תוספות שהטעם שבעל הבור פטור היא מגזירת הכתוב שלא חייבה התורה את בעל הבור רק שנפל ממילא, שנאמר ונפל שמה ולא ע״י דחיפה של שור אחר, ולא כפי שטוען רש״י שבעל הבור פטור מסברא שבעל השור החל בנזק ולכן חכמים מטילים את כל האחריות עליו. הראיה לתוספות שאין חכמים סוברים ״וכל היכא דלא אפשר לאשתלומי מהאי משתלם מהאי״ היא משור מועד ובור ששם חכמים חייבו את בעל השור בחצי מהנזק ולא הצריכו אותו לשלם את מלא הנזק, אעפ״י ששותפו בנזק בעל הבור פטור מגזירת הכתוב. תוספות אינו יכול ללמוד כרש״י משור תם ובור, ששם חכמים לא חייבו את בעל הבור להשלים את חצי הנזק ששור תם לא משלם כיוון שלדעת תוספות בעל הבור פטור מגזירת הכתוב.

נמצא שרש״י ותוספות חולקים בדעת חכמים בשלושה דברים:

- תשלום בעל השור:
  - רש״י- במועד נזק שלם, בתם חצי נזק.
  - תוספות – במועד חצי נזק, בתם רבע נזק
- פטור בעל הבור:
  - רש״י- השור המזיק הראשון והעיקרי
  - תוספות – מגזירת הכתוב.
- כשאי אפשר שהשותף הראשון ישלם אין לחייב את השני:
  - רש״י – לומד משור תם ובור, שאין מחייבים בעל הבור במלא הנזק.

- תוספות – לומדים משור מועד ובור, שאין מחייבים את השור במלא הנזק

כעת הגמרא מבררת את דעת רבי נתן:

והתניא- רבי נתן אומר; בעל הבור משלם ג) חלקים ובעל השור רביעי' לא קשיא; הא בתם- הא במועד/

רבי נתן סובר, בשור מועד ובור בעל השור משלם חצי נזק ובעל הבור משלם חצי נזק, אולם בשור תם ובור, בעל השור משלם רבע נזק ובעל הבור שלושה רבעים. כעת הגמרא מבררת מהי שיטת רבי נתן שהביאה אותו לפסק הזה?.

שניים שהזיקו יחד האם כל אחד נחשב שגרם לנזק שלם או למחצית הנזק?

הגמרא מבררת את דעת רבי נתן:

ובתם מאי קסב@ אי קסבר; האי כוליה הזיקא עבד והאי כוליה הזיקא עבד- האי משלם פלגא והאי משלם פלגא' ואי קסבר; האי פלגא הזיקא עבד והאי פלגא הזיקא עבד- בעל הבור משלם פלגא ובעל השור רביע- ואידך ריבעא מפסיד'

אם רבי נתן סובר שכל שותף נידון כאילו עשה את כל הנזק, אם כן צריך להיות הדין שבעל השור ישלם חצי נזק ככל שור תם שמשלם חצי מהנזק שעשה ולא רבע כפי שאמר רבי נתן. לעומת זאת אם רבי נתן סובר שיש לדונם כאילו כל אחד עשה חצי מהנזק אזי בעל הבור צריך לשלם חצי מהנזק ובעל השור משלם חצי מהנזק שגרם שהוא רבע והרבע הנותר יפסיד הניזק.

הגמרא מביאה שני לשונות בהסבר דינו של רבי נתן:

אמר רבא; רבי נתן דיינא הוא ונחית לעומקא דדינא- לעולם קסבר; האי כוליה הזיקא עבד והאי כוליה הזיקא עבד- ודקא קשיא לך; לשלם האי פלגא והאי פלגא' משום דאמר ליה בעל השור לבעל הבור; שותפותאי מאי אהניא לי/

לפי הסבר ראשון של הגמרא שיטת רבי נתן היא, שכל אחד מהם נחשב שגרם לנזק שלם, אולם משום שבעל השור התם משלם רק רבע מהנזק כיוון שטוען מה הועילה לי השותפות בנזק, שאלולי בעל הבור גם הייתי משלם חצי נזק, והואיל שאנו דנים שכל שותף עשה נזק שלם, ואף בעל הבור נחשב שעשה את כל הנזק, לכן הוא יצטרך לשלם את רבע הנזק שבעל השור אינו משלם ובסה"כ שלושת רבעי מהנזק.

הגמרא מביאה הסבר נוסף:

איבעית אימא- לעולם קסבר; האי פלגא הזיקא עבד והאי פלגא הזיקא עבד- ודקא קשיא לך; בעל הבור משלם פלגא ובעל השור משלם רביע- ואידך ריבעא נפסיד" משום דאמר ליה בעל השור לבעל הבור; אנא תוראי בבירך אשכחיתיה- את קטלתיה- מאי דאית לי לאשתלומי מהיאך משתלמנא- מאי דלית לי לאשתלומי מהיאך משתלמנא ממך/

שיטה שניה בדעת רבי נתן היא על הצד שכל שותף נחשב שגרם לחצי נזק - בעל השור משלם רבע ככל שור תם שמשלם חצי מהנזק שגרם, ובעל הבור שלושת רבעי נזק כיוון שהניזק טוען אני מצאתי את שורי בבורך לכן כאילו אתה הרגתו והאחריות לשלם את הנזק מוטלת עליך ומה שאוכל לגבות משותפך לנזק אגבה ומה שלא אצליח האחריות שלך היא לשלם.

יוצא איפוא שנחלקו שני לשונות הגמרא מדוע מחייבים את בעל הבור בנזק שאין בעל השור משלם:

- ללשון הראשונה הדבר ברור שכיוון שבעל הבור נחשב שעשה את כל הנזק הוא נושא באחריות, וחייב להשלים לניזק את תשלום הנזק. ולכן אנו אומרים *"וכל היכא דלא אפשר לאשתלומי מהאי משתלם מהאי"* ודבר זה אינו יחודי לבור אלא לכל שותפים בהזק, מצד שני אם כל צד נחשב שעשה את כל הנזק מדוע רק במקרה שלא יכול לתבוע מאחד תובע מהשני, שכבר לכתחילא יתבע את כל הנזק מאחד מהם שירצה.
- ללשון השניה שכל שותף נחשב שגרם למחצית הנזק, והשותף השני אחראי למחצית הנזק, ולמרות זאת רבי נתן חייב את בעל הבור בשלושת רבעי הנזק, כיוון שהיזק נשלם ע"י הבור, יש לברר

מדוע חייב בעל הבור על החלק שמתייחס לשותפו האם זה רק בבור, או בכל שותפים בנזק דעת רבי נתן היא ,״ *וכל היכא דלא אפשר לאשתלומי מהאי משתלם מהאי*״?

האם בכל המזיקים סובר רבי נתן שיש לחייב את השותף בנזק כאשר שותפו לנזק פטור או רק בבור?

על הצד שכל מזיק עשה חצי נזק הקשתה הגמרא לא יתכן לחייב כל אחד על נזק שלא עשה, ולכן בעל השור ישלם רבע, בעל הבור חצי וחצי יפסיד הניזק, על זה ענה רבא (בלשון השניה) ״*אנא תוראי בבירך אשכחיתיה, את קטלתיה, מאי דאית לי לאשתלומי מהיאך משתלמנא, מאי דלית לי לאשתלומי מהיאך משתלמנא ממך*״. מה שיש לברר האם רבא מודה למקשן שאין לחייב את השותף על החלק שאינו חייב ובור הוא יוצא דופן, או שרבא אינו מודה למקשן וגם על הצד שכל אחד עשה חצי נזק יש לחייב את את השותף השני כאשר הראשון פטור .

למעשה נחלקו הראשונים בדבר, **דעת התוספות** מסכת בבא קמא דף נג עמוד א ד״ה לעולם:

ע#כ נראה דבור נמי פלגא נזקא עבד ומשום שגמר ההיזק ודומה כמי שעשאו כולו אמרינן כי ליכא לאשתלומי מבעל השור משתלם מבעל הבור/

התוספות טוענים נכון שבור עשה חצי נזק אך כיוון שגמר את ההיזק נחשב שעשאו כולו וזו הסיבה שאנו אומרים כל שלא משתלם מבעל השור משתלם מבעל הבור, לעומת שני שוורים שנגחו כאחד ושם ההיזק של שניהם שווה לגמרי, כפי שהגמרא מביאה בהמשך הסוגייה, תלמוד בבלי מסכת בבא קמא דף נג עמוד ב:

שור ושור פסולי המוקדשין שנגחו *מאי ניחו שור בכור דלא פריק ליהו- אביי אמר ; משלם ח#נ- רבינא אמר ; משלם רביע נזק/ הא והא בתם- הא כרבנן- והא כרבי נתן/ איבעית אימא ; הא והא כרבנן- הא בתם- הא במועד/ איכא דאמרי- אביי אמר ; ח#נ- רבינא

אמר ; כוליה נזק, הא והא במועד- הא כרבנן- והא כר) נתן, איבעית אימא ; הא והא כרבי נתן- הא במועד- והא בתם,

הגמרא עוסקת בשור של הדיוט ושור של פסולי מקודשין שנגחו ביחד שור אחר, ומדובר שאין הניזק יכול לגבות הנזק משור פסולי המקודשין, לפי הלשון הראשונה :

אביי סובר משלם חצי נזק ורבינא סובר משלם רבע נזק, ההסבר הראשון של הגמרא ששניהם עוסקים בשור תם שנגח, אלא שרבינא סובר כרבנן, שאין לחייב את השור ההדיוט מה שלא משתלם מפסולי המקודשין ואביי סובר כרבי נתן, כיוון שאי אפשר לגבות משור פסולי המקודשין חייב השור ההדיוט בחצי נזק כדין כל שור תם שהזיק לבדו. הסבר שני ששניהם סוברים כרבנן, אלא שרבינא עוסק בשור תם לכן משלם רבע, שהוא מחצית ממה שהיה משלם אילו הזיק לבדו, לעומתו אביי עוסק בשור מועד ומשלם חצי נזק, שהוא מחצית ממה שהיה משלם לבדו כיוון שיש לו שותף.

לפי הלשון השניה אביי סובר שמשלם חצי נזק ורבינא סובר נזק שלם, הגמרא מביאה שני הסברים אפשריים, אחד שניהם עוסקים בשור מועד. אביי סובר כרבנן לכן משלם חצי נזק, מחצית ממה שהיה משלם אילו הזיק לבדו, לעומתו רבינא סובר כרבי נתן, ולכן משלם נזק שלם כשור שהזיק לבדו, כיוון שלא ניתן לגבות משור של פסולי המקודשין. הסבר שני, ששניהם סוברים כרבי נתן אלא שאביי עוסק בשור תם, ורבינה עוסק בשור מועד וכיוון שלא ניתן לחייב את שור פסולי המקודשין השור ההדיוט מחויב בנזק כאילו הזיק לבדו.

התוספות ד"ה הא מבארים שחייבים לומר שאביי ורבינא סוברים שכל שור נחשב כעושה נזק מלא :

תוספות מסכת בבא קמא דף נג עמוד ב :

ונראה לר"י דאביי ורבינא ס"ל האי כוליה הזיקא עבד והאי כוליה הזיקא עבד דאי ס"ל פלגא נזקא עבד למה יאמר רבי נתן דכי ליכא לאשתלומי מהאי משתלם מהאי הא לא שייך הכא טעמא דאנא תוראי ולא קאמר הא והא כרבי נתן הא כמ"ד פלגא נזקא עבד והא כמאן דאמר כולה נזקא עבד משום דנראה לו

לגמרא טעם ראשון שאמר רבא עיקר דהא כולה נזקא עבד ולהכי מוקי כולהו כותיה.

תוספות טוענים שאם נאמר בשני שוורים שנגחו, כל אחד פלגא היזקה עבד, לא יהיה ניתן להסביר את דעת רבי נתן, ("דכי ליכא לאשתלומי מהאי משתלם מהאי") וכי מדוע יתחייב בעל השור ההדיוט על חלק הנזק שלא שייך לו, ורק בבור ניתן להסביר על הצד שפלגא היזקה עבד, ואעפ"י שפלגא היזקה עבד בבור ניתן לחייבו, כיוון שאומר לו הניזק שורי נמצא בבורך. לכן מגיעים התוספות למסקנה שרבינא ואביי סוברים שכל שור נחשב שעשה את כל ההיזק.

וכן כתב **הרשב"א** מסכת בבא קמא דף נג עמוד ב

מדאביי ורבינא דמחייבי לר) נתן בכל הנזק משמע דתרוייהו אית להו כלישנא קמא דרבא דאמר קא סבר ר) נתן דהאי כוליה נזק עבד והאי כוליה נזק עבד- דאי לא לקתה מדת הדין בשני שוורים דאי כל חד וחד מינייהו לא עבד אלא פלגי נזקא אמאי מטילין כל התשלומין עליו- ואינו דומה לבור דהתם יכול למימר אנא תוראי בבורך אשכחתיה.

על כל פנים הדבר נובע מדברי רבא "דאמר לי אנה תוראי בבורך אשכחתיה" משמע מדבריו שדוקא בבור הדין כך שנמצא השור בבור ושם נגמר הנזק, שכן יכל להגיד בפשטות בורך שותף בנזק, על כן בשותפים שוים בנזק אין לחייב השותף שחבירו פטור, אא"כ נאמר שכל שותף נחשב שעשה נזק שלם.

וכן היא דעת בעל המאור שגם על הצד שפלגא היזקה עבד, גם לרבי נתן לא ניתן לחייב את השותף בנזק מלא שחברו פטור, אך בשונה מהתוספות הוא סובר שכך היא ההלכה ולא כלישנא קמא כפי שתוספות העמידו את אביי ורבינא.

בעל המאור הגדול גם דעתו כתוספות מסכת בבא קמא דף כג עמוד ב:

אמר רבא הניח אבן ע#פ הבור ובא שור ונתקל בה ונפל בבור באנו למחלוקת ר) נתן ורבנן ואי קשיא לך הא דאמרי) לעיל בגמ) אלא היכי דמי לאחריו מקול הכריה דפטור כגון שנתקל בבור ונפל

לאחורי הבור אמאי פטור בעל הבור ניחייב כי היכי דמיחייב הכא בעל אבן י"ל מאי פטור פטור מנ"ש וחייב בח"נ וללישנא בתרא דרבא אליבא דר' נתן דאמר קסבר האי פלגא נזקא עבד והאי פלגא נזקא עבד דהא אוקימנא למתני' כר' נתן זהו דין נתקל באבן ונישוף בקרקע דלרבנן חייב בעל אבן נ"ש ולר' נתן ח"נ

וכך הוא פוסק בנפל לאחריו מקול הכריה, שם העמידה הגמרא בנתקל בבור ונפל ונחבל בקרקע שמחוץ לבור, שהיא קרקע השיכת לכל העולם, והמשנה אמרה שבעל הבור פטור, וכי למה שיהיה פטור הרי הוא דומה לנתקל באבן שחייב בעל האבן חצי נזק, לכן הוא מפרש הכוונה פטור מנזק שלם וחייב בחצי נזק, כיוון שאנו סוברים כלישנא שכל שותף עשה חצי נזק , כדין הנתקל באבן ונפל לקרקע, שלרבנן חייב בנזק שלם, ולרבי נתן חייב בחצי, שאין אנו אומרים שהשותף מתחייב לשלם את כל הנזק כשחבירו פטור אלא בבור.

לעומתם **הרמב"ן** טוען שבכל המזיקים ולא רק בבור, דעת רבי נתן היא כל שאינו יכול להשתלם משותף אחד ישתלם מהשני, גם על הצד שכל אחד פלגא היזקא עשה. ומביא מספר הוכחות מהגמרא לשיטתו וכך כותב הרמב"ן מלחמות ה' מסכת בבא קמא דף כג עמוד ב על הרי"ף:

אמר הכותב אין זה נכון דכיון דס"ל לר' נתן כל היכא דלא משתלם מהאי משתלם מהאי אף זה חייב בנ"ש ומה דומה לזה נתקל באבן ונשוף בקרקע ואף הוא כיון דליכא לאישתלומי מקרקע עולם משתלם כוליה נזק מבעל אבן והיינו דאמרי' לקמן שור ואדם שדחפו לבור לענין ארבעה דברים אדם חייב ובכל ד' דברים קאמר דאי בשבת דידיה מאי למימרא אלא בכל ד' דברים קאמר דכיון דליכא לאישתלומי משור ובור משתלם מאדם משלם וקמ"ל כר' נתן ואמרי' נמי לענין כופר ושלשים של עבד שור חייב ובודאי כופר שלם קאמר דאי חצי כופר הא כופר שלם אמר רחמנא ולא חצי כופר כדאמרי' בפ' ד' וה' ואפי' כשתמצא לומר התם אפי' חצי כופר משום דכיון דמשלם האי חצי כופר והאי חצי כופר כופר שלם הוא אבל חצי כופר ממש ודאי לא ועוד שאינו משלם כופר אלא בשחמית אבל בפלגא היזקא ודאי לא אלא ש"מ שאף הדוחף

חייב בכל לר) נתן וכן כשנתקל באבן ונשוף בקרקע בעל האבן מחייב בכולה נזקיה לר) נתן ולא תדקדק במה שאמרו בגמ) אנא תוראי בבירך אשכחתיה מאי דאית ליה לאשתלומי מהיאך וכו) משתלמנא מינך דאלמא אי לאו משום דאשכחתיה בביריה לא הוה משתלם מיניה דודאי אף על גב דליכא למימר הכי משתלם מיניה כיון דליכא לאשתלומי מהיאך אלא ה#ק לעולם פלגא היזקא עבד וכיון דאיכא לאישתלומי מהיאך לא משתלם מהאי אלא רביע דהוא פלגא נזקיה דידיה אבל היכא דליכא לאישתלומי מהאי אף על גב דפלגא היזקא עבד משתלם נזקו משלם ממי שאפשר להשתלם ממנו משום דא#ל את קא גרמת לי וליכא בין לישנא קמא לבתרא כלום אלא בפירוש תשלומי שור תם נחלקו דלא קא אמרי) מאי בינייהו

הוכחה ראשונה מהמשך הגמרא נג: שם מדובר בשור ואדם שדחפו לבור לענין תשלום כופר ושלושים שצריך לשלם על הריגתו של עבד, אמר רבא בעל השור חייב ואדם ובעל הבור פטורים. אי אפשר לומר שבעל השור יתחייב בחצי כופר, שהרי למדנו שכופר שלם אמר רחמנא ולא חצי כופר, אלא בהכרח יש לומר שמשלם כופר שלם, וזו לפי שיטת רבי נתן שמזיק בשותפות מתחייב בכל הנזק ששותפו פטור, אעפ״י שלא שלא גמר ההיזק, ולא רק בבור. והוא הדין בנתקל באבן ונפל לקרקע, כיוון שאת הקרקע לא ניתן לחייב בעל האבן חייב בנזק שלם. ואין לדקדק ממה שאמרו בגמרא אני את שורי בבורך מצאתי לכן תשלם לי את כל הנזק, אלא כוונתו שכל אחד חצי נזק עשה וכל שלא יכול להשתלם מזה השתלם מזה כיוון שאומר לבעל הבור אתה גרמת לי את ההיזק. ואין הבדל בין שני הלשונות של הגמרא כמו שבלישנא קמא אין הבדל בין בור לשאר מזיקים כלך בלישנא השניה אין הבדל ובכל המזיקים כל שלא יכול להשתלם מהאי משתלם מהאי.

וכעת מביא הרמב״ן הוכחה שניה:

והיינו נמי דאקשינן בפ#ק אי אליבא דר) נתן הא אמר אף על גב דליכא לאישתלומי מהאי משתלם מהאי והתם ליכא למימר אנא תוראי בבירך אשכחתיה

הגמרא בדף יג. דנה בשור של שלמים שהזיקו שחלק הבשר הנאכל לבעלים חייב בנזק וחלק האימורים שבהם קרב על המזבח פטור מהנזק, שם מקשה הגמרא שלרבי נתן יש לחייב את בעל הבשר בכל הנזק, כיוון שחלק האימורים בו פטור מכאן ראיה, שלא רק בבור סובר רבי נתן שיש לחייב את השותף כאשר חבירו פטור. הוכחה שלישית מביא הרמבן משור פסולי המקודשין:

וכן בשור ושור פסולי המוקדשין שנגחו לר) נתן משלם נ#ש אף על גב דהאי פלגא נזקא עבד והאי פלגא נזקא עבד דהא תלמוד לרבנן לא משלם אלא ח#נ ואי כוליה היזק עבד נ#ש משלם ואפ#ה משתלם משור הדיוט נ#ש ואף על גב דליכא למימר כי האי טעמא דאמרי) בגמ) גבי בור אנא תוראי בבירך אשכחתיה וש#מ דלאו דוקא קא אמרי) אלא כדפרישנא הרי למדת שאפי) נתקל באבן ונשוף בקרקע משלם בעל אבן נ#ש אף על גב דפלגא נזקא עבד דלא גרע משני שוורים שהזיקו שלא כדברי בעל המאור ז#ל ועיקר קושייתו אינה קושיא שכיון שהכורה גרם לו להיות נתקל בבור פטור בעל הבור דאי בתר גרמא אזלת איהו לאו גורם הוא שהכורה הוא דוחף הראשון ואי לאו כורה איהו לא עבד ולא מידי ואי בתר נזקא אזלת איהו לאו מזיק הוא שהרי נישוף בקרקע עולם ולפיכך פטור לגמרי וכל היכא דתנן פטור ליכא למימר מח#נ קאמר דה#ל למימר הכי וכל כה#ג לא משתמיט

כפי שהבאנו לעיל שור של חולין ושור מפסולי המקודשים שנגחו יחדיו, לחכמים משלם חצי נזק ולרבי נתן משלם נזק שלם, חייבים לומר שמדובר שכל אחד מהשוורים נחשב שעשה חצי נזק, שאם נאמר שנחשב שעשה נזק שלם, לא יתכן שחכמים יחייבו אותו רק בחצי הנזק, מכאן רואים שרבי נתן חייב את שור החולין בנזק שלם למרות שנחשב שעשה חצי נזק, וגם כאן הדין הוא שהשותף משלם את כל הנזק כאשר חבירו פטור ולאו דוקא בבור. והוא הדין בנתקל באבן ונפל ונישוף בקרקע שבעל האבן חייב בנזק שלם, כיוון שלא ניתן לחייב את הקרקע. לעומת המקרה של אדם שנפל מקול הכריה נתקל בשפת הבור ונפל לקרקע מחוץ לבור הדין הוא שבעל הבור פטור לגמרי, כיוון שהוא לא שותף בנזק אלא רק גורם שני. ולא כבעל המאור שסובר שפטור מנזק שלם וחייב בחצי נזק, והוכיח שרק בבור

אומרים כל שלא משתלם מהאי משתלם מהאי (ראה לעיל דעת בעל המאור)

הברכת שמואל בבא קמא סימן יב' מסביר מהו טעם המחלוקת בין הרמב"ן לבעל המאור :

ונראה עתה סברת האי פלגא היזקא עביד והאי פלגא היזקא עביד דבזה חולקין הרמב#ן והבעה#מ דסברת הבעה#מ שמעתי מפי הגאון האמיתי הצדיק רבן ומאורן של ישראל האב#ד דבריסק שליט#א- דהוא סובר דביאור האי פלגא היזקא עביד הוא דאינו מזיק רק על חצי דבר הניזק- וע#כ לא שייך כלל לומר בזה דין דכי ליכא לאשתלומי- דמכיון שאין לו שם מזיק כלל רק על חצי הדבר ואיך ישלם יותר ממה שהזיק- ורק היכא דדחף לבור או ע#י סברת אנא תוראי בבירך אשכחתי) יש לו על זה שם מזיק דיתחייב בכל הנזק. וסברת הרמב#ן דאף אי פלגא היזקא עביד ל#צ להסברא דאנא תוראי בבירך אשכחתי)- ומחויב ע#י דהוא השלים הנזק ומשום דזהו סברא בחיוב מזיק דע#י דהוא השלים ההיזק נעשה מחויב בכל ההיזק ע#י דין דכי ליכא לאשתלומי- ואע#פ דחשבינן לי רק כפושע בחצי דבר הניזק- בכ#ז ע#י שגרם להשלים כל הנזק ובאופן דאידך שותף הוי בר פטור- מחוב לשלם יותר מפשיעתו ע#י שגרם להשלים הנזק.

לדעת בעל המאור שאנו אומרים פלגא היזקה עבד, הכוונה שהשותף אחראי על חצי נזק ואין לו שייכות לחצי הנזק ששותפו ביצע, לכן ששותפו פטור אין לו כלל מחויבות להשלים את הנזק, אלא אם כן יכול לומר לו הניזק אנא תוראי בבורך אשכחתיה כמו בבור.

דעת הרמב"ן - אומנם השותף נחשב שעשה חצי נזק ואין אנו מחייבים אותו בנזק שלם ששותפו בר חיוב, אולם כיוון שהוא השלים את הנזק של חבירו, עדיין יש לו שייכות ואחריות גם לחצי הנזק של חבירו כאשר חבירו אינו בר חיוב, ולכן אומרים דין "דכי ליכא לאשתלומי.." ולא דוקא בבור.

כפי שראינו למעלה תוספות מסבירים שבשור ושור פסולי המקודשים, הגמרא סוברת שכל שותף נחשב שעשה את כל הנזק ולכן רבי נתן מחייב

בנזק שלם, ובאמת על הצד שכל אחד חייב חצי נזק לא היה מחייב רבי נתן בנזק שלם.

בשונה מתוספות והרמב״ן **הים של שלמה** מחלק בין המקרים לדעתו יש מקרים בהם דנים את השותפים שכל אחד נחשב שעשה חצי מהנזק ויש מקרים בהם כל אחד נחשב שעשה את כל הנזק. וכך כותב בים של שלמה מסכת בבא קמא פרק ה סימן מ:

על כן נראה- דלשון בתרא עיקר/ וכמו שרגיל הרי#ף לפסוק בכל התלמוד/ ומשום הכי מוקמינא מתניתא שפיר כרבנן/ ומה שאמר התלמוד הטעם משום דתוראי בבורך אשכחתיה כו/ משמע זולת האי טעמא לא אמרינן מה דליכא לאשתלומי כו/ היינו גבי שור שדחף חבירו לבור- דכל חד פלגא הזיקא קעביד/ והכי ק#ל לתלמודא כלישנא בתרא- משום דהבור לא עביד מידי- אי לא הוי השור שדחפו/ וה#נ אי לא הוה הבור לא היה ניזק מדחיפתו/ כה#ג בודאי כל חד רק פלגא הזיקא קעביד/ וא#כ אין הדין נותן לומר מאי דליכא לאשתלומי כו/ אם לא מטעמא דתוראי בבירא אשכחיתיה/ אבל היכא ששניהם הזיקו כאחד/ כגון שור ושור פסולי המוקדשים- דנוכל לומר כל חד כולה הזיקא קעביד/ בודאי אמרינן מאי דליכא לאשתלומי כו- דלא צריכים אנו לטעמא דתוראי בבירך כו- ומש#ה לעיל גבי שהזיקו ס#ל לר) אבא דכל חד וחד לא עביד כולה הזיקא/ כי הבשר לא הזיק בלא אימורים/ דאי לא ה#ל אימורים לא הוה חי- ולא הוה נגח/ וכן האימורים בלא בשר/ משום הכי מאחר דליכא טעמא דתוראי בבירך כו- משתלם מן הבשר לפי ערך הזיקו/ ולא ישתלם ממנו אלא בעבור הבשר/ ובתוס) ארוכים מצאתי בפ#ק- שפירשו ג#כ- שהמקשן שפריך לעיל אליבא דמאן כו) סבר כלישנא קמא/ והתרצן שהשיב לו ואיבעית אימא ר) נתן/ השיב לו כלישנא בתרא- והיינו כדברי/ רק שכתבו שם שהתירוץ של ואיבעית אימא דיחוי הוא/ ותימא הוא- הלא רגילים אנו לפסוק בכל התלמוד כאיבעית אימא/ ועוד- לפי דבריהם ר) אבא לא אתי כר) נתן- דהלכתא כותיה/

במקרה ששור דחף שור אחר לבור, שהבור לא היה מזיק בלעדי השור והשור לא היה מזיק בלעדי הבור, אנו דנים שכל אחד עשה חצי נזק, ואיו אומרים שהשותף ישלם כאשר חבירו פטור אלא בבור, לעומת המקרה של שני שוורים שנגחו יחדיו, ששם כל אחד עושה מעשה שיכול להזיק בלעדי חבירו, בזה כולם מודים שצריך לדונם שכל אחד נחשב שעשה את כל הנזק, ושם אנו אומרים לדעת רבי נתן שהשותף ישלם כאשר חבירו פטור. וכך הוא מפרש את המקרה של שור של שלמים שהזיק (ראה לעיל) שם אמר רבי אבא שיש לחייב את חלק הבשרים שבו בחלק האימורים הפטור, כיוון שאין כל חלק יכול להזיק לבדו (שהרי הבהמה חיה בזכות הבשר והאימורים) על כן כל שותף נחשב שעשה חצי נזק, ואף לרבי נתן לא מחייבים את השותף שחבירו פטור במקרה זה, אומנם בהוא אמינא המקשן חשב שכל שותף נחשב שעשה את כל הנזק, ולכן לדעת רבי נתן יש לחייב את חלק הבשרים שבו גם בחלק האימורים הפטורים, אך למסקנה כל שותף נחשב שחייב בחצי נזק וכיוון שאין הטעם של תוראי בבירך.. משלם רק על החלק היזקו בלבד.

עד כה עסקנו בשיטתו של רבי נתן הסובר "כל היכא דלא אפשר לאשתלמי מהאי משתלם מהאי" ובירורה הגמרא האם "פלגא היזקא עבר" או "כוליה היזקה עבד" כעת יש לברר מאי סברת רבנן החולקים על רבי נתן וסוברים "כל היכא דלא אפשר לאשתלמי מהאי <u>לא</u> משתלם מהאי" האם לשיטתם "פלגא היזקא עבד" או "כוליה היזקא עבד".

שיטת חכמים השותף בהיזק נחשב שחצי נזק עשה או נזק שלם

ראינו שבדעת רבי נתן הגמרא הסתפקה כלויה היזקא עבד או חצי היזקא עבד אך דעת חכמים לא ברורה, בראשונים ובאחרונים מצאנו מספר שיטות.

ראשית נביא דעת **הרמב"ן** במלחמות ה' מסכת בבא קמא דף כג עמוד ב על הרי"ף:

וכן בשור ושור פסולי המוקדשין שנגחו לר) נתן משלם נ#ש אף על גב דהאי פלגא נזקא עבד והאי פלגא נזקא עבד דהא תלמוד לרבנן לא משלם אלא ח#נ ואי כוליה היזק עבד נ#ש משלם

הרמב"ן סובר שלרבנן חייבים לומר שכל שותף נחשב שחצי נזק עשה, כיוון שאם נחשיבו שנזק שלם עשה, אזי בשור ושור פסולי המקודשין שנגחו יחדיו, היו צריכים חכמים לחייב את שור החולין בנזק שלם שהרי נחשב הוא שעשה נזק שלם, כיוון שחכמים חייבו אותו בחצי נזק הוי אומר שלדעתם כל שותף נחשב שעשה חצי נזק.

אולם **תוספות רבינו פרץ** בבא קמא נג' עמוד ב' סובר שגם בדעת חכמים אפשר לומר שכוליה היזקא עבד:

ויתכן לומר מילתא דרבנן כמלוהו לישנא דקאמר תלמודא לרבי נתן- אף ללישנא דהאי כוליה נזקא קעביד והאי כוליה נזקא קעביד- ואף על גב דכל אחד ואחד נחשב כאילו עשה כל ההיזק סברי רבנן דכי ליכא לאשתלומי מהאי מבור לא משתלם משור- דכיוון דאם היה שותפו דשור דהוא חבור בר תשלומין לא היה משלם כי אם מחצה- גם עתה שאינו בר תשלומין דרחמנא פטריה בשביל כך לא יפסיד בעל השור אלא לא ישלם רק לפי חלקו שמגיע לו אילו היה שותפו בר תשלומין

לדעתו אין הכרח לומר בדעת חכמים שפלגא היזקא עבד, אלא אף אם נאמר כוליה היזקא עבד, על כל פנים כיוון שהנזק נעשה בשותפות ואם שותפו היה בר חיוב הינו מחייבים אותו בחצי, כך אין לחייב את השותף למרות שחבירו פטור, וכי מדוע שיפסיד בגלל שהתורה פטרה את חבירו, וכן משמע מתוספות ד"ה הא שהובא לעיל, הסובר שבשני שוורים שנגחו יחדיו הגמרא תפסה כעיקר כוליה היזקא עבד, וכך דעת אביי ורבינא, לכן אביי שאמר בשור תם חייב בחצי נזק, סובר כרבי נתן ורבינא שאמר רבע נזק חייב סובר כחכמים, שאין לחייב את השותף בכל הנזק כאשר חבירו פטור, וזאת על אף שתוספות מעמידים את הסוגיה בגמרא שכל שותף כוליה היזקא עבד ולא כרמב"ן.

הים של שלמה מסכת בבא קמא פרק ה' סימן מ' טוען שלדעת התוספות חייבים לומר שדעת חכמים היא כוליה היזקא עבד :

*ואין להקשות- מאחר שהסברא נותנת שגבי שור ובור כל חד וחד פלגא היזק קעביד/ א#כ מניין לנו דרבנן לא סברי דנימא מאי דליכא לאישתלומי כו)/ דילמא טעמייהו דלא מחייבו אלא שור ח#נ משום שעביד פלגא היזקא- ובעל הבור פטור מגזירת הכתוב/ כמו שפי) התו) והוכיחו בפ#ק *י#ג ע#א ד#ה אין/ וא#כ משום הכי לא שייך למימר מאי דליכא לאשתלומי כו) לגבי השור- מאחר דליכא טעמא דתוראי בבירך- כדפי)- בשלמא לפי) רש#י *שם ד#ה אין לא קשה לי מידי- כי מה שאנו מוכיחים מרבנן- דלית להו מאי דליכא לאשתלומי/ היינו מתם- שמשלם לרבנן בעל השור ח#נ- ואידך ח#נ מפסיד/ ולא גבינן מבעל הבור- לומר כל מאי דליכא לאשתלומי כו)- דהא סוף סוף האי תורא בבורך אשכח/ אבל לפי) התוספת קשה/*

ונראה דאף לפי) התו) לא קשה- מאחר שרבנן סברי שבעל הבור פטור מגזירת הכתוב/ א#כ אין הסברא נותנת לומר שבעל השור לא עביד כוליה הזיקא אלא פלגא/ אלא בודאי בעל השור כוליה היזק קעביד/ ואפשר אף בעל הבור כוליה היזק קעביד/ אבל רחמנא פטריה/ וא#כ שפיר מוכח דלא ס#ל כל מאי דליכא לאשתלומי כו)

הוא מסביר שלפי דעת התוספות שבעל הבור פטור מגזירת הכתוב, "ונפל מעצמו ולא שיפילוהו אחרים", לא נוכל לומר שלדעת חכמים כל שותף פלגא היזקא עבד, אם כן אזי מנין לנו שחכמים סוברים כל שלא להשתלם מאחד אינו משתלם מהשני, שהרי בעל השור נחשב שעשה חצי נזק ולמה שהתחייב בנזק חבירו, ובעל הבור פטור מגזירת הכתוב ולכן לא משתתף בנזק חבירו, לכן סובר הים של שלמה עצם זה שחכמים סוברים שבעל הבור פטור מגזירת הכתוב "ונפל מעצמו ולא שיפילוהו אחרים" , מוכרחים לומר שבעל השור נחשב שעשה כל ההזק שאם לא כן לא היתה התורה פוטרת את בעל הבור, ומצד שני אפשר לומר שגם בעל הבור נחשב שעשה את כל

ההזק אלא שהתורה פטרתו. לאור זה שאנו אומרים לדעת חכמים כל שותף כוליה היזקא עבד, יוצא מכך אעפ״י שבעל השור כוליה היזקא עבד איננו מחייבים אותו בכל הנזק אלא בחצי ולא גם בחלקו של בעל הבור, מכאן ראיה שאין חכמים מחייבים את השותף בכל הנזק כאשר חבירו פטור.

נמצאנו למדים שיש לנו שלוש דעות האם לדעת חכמים פלגא היזקא עבד או כוליה היזקא עבד:

- הרמב״ן – לדעת חכמים הסוברים כל מאי דליכא אישתלומי מהאי לא משתלם מהאי בודאי שיש לומר שנחשב שעשה חצי נזק, שאם נאמר שנחשהב שעשה נזק שלם היו חכמים מחייבים את השותף כשחבירו פטור.
- תוספות רבינו פרץ – אפשר לפרש את חכמים כשני השיטות, גם לפי השיטה שכוליה היזקא עביד, עדיין חכמים יכולים לסבור כל כל מאי דליכא אישתלומי מהאי לא משתלם מהאי.
- ים של שלמה – לפי סברת התוספות חייבים לומר שדעת חכמים כוליה היזקא עבד.

סיבת החיוב רק בחצי הנזק בשותפים בני חיוב, אף ללישנא דכוליה היזקא עבד.

כשיש שני שותפים בהזק ושניהם בני חיוב, לכולי עלמא כל שותף משלם חצי נזק, (אלא שרבי נתן ורבנן חלקו במקרה שאחד אינו בן חיוב האם שותפו מתחייב בכל הנזק או רק בחלקו). ללישנא שכל שותף נחשב שעשה חצי נזק הדבר מבואר, שהניזק לא יכול לתבוע משותף אחד את כל הנזק כיוון שהוא אחראי רק על חצי נזק בלבד, אולם ללישנא שכל שותף נחשב ככוליה היזקא עבד, מדוע אין הניזק יכול לתבוע את אחד השותפים בנזק בכל הנזק, אין הכוונה שיתבע כל אחד לחוד בנזק שלם ויקבל תשלום כפול, אלא שיתבע רק אחד מהם שירצה בכל הנזק, ומדוע אנו מצריכים אתו לתבוע מכל שותף חצי נזק, הרי למרות שיש לו שותף הרי כל שותף נחשב שעשה נזק שלם ואינו יכול לטעון שעשיתי רק חצי נזק.

ניתן לומר שאינו דומה מזיק יחיד למזיק בשותפות, שמזיק בשותפות אומנם ניתן להחשיב אתו שעשה את כל הנזק, אך כשיש לו שותף הוא מתחלק איתו בתשלום ואין לניזק זכות לתבוע רק את אחד מהם. אולם ראינו במקרה אחר שהדין אינו כן הגמרא להלן בבא קמא דף קיא עמוד ב אומרת:

אמר רב חסדא: גזל ולא נתייאשו הבעלים, ובא אחר ואכלו ממנו, רצה - מזה גובה, רצה - מזה גובה;

כאשר האחד גזלן והשני מזיק כל אחד מתחייב בכל התשלום, והבעלים יכול לתבוע את מלא התשלום מכל אחד שירצה, מכאן רואים אעפ״י שיש לנו שני אנשים החיבים בתשלום על אותו חפץ, אין זה מונע מהבעלים לתבוע מי שירצה ואין דורשים ממנו לתבוע כל אחד בחצי מהנזק . אם כן מדוע בשני מזיקים לדעה הסוברת כוליה היזקא עבד, אין אנו מאפשרים לבעלים לתבוע את מי שירצה.

בשערי יושר שער ז' פרק כא' כתב לחלק בין שני המקרים:

<u>תקכז</u> ולענ#ד נראה דאפשר לומר דבכה#ג פטור גם לשיטה ראשונה- דהנה זה נראה דלכו#ע בשנים שהזיקו לא אמרינן רצה מזה גובה רצה מזה גובה- כמו בגזל ובא אחר ואכלו- והטעם בזה דהתם איכא לכל אחד סיבה שלימה להתחייב בכולו- דכל אחד עשה מעשה בפני עצמו שראוי להתחייב עליה- אבל בשנים דעשו מה דאמרינן לרבי נתן דכל אחד כוליה היזיקא עביד- אינו משום דחשבינן שכל אחד עשה מעשה גמור- דזה אי אפשר לומר בשום פנים- שהרי כיון שגם חבירו עשה בזה ממילא חסר בזה איזה חלק המעשה ממנו- אלא שאנו מחייבים כל אחד גם על מעשה חבירו- משום שכל אחד משלים פעולת חבירו

ההבדל הוא שבגזל ובא אחר ואכלו אין שני האנשים שותפים במעשה ההיזק עצמו, אלא שניהם מתחייבים על אותו חפץ, כאשר כל אחד עשה מעשה בפני עצמו לבדו, שעל זה לבדו יכול להתחייב עליו ללא תלות בשני, לעומתם שנים שהזיקו במשותף על אף שאנו אומרים שנחשב כל אחד

שעשה כוליה היזקא אין הכוונה שכל אחד עשה לבדו מעשה גמור שהזיק, שהרי היה לו שותף שסייע במעשה ההיזק ומעשה ההזק לא היה מושלם והיה חסר, אלא שאנו מחייבים כל אחד גם על מעשה חבירו, ולכן רק במקרה שאינו משתלם מאחד מחייבו רבי נתן, אך ששניהם בני חיוב מודה רבי נתן שהנזק מתחלק בין שניהם ואינו תובע ממי שירצה.

כשהשותפים בהיזק שניהם בני חיוב הרי לכולי עלמא מתמעט חלקו של כל שותף בתשלום הנזק, השאלה היא מהו הגורם לחלוקת התשלום בנזק האם בעקבות השותפות אנו ממעטים חלק כל שותף במעשה הנזק עצמו, או שעדיין אנו אומרים כל אחד עדיין נחשב הגורם שעשה כל הנזק אלא שאחריות והתשלום מתחלק עם שותפו.

השערי יושר המובא לעיל סובר שהחלוקה היא במעשה הנזק עצמו כפי שכותב:

שהרי כיון שגם חבירו עשה בזה ממילא חסר בזה איזה חלק המעשה ממנו ,

אלא לרבי נתן כשחבירו אינו בר חיוב, הוא מתחייב גם מעשה חבירו כיוון שהוא גרם להשלמת הנזק, ולכן שחבירו אינו יכול לשלם הוא למעשה נכנס במקומו מדין ערב, בדומה ללוה שאינו יכול לשלם אזי הערב מתחייב במקומו. הנובע מכך שהשותף חייב רק על חלקו במעשה כשיש לו שותף בר חיוב, וכאשר אין לו שותף בר חיוב, נתחדש עליו חיוב נוסף מדין ערב. ולחכמים כיון שיש לו שותף שמיעט את מעשהו בהיזק אין לחייב אותו אפילו ששותפו פטור.

אך בדעת **הברכת שמואל** בבא קמא סימן יג׳ אינו משמע כך, לדעתו אין השותף גורם להתחלק במעשה ההיזק:

ונראה להסביר משום דמה בשותפות אינו מוטלת התשלומין אלא על כל אחד לפי חלקו- הוא חלות דין חדש דודאי יש לכל אחד שם מזיק כל החפץ אלא דחלות דין השותפות פוטרתו דאינו משלם אלא לפי חלקו- ואפילו ללישנא דהאי פלגא היזקא עביד והאי פלגר היזקא עביד הוא דוקא לעניין אם יש שותפות בודאי או נעשה פשיעתו בחצי נזק- אבל לענין אם יש ספק בעיקר הדבר אם

יש לו שותף בזה אליבא דכוליה עלמא שם מזיק עליו דהא שם מזיק שלו הוא ודאי ודין השותפות הוא ספק.

טענתו שכל שותף נחשב שעשה כל הנזק ואין שותפו ממעט ממעשה בנזק של שותפו, אלא יש לנו דין מחודש שהשותפות גורמת לחלק את אחריות התשלום בין השותפים, העיקרון שלכל אחד מהם יש סיבה לתשלום מלא, אך כיוון שיש לו שותף בחובה לשלם את הנזק על אתו החפץ, זה גורם לחלוקת בחיוב התשלום, אולם כאשר שותפו פטור ואין מי שישא איתו בנטל של האחריות בתשלום, הוא נושא בכל התשלום כיוון שהוא נחשב שגרם לכל הנזק. הנובע מדבריו שהשותף הוא הגורם לכל הנזק והיה צריך לשלם הכל, אך כיוון שיש לו שותף הוא מתחלק איתו באחריות התשלום, וכשהשותף השני פטור לרבי נתן חזרה האחריות המלאה לשותף הראשון, לעומתו חכמים מרחיבים את הפטור, כיוון שיש לו שותף הוא פוטר אותו מאחריות לתשלום גם כשהוא פטור.

חיוב המזיק בשותפות, ששותפו לנזק ברח או אין לו לשלם.

כפי שראינו לעיל השותפים להזק מתחלקים בתשלום הנזק ולדעת רבי נתן כאשר אחד השותפים אינו בר חיוב חבירו נושא באחריות לתשלום כל הנזק, אולם יש לברר מה יהיה הדין כשהשותף הוא בר חיוב וגם הוא נושא באחריות על הנזק, אולם אין לו אפשרות לשלם או שהוא ברח ואיננו, האם גם בסיטואציה זו נאמר לפי רבי נתן "כי היכא דליכא לאשתלומי מהאי משתלם מהאי"?

טור חושן משפט הלכות נזקי ממון סימן תי:

כט וכתב הרמ"ה דה"ה נמי שנים שמזיקין ושניהם בני חיובא אלא שהאחד ברח או שהוא כאן ואין לו לשלם משתלם מן האחר ודוקא עד שיעור מה דהוה חייב ביה אהאי נזקא היכא דהוה עביד ליה איהו לחודיה אבל טפי לא ע"כ ואין נראה דלא מחייב ר) נתן

היכא דליכא לאשתלומי מאידך אלא היכא שפטור מדינא דכיון שהתורה פטרה אותו שעמו והוא עשה כל הנזק צריך לשלם אבל אם שותפו בר תשלומין אלא שאין לו לשלם למה יפרע הוא בשבילו וכ#כ הר#ר חזקיה ;

ל שור שדחף בהמה לבור האידנא אינו משלם אלא ג) חלקים אף על פי שהשור פטור אף מהרביע שהרי אין דנין דיני קנסות אין בעל הבור משלם אותו בשבילו ;

הטור מביא את דעתו של רבי מאיר הלוי אבולעפיה גם באופן שהשותף בר חיוב אך אין לו ממה לשלם או שהוא ברח, השותף הראשון נושא באחריות לתשלום עד לשיעור שכאילו הוא עשה את הנזק לבדו.

אולם הטור אינו מסכים עם דעת הרמ״ה וטוען שכל מה שחייב רבי נתן את השותף בכל הנזק באופן שחבירו פטור מן הדין ואינו בר חיובא, וכיוון שהתורה פטרה את אחד מהם שותפו מתחייב בכל הנזק אולם במקרה שהתורה כן חייבה את אחד השותפים אך אין לו במה לשלם, מדוע שחבירו ישלם במקומו?! הטור מביא גם את דעת הר״ר חזקיה הסובר במקרה של שור תם שדחף בהמה לבור, שלפי רבי נתן בעל הבור משלם שלושה רבעים ובעל השור רבע, בימנו שאין דנים דיני קנסות ואיו מחיבים את בעל השור ברבע מהנזק, אף על פי כן אין אנו אומרים כיוון שבעל השור אינו מחוייב בתשלום בעל הבור ישלם הכל.

וכן פסק בשו״ע חושן משפט ת״י סעיף לז׳:

*מח) יש מי שאומר הוא הדין לשנים שהזיקו ושניהם בני חיובא- אלא שהאחד ברח או *דן שאין לו במה לשלם- משתלם מהאחר *גן ~נ / עד שיעור מה שהיה הוא חייב על נזק זה אילו עשאו לבדו- ד מט) ויש חולקין דכיון דחבירו מדינא בר תשלומין אלא שאין לו מה לשלם- למה יפרע זה בשבילו- נ) ולפי זה שור שדחף בהמה לבור- האידנא אינו משלם אלא ג) חלקים- אף על פי שהשור פטור אף מהרביע- שהרי אין דנין דיני קנסות- אין בעל הבור משלם אותו בשבילו*

את טעם המחלוקת בניהם ניתן להסביר בשני אופנים:

הסבר ראשון: לדעה שבברח אינו משלם - השותפות יש בכחה לפטור כל שותף מהאחריות לתשלום כל הנזק כששניהם ברי חיוב, ובכך אין זכות לניזק לגבות ממי שירצה, משום שהיא מחלקת את האחריות לנזק, או משום שמחלקת את האחריות לתשלום , אך אין בכחה לפטור את השותף מתשלום כל הנזק שחבירו אינו בר חיוב, אולם אם חבירו בר חיוב האחריות כבר נחלקה בינהם, וזה ששותפו אינו יכול לשלם זה ענין אחר ושלב שני, שאינו קשור לאחריות הנזקית המשותפת. לעומת דעת הרמ״ה שאחריות השותף נמשכת כל זמן שחבירו אינו יכול משלם. (להלן נראה את הטעם לכך לדעת השערי יושר)

הסבר שני : בים של שלמה מסכת בבא קמא פרק ה סימן מ׳ הסביר דעת החולקים על הרמ״ה באופן אחר:

*ונראה שמה שנמצא בתשובתו שנייה הוא העיקר- כי כמו כן כתב המרדכי *סימן נ#חן בשמו/ ובודאי חזר מדבריו הראשונים/ והטו#ר *סימן ת#ין השיג על הרמ#ה וכן פסק ה#ר *יחזקאלן יחזקיהו| כדברי מהר#ם האחרונים/ וכן יראה לי- כי מצאתי בספרים מדויקים- שכתב בתחילת הסוגיא- כל היכא דלא אפשר לאשתלומי כו- משמע שאינו מן האפשרי לעולם/ אבל היכא שברח והעני איכא מן האפשרי/ והיכא שלוו שנים כאחד- או שנתערבו כאחד- כתבתי בפ) בית כור סי) ט#ו/ והאידנא דלא מגבינן דיני קנסות- אם דחף שור הבהמה לבור- אפילו פקחית/ אזי משלם בעל הבור ג) חלקים- והרביעי מפסיד הניזק/ דליכא למימר מאי דליכא לאשתלומי כו/ מאחר שיכול להשתלם ממנו- כגון אם תפס- כדאיתא בפ#ק/ ועוד שאם יבנה בית המקדש יכול להשתלם ממנו/ וכן נמצא בפסקי מהרי#ח *חג#א סימן י#בן- וכן הסכים הטו#ר *שם/*

לטענתו במקרה שהשותפים בני חיוב, אלא שלא ניתן ואין אפשרות כלל לעולם לגבות משותף אחד , כולם מודים שגובים מהשותף השני כרבי נתן, ובזה גם החולקים על הרמ״ה מודים שגובים מהשותף השני, אלא כל מחלוקתם היא במקרה שהיה ניתן לגבות או שישנה אפשרות בעתיד לגבות

כגון שיתעשר העני או יחזור מי שברח וכדומה לדעת הרמ"ה גם במקרה זה גובים מן השותף את חלקו של זה שברח ולדעת החולקים אין גובים. זאת אומרת כדי לחייב את אחד השותפים בכל הנזק אין הדבר תלוי האם השותף האחר הוא בר חיוב או לא, אלא הדבר תלוי האם ניתן לגבות מהשותף האחר או לא. לדעת הרמ"ה די שלא ניתן לגבות בפועל כעת כדי לחייב את השותף האחר בכל הנזק, ולדעת הטור דוקא במקרה שלא ניתן לגבות לעולם.

וכך הוא מסביר את מחלוקתם בקנס - לדעת הרמ"ה כיוון שלא ניתן לחייב את בעל השור בימינו בפועל משום שאין דנים דיני קנסות, אזי משתלם מחבירו השותף, ולדעת הר"ר חזקיה אין כאן הדין שלא יכול להשתלם מחבירו, כיוון שיש אפשרות להשתלם כגון ע"י שיתפוס הניזק או שיבנה בית המקדש וידונו בדיני קנסות.

בין שני ההסברים במחלוקת בין הרמ"ה לטור יכולה להיות נפקא מינא במספר מקרים. כגון בשני שוורים תמים ששניהם חייבים משום קנס ואחד השותפים לנזק קדם והודה ובכך נפטר מתשלום, האם האם נחייב את שותפו בחלקו? וכך כותב המנחת חינוך מצוה נא:

/ וע) בטור וש#ע שני דיעות דיעה א) סוברת דכמו שאם א) פטור מדינ) השני חייב מדר#נ ה#ה בשניהם בני חיובא רק א) ברח או אין לו לשלם משלם השני עבורו ויש סוברים דוקא אם א) פטור מדינא משלם השני אבל אם השני ג#כ ב#ח רק דאין לו לשלם א#צ השני לשלם עבורו וע) ש#ך שם ואני מסופק להדיעה דמחלקין בין היכי שפטור מדינ) ובין שהוא חייב רק שברח או העני מהו הדין אם שניהם תמין וחייבים שניהם וקדם א) והודה שפטור מחלקו מחמת מודה בקנס אם השני חייב לשלם בעדו מי נימא דהוי כמו שפטור מדינא דהתורה פטרה אותו אף דפסקינן כר#ע דהוחלט השור ואם אקדשי) ניזק הוי הקדש מודה בקנס פטור ונעקר למפרע הקדישו א#כ הוי פטור מדינא וחייב השני לשלם בעדו א#ד דוקא אם בשעת נגיחה הוא פטור מדינא צריך השני לשלם כמו שור הקדש אבל כאן בשעת נגיחה הי) חייב רק הפטור בא אח#כ הו#ל כמו שברח דא#ח לשלם בעד חבירו שהודה

ולדעה ראשונה בכ#ע חייב דלא גרע מברח אך לדיעה השני) אני מסופק אפשר כיון דאגמ#ל דנפטר א#כ פטור מדינא וחייב השני או אפשר כיון דמ#מ בשעת נגיחה היה ב#ח אין השני משלם בעדו וצ#ע

המנחת חינוך מבאר שלדעת הרמ״ה שהוא מחייב את השותף בברח חבירו, והבורח חייב בתשלום רק אינו נמצא לפנינו, על אחת כמה וכמה במודה בקנס שפטור מין הדין בודאי שנחייב את שותפו. אולם הוא מסתפק לדעת הטור האם אין מחייבים את השותף בברח חבירו, כיוון שהבורח הוא שותף לנזק וחייב מן הדין רק שאיננו, לעומתו מודה בקנס פטור מן הדין שהרי מודה בקנס פטור וכיוון שהתורה פטרה אותו שותפו ישא בתשלום, או מאידך גיסא מודה בקנס בשעת ההיזק הוא היה שותף לנזק, והיה בר חיוב ורק לאחר מכן הודה, וכיוון שהיה שותף בר חיוב בשעת ההיזק, על זה לא אמר רבי נתן ״כי ליכא ..״ המנחת חינוך מסביר את טעם המחלוקת בין הרמ״ה לטור כהסבר הראשון שהבאנו לעיל ולכן הוא מסתפק בדעת הטור.

השערי יושר אף הוא מסביר את המחלוקת כהסבר הראשון אך הוא מביא טעם אחר ומגיע למסקנה אחרת בנדון של מודה בקנס וכך הוא כותב בשערי יושר שער ז׳ פרק כא׳

ופליגי בזה הפוסקים- אם משעת הנזק היו שניהם בני חיובא ואח#כ ברח או אין לו לשלם- דכיון דמתחילה לא נתחייבו כל אחד רק חצי התשלומים- דאי אפשר שיתחייבו יותר מחצי תשלומים- שוב לא יתחייב אחד בעד חבירו- ושיטת הסוברים דגם אם ברח משלם השני- הוא בגדר ערבות- כמו שכתוב בתשובות מיימוני- הובא בביאור הגר#א שם בסימן ת#י סקמ#ח- ומדמה זה לשנים שלוו יעו#ש/ הייט כיון דמצינו חיובים כה#ג- שלאחד שעבוד הגוף לשלם בעד חיוב של חבירו- כמו כן הכא כיון שאם היה אחד פטור מתחילה היה מתחייב השני במלו- אלא מחמת שהיה בר חיובא אי אפשר שיתחייב מתחילה יותר מחצי תשלומים- אבל חיוב בגדר ערבות אפשר לכל אחד להתחייב מתחילת המעשה- כן נראה לענ#ד שורש מחלוקתם של הראשונים ז#ל בזה/

תקכט והנה בדין חיוב ערבות קיי"ל היכא דליכא לוה ליכא ערב- ולפי"ז י"ל דרק אם ברח או אין לו לשלם- חייב השני בגדר ערבות- אבל בנידון דידן שהשני נפטר מחיובו- אם מחמת שהודה או אם העלים את השור- וליכא כפית בי"ד דאז פטור מקנס גם מדין שמים- או כמו שמיירי התוס) שהשני פטור מחמת ספק- כל כה"ג ליכא לחייב את הראשון משום חיוב ערבות- ואם נבוא לחייבו למפרע בכולו- מחמת השני נפטר ע"י הודאתו- או שנפטר מחמת העדר כפית בי"ד- ונאמר לדמות זה כמו אילו היה לאו בר חיובא- זה אינו- דעכ"פ משעת המעשה חל הדין על כל אחד רק בחצי תשלומים- וסיבה הפוטרת לאחד נתחדשה אח"כ- ולכן נלענ"ד דבכה"ג ליכא דינא דרבי נתן- דאי ליכא לאשתלומי מהאי משתלם מהאי.

הוא מסביר את דעת הרמ"ה שגם בברח משלם הוא מדין ערבות, זאת אומרת שכל שותף בשעת הנזק התחייב על חלקו בנזק, ובנוסף על חלק שותפו מדין ערבות. החיוב משום ערבות נוצר כבר בשעת ההיזק ואם חבירו ברח מתחייב שותפו לשלם מדין ערב, על כל פנים גם ערב מתחייב לשלם כשיש לווה והוא אינו בר גביה, אולם כשאין לווה גם אין ערב, אם כן אומר השערי יושר במודה בקנס כיוון שהוא פטור, דומה הדבר ל"שאין לווה" והשותף לנזק גם אינו ערב לנזק, הנובע מכך שגם לדעת הרמ"ה במודה בקנס אין לחייב את השותף בחלקו. הוא הדין לדעת החולקים.

אולם על פי ההסבר השני (לפי הים של שלמה) במקרה שלעולם לא יהיה ניתן לגבות מחבירו כלום מודים שמחייבים את השותף, הרי במודה בקנס שפטור מן הדין ודאי שאי אפשר לגבות לעולם, על כן בין לרמ"ה ובין לטור נחייב את השותף השני בחלקו, אולם הים של שלמה עצמו בסכת בבא קמא פרק ה סימן מ' כותב אחרת :

ונ"ל- אף היכא שהיו דנים דיני קנסות- והודה בעל השור- ונפטר- כדרך המודים בקנס, אינו גובה מבעל הבור- דכלל הדבר- דלא אמרינן כי ליכא לאשתלומי כו', אלא היכא שפטור לגמרי, ואי אפשר להשתלם ממנו, ואם שור הדיוט ושור הקדש שנגחו- בזמן

שהיה מועד- משתלם מן ההדיוט הכל/ והאידנא דליכא מועד- אי תפס משל הדיוט- גבה ח#מ

ופוסק במודה בקנס אין לחייב את שותפו בעל הבור ברבע הנזק של בעל השור אפשר לומר שכוונתו שעדיין הניזק יכול לתפוס עוד לפני שהודה בעל השור והיה זוכה גם ברבע הנזק ועדיין זה נקרא שיכול לבוא לידי גבייה.

לעומת זאת במקרה שהזיק ישראל עם גוי בשותפות ולא ניתן לגבות מהגוי כיוון שבדיניהם אינו חייב, בים של שלמה מסכת בבא קמא פרק ה סימן מא פסק כך :

מא/ דין ישראל וגוי שותפין- שעשו סחורה עם ישראל- ואנוהו ובדין אומות לא יכול להשתלם מן הגוי/ משתלם הכל מישראל- אבל אי הוי כה#ג שאף בדיניה יכול להשתלם/ רק שהגוי זה אלם הוא/ הישראל משלם חלקו- ותו לא;

פסק; מצאתי באשר#י ישן בהג#ה וז#ל- כתב בה#ג תשובה בשם גאון ז#ל/ שאם ישראל וגוי הוו שותפין בעיסקא- ועשו סחורה עם יהודי אחר/ ואנוהו לישראל דעבד סחורה בהדייהו יותר משתות/ דינא הוא דמחייב בכל האונאה/ אף על גב דליכא לאשתלומי מגוי- משתלם מישראל- כר) נתן/ וצ#ע עכ#ל/ ואמת שהדברים צריכין עיון גדול/ דמ#ש מאחד שהעני או ברח- דכתבנו לעיל דפטור השני/ ולא אמרינן מאי דליכא לאישתלומי כו)- לפי שהוא בר תשלומין/ ה#נ גבי גוי- אף דליכא לאישתלומי מיניה/ סוף סוף הוא בר חיובא להחזיר האונאה/ //// ////וא#כ שפיר איכא לאישתלומי מיניה/ רק שהוא אלם- או שאין דיניהם נותן להחזיר האונאה/ א#כ מ#ש מברח והעני- או האידנא דלא גבינא דיני קנסות/ אפ#ה קרוי שפיר איכא לאישתלומי מיניה/ ומ#מ קשה לחלוק על הגאונים- כי דבריהם דברי קבלה/ ונראה טעמייהו- דשפיר חשיב ליכא לאישתלומי כו)/ לפי שבדיניהם אין דנין כלל על סתם אונאה- ואומרים ע#ד מליצה- פתח עיניך ולקח/ וא#כ אינו מן האפשרי כלל לאשתלומי מיניה/ ואינו דומה לברח או העני- אפילו בשעת ההיזק/ מ#מ איכא מן האפשרי לאישתלומי מיניה שיתעשר- או ימצא כדי ידו/ וכן האידנא- אף דלא מגבינן

דיני קנסות/ אפ#ה איכא מן האפשרי לאשתלומי מיניה- היכא שיתפוס- כדפי) לעיל- מה שאין כן בנדון זה/ ועוד יראה לדון כדין הגאון- כי מסתמא ישראל זה שנתאנה סמך דעתו על הישראל/ ולא על הגוי- שכל דבריהם שקר ותרמית/ וא#כ הוי כאילו הוא כולו הזיקא לחודא עבד/ וגם כן ידע דליכא לגבייהו דין אונאה- אלא לגבי ישראל/ ומ#מ היכא שנתאנה במקח טעות- כגון שחמתית ונמצא לבנה- או כסף ונמצא בדיל- או כה#ג דאפילו בדיניהם איכא לאישתלומי מיניה/ א#כ פשיטא דאין הישראל משלם הכל;

הוא מביא בשם בה״ג - כיוון שאי אפשר להשתלם מהגוי משתלם מישראל, אולם הוא מקשה מה שונה ברח והעני שאין מחייבים את השותף מגוי? שהרי גם בגוי הוא בר חיוב רק שלא ניתן לגבות ממנו, ומסביר כיוון שלא ניתן לחייב אותו בערכות הגויים משום שלא נחשב אצלהם למרמה הרי כאילו שלא ניתן לגבות לעולם, ובזה כולם מודים שיש לחייב את השותף. תירוץ זה נכון לשיטתו של הים של שלמה, אך להסבר הראשון לשיטת הטור (ראה לעיל) הרי הגוי הוא בר חיובא רק שלא ניתן לחייבו לשלם מדוע הוא שונה מקנס שהוא בר חיובא רק לא ניתן לחייבו ושם ללא הטלנו את החיוב על שותפו אפשרות אחת אפשר לומר שדעת בה״ג היא כרמ״ה ולא כטור.

מצד שני גם על הים של שלמה קצת קשה שהרי ראינו לעיל לגבי קנס שכתב שאם יבנה בית המקדש ידונו בקנסות ולכן נחשב הדבר שיש אפשרות לגבות, הוא הדין בגוי שאם יבנה בית המקדש יד ישראל תיהיה על העליונה ויהיה ניתן לגבות, יתכן והים של שלמה חש בקושי הזה והביא תירוץ נוסף, והוא שכיוון שהישראל שהונו אותו סמך בעיקר על הישראל ולא על הגוי, נחשב לכאורה שהישראל עשה את כל הנזק ומכח זה מתחייב גם בחלקו של הגוי. לפי תירוץ זה, הדבר מסתדר גם לדעת הטור להסבר הראשון לא בגלל שלא ניתן לגבות מהגוי מחייבים את הישראל בכל ההונאה, אלא בגלל שהוא נחשב למזיק בהכל שעליו סמך הישראל הניזק. ולכאורה לא היתה כאן שותפות אלא מזיק אחד.

מקרה נוסף שמובא בקצות החושן סימן ת״י שאחד השותפים נפטר מתשלום מדין של קים ליה בדרבא מינה:

*ובפרק הפרה דף נ"ג *ע"ב) אמר רבא שור ואדם שדחפו לבור לענין נזקין כולן חייבין- לענין כופר ושלשים של עבד שור חייב אדם ובור פטורין- וכתב רש"י ז"ל- אדם ובור פטורין אדם דהא בר קטלא הוא/// וכיון דקים ליה בדרבה מיניה מדינא חייב אלא שאין הב"ד כופין אותו ואי תפס לא מפקינן מיניה וכמ"ש רש"י בפרק הפועלים *ב"מ) דף צ"א *ע"א ד"ה רבא אמר אתנן ע"ש- א"כ אמאי משלם השור כופר שלם מדינא דר) נתן כיון דפטורא דאדם אינו אלא משום קים ליה בדרבה מיניה וא"כ מדינא אדם נמי חייב אלא שאין הב"ד כופין אותו- והו"ל כהאי דהר"ר חזקיה דשור ובור שהזיקו ביחד דבעל הבור פטור מלשלם חלק השור כיון דמדינא חייב אלא שאין הב"ד כופין אותו/*

ולכן נראה מדברי רש"י דס"ל נמי כשיטת הרמ"ה ותשובת מיימוני דאפילו היכא דחייב מדינא אלא שברח או שאין לו לשלם משלם מדר) נתן וכיון דאין ב"ד כופין אותו הו"ל כברח/

לגבי שור ואדם שדחפו עבד לבור האדם פטור מכופר ושלושים, רש״י מסביר שכיוון שחייב מיתה קים ליה בדרבא מינה ופטור מכופר ושלושים שאין בית הדין כופין אותו, אם כן מדוע בעל השור צריך לשלם כופר שלם מדין ״דליכא לאשתלומי..״ הרי האדם הוא בר חיוב רק שאין כופים אותו לשלם ודינו דומה לברח שבאנו למחלוקת הרמ״ה והטור , מצד אחד נראה מדברי הקצות כהסבר הראשון שמדמה אותו לברח כיוון שהיה בר חיוב ורק נפטר משום קים ליה, מאידך גיסא כותב הקצות שאם תפס לא מוציאים ממנו ז״א כהסבר השני כיוון שיש אפשרות גביה זה דומה לברח. על כל פנים סובר הקצות שנראה מדברי רש״י שסובר כדעת הרמ״ה שגם בברח חל דינו של רבי נתן דכי ליכא לאשתלומי ..״.

שותפים בבור

תלמוד בבלי מסכת בבא קמא דף יט עמוד ב:

התרנגולין מועדין להלך כדרכן ולשבר וכו׳/ אמר רב הונא; לא שנו אלא שנקשר מאליו- אבל קשרו אדם . חייב/ נקשר מאליו מאן חייב@ אילימא בעל הדליל- היכי דמ@ אי דאצנעיה- אנוס הוא׳׳ ואי לא אצנעיה- פושע הוא׳׳ אלא חייב בעל תרנגול- מאי שנא כוליה נזק דלא@ דכתיב; כי יפתח איש בור- ולא שור בור- חצי נזק נמי איש בור ולא שור בור׳׳

הגמרא דנה במקרה שנקשר דליל (חפץ כלשהו) לרגלי התרנגול והתרנגול הוליכו למקום אחר , והדליל הזיק לאחר שנח והזקו הוא משום בור, במקרה שבעל הדליל לא הצניעו אומרת הגמרא פושע הוא, ורש״י מבאר שצריך לשלם נזק שלם , שהרי בורו הוא שהשליכו לרשות הרבים. ויש לומר אף שבעל התרנגול גם פשע וגם הוא שותף לנזק מכל מקום בעל הדליל פשע יותר לפיכך החיוב לשלם את מלא הנזק מוטל עליו.

השיטה מקובצת מסכת בבא קמא דף יט עמוד ב מביא את דעת המהר״י כץ שכל הדין של הגמרא הוא אליבא דרבי נתן :

אי דלא אצנעיה פושע הוא. - פירוש בעל הדלי׳ ותימה דבעל תרנגולים נמי פושע הוא שלא שמר תרנגולו׳ וכי תימא שאין דרך תרנגולים לילך בחצר אחרת ומשום הכי לא הוי בעליו פושע ליתא דהא תנן התרנגולים מועדין להלך כדרכן ולשבר׳ והא נמי אין לפרש דכי פריך פושע הוא פירוש איהו נמי פושע כמו בעל התרנגולים דחדא דלישנא לא משמע הכי ותו דהוי ליה לאקשויי איש בור ולא שור בור׳ וי#ל דאף על גב דתרווייהו פושע הוו סברא הוא לאחיובי טפי בעל הדליל נזקא כיון דבעל תרנגול נפטר מטעם דאיש בור ולא שור בור דהך סוגיא אזלא כרבי נתן דאמר כי ליכא לאישתלומי מהאי משתלם מהאי ונצטרך לאוקמה בהאיך לישנא דקאמר התם האי כוליה היזקא עביד וכו) ואפילו ללישנא דקאמר התם האי פלגא היזקא עבד יש לחייב את בעל הדליל בכוליה היזקא מטעם דמפרש התם מצי אמר ליה ניזק אנא תוראי בבירך אשכחתיה׳ ועוד יש לומר דאפילו לרבנן דפליגי התם עליה דרבי נתן הכא מודו דבעל הדליל הוי פושע יותר מכיון שדרך הדליל ליכרך סביב רגל התרנגולים והוי ליה כמו אבנו וסכינו שנפלו

ברוח מצויה דמשלם נזק שלם אף על גב דרוח נמי מסייע ולא אמרינן כי ליכא לאישתלומי מהאי לא ישתלם מהאי, ודוחק לפרש כן משום דרוח לאו בר תשלומין הוא כלל, מהר#י כהן צדק ז#ל

המהר״י כץ מקשה מדוע מחייבים את בעל הדליל בנזק שלם הרי גם בעל התרנגול שותף לנזק שהרי לא שמר תרנגולו, מסביר המהר״י כץ, שכל הסוגייא היא לפי שיטת רבי נתן, על אף שבעל התרנגול ובעל הדליל שותפים לנזק, כיוון שבעל התרנגול פטור מגזרת הכתוב ״איש בור ולא שור בור״, בעל הדליל ישלם את מלא הנזק כיוון ״דכי ליכא לאשתלומי מהאי אשתלומי מהאי״ וכרבי נתן. לעומת זאת לשיטת חכמים בעל הדליל חייב בחצי נזק בלבד.

יצא אפוא שאם נאמר שבעל הדליל ובעל התרנגול נעשו כשותפים בבור, הרי ששותפות בבור גם מחלקת את הנזק בין השותפים, ומשמע שכל אחד נעשה בעליו של חצי בור, ולפי זה לדעת מהר״י כץ - בבור שעשו אותו שני שותפים כדוגמא שהביא רבי יוחנן כגון שעקרו חוליה אחת ביחד, גם שם באנו למחלוקת רבי נתן וחכמים, ולכאורה לדעת חכמים שאחד מהם פשע אין לחייבו יותר מחצי נזק כמו בתרנגול ודליל, שכן לשיטתו דעת חכמים בעל הדליל חייב חצי נזק, וכל הסוגייה היא לדעת רבי נתן.

לעומתו החזון איש סובר שכל הנזק שייך לכל שותף, השולחן ערוך חושן משפט הלכות נזקי ממון סימן תי כותב:

כסהו הראשון- ובא השני ומצאו מגולה ולא כסהו- השני חייב, ועד אימתי יהיה השני חייב לבדו- לזו ~מא ו עד שידע הראשון שהבור מגולה- וכדי שישכור פועלים ויכרות ארזים ויכסנו

החזון איש בבא קמא סי ה׳ סיי יח׳ מקשה מדוע שהשני התחייב בכל הנזק ולא רק על חלקו בחצי נזק, והחצי השני יפסיד הניזק כיוון שהראשון אנוס:

משמע שהשני חייב בכל נזק- ויש לעי) כיוון דהוי בור השותפין והראשון אנוס לא יהא חייב אלא חלקו וחציו השני יפסיד הניזק שהרי הראשון אנוס- /// /// והיה נראה דאתיא כר#נ ומחייבינן

חשני משום דליכא לאשתלומי מראשון- אבל קשה לדעת הר#מ והרמב#ן דאין גובין מבשרן כנגד אימוריהן דבחד גופא ליתא לדר#נ למה יהא השני חייב בכל- // /// ואפשר דדוקא בבשר ואימורין שכל אחד הוא נפרד מחברו אבל שותפין בבור ודאי כל אחד כולי היזקא עביד ואפשר דרבנן דר#נ מודים בזה.

הוא מעלה אפשרות שזו למעשה דעת רבי נתן, ומחייבים את השני כיוון שהראשון פטור, אולם הדבר קשה שלשון השו״ע כדעת הרמב״ם והרי הרמב״ם והרמב״ן דעתם בשור של שלמים שהזיק אין גובין מהבשר כנגד האימורין, וכיוון שההיזק בא מגוף אחד גם רבי נתן מודה שאין מחייבים את השני, לכן סובר החזון איש שבבשר ואימורין הם שני דברים נפרדים ,ולכן שם אפשר לומר שכל אחד פלגא היזקא עבד ואין לחייב את השני בחלקו של הראשון, לעומת בור העירבוב הוא מלא, הם למעשה שותפים בכל הבור אין פה הפרדה של חלקים שונים (בשונה משור של שלמים שהבשר והאימורים ניכרים ורק ההיזק משותף), ולכן בבור אפשר לומר שכל שותף כולי היזקא עבד, אי לכך גם לדעת חכמים השני התחייב בכל הנזק משום שהוא נחשב שעשה את כל הנזק ולא משום ״דכי ליכא ״.

אולם מאידך גיסא אפשר לומר שאין החזון איש חולק על המהר״י כץ לעניין שותפות בבור, אפשר לומר שבתרנגול ודליל אינה כשותפות בבור אלא שותפות בהזק, שלולי התרנגול לא היה הדליל מזיק והתרנגול הוא גרם לדליל להזיק. וכך נראה מטורף דבריו של מהר״י כץ, שדן שגם על צד הלשון השניה שפלגא היזקא עבד, אפשר לחייב את בעל הדליל בנזק שלם שיכול הניזק לומר ״אנא תוראי..״ לכאורה אם נאמר שהם כשותפים בבור לא שייך לומר ״אנא תוראי בבורך ״ שהרי הבור של שניהם.

לסיכום: לדעת החזון איש - בשותפות בבור כל שותף נחשב כבעל כל הבור ואחראי לכל ההיזק גם לדעת חכמים דרבי נתן. ולדעת המהר״י כץ כל שותף חייב בחצי נזק ורק לרבי נתן שאחד פטור השני מתחייב בכל הנזק משום ״דכי ליכא״, ואפשר שמהר״י כץ התיחס לתרנגול ודליל כשותפות בהיזק ובשותפות בבור דעתו כחזון איש.

לענין חלוקת הבעלות של שותפים בבור וההשלכה על אחריותם לנזק דן התלמוד במסכת בבא קמא דף נא עמוד ב:

המדלה מים מן הבור- ובא חבירו ואמר לו הנח לי ואני אדלה מים- כיון שהניחו משתמש . פטור. רבי אליעזר בן יעקב אומר; משימסור לו דלית. במאי קמיפלג@ רבי אליעזר בן יעקב סבר; יש ברירה- האי מדידיה קא ממלא והאי מדידיה קא ממלא. ורבנן סברי; אין ברירה.

השואב מים מן הבור ובא חבירו שהוא שותפו בבור ואמר לו הנח לי ואני אשאב ולא כסהו השני ומישהו ניזוק, חכמים סוברים כיוון שהראשון הניח לשני להשתמש בבור הראשון פטור ולדעת רבי אליעזר בן יעקב אין הראשון פטור עד שימסור לו את הכיסוי לבור. הגמרא מסבירה את מקור המחלוקת רבי אליעזר סובר יש ברירה וכל אחד בזמן שממלא ממלא מבור השייך לו, ורש״י במקום מסביר:

והאי מדידיה קממלא . ולא הוי ליה שני שואל על חלקו של ראשון שיהא כולו מוטל עליו לשומרו הלכך אם הזיק שניהם חייבין אבל מסר לו את הדלי נעשה זה שומר שקיבל עליו לכסותו.

לדעת רבי אליעזר אף שהניח הראשון את השני להשתמש בבור כיוון שיש ברירה השני אינו נחשב שהוא שואל את חלק חבירו, לכן אין לו אחריות כשואל שיהיה מוטל עליו לשמור את חלק חבירו ולכן ברגע שהזיק שניהם חייבים בשווה אא״כ מסר לו דליו שהראה בכך שמסר את האחריות לשני והשני קיבל. לעומתו חכמים סוברים שאין ברירה ולא הוברר שהבור שייך לשני בלבד אלא הוא משתמש בבור השייך לשניהם ולכן לשיטתם בכל פעם שאחד שואב מים הוא נעשה כשואל את חלק חבירו וחייב לשמור על הבור. אך יש לעשות בירור לשיטת רבי אליעזר, אם נאמר שבשותפות לכל אחד יש בעלות על חצי מהבור מה יעזור לנו שיש ברירה, הברירה הרי יכולה לברר איזה חצי שייך למי אבל תמיד החצי השני הוי כשואל. אנו נסביר את המחלוקת בניהם לסברת הרמב״ן הרשב״א הרמב״ם ולסברת הר״ן (ליתר פירוט ראה לעיל פרק רביעי סוגיית נדרים)

לסברת הרמב״ן – אין זו ברירה ממש כפי שאנו מכירים, אלא זהו כחצר שאין לה דין חלוקה שכך הוא דרך תשמישו שכל אחד משתמש בכולו, ולכן כל אחד בעלים על כולו ואין כאן התבררות למפרע, הוא הדין בבור יש ברירה לרבי אליעזר הכוונה שכל אחד בעלים על כל הבור וכל אחד

שמשתמש משתמש בשלו בלבד, ואין הוא נקרא כשואל על חבירו, ולכן כשיש ניזוק יש שני בעלים, ושניהם חייבים ואין כאן מסירה כשואל על חבירו, אלא אם כן יעביר לו דליו שמראה שהשני קיבל עליו אחריות לכסותו. ז״א לשניהם יש בעלות על הכל (ואינה מחולקת בצורה גאוגרפית או על כל גרגיר וגרגיר), או שותפות בבעלות.

לסברת הר״ן – לר״ן קשה על הרמב״ן כיוון שאי אפשר לומר שהיא שייכת לשניהם או שהיא שייכת לראשון או לשני וכן הלשון של ברירה אינה מתאימה לפירוש הרמב״ן, לכן מגיע הר״ן למסקנה שהמחלוקת בניהם היא אם יש ברירה אך הברירה אינה ברירה רגילה, כיוון ברגע שקנו את השדה שאינה ניתנת לחלוקה או הבור, על דעת כך לקחוהו שבזמן שהשתמש בו אחד מהם תיהיה כולה שלו, מה שמתברר זה רק זמן השימוש, בזמן שאחד משתמש הוי כשלו ולכן גם במודר הנאה יכול להשתמש שאינו נהנה משותפו כלום שהכל שלו בזמן השימוש, כעת נבאר שיטת הר״ן בבור, לרבי אליעזר יש ברירה ז״א בזמן שמשתש בבור הוי כולו שלו, ולכן שהניחו הראשון לשאוב אין לשני אחריות כשואל על חלק חבירו, אולם בזמן שגמר להשתמש חוזר הבור להיות של שניהם ושניהם חייבים בשווה אא״כ ימסור דליו, לעומתו חכמים סוברים שאין ברירה והבור תמיד שייך לשניהם ולכן כשהניחו חבירו הראשון לשאוב הוי השני כשואל על חלקו של חבירו וכל זמן שלא כסהו הרי הוא אחראי היחידי על הבור.

לסיכום ההבדל בין הרמב״ן לר״ן לשיטת רבי אליעזר , לרמב״ן שניהם תמיד נחשבים בעלים על כל הבור ולדעת הר״ן כל אחד נחשב בעלים על כל הבור רק בזמן השימוש.

סיכום

בפרק זה עסקנו בשנים שגרמו להיזק , וההיזק הוא משותף לשניהם, בו נתבאר מה חלק כל אחד מהמזיקים בנזק, את מי מהם יכול לתבוע הניזק ובאיזה חלק בנזק, מה הדין שאחד מהמזיקים פטור או שאינו בר חיוב או שאינו יכול לשלם, הצגנו את הדעות השונות בגדר השותפות בניהם וכיצד היא משפיעה על פסיקת ההלכה.

בהיזק של בור ושור ראינו את שיטת חכמים שאף ששותף אחד פטור אין מחיבים את חבירו בכל הנזק, לעומת דעת רבי נתן במקרה שהאחד פטור מחייבים את השני בכל, והגמרא הביאה שני שני דעות מדוע מחייבים את בעל הבור בנזק שאין בעל השור פטור:

1. אפשרות ראשונה, **בעל הבור נחשב שעשה את כל הנזק**, הוא נושא באחריות וחייב להשלים לניזק את תשלום הנזק כששותפו פטור, ולכן אנו אומרים *" וכל היכא דלא אפשר לאשתלומי מהאי משתלם מהאי"* ודבר זה אינו יחודי לבור אלא לכל שותפים בהזק, מצד שני אם כל צד נחשב שעשה את כל הנזק מדוע רק במקרה שלא יכול לתבוע מהאחד תובע מהשני, שכבר לכתחילא יתבע את כל הנזק מאחד מהם שירצה. בדומה לגזל ובא אחר ואכלו, שאין זה מונע מהבעלים לתבוע מי שירצה ולא דורשים ממנו לתבוע כל אחד בחצי מהנזק. אם כן, מדוע בשני מזיקים לדעה הסוברת כוליה היזקא עבד, אין אנו מאפשרים לבעלים לתבוע את מי שירצה?

וביאר השערי יושר שער, שיש לחלק בין שני המקרים, שבגזל ובא אחר ואכלו אין שני האנשים שותפים במעשה ההיזק עצמו, אלא שניהם מתחייבים על אותו חפץ, כאשר כל אחד עשה מעשה בפני עצמו לבדו, שעל זה לבדו יכול להתחייב עליו ללא תלות בשני, לעומתם שנים שהזיקו במשותף על אף שאנו אומרים שנחשב כל אחד שעשה כוליה היזקא אין הכוונה שכל אחד עשה לבדו מעשה גמור שהזיק, שהרי היה לו שותף שסייע במעשה ההיזק ומעשה ההזק לא היה מושלם והיה חסר, אלא שאנו מחייבים כל אחד גם על מעשה חבירו, ולכן רק במקרה שאינו משתלם מאחד מחייבו רבי נתן, אך ששניהם בני חיוב מודה רבי נתן שהנזק מתחלק בין שניהם ואינו תובע ממי שירצה.

וכן כשהשותפים בהיזק שניהם בני חיוב הרי לכולי עלמא מתמעט חלקו של כל שותף בתשלום הנזק, השאלה היא מהו הגורם לחלוקת התשלום בנזק האם בעקבות השותפות אנו ממעטים חלק כל שותף במעשה הנזק עצמו, או שעדיין אנו אומרים כל אחד

עדיין נחשב הגורם שעשה כל הנזק אלא שאחריות והתשלום מתחלק עם שותפו.

- דעת השערי יושר - שהחלוקה היא במעשה הנזק עצמו, אלא לרבי נתן כשחבירו אינו בר חיוב, הוא מתחייב גם מעשה חבירו מדין ערב, בדומה ללוה שאינו יכול לשלם אזי הערב מתחייב במקומו. הנובע מכך שהשותף חייב רק על חלקו במעשה כשיש לו שותף בר חיוב, וכאשר אין לו שותף בר חיוב, נתחדש עליו חיוב נוסף מדין ערב. ולחכמים כיון שיש לו שותף שמיעט את מעשהו בהיזק אין לחייב אותו אפילו ששותפו פטור.
- אך דעת הברכת שמואל - שכל שותף הוא הגורם לכל הנזק והיה צריך לשלם הכל, אך כיוון שיש לו שותף הוא מתחלק אתו באחריות התשלום, וכשהשותף השני פטור, לרבי נתן חזרה האחריות המלאה לשותף הראשון, לעומתו חכמים מרחיבים את הפטור, כיוון שיש לו שותף הוא פוטר אותו מאחריות לתשלום גם כשהוא פטור.

2. אפשרות שניה **שכל שותף נחשב שגרם למחצית הנזק**, ואחראי למחצית הנזק, ולמרות זאת רבי נתן חייב את בעל הבור בשלושת רבעי הנזק, כיוון שההיזק נשלם ע"י הבור, ונחלקו הפוסקים האם בעל הבור חייב על החלק שמתייחס לשותפו הוא בבור בלבד, או דעת רבי נתן היא , *"כל היכא דלא אפשר לאשתלומי מהאי משתלם מהאי"* הוא בכל שותפים בהזק? התוספות סובר על הצד שפלגא הזקא עבד, רק בבור ניתן לחייבו בחלק חבירו , כיוון שאומר לו הניזק שורי נמצא בבורך, וכך פסק בעל המאור שדין זה שייך בבור בלבד אולם דעת הרמב"ן שהוא הדין בשאר שותפים בהזק.

הסביר הברכת שמואל:

- שלדעת בעל המאור שאנו אומרים פלגא היזקה עבד, הכוונה שהשותף אחראי על חצי נזק ואין לו שייכות לחצי הנזק ששותפו ביצע, לכן ששותפו פטור אין לו כלל מחויבות להשלים את הנזק, אלא אם כן יכול לומר לו הניזק אנא תוראי בבורך אשכחתיה כמו בבור.
- אך דעת הרמב״ן, אומנם השותף נחשב שעשה חצי נזק ואין אנו מחייבים אותו בנזק שלם כששותפו בר חיוב, אך כיוון שהוא השלים את הנזק של חבירו, עדיין יש לו שייכות ואחריות גם לחצי הנזק של חבירו כאשר חבירו אינו בר חיוב, ולכן אומרים דין ״דכי ליכא לאשתלומי..״ ולא דוקא בבור.

בשונה מתוספות והרמב״ן, הים של שלמה מחלק בין המקרים לדעתו יש מקרים בהם דנים את השותפים שכל אחד נחשב שעשה חצי מהנזק ויש מקרים בהם כל אחד נחשב שעשה את כל הנזק.

במקרה ששור דחף שור אחר לבור, שהבור לא היה מזיק בלעדי השור והשור לא היה מזיק בלעדי הבור, אנו דנים שכל אחד עשה חצי נזק, ואין אומרים שהשותף ישלם כאשר חבירו פטור אלא בבור, לעומת המקרה של שני שוורים שנגחו יחדיו, ששם כל אחד עושה מעשה שיכול להזיק בלעדי חבירו, בזה כולם מודים שצריך לדונם שכל אחד נחשב שעשה את כל הנזק, ושם אנו אומרים לדעת רבי נתן שהשותף ישלם כאשר חבירו פטור.

כעת נבאר את דעת רבנן החולקים על רבי נתן וסוברים ״כל היכא דלא אפשר לאשתלמי מהאי <u>לא</u> משתלם מהאי״, ראינו שישנם שלוש שיטות לדעת חכמים האם פלגא היזקא עבד או כוליה היזקא עבד:

- הרמב״ן – לדעת חכמים בודאי שיש לומר שנחשב שעשה חצי נזק, שאם נאמר שנחשב שעשה נזק שלם היו חכמים מחייבים את השותף כשחבירו פטור.
- תוספות רבינו פרץ – אפשר לפרש את חכמים כשני השיטות, גם לפי השיטה שכוליה היזקא עביד, על כל פנים כיוון שהנזק נעשה

בשותפות ואם שותפו היה בר חיוב הינו מחייבים אותו בחצי, כך אין לחייב את השותף למרות שחבירו פטור, וכי מדוע שיפסיד בגלל שהתורה פטרה את חבירו.

- ים של שלמה – לפי סברת התוספות חייבים לומר שדעת חכמים כוליה היזקא עבד ובעל הבור אינו חייב בכל התשלום מגזירת הכתוב.

וכפי שראינו בפרק זה לשיטות השונות יש השפעה על פסיקת ההלכה.

חלק שני:
סוגיות ערבוב נוספות

פרק שנים עשר
בין השמשות

מבוא

בפרק זה נעסוק בזמן המעבר בין היום ובין הלילה הנקרא בפי חכמנו בין השמשות. כדור הארץ הנע על צירו כשהוא משלים סיבוב שלם של לילה ויום מתחלפת היממה, לפי ההלכה היממה מתחילה מהערב שנאמר "ויהי ערב ויהי בוקר יום אחד". ישנם הרבה מצוות ודינים שתלויים בזמן או בתאריך מסויים, בזמן תחילת היממה המצווה מתחילה ובסיום היממה היא מסתיימת כגון שבת, יום טוב, סוכה, לולב, מילה ביום השמיני ועוד, ישנם מצוות ודינים שאינם תלויים בתאריך מסויים אלא זמנם ביום ויש שאין זמנם אלא בלילה, כגון ציצית תפילין קידוש החודש ועוד. זמן המעבר בין היום שישנו אור שמש ובין הלילה שאור השמש אינו נראה נקרא בלשון חכמינו בין השמשות. התלמוד מביא מחלוקת בין התנאים מהו אורך הזמן של בין השמשות, מתי הוא מתחיל ומתי הוא מסתיים, בפרק זה לא נדון במחלוקת הנ"ל, אלא נדון מהי מהותו ומהי הגדרתו של הזמן הזה הנקרא בין השמשות, שהוא למעשה זמן של מעבר מיום ללילה.

סוגיית הגמרא ספק חשיכה ספק אינה חשכה

המשנה בתלמוד בבלי מסכת שבת דף לד עמוד א אומרת :

משנה/ שלשה דברים צריך אדם לומר בתוך ביתו ערב שבת עם חשכה; עשרתם- ערבתם@ הדליקו את הנר/ ספק חשכה ספק אינו חשכה . אין מעשרין את הודאי- ואין מטבילין את הכלים- ואין מדליקין את הנרות, אבל מעשרין את הדמאי- ומערבין וטומנין את החמין .

המשנה אומרת שישנם דברים שאדם צריך לזרז את אנשי ביתו לעשות בערב שבת לפני החשיכה, אולם ישנו זמן שהוא ספק חשכה ספק אינו חשכה (הגמרא בהמשך תקרא לו בשם בין השמשות) ישנם דברים שאסור לעשותם לעשר את הודאי, להטביל כלים ולהדליק נרות, וישנם דברים שמותר לעשותם לעשר את הדמאי לערב ולטמון את החמין.

הגמרא שם בהמשך מקשה:

הא גופא קשיא- אמרת שלשה דברים צריך אדם לומר בתוך ביתו ערב שבת עם חשכה- עם חשכה אין- ספק חשכה ספק אינו חשכה לא. והדר תני ; ספק חשכה ספק אינו חשכה מערבי.

הגמרא מקשה הרי המשנה סותרת את עצמה מצד אחד הרישא של המשנה אומרת שסמוך לחשכה שואל את בני ביתו האם ערבו, משמע שאסור לערב בין השמשות ומצד שני לפי הסיפא מתירה המשנה לערב בין השמשות.

אמר רבי אבא אמר רב חייא בר אשי אמר רב ; לא קשיא- כאן . בעירובי תחומין- כאן . בעירובי חצרות.

הגמרא מתרצת בשם רב, שהמשנה ברישא עוסקת בעירובי תחומין ובזה החמירו חכמים לעשותה לפני זמן בין השמשות ובסיפא עוסקת המשנה בעירובי חצרות רש"י במקום מסביר את ההבדל:

בעירובי תחומין . תיקון מעליא- דאסמכוה רבנן תחומין אקראי- ואפילו למאן דאמר תחומין דרבנן- כדאמרינן בעירובין *נא- א\] ; ילפינן מקום ממקום ומקום מניסה כו\]- אבל עירובי חצרות . חומרא בעלמא הוא- ולא מיקרי שביתה מעלייתא- וספקא דבין השמשות שפיר דמי.

יש איסור לאדם ללכת בשבת יותר מאלפים אמה מקצה העיר שהוא גר בה וזה נקרא תחום שבת. אדם הרוצה לצאת לדבר מצווה מחוץ לאלפיים אמה יכול להניח מזון שתי סעודות מחוץ לעיר בתוך האלפיים אמה ומקום הנחת הסעודה נחשב כמקום מגוריו ומשם יש לו אלפיים אמה. וזה נקרא עירוב תחומין.

עירוב חצרות - מדובר שישנה חצר משותפת למספר בתים הפתוחים אליה, מדין תורה מותר לטלטל ממנה לבתים וכן להפך, אך חכמים אסרו לטלטל

שלא יבואו אנשים להוציא לרשות הרבים והתירו לטלטל ע"י עירוב, שגובים ככר לחם מכל בית ומניחים אותו באחד הבתים ודבר זה מורה שאינם מפרידים רשות איש מרעהו והם כרשות אחת. רש"י מסביר שעירוב תחומין הוא יותר חמור כיוון שאיסור תחומין אעפ"י שהוא איסור מדרבנן יש לו אסמכתא מן התורה לכן נחשב לקנין גמור ואסרו אותו בין השמשות לעומת עירוב חצרות שאין לו אסמכתא מן התורה והוא רק חומרא שמא יתעו בין רשות הרבים לחצר אי לכך אינו קנין גמור, אלא רק כעין סימן והיכר להבדיל מרשות הרבים והתירו לעשותו בין השמשות.

על כל פנים למדנו מן המשנה שישנו זמן שהוא סמוך לחשיכה שהוא מוגדר כיום גמור ומותר לעשות בו מלאכה, ויש זמן מיד לאחר מכן שנקרא ספק חשיכה ספק אינו חשיכה שאינו מוגד כיום גמור כיוון אסור לעשות בו מלאכה מאידך יש עדין מלאכות שאין איסורם מהתורה שחכמים התירו לעשותם לצורך מצווה.

הגמרא מביאה עוד דין הקשור לבין השמשות:

ואמר רבא ; אמרו לו שנים צא וערב עלינו, לאחד עירב עליו מבעוד יום- ולאחד עירב עליו בין השמשות, זה שעירב עליו מבעוד יום . נאכל עירובו בין השמשות- וזה שעירב עליו בין השמשות . נאכל עירובו משחשכה- שניהם קנו עירוב

בעירובי תחומין כדי לקבוע שביתה במקום העירוב יש להניח מזון שתי סעודות ושהעירוב יהיה קיים בזמן כניסת השבת. רבא מביא מקרה שאמרו שני אנשים לאדם לך וערב עבור כל אחד מאתנו עירובי תחומין, לאחד מהם הניח האדם את העירוב בעוד היה יום גמור ולשני הניח את העירוב בזמן בין השמשות, לזה שהניח את העירוב מבעוד יום נאכל הערוב בבין השמשות ולזה שהניח את העירוב בין השמשות נאכל העירוב לאחר בין השמשות שהיה כבר לילה גמור, או כפי שכותב התוספות הוא הדין אפילו לא נאכל כלל. רבא אומר שהעירוב של שניהם תפס ומותר לשניהם להלך אלפיים אמה ממקום שהניחו את העירוב. אך הגמרא מקשה על דינו של רבא :

מה נפשך- אי בין השמשות יממא הוא . בתרא ליקני- קמא לא ליקני" ואי בין השמשות ליליא הוא- קמא ליקני- בתרא לא ליקני" . בין השמשות ספקא הוא- וספקא דרבנן לקולא.

הרי הדבר תמוה ולא יכול להיות ששניהם קנו עירוב שאם נחשיב את בין השמשות כיום, אזי עירובו של השני קנה שהיה קיים בכניסת השבת משום הונח בין השמשות שהוא יום ונאכל לאחר כניסת השבת שכבר חשיכה, לעומת עירובו של הראשון לא קנה, שהרי הראשון עירובו הונח מבעוד יום ונאכל בין השמשות שעודו יום ולא היה קיים בכניסת השבת.

מצד שני אם נחשיב את בין השמשות כלילה, הראשון עירובו קנה שהיה קיים בזמן כניסת השבת שהרי הניח את עירבו מבעוד יום ונאכל בין השמשות לאחר כניסת השבת הנחשב כלילה, לעומתו השני הניח את עירובו בין השמשות הנחשב ללילה ומכיוון שלא היה קיים בזמן כניסת השבת אלא לאחר מכן אין עירובו תפס.

הגמרא מתרצת שבין השמשות הוא ספק, ספק נחשב ליום ספק נחשב ללילה ודברים שאיסורם מדברי סופרים אנו דנים אותם להקל כמו עירובי תחומין, לכן הראשון שנאכל עירובו בין השמשות יכול להחשיב אותו ללילה ונמצא שעירובו היה קיים בזמן כניסת השבת, לעומתו השני יכול להחשיב את בין השמשות ליום ונמצא שעירובו הונח מבעוד יום והיה קיים בזמן כניסת השבת.

התלמוד בהמשך הסוגיא מביא בריתא הדנה לגבי גדרו של בין השמשות, מסכת שבת דף לד עמוד ב:

תנו רבנן; בין השמשות ספק מן היום ומן הלילה- ספק כולו מן היום- ספק כולו מן הלילה . מטילין אותו לחומר שני ימים.

הברייתא מבארת שבין השמשות הוא ספק בשלושה אופנים:

- ספק מן היום ומן הלילה - כלומר ספק יש בו משניהם (בהמשך הפרק נראה שיש לכך פירשונים שונים במפרשים).
- ספק כולו מן היום - שכולו שייך ליום.
- ספק כולו מן הלילה – שכולו שייך ללילה.

ונותנים עליו את חומרת שני הימים שהוא נופל בינהם, למשל בין השמשות בכניסת השבת אסור בעשיית מלאכה שמא הוא לילה ומחשיבים אותו

כשבת לחומרא, וכן ביציאת השבת אסור בעשיית מלאכה שמא הוא יום ועדיין שבת.
רש"י בדיבור המתחיל למאי הלכתא מביא, שאדם העושה מלאכה בכניסת השבת או ביציאת השבת בזמן בין השמשות צריך להביא קורבן אשם תלוי כדין אדם העובר על ספק איסור שחייב על זדונו כרת.
הגמרא כעת מנסה לברר לעניין איזו הלכה אנו מחמירים להחשיב את בין השמשות ליום ולילה מספק זה שאין אנו יודעים מה גדרו של בין השמשות?

אמר מר ; מטילין אותו לחומר שני ימים- למאי הלכתא? אמר רב הונא בריה דרב יהושע ; לענין טומאה- כדתנן ; ראה שני ימים בין השמשות . ספק לטומאה ולקרבן- ראה יום אחד בין השמשות . ספק לטומאה.

לדעת רש"י כפי שהבאנו לעיל לעניין שני הספקות הראשונים ספק כולו יום ספק כולו לילה ההשלכות הן ברורות לגבי מה מחמירים, כגון שאסור לעשות מלאכה בשבת בזמן בין השמשות הן בכניסת השבת והן ביציאתה והעושה בה מלאכה מביא קורבן אשם תלוי, רש"י סובר שהגמרא כעת רוצה לברר איזה חומרא בה להוסיף לנו הספק השלישי שבין השמשות ספק יש בו משניהם.
כדי להבין את הספקות של זב הרואה בין השמשות, ראשית נבאר מספר הלכות של זב הקשורות לענייננו. אדם שנפלט ממנו זרע שלא מתאווה אלא מחולי כל פליטה של זרע נקראת ראיה. וישנם שלוש דרגות לטמאה:

1. אדם הרואה ראיה אחת אינו טמא בטומאת זב, אלא הוא ראשון לטומאה כטומאת קרי, וכדי להטהר הוא צריך לטבול במקווה והוא טמא עד הערב. יום שלם שעבר ללא ראיה מפסיק בין הראיות ומתחילים לספור מחדש, לכן הרואה שתי ראיות ומפסיק בינהם יום שלם, כגון הרואה ביום ראשון ראיה אחת וביום שלישי ראיה אחת הראיות אינן מצטרפות ועדין אין עליו טומאת זב, אלא טובל במקווה וטמא עד הערב

2. אדם הרואה שתי ראיות, בין אם הראיות האלו היו באותו יום ובין אם היו בשני ימים רצופים הוא נעשה זב שהוא אב הטומאה, וכדי להטהר הוא צריך לספור שבעה ימים נקיים ובסוף השבעה יש לו לטבול במים חיים.
3. אדם הרואה שלוש ראיות, הן הרואה אותן ביום אחד הן הרואה אותן בשני ימים רצופים אחת היום ושניים למחורתו או ההפך, ובין הרואה אותם בשלושה ימים רצופים כל יום ראיה אחת, הוא נעשה זב גדול החייב להביא קורבן ביום השמיני לאחר שטבל ביום השביעי.

הלכה נוספת לגבי הראיה שהימים מחלקים את הראיה לשתי ראיות לדוגמא הרואה ראיה אחת ארוכה שהתחילה לקראת סוף יום ראשון ונמשכה עד תחילת יום שני נחשב הדבר כשתי ראיות אף על פי שהיא ראיה אחת מתמשכת כיוון שהיא נמשכה לשני ימים שונים הדבר נחשב לשתי ראיות

כעת נעבור לביאור הברייתא אדם הרואה שני ימים רצופים בין השמשות קיים לגביו ספק בשלוש אפשריות:

- טמא רק בטומאת קרי - כגון הרואה בין השמשות במוצאי שבת ובין השמשות ביום ראשון אם נחשיב את בין השמשות של מוצאי שבת כיום ואת בין השמשות של יום ראשון כלילה אזי הוא ראה ראיה אחת בשבת וראיה שניה בליל שני, כיוון שיום ראשון מפסיק בינהם הוא טמא בטומאת קרי בלבד
- טמא בטומאת זב - כגון הרואה בין השמשות במוצאי שבת ובין השמשות ביום ראשון אם נחשיב את בין השמשות של מוצאי שבת ושל יום ראשון כיום אזי הוא ראה שני ימים רצופים בשבת ובראשון, וכן אם נחשיב את שני בן השמשות כלילה, אזי הוא ראה שני ימים רצופים ראשון ושני וטמא בשניהם טומאת זב, אך אינו צריך להביא קורבן, הוא הדין אם נחשיב את בין השמשות של מוצאי שבת כלילה ואת בין השמשות של יום ראשון כיום אזי הוא ראה שני ראיות ביום ראשון וטמא טומאת זב.

- טמא בטומאת זב גדול החייב בקורבן - כגון הרואה בין השמשות במוצאי שבת ובין השמשות ביום ראשון, אם נחשיב את הראיה של בין השמשות במוצאי שבת או הראיה של בין השמשות ביום ראשון כראיה המתחלקת בין היום ובין הלילה, אזי הוא ראה שלוש ראיות רצופות בשני ימים ודינו כזב גדול החייב בקורבן, והוא הדין אם נחשיב את שני בן השמשות כראיה המתחלקת בין היום ובין הלילה אזי הוא ראה ארבע ראיות רצופות ודינו כזב גדול החייב בקורבן.

אדם הרואה יום אחד בין השמשות יש לגביו שני ספקות:

- טמא רק בטומאת קרי - אם נחשיב את בין השמשות ככולו יום או ככולו לילה אזי הוא ראה ראיה אחת והנו טמא בטומאת קרי
- טמא בטומאת זב - אם נחשיב את הראיה של בין השמשות כראיה המתחלקת בין היום ובין הלילה אזי הוא ראה שתי ראיות רצופות בשני ימים ודינו שטמא בטומאת זב.

עד כה ביארנו בצורה כללית מהם הספיקות שנוצרות לענין חישוב מספר הראיות של הזב, להלן נבאר את התייחסות השיטות השונות לעירבוב שיש לנו בין היום והלילה בבין השמשות.

התלמוד בהמשך הסוגיא מביא עוד עניין הקשור לגדר בין השמשות, כיצד יתכן שיתחייב אדם חטאת ודאית על עבירה שעשה בשוגג בזמן בין השמשות של שבת מסכת שבת דף לה עמוד ב:

אמר רבי יוסי ברבי זבידא; העושה מלאכה בשני בין השמשות . חייב חטאת ממה נפשך/

כפי שראינו לעיל שהעושה מלאכה בשוגג בשבת בזמן בין השמשות או בכניסת השבת או ביציאת השבת חייב להביא אשם תלוי, כיוון שספק עשה עבירה. הגמרא כעת מביאה אפשרות שאדם שעשה מלאכה בזמן שני בין השמשות הן בכניסתה והן ביציאתה יתחייב להביא קורבן חטאת כעושה עבירה ודאית. רש"י מבאר בד"ה ממה נפשך:

ממה נפשך . אי ליליא הוא . חייב על ערב שבת- ושל מוצאי שבת אינו כלום- ואי יממא הוא . חייב על מוצאי שבת- ואין של ערב שבת כלום- וכגון דעבד ליה כל בין השמשות- דליכא לספוקי להאי בתחילתו ולהאי בסופו

/

שאם נניח שבין השמשות הוא כלילה, הרי שעבר איסור שבת בבין השמשות של של כניסת השבת ובמוצאי השבת לא עבר איסור, ואם נחשיב את בין השמשות כיום, הרי שעבר על איסור בבין השמשות של סוף השבת ובכניסת השבת לא עבר איסור, יוצא שבכל מקרה איך שנגדיר את בין השמשות האדם עבר עבירה ודאית.

רש"י מוסיף בסוף דבריו שרבי יוסי עוסק במקרה שהאדם עשה את המלאכה האסורה במשך כל הזמן של בין השמשות גם בכניסת השבת וגם ביציאתה, שאם לא כן אפשר להסתפק ולומר שבכניסת בשבת הוא עשה את המלאכה בחלק הזמן של בין השמשות שעדין יום, ובסוף השבת הוא עשה את המלאכה בחלק הזמן של בין השמשות שהוא כבר לילה, ובשתי הפעמים הוא אינו עבר על איסור שבת בודאות, ולכן לא יהיה ניתן לחייבו חטאת אלא אשם תלוי כאחד שספק עבר עבירה , אלא אם כן הוא עשה את המלאכה לאורך כל זמן בין השמשות הן בכניסת השבת והן ביציאת השבת, שאיך שלא תגדיר את בין השמשות הוא עבר ודאי איסור שבת וחייב חטאת.

לאחר בירור הסוגיות בתלמוד לענין שבת ולענין זב הסתפקנו על גדר של בין השמשות בשלושה אופנים או שהוא יום או שהוא לילה או שיש בו משניהם גם יום וגם לילה, עתה נברר את השיטות בראשונים ובאחרונים וכיצד הם התייחסו לערבוב של היום ושל הלילה בבין השמשות.

בין השמשות כולו יום או כולו לילה או יש בו מן היום והלילה ואין אנו יודעים קו ההפרדה בין היום ללילה.

ראינו לעיל שהגמרא שאלה שמטילין על בין השמשות חומר שני הימים למאי הלכתא? רש"י מבאר ששאלת הגמרא למאי הלכתא? היא לברר באיזה מקרה יש נפקא מינה להלכה שבין השמשות נחשב גם מן היום וגם מן הלילה, רש"י מסכת שבת דף לד עמוד ב:

למאי הילכתא . יטילו עליו ספק שמא משניהם יש בו- בשלמא ספק כולו מן היום . איכא למימר לענין מוצאי שבת להביא אשם תלוי- ספק כולו מן הלילה . לענין לילי שבת- אלא חומר שניהם למאי הילכתא@

מכיוון שלעניין שני הספקות הראשונים ספק כולו יום ספק כולו לילה ההשלכות הן ברורות לגבי מה מחמירים, כגון שאסור לעשות מלאכה בשבת בזמן בין השמשות הן בכניסת השבת והן ביציאתה והעושה בה מלאכה מביא קורבן אשם תלוי, לכן מבאר רש״י שהגמרא כעת רוצה לברר איזה חומרא בה להוסיף לנו הספק השלישי שבין השמשות ספק יש בו משניהם.

וכך מבאר רש״י את הספקות לגבי טומאת הזב שראה בשני בין השמשות (ראה את מקור והסבר הסוגייא לעיל):

ספק לטומאה ולקרבן . ////// כיצד ; שמא בין השמשות הראשון <u>כולו מן היום</u>- ובין השמשות השני <u>כולו מן הלילה</u> . ונמצא יום אחד הפסק בינתיים- וטהור- או שניהם מן היום . דהוו להו שני ימים רצופין- וכן אם שניהם מן הלילה . הוו להו נמי שני ימים רצופין- או שמא אם הראשון מן הלילה והשני מן היום . הוו להו נמי שתי ראיות ביום אחד- וטמא שבעה בכל אלו- ואין כאן קרבן- או שמא שתיהן הראיות היו מקצתן ביום ומקצתן בלילה- ויש כאן שלשה רצופים- וכן אם הראשונה מקצתה ביום ומקצתה בלילה והשניה כולה מן הלילה- או הראשונה כולה מן היום והשניה מקצתה ביום ומקצתה בלילה . הוו להו שלושה ימים רצופין- וטעון קרבן- הלכך ; ספק אף לקרבן ומביא חטאת העוף הבאה על הספק ואין נאכלת- דשמא לאו בר קרבן הוא- ומליקת חולין נבלה- ראה אחת בין השמשות ספק לטומאה . שמא מקצתה ביום ומקצתה בלילה- והיינו חומר שני ימים . וטמא שבעה- או שמא כולה או מן היום או מן הלילה . ואין כאן אלא אחת-

תחילה רש״י מסביר באיזה אופן של הספק טומאתו כטומאת קרי ואינו טמא בטומאת זב, כאשר ראה בין השמשות של שני ימים רצופים (סוף יום

שבת וסוף יום ראשון) אם נחשיב את בין השמשות הראשון כולו ליום ואת בין השמשות השני כולו ללילה, אזי הוא ראה ראיה ראשונה בשבת ושניה בליל שני ויום ראשון מפסיק בניהם, ולכן הוא טמא בטומאת קרי ליום אחד.

בשלב שני מסביר רש״י את האופן שהאדם טמא טומאת זב, אם נחשיב את שני בין השמשות ללילה או שניהם ליום אזי ראה שני ראיות בשני ימים, או אם נחשיב את בין השמשות הראשון ללילה ואת השני ליום אזי ראה שני ראיות ביום אחד ובשינהם טמא בטומאת זב שבעה ואינו חייב קורבן.

בסוף דבריו מסביר רש״י את אופן הספק שהאדם טמא בטמאת זב גדול החייב קורבן, זה אם נאמר שכל ראיה שהאדם ראה היתה מקצתה ביום ומקצתה בלילה והרי יש לנו ארבע ראיות רצופות, או מספיק שרק אחת מהראיות תהיה מקצתה ביום ומקצתה בלילה והרי יש לנו שלושה ראיות רצופות וטמא בטומאת זב גדול החייב בקורבן.

משמע מרש״י כדי להחשיב ראיה אחת לשתיים יש לומר שתחילת הראיה היתה בזמן בין השמשות בחלק הראשון שלו שנחשב עדיין ליום ונמשכה הראיה עד לרגע בבין השמשות שהיום נגמר והתחיל החלק השני של בין השמשות שהוא לילה, וכיוון שחלק של הראיה היה ביום וחלק של הראיה היה בלילה והיא נמשכה לשני ימים היא נחשבת כשתי ראיות. היוצא מדברי רש״י שבבין השמשות ישנו רגע שהיום מסתיים ומתחיל הלילה, זאת אומרת ישנו כעין קו מפריד בין היום ובין הלילה שהוא נמצא בטווח הזמן של בין השמשות רק שאנו לא יודעים את מיקומו המדוייק בטווח הזמן של בין השמשות.

לסיכום רש״י ביאר את הספיקות לגבי בין השמשות באופן הבא:

- ספק בין השמשות כולו מן היום
- ספק בין השמשות כולו מן הלילה
- ספק בין השמשות חלקו יום וחלק לילה

רש״י בתחילת דבריו ביאר שמספק אפשר לומר שאת בין השמשות הראשון נחשיב את כולו ליום ואת בין השמשות למחרתו נחשיב את כולו ללילה ולכן יש לנו יום מפסיק בין הראיות, תוספות מקשה שהדבר סותר את

ההגיון שהרי אם אני אומר מספק שבין השמשות הראשון כולו מן היום אזי אני צריך להיות עקבי עם הספק, וגם ביום השני הוא כולו מן היום וכן להפך אם הראשון כולו מן הלילה אזי גם השני כולו מן הלילה, ולכן תוספות מבאר את שלושת הספקות בצורה קצת אחרת, ראה בפסקה להלן.

כל רגע ורגע בבין השמשות יש ספק אם כולו יום או כולו לילה או חציו יום וחציו לילה ואין אנו יודעים קו ההפרדה בין היום ללילה

תוספות מסכת שבת דף לד עמוד ב (ד"ה ספק לטומאה) מקשה על הסברו של רש"י:

ספק לטומאה ולקרבן - פירש בקונטרס דשמא בין השמשות ראשון כולו מן היום ושני כולו מן הלילה ול"נ דאי ראשון כולו מן היום שני נמי כולו מן היום ותו דאמר לקמן בשמעתין (דף לה:) העושה מלאכה בשני בין השמשות חייב חטאת ממה נפשך ולפירוש הקונטרס הא איכא למימר שמא בין השמשות דע"ש כולו יום ומוצאי שבת כולו לילה ולא יתחייב חטאת אלא אשם...

תוספות מקשה על רש"י שני קושיות האחת כפי שהבאנו לעיל בסוף הפסקה הקודמת שמסברה לא יתכן לומר שבין השמשות הראשון יהיה כולו מן היום ובין השמשות למחרתו יהיה יהיה כולו מן הלילה כיוון שההיגיון אומר שדינם צריך להיות שווה.

ועוד קשה על רש"י מהגמרא (לה: ראה לעיל) אדם העושה מלאכה בשני בין השמשות בבין השמשות של ערב שבת ובין השמשות של מוצאי שבת ובשניהם הספק הוא אם עשה את המלאכה בשבת, הוא חייב חטאת ממה נפשך, שאם בין השמשות כולו מן היום הרי עשה מלאכה בבין השמשות של מוצאי שבת, ואם בין השמשות כולו מן הלילה הרי עשה מלאכה בבין השמשות של ערב שבת הנחשב ללילה. אולם לפירוש רש"י שאפשר לומר שבין השמשות אחד הוא מן היום והשני הוא מן הלילה לא ניתן לומר ממה נפשך, שהרי אפשר לומר שבין השמשות הראשון היה כולו מן היום והיה עדיין חול ובין השמשות של מוצאי שבת היה כולו מן הלילה וגם שם המלאכה נעשתה בחול, ונמצא לפי זה שלא עשה כלל מלאכה בשבת ולכן

לא יתחייב חטאת כמי שעשה ודאי מלאכה בשבת, אלא אשם תלוי. ופירוש רש"י כפי שפירש לענין טומאת זב אינו מסתדר עם הגמרא לענין עשיית מלאכה בבין השמשות של ערב שבת ומוצאי שבת.

לכן רבינו תם מפרש את ספק הגמרא לגבי בין השמשות בצורה אחרת:

... לכך מפרש ר"ת דמיירי שלא ראה כל בין השמשות אלא שעה אחת מועטת דבין השמשות זה ושעה אחרת בין השמשות אחר ובכל שהוא שבין השמשות יש להסתפק שמא כולו מן היום או כולו מן הלילה או חציו יום וחציו לילה והשתא אתי שפיר דספק לטומאה דשמא הראשון כולו מן היום והשני כולו מן הלילה ומפסיק יום בינתים או שמא תרוייהו יום או תרוייהו לילה ואיכא ב' ימים רצופין וספק לקרבן שמא הראשון מן היום ומן הלילה והשני לילה או הא' יום והב' חציו יום וחציו לילה ואיכא ג' רצופין וההיא

מדובר שראה בזמן מועט בבין השמשות, ובכל רגע ורגע בבין השמשות יש להסתפק שמא כל אותו רגע הוא כולו מן היום או אותו רגע כולו מן הלילה או שמא אותו רגע חציו היה מן היום וחציו היה מן הלילה. והספק לטומאה מוסבר כך, הראיה הראשונה שראה בבין השמשות הראשון היתה מוקדמת מהראיה שראה בבין השמשות למחרתו ולכן אפשר לומר שבין השמשות הראשון ראה ברגע שכולו מן היום ובבין השמשות השני ראה ברגע שכולו מן הלילה ונמצא שיש לנו יום שמפסיק בנתיים ואינו טמא בטומאת זב. או אפשר לומר ששני הראיות היו ברגע בבין השמשות שכולו מן היום או ברגע מבין השמשות שכולו מן הלילה וראה בשני ימים רצופים וטמא טומאת זב אך פטור מקרבן. או אפשר לומר שבבין השמשות הראשון היה כולו מן היום ובבין השמשות השני שהוא קצת מאוחר יותר היה חציו מן היום וחציו מן הלילה, או שבבין השמשות הראשון ראה ברגע שחציו מן היום וחציו מן הלילה ובבין השמשות השני היותר מאוחר במקצת היה כולו מן הלילה ונמצא שראה שלוש ראיות רצופות הטמא בטומאת זב החייב בקורבן.

לענין העושה מלאכה בשני בין השמשות של שבת מסביר רבינו תם בשני אופנים:

הסבר ראשון - שאין מדובר שעשה מלאכה בזמן מועט בתוך בין השמשות כי אחרת אפשר לומר שאת המלאכה בבין השמשות הראשון עשה בעודו יום ואת המלאכה בבין השמשות השני עשה בזמן שהיה כבר לילה ואינו חייב חטאת ממה נפשך, לכן על כורחנו חייבים להעמיד שמדובר שעשה את המלאכה בכל זמן בין השמשות, שאיך שנעמיד את בין השמשות בודאי עשה באחד מהם מלאכה בשבת.

הסבר שני – שעשה את שני המלאכות בשני בין השמשות בתחילת בין בין השמשות, דהיינו בשניהם באותו זמן בדיוק שאם הראשון נחשב ליום כך גם השני יחשב ליום ואז עשה מלאכה בשבת ממה נפשך.

על פירושו הסברו הראשון של רבינו תם כותב המרש״א חידושי הלכות מסכת שבת דף לד עמוד ב:

> ***ולפי זה לא אצטריך לן למימר דאיכא לאסתפוקי בכל בין השמשות או כוליה מן היום או כוליה מן הלילה אלא דודאי הוא מן היום ומן הלילה אלא דבכל כל שהוא ממנו איכא לאסתפוקי שמא הוא כולו יום או שמא כולו לילה או שמא הוא משניהם יום ולילה והברייתא נמי איכא לפרושי הכי דאכל כל שהוא קאמר דאיכא לאסתפוקי ביה הני תלתא ספיקי אבל שיהיה כל הבין השמשות כולו יום או כולו לילה לא איצטריך לן לאסתפוקי הכא לענין טומאה אלא דבהך דהעושה מלאכה בשני בין השמשות שפירשו בו על כרחך שעשה כל בין השמשות על כן אית לן למימר דאיכא לאיסתפוקי נמי בכל בין השמשות אי כולו מן היום אי כולו מן הלילה דאם לא כן הוה ליה לחיובי ב) חטאות ודו"ק;***

לענין טומאה אין לנו צורך בספק שמא בין השמשות כולו מן היום או שמא כולו מן הלילה אלא מספיק הספק שעל כל רגע ורגע יש לנו ספק האם הוא יום או לילה או משניהם, אלך לענין עשיית מלאכה בשבת שפירש רבינו תם שמדובר שעשה מלאכה כל בין השמשות אם נאמר שהספק הוא רק על כל רגע ורגע אזי הוא היה צריך להיות חייב שני חטאות כיוון שבכל אחד מבין השמשות הוא ודאי עשה מלאכה או שהיה אפשר לומר שחייב חטאת אפילו אם עשה מלאכה רק בבין השמשות אחד שהרי עשה בכל בכל הרגעים של בין השמשות ובודאי שעשה מלאכה באיזה רגע שהוא כבר שבת, ולא היינו צריכים שיעשה בשני בין השמשות כדי לחייבו חטאת, לכן אומר המהרש״א

שצריכים את הספק שבין השמשות כולו מן היום או כולו מן הלילה שרק אם עשה מלאכה בשני בין השמשות יהיה את הממה נפשך שהוא חייב חטאת אחד בלבד ולא שנים.

היוצא מדבריו שגם לדעת רבינו תם הספק לגבי בין השמשות הוא על כל רגע ורגע האם כולו יום או כולו לילה או שמא חציו יום וחציו לילה וזה הספק שהיה לברייתא לענין טומאה, וישנו עוד ספק שמא כל בין השמשות נחשב ללילה או כל בין השמשות נחשב ליום וספק זה היה נחוץ להסביר את עניין עשית מלאכה בשבת בשני בין השמשות.

הריטב״א כותב שאין זה נכון לחשוב שכוונתו של רש״י לומר שניתן להחשיב את בין השמשות הראשון כולו מן הלילה ומאידך גיסא את השני כולו מן היום, וכך הוא כותב בחידושי הריטב״א מסכת שבת דף לד עמוד ב:

שאין לתפוס דברי רבינו ז״ל כפשטן כי בודאי אין לחלק בדין בין השמשות של יום זה לדין בין השמשות של יום אחר ומושכל ראשון הוא, אלא לענין זב שראה שתי ראיות אלו אמרה כי איפשר שבין השמשות יש בו מן היום ומן הלילה והראיה של בין השמשות זה היתה בשעה שהוא יום וראיה של בין השמשות אחר היתה [בשעה] שהוא לילה וזה ברור, נמצאת למד כי היה אפשר לדון בטומאתו להקל על הדרך שאמרנו כי ראיה של יום ראשון היה ביום וראיה של בין השמשות של יום שני היתה בלילה ויש יום אחד הפסק בנתים.

לא יתכן לומר שרש״י יטעה בדבר כל כך פשוט, אלא כוונת רש״י היא כמו הפירוש של רבינו תם, שעל כל רגע יש ספק אם כולו מן היום או כולו מן הלילה והראיה של בין השמשות הראשון היה בשעה שהוא יום והשני מאוחר יותר בשעה שהוא לילה וישנו יום מפסיק בינתיים (כרבינו תם).

גם **המגיד משנה** (הלכות שבת פרק ה הלכה ד) ביאר את רש״י כרבינו תם והוכיח זאת מדברי רש״י עצמו וכך הוא כותב:

והעושה מלאכה וכו׳. מימרא שם (ל״ה:) העושה מלאכה בשני בין השמשות חייב חטאת ממה נפשך. ופירש רש״י ז״ל כגון

דעביד ליה כל בין השמשות דליכא לספוקי להאי בתחלתו ולהאי בסופו עכ"ל. ונ"ל פירוש לפירושו שלא בא אלא למעט אם עשה מלאכה בכניסת שבת בתחלת בין השמשות ובמוצאי שבת בבין השמשות אחר אותו זמן שעשאה בכניסה דבכי האי גונא לא מיחייב חטאת בהכרח לפי שבין השמשות יש בו ספק שמא מקצתו מן היום ומקצתו מן הלילה כנזכר שם ומבואר בדברי רבינו פרק שני מהלכות מחוסרי כפרה. אבל איחר בכניסה והקדים ביציאה או שעשאה בזמן אחד בין בכניסה בין ביציאה אף על פי שלא עשאה כל בין השמשות ודאי חייב חטאת בהכרח וזה מבואר כנ"ל:

רש"י עצמו בד"ה ממה נפשך בסוגיית העושה מלאכה בשני בין השמשות של שבת כתב:

וכגון דעבד ליה כל בין השמשות, דליכא לספוקי להאי בתחילתו ולהאי בסופו.

מסביר המגיד משנה שרש"י כתב בפירוש שמדובר שעשה את המלאכה בכל זמן בין השמשות, כדי להוציא מקרה שעשה את המלאכה בבין השמשות הראשון בתחילתו ובבין השמשות השני בסופו ונדון את הראשון כיום ואת השני כלילה ויוצא שלא עשה מלאכה בשבת, לכן פרש רש"י שעשה את המלאכה כל בין השמשות כדי שלא נוכל לומר שבין השמשות הראשון היה יום ובין השמשות השני הוא לילה שלא ניתן לומר על אחד שכולו יום ועל השני שכולו לילה, ודעת רש"י כרבינו תם ממש ולא כפי שהבין רבינו תם ברש"י, שאפשר לדון בין השמשות אחד שכולו יום ובין השמשות השני כולו לילה ,ואין לדון על אותו רגע בבין השמשות אחד כלילה ואחד כיום.

גם **הפני יהושוע** הסביר את רש"י כרבינו תם ומה שכתב רש"י שבין השמשות הראשון כולו מן היום ובין השמשות השני כולו מן הלילה כוונת רש"י על אותו רגע שהוא ראה היה כולו מן היום או מן הלילה ולא על כל זמן בין השמשות, וכן כתב השפת אמת (שבת לד עמוד ב).

והוסיף הפני יהושוע (שבת דף לד עמוד ב) עוד ביאור לדברי רש"י:

ולענ"ד הוא דוחק גדול וכבר אפשר לפרש דמ"ש רש"י שמא בין השמשות ראשון כולו מן היום האי כולו לאו אמשך כל זמן בין

השמשות קאי אלא אמשך הראיה לחוד דשמא כל משך הראיה היה באותו זמן בין השמשות שהוא מן היום וכל הראיה בבין השמשות השני היה באותו בין השמשות שהוא מן הלילה ולא אתי אלא לאפוקי שאם מקצת הראיה היה מן היום ומקצת הראיה מן הלילה אכתי הו"ל זב גמור דשייך ביה חיוב קרבן.

ועוד יש לפרש בדרך אחר דלעולם יש להסתפק שמא בין השמשות ראשון כולו מן היום או כולו מן הלילה משום דנראה דכל הזמנים והסימנים שאמרו חכמים בבין השמשות כגון הכסיף התחתון בלא העליון וכן בשני כוכבים בינונים היינו דוקא במי שרוצה לידע ולכוין באותו זמן ויש לו איצטגניות בלבו שהוא בקי לידע ולשער אותן הסימנים על מכונם משא"כ הכא לענין ראיית הזב שהוא דבר פתאום ולא נתכוון בתחלה לידע הזמן אלא שע"פ הדמיון נדמה לו אחר הראיה שהוא זמן בין השמשות... ... וא"כ יפה כתב רש"י ז"ל כאן שמא בין השמשות ראשון כולו מן היום והשני כולו מן הלילה והיינו כדפרישית דאפילו אם נדמה לו ע"י אותן הסימנין שהראיה הראשונה היתה בזמן מאוחר לאותה הראיה של בין השמשות בזמן השני אפילו הכי אפשר דטעו בכך ונהפך הוא- כן נראה לי בכוונת רש"י ז"ל ובזה נתיישב ג"כ מה שכתב לקמן גבי העושה מלאכה בשני בין השמשות ודו"ק.

הפני יהושוע מסביר שאדם שראה ראית זיבה בפתע פתאום אין הוא יכול לכוון בדיוק מתי ראה, ואף אם נראה לו שהוא ראה בין השמשות יתכן שראה לאחר מכן, וכיוון שאין הוא יכול לכיוון בדעתו ניתן להשתמש בספיקות בכל אופן אפילו שהם סותרים את עצמם, כיוון שאנו חוששים שהאדם שראה טעה בהערכת הזמן לגבי זמן ראייתו. לעומת עשיית מלאכה בשבת ששם אינו בפתע פתאום ומדובר שעשה כל זמן בין השמשות אין לנו לדון באופן שהספקות סותרים.

וכדעת רש"י ותוספות כתב ר' פרחיה (בשיטת הקדמונים) מסכת שבת דף לד עמוד ב:

לפיכך מי שראה ראיה אחת בין השמשות- כיון שאותו העת הוא ספק אצלינו שמא יום הוא ודאי או לילה ודאי או שמא מקצתו בודאי יום ומקצתו בודאי לילה- ונחשוב לו אותה הראיה האחת שראה אותה באותו העת שתי ראיות- ויהיה טמא משום זב, וזה הוא פירוש מטילין אותו לחומרו לשני ימים

היוצא מכל דברינו שהן לדעת תוספות והן לדעת רש״י ולכל הפוסקים הנ״ל שבין השמשות הוא קטע בזמן שידוע לנו שבו מתחלף היום ללילה וישנו רגע בבין השמשות שהיום מסתיים ובדיוק באותו זמן מתחיל הלילה, אלא שלנו לא ידוע הכין נמצא הקו המפריד בין היום ללילה בתוך משך הזמן של בין השמשות.

כל משך זמן בין השמשות היום והלילה מעורבים ביחד.

התורה ציותה על הכהן בקורבן מנחה ״וקמץ משם מלא קומצו״. הגמרא (במסכת יומא מז עמוד ב׳) דנה לגבי חלק מן המנחה הנמצא בין אצבעות הכהן:

אמר רבי יוחנן; בעי רבי יהושע בן עוזאה; בין הבינים של מלא קומצו מה@ אמר רב פפא; דגואי . לא תיבעי לך דודאי קומץ הוא- דבראי . לא תיבעי לך דודאי שירים הוא- כי תיבעי לך . דביני ביני- מא@ אמר רבי יוחנן הדר פשטה יהושע ^בן| עוזאה; בין הבינים ספק נינהו

שאל רבי יהושע בן עוזאה: הכהן שקומץ מה הדין לגבי חלק מן המנחה הנמצא בין אצבעותיו של הכהן? האם הוא חלק מן הקומץ ודינו להקריבו על המזבח או שהוא חלק משיירי המנחה שאינו מוקטר ונאכל ע״י הכוהנים?.

לגבי החלק הנראה מבחוץ דינו כשריים, לגבי החלק הנראה מבפנים דינו להקטרה, אך הגמרא נשארת בשאלה לגבי החלק שנמצא בין האצבעות ממש שלא נראה לא מבחוץ ולא מבפנים. על זה עונה רבי יהושע בעצמו

שהמנחה הנמצאת בין האצבעות ספק הוא ולא ניתן להכריע לאיזה צד הוא שייך האם להקטירו או להאכל ע״י הכהנים.

הריטב״א (מסכת יומא דף מז עמוד ב) שואל לכאורה מה בא לומר רבי יהושע והרי הוא לא פשט את הבעיה שהרי נשאר בספק:

*אמר רבי יוחנן הדר פשיט יהושע עזאה בין הבינים ספק, ואיכא למידק דכיון דספק קאמר דהוי- מאי פשיטותא *הכאן ^הואו לבעיין- ואפשר דהכי קאמר בין הבינים ספק לפי שהוא נידון כפנים וכבחוץ- כספק בין השמשות שיש בו מן היום ומן הלילה- הכא נמי יש בו מבפנים ויש בו מבחוץ וכקומץ ושירים המעורבין זה בזה.*

הריטב״א מבאר שרבי יהושע בא לומר שחלק המנחה שנתפס בין אצבעותיו של הכהן דינו גם כפנים וגם כחוץ ולכן מכנהו רבי יהושע כספק בדומה לספק בין השמשות שיש בו מן היום ומן הלילה הוא הדין בקמיצת הכהן שבין אצבעותיו יש בו מבפנים ומבחוץ מעורבים זה בזה. היוצא מדבריו שאין פה קו מפריד בין פנים לחוץ לענין מלא קומצו, כשם שאין קו מפריד בין היום ובין הלילה בבין השמשות, שהוא מן היום ומן הלילה ומעורבים בו ביחד היום והלילה.

ראינו לעיל (ראה בתחילת פרק זה) שרבא מביא מקרה בו אמרו שני אנשים לאדם לך וערב עבור כל אחד מאתנו, לאחד מהם הניח האדם את העירוב בעוד היה יום גמור, ולשני הניח את העירוב בזמן בין השמשות, לזה שהניח את העירוב מבעוד יום נאכל הערוב בבין השמשות ולזה שהניח את העירוב בין השמשות נאכל העירוב לאחר בין השמשות שהיה כבר לילה גמור. רבא פוסק שהעירוב של שניהם תפס, אך הגמרא מקשה על דינו של רבא, הרי הדבר תמוה ולא יכול להיות ששניהם קנו עירוב שאם נחשיב את בין השמשות כיום אזי עירובו של השני קנה שהיה קיים בכניסת השבת שהרי הונח בין השמשות שהוא יום ונאכל לאחר כניסת השבת שכבר חשיכה, לעומתו עירובו של הראשון לא קנה שהרי הראשון עירובו הונח מבעוד יום ונאכל בין השמשות שעודו יום ולא היה קיים בכניסת השבת. מצד שני אם נחשיב את בין השמשות כלילה, הראשון עירובו קנה שהיה

קיים בזמן כניסת השבת שהרי הניח את עירבו מבעוד יום ונאכל בין השמשות הנחשב כבר לילה לאחר כניסת השבת, לעומתו השני הניח את עירובו בין השמשות הנחשב ללילה ומכיוון שלא היה קיים בזמן כניסת השבת אלא לאחר מכן אין עירובו תפס.

הגמרא מתרצת שבין השמשות הוא ספק, ספק נחשב ליום ספק נחשב ללילה ודברים שאיסורם מדברי סופרים אנו דנים אותם להקל ורש"י פירש שמדובר בעירובי תחומין. בתוספות שם ד"ה שניהם הקשה שכל מה שהתיר רבי יוסי בספק עירובי תחומין הוא רק במקרה שהיתה חזקה שהונח העירוב כראוי ויש ספק מתי נאכל, אבל במקרה שלנו שברור שנאכל בבין השמשות או הונח בבין השמשות אין לנו חזקה לכן מפרש רבינו תם שמדובר בעירובי חצרות.

המהר"ל (מסכת שבת דף לד עמוד א) מבאר למרות שאין לנו חזקה בין השמשות הוא ספק שונה:

דכיון שאין בין השמשות יום גמור בזריחות השמש ועל כל פנים לאו יום גמור הוא נחשב ולפיכך נחשב זה כמו חזקה, ולא אמרינן דספיקא הוי לחומרא רק בשאר ספיקי דעלמא, דספיקא דבין השמשות לא שלא ידעינן אנן אם דינו כמו יום או דינו כמו לילה, אף על גב שאפשר לדעת אם הוא יום אם הוא לילה אין אנו יודעים, שדוחק גדול שכל התנאים ואמוראים דפליגו בבין השמשות לא הוי ידעי כולהו דינא דבין השמשות אם הוא יום או לילה אם אפשר לדעת, אלא דבין השמשות אי אפשר לעמוד אם הוא יום או לילה, וא"ל דלמא בין השמשות לא יום ולא לילה כיון שאי אפשר לעמוד עליו, אם כן שמא הוא לא יום ולא לילה, ואם כן הא דקאמר לקמן העושה מלאכה בשני בין השמשות חייב חטאת ממה נפשך, מנין לנו זה דלמא אינו לא יום ולא לילה, ואם כן פטור בשני בין השמשות, וזה לא קשה דודאי לא מסופק כאן, רק בשני זמנים יום ולילה, ואם כן או הוא יום או הוא לילה, אלא שאי אפשר לדעת אם היא יום או לילה, ונראה למשה רבינו עליו השלום היה מספקא ליה בבין השמשות ולא ידע אי הוא מן היום או מן הלילה, ומטעם זה דאמרין ביה ספיקא דרבנן לקולא.

ספק בין השמשות אינו עתיד להתברר וגם משה רבנו הסתפק בדבר ולכן בספק מסוג זה שלא יתברר בעתיד דנים אותו לקולא, בשונה מספקות אחרות ששם יש אפשרות שהספק יתברר ויצא שלמפרע הוא עבר איסור, בספק בין השמשות לעולם לא יבא לאיסור ודאי, כיוון שאפילו משה לא ידע אם הוא יום או לילה, אפשר להבין מדבריו שישנו קו מפריד, אך בני האדם אינם יודעים אותו ואפילו משה, אבל אלוקים יודע את הקו המפריד ואין הדבר אומר שיום ולילה מעורבים יחדיו. אולם בהמשך דבריו כתב שאין לומר שזמן בין השמשות הוא לא יום ולא לילה כי אחרת העושה מלאכה בשני בין השמשות לא היה חייב חטאת ממה נפשך (ראה הסוגיה בתחילת הפרק), זאת אומרת דעת המהר"ל שבין השמשות הוא זמן מיוחד ואין כוונתו שיש קו מפריד בבין השמשות בין היום ובין הלילה, ולכן המהר"ל מדגיש שלא נחשוב שאינו יום ואינו לילה, אלא כוונתו שבין השמשות הוא זמן מיוחד שלילה ויום מעורבים בו ביחד ויש לנו ספק מה דינו אם הוא יום או לילה (ולא שיש בו יום גמור ולילה גמור ואיני יודע את הקו המפריד) וזו הסיבה שהוא מדגיש לנו שלא נחשוב שהוא לא יום ולא לילה.

על כל פנים בדברי **המהר"ל** (בפירושו דרך חיים על מסכת אבות ה ו) משמע בבירור מדבריו שבין השמשות הוא זמן מיוחד של יום ולילה המעורבים יחד:

ופירוש המשנה הזאת מה שהוצרכו חכמים לומר כי יש דברים נבראו בערב שבת בין השמשות- דבר זה הזמן של ערב שבת בין השמשות הוא הגורם/// /// אבל בערב שבת בין השמשות מצד שהוא בין השמשות של קדושה הוא יותר במדריגה משאר ימי הטבע שאינם כל כך במדריגה/ ואי אפשר לומר שלא יהיה נברא בו דבר שהרי אינו שבת גמור הוא- ואי אפשר שיהיה נברא בו כמו שנברא בששת ימי בראשית שהרי אינו ימי חול גם כן- ולפיכך נבראו בערב שבת בין השמשות דברים שהם למעלה מן הטבע ואינם טבעיים כמו שנבראו בששת ימי המעשה שכל אלו דברים אינם טבעיים/ וכל זה כי בין השמשות של ערב שבת הוא למעלה מששת ימי הטבע כמו שהשבת מצד קדושתו הוא למעלה מן

ששת ימי בראשית, ולפיכך בין השמשות של ערב שבת אי אפשר שיהיה בלא בריאה כי עדיין לא נכנס השבת שהוא שביתה גמורה- ואי אפשר שיהיה נברא בו הדברים הטבעיים שהרי הוא יותר במדריגה משתת ימי המעשה- ולפיכך נבראו בו אלו דברים שאינם טבעיים לגמרי והם קרובים אל הטבע, כי כל אלו דברים הם דברים גשמיים ומצד שהם גשמיים הם דברים טבעיים- ומצד שאינם כמו שאר דברים טבעיים הם יוצאים מן הטבע ואמר על זה שנבראו בין השמשות של ערב שבת.

המשנה במסכת אבות (ה', ו') כותבת עשרה דברים נבראו בערב שבת בין השמשות ואלו הן, פי הארץ ופי הבאר ופי האתון והקשת והמן והמטה והשמיר והכתב והמכתב והלוחות ויש אומרים אף המזיקין וקבורתו של משה ואילו של אברהם אבינו ויש אומרים אף צבת בצבת עשויה, ומסביר המהר"ל שדברים שנבראו בין השמשות מצד אחד הם גשמיים וצד גשמיותם הם טבעיים, אך מצד שני הם מעל הטבע וזה יחודם שהם נבראו בין השמשות, שהוא זמן מיוחד שאינו חול ממש ואינו קודש ממש שעדיין אינו שבת גמור ויש בו מן החול, ולכן היה ניתן לברא בו דברים גשמיים, ומצד שני הוא לא חול ממש אלא יש בו מן הקודש ולכן הדברים שנבראו בו הם מעל הטבע, וזה מהותו של בין השמשות שחול וקודש מעורב בו. היוצא מדבריו, שלא מדובר בקו מפריד הנמצא בבין השמשות שאין אנו יודעים היכן הוא, כי אחרת אין לדברים שנבראו בין השמשות קדושה מיוחדת משום שלפי שיטת הקו המפריד או שנבראו ביום שישי שהוא חול, או שנבראו בשבת שהוא קודש וזה לא יתכן כי אין בריאה בשבת, ולכן חיבים לומר שבין השמשות הוא זמן שחול וקודש ויום ולילה מעורבים בו ואינו שבת גמור ואינו חול גמור, ומכאן נובע היחוד של הדברים שנבראו בין השמשות.

אלא שבהמשך דבריו כתב שעשרת הדברים שנבראו זהו דוקא בבין השמשות האחרון לפי רבי יוסי שהוא כהרף עין :

אמנם הזמן שהוא בין שני הימים יש הרבה- כמו שתאמר כי תיכף ומיד ששקעה החמה עבר הזמן של היום- אף על גב שעדיין לא נתקרב אל בין השמשות לגמרי- מ"מ כיון שלא נמצא כח היום

לגמרי נקרא קצת בין השמשות- וכאשר מתקרב יותר נקרא בין השמשות עד האחרון שהוא עיקר בין השמשות אשר ראוי שיהיה נברא בו עשרה דברים מחמת עלוי הזמן, הלא תראה בגמרא יש שם מחלוקת גבי בין השמשות- והכי אמרינן התם *שבת ל"ד- ב)(איזהו בין השמשות משתשקע החמה כל זמן שפני מזרח מאדימין דברי ר) יהודה ר) נחמיה אומר כדי שיהלך אדם משתשקע החמה חצי מיל רבי יוסי אומר בין השמשות כהרף עין זה נכנס וזה יוצא ואי אפשר לעמוד עליו ע"כ, הרי לך מפורש כי בין השמשות יש הרבה- ור) יוסי אמר שבין השמשות הוא כהרף עין זה נכנס וזה יוצא הוא בין השמשות האחרון אשר אי אפשר שיהיה בין השמשות פחות מזה- ובבין השמשות זה אשר אי אפשר שיהיה פחות ממנו וכאלו אינו זמן כלל בו נבראו עשרה דברים השנויים במשנה- כי בין השמשות הזה הוא קרוב לגמרי לשבת ולכך נבראו בו עשרה דברים- ושאר בין השמשות באו להוסיף עד ג) זמנים, וזה כמו שאמרנו כי הראשון סבר כי אף על גב כי שעיקר בין השמשות הוא בין הימים לגמרי ובו נבראו עשרה דברים- והוא כאלו אינו המשך זמן לקורבתו שיש לו לשבת- מ"מ הזמן אשר הוא קרוב אל זה הוא גם כן בין השמשות ולפיכך באותו בין השמשות גם כן נברא אילו של יצחק וקברו של משה- ויש עוד בין השמשות והוא רחוק יותר אבל הוא קצת קרוב ובשביל כך הוסיפו יש אומרים אף המזיקין- ויש עוד זמן בין השמשות מיד אחר שקיעת החמה והוא יותר רחוק ומ"מ כיון שהוא אחר שקיעת החמה יש להוסיף אותו גם כן על בין השמשות והוסיפו על זה הצבת שהוא גם כן נבראת בין השמשות, ודוקא עד ג) הוסיפו על בין השמשות שהוא אחרון- וזה מפני כי אחר שכבר עבר היום שלפניו מתחיל למקרב אל השבת- וכל דבר שהוא מתקרב נחלק לג) חלקים התחלת הקירוב ואמצע הקירוב וסוף הקירוב- חוץ מן בין השמשות האחרון שהוא נחשב כאלו אין בו זמן כלל- ונחשב כמו העתה שהעתה מחבר הזמן העבר וזמן העתיד ביחד- וכן בין השמשות האחרון אינו רק כמו העתה שהוא תכלית הזמן העבר והתחלת הזמן העתיד ואין כאן המשך הזמן

כלל, ובאולי יקשה לך אם כן אין שייך בו בריאה כלל כי אין הויה רק בזמן- כי זה אין קשיא שאם היתה הבריאה דברים גשמיים כל הויה גשמית צריך לה זמן בודאי- אבל אלו דברים אינם דברים גשמיים שצריך אליהם זמן כלל כי אף שהם דברים גשמיים אין עיקר שלהם רק מה שהם בלתי טבעיים- וזה היה נברא בין השמשות, כי לא היו נבראים בפעל לגמרי רק שנגזרו בין השמשות כדלקמן- ולפיכך אין נחשב בין השמשות הזה זמן שהוא תולה בגשם, ועוד כי אף שהוא זמן לא נחשב זמן כלל שהוא כמו רגע שאמר ר) יוסי שאי אפשר לעמוד עליו ולפיכך נבראו בו עשרה דברים כמו שהתבאר כמה פעמים, ושאר בין השמשות אינו כל כך במדריגה- וכל י#א מוסיף הזמן שהוא יותר רחוק ולעולם התוספה האחרונה קרוב יותר אל הטבע מפני שהוא קרוב לזמן ששת ימי המעשה לכך הוסיפה המשנה צבת בצבת עשויה והוא תוספות האחרון- והוא דבר דומה אל ענין הטבע- עד שהחכמים חולקים ואומרים כי הוא בריה בידי אדם לגמרי הוא כמו שאר בריות, ודברים אלו הם דברי חכמה מאוד- אך כי יש עוד טעם באלו התוספות על עשרה דברים- ודבר זה יש להבין מענין בין השמשות ואין להאריך בדברים כמו אלו ;

בתלמוד מסכת שבת (לד) ישנה מחלוקת תנאים מהו זמן בין השמשות:

- רבי יהודה סובר כדי הילוך שלושת רבעי מיל
- רבי נחמיה סובר כדי הילוך שני רבעי מיל
- רבי יוסי סובר כהרף עין זה נכנס וזה יוצא ואי אפשר לעמוד עליו.

המהר״ל סובר שאותו הזמן של רבי יוסי שהוא הזמן האחרון הקרוב יותר לשבת והוא כהרף עין, שבו מעורבים היום והלילה, הוא בקדושה הגדולה ביותר ובו נבראו העשרה דברים. אולם שאר הדברים שיש בהם מחלוקת האם נבראו בין השמשות הם הדברים שנבראו בזמן יותר רחוק מהשבת ויותר קרוב לשקיעה (ליום השישי) ולכן הם דברים יותר גשמיים, ואלו הדברים הנוספים לפי השיטות השונות נבראו בזמנים של רבי נחמיה ורבי יהודה היתר רחוקים מהשבת.

וכן מביא בספר **מפענח הצפונות** שכתב הרב מרדכי קאלינה מכתבי תודה מכתב נט עמוד 30 : שמופיע עקרון זה של יום ולילה מעורבים בזוהר בראשית פרשת וישלח (המתחיל בדף קסה עמוד ב) :

*אבל אלין דקאמר קרא אשר מצא את הימים במדבר ימם כתיב- אלין הוו בריין משניין דכד הוה אתרך קין מעל אפי ארעא כדכתיב *בראשית ד)(הן גרשת אותי היום מעל פני האדמה ומפניך אסתר- וכתיב וישב בארץ נד ואוקמוה- מבני בני בסטרא *ויקרא ע# ע#בן דרוחין ועלעלין ומזיקין ואלין קיימו דהא כד בעא לאתקדשא יומא דשבתא אתברון מההוא סטרא רוחין קיימין טסירין *נ#א טהירין) בלא גופא ואלין לאו איתון מיומא דשבתא ולא מיומא שתיתאה ואשתארו אלין תרין יומין בהו בספקא ובגין כך לא אתקיימו לא ^דף קעח עמוד בו מהאי ולא מהאי- ואזלו ואתפשטו בההוא סטרא דקין ואגלימו בההוא סטרא ולא אתגלימו לאתקיימא ואקרון ימ#ם חסר דלא אתקיימו לא ביומא דא ולא ביומא דא ואתחזון לבני נשא ואיהו אשכח לון.*

תרגום לעברית :

אבל אלו שאומר הכתוב אשר מצא את הימים במדבר- ימם כתוב. אלו בריות משונות כאשר נגרש קין מעל פני הארץ / כמו שכתוב הן גרשת אותי היום מעל פני הארץ ומפניך אסתר. וכתוב וישב בארץ נד. מבני בניו של רוחות ושדים ומזיקים אלו נתקיימו שהרי כשנצרך להתקדש יום השבת נבראו מצד ההוא רוחות עומדים ערומים בלי גוף ואלה אין הם לא מן יום השבת ולא מן יום השישי- ונשארו אלה שני הימים בהם בספק- ולפיכך לא נתקיימו לא מיום זה ולא מיום זה. והלכו והתפשטו בצד ההוא של קין ונתגשמו בצד ההוא ולא נתגשמו להתקיים בהגשמיות תמיד ונקראים ימים חסר שלא נתקיימו לא ביום ו ולא ביום ז ונראים לאנשים והוא מצא אותם.

הזוהר מדבר על בריות משונות ומזיקים שנבראו בין השמשות בזמן של ספק שאינו לא מיום שישי ולא מיום שבת, ומשמע שזמן בין השמשות הוא כמין זמן מיוחד שמעורב בו יום השישי ויום השבת, שבו נבראו רוחות ומזיקים אלו, וזו הסיבה שהתורה כתבה "ימם" חסר יוד לומר לנו שאינו

יום רגיל לא יום שישי ולא שבת, אלא זמן מיוחד שכנראה מעורב משניהם.

וכן פירש בעל הסולם שם:

> ***ואלו הרוחות כיוון שנבראו בין השמשות שהוא ספק יום שישי ספק יום שבת- נמצאים פגומים- ואינם יכולים לקבל לא מיום שישי ולא מיום שבת וז"ש ואקרון יומם חסר-דלא אתקיימו לא ביומא דא ולא ביומא דא- כי הספק פוגם בהם ולא יכלו לקבל.***

משמע ממנו שבין השמשות יש בו מיום שישי ומיום שבת והערבוב הזה של הספק זה מה שפוגם בהם.

המגיני שלמה (מסכת שבת דף לד עמוד ב) מדמה את בין השמשות לאנדריגונוס שלענין מסויים החשיבוהו חכמים כזכר ולענין אחר כנקבה:

> **וא"כ רבתה התימא על רש"י דאיך אפשר שיהא ב"ה זה יום והב' לילה או איפכא ובאמת אין לדמות פי' כזה על א' מהמתחילים כ"ש על מאור עינים**

על קושייתו של תוספות על רש"י בענין טומאת זב (ראה לעיל בפרק זה דעת רש"י לפי התוספות) המגיני שלמה סובר שלא יעלה על הדעת לחשוב שרש"י יסבור שלענין טומאת זב ניתן להחשיב את בין השמשות של יום הראשון לכולו יום ומצד שני את הבין השמשות של היום השני לכולו לילה, פירוש כזה אינו מתאים אפילו לאחד המתחילים וכ"ש לרש"י, לכן המגיני שלמה מבאר שבין השמשות הוא לא כפי הבנתנו ברש"י:

> ***לכך נראה דבין השמשות ודאי משונה ואינו דומה לא ליום ולא ללילה אלא דהספק הוא בין השמשות איך מחזקת אותו התורה בדיניה אם עשאה לב"ה כיום או כלילה או כיום ולילה וא"כ טכל להרבות ספיקות דילמא התורה לענין דין אחד עשאה כיום ולענין דין אחר כלילה כדאשכחן בכמה ספיקות כמו אנדרוגינוס דאמרינן לקמן פ) ר"א דמילה לא לכל אמר ר"י אנדרוגינוס זכר הוא וא"כ ס"ל בכל מילי דהוי כנקבה ולענין מילה עשאו הכתוב כזכר וכבר האריכו התו) שם ובנידה פ) המפלת ובחולין פ"ק דר"י מספקא ליה דאפשר דס"ל לתור) דהוי נקבה ואפ"ה לענין מילה רביה רחמנא דהוי זכר וכן לענין פלגס דלא הוי לא כבש ולא איל ולענין נסכים מביא עליו נסכי איל וס"ל לר"י דמקרא אתי או***

לאיל לרבות את הפלגס כדאיתא פ#ק דחולין וא#כ ח#נ מספקינן אי ס#ל לתורה בכל דיניה דהוי יום או לילה או שניהם או שמא לענין דין א) הוי יום ולענין דין אחר הוי לילה וא#כ ראיה ראשונה של זב כיון שהוא חלוק מראיה שניה בכמה דינים דהא ראיה ראשונה אינה אלא כקרי בעלמא כדפי) רש#י הכא ומטמא באונס ואינו מטמא במשא ואינו עושה משכב ומושב כדאיתא הכל פ) בנות כותים דף ל#ד ול#ה א#כ יש להסתפק כיון שבין השמשות משונה מן היום והלילה לא ידעינן במאי מחזקת התורה אותו אם לכל דינים יום או לילה או למקצתן כך ולמקצתן כך דאפשר דלכמה דינים בעינן דווקא ודאי יום בלא ספק ///ח#ח לענין ב#ה מספקינן הכי אי בעינן יום ממש וב#ה שהוא משונה נחשב ללילה או איפכ) או הוי תרווייהו וא#כ מספקינן בכל הדינים דלמא להאי בעינן יום ממש ולהאי לילה ממש כמו באנדרוגינוס דחלקו הכתוב לענין דינו

בין השמשות משונה אינו שווה לא ליום ולא ללילה, אלא הוא כמין בריה אחרת , והתורה התייחסה אליו בצורה שונה לדינים שונים, הוא יכול להחשב ליום לדין מסויים, והוא יכול להחשב ללילה לדין אחר והוא יכול להחשב ליום ולילה, והספק שלנו הוא שאיננו יודעים איך החשיבה התורה את בין השמשות לדין שאנו דנים בו, כמו באנדריגונוס ששם אומרת הגמרא לא לכל דבר החשיב רבי יהודה את האנדרוגינוס כזכר אלא למילה, וכמו שבאנדרוגינוס יש דינים שהוא נחשב זכר ויש דינים שהוא נחשב נקבה, הוא הדין לבין השמשות יש דינים שהוא נחשב ליום ויש דינים שהוא נחשב ללילה, אם כך כיוון שהראיה הראשונה של הזב חלוקה בדיניה מן הראיה השניה יתכן שהתורה לענין הראיה הראשונה החשיבה את בין השמשות ליום ולענין הראיה השניה שדיניה שונים החשיבה אותה התורה כלילה, ולפי זה לא קשה על רש״י וקושיית תוספות על רש״י מיושבת. לעומת זאת לענין איסור מלאכה בשבת כותב:

אבל לענין עושה מלאכה בשני ב#ה פשיטא דחייב ממ#נ דהכל דין א) לענין שבת ואם מחזקת אותו התורה לענין שבת ליום חייב משום מוצאי שבת ואם ללילה חייב משום ע#ש א#כ נתישב הכל;

העושה מלאכה בשבת מדובר בדין שווה וההתייחסות אליו צריכה להיות עקבית ולכן אם החשיבה התורה את זמן בין השמשות של כניסת השבת לענין מלאכה ליום, אזי גם את בין השמשות של מוצאי שבת יחשב ליום והוא הדין ההיפך כיוון שמדובר באותו דין, ולכן ממה נפשך יהיה חייב חטאת. היוצא מדבריו שבין השמשות הוא זמן משונה של יום ולילה מעורב שלדינים מסויימים הוא נחשב ליום ולדינים מסויימים נחשב לילה.

הצפנת פענח (הלכות שבת פרק ה הלכה ד) מבאר שהיום והלילה מחוברים יחד ברצף ובין השמשות הוא קטע שמחברם המורכב מיום ולילה ביחד:

עיין נזיר ד) ז) ע#א מבואר דלילה עם יום שעבר מחברי אחדדי ע#ש והמחברם הוא בין השמשות נמצא דבין השמשות בא מהיום ומהלילה והוי כעין דהך אמרינן בבכורות ד) ז) ע#ב למה דדחי דהך ראיה דרב חסדא גבי עור הבא כנגד פניו של אדם דהיכא דדבר הבא משניים כ#ז שיש בו צד חיות מאחד אינו מטמא אף במשהו // וכך דבאמת דכל בין השמשות הוא משניהם והדין כך דכ#מ שפסול בלילה מחמת שצריך יום או להיפך שפסול ביום מפני שצריך לילה לא שהיום פוסלו או הלילה פוסלו שם גם בין השמשות היה כשראם הוה ידעינן זמנו וכל דבר שזה הזמן פוסלו אז אסור בה#ש אף אם הוה ידעינן זמנו//

הגמרא בנזיר (ז :) מביאה הבדל בין האומר הריני נזיר כשיער ראשי שהוא מתחייב בנזיריות נפרדות, לבין האומר הריני נזיר מכאן ועד מקום פלוני שמתחייב בנזירות אחת למשך הימים שלוקחת זמן ההליכה למקום פלוני. רבה מסביר: ששערות הן מובדלות זו מזו והם קבוצה של שערות המורכבות מיחידות נפרדות כגון חול ועפר ולכן האומר "כשיער ראשי" יש לפרש זאת כנזירויות נפרדות לעומת זאת האומר מכאן ועד מקום פלוני שאין הדרך נפרדת אלא כיחידה אחת וגם בזמן הוא כיחידה אחת לכן כוונתו לנזירות אחת מתמשכת, הגמרא מקשה על חילוק זה הרי גם הימים מחולקים זה מזה שהרי כתוב "ויהי בוקר ויהי ערב יום אחד" מכאן שהיממה הקודמת מופרדת היממה הבאה, הגמרא מתרצת שם שאין הכתוב בא לומר שכל יום מופרד משאר הימים אלא רק לומר לנו מתי

מתחיל שבתות וימים טובים שמשך זמנם הוא יממה לילה ויום, אבל באמת הימים הם המשך אחד רצוף כמו ששטח ואורך הם המשך אחד רצוף, ולנו יש יחידות מדידה למדוד אותם כגון מטר ומ"ר, הוא הדין הזמן הוא המשך אחד רצוף והימים הם יחידות מדידה של הזמן. ועל זה אומר **הצפנת פענח** מכאן נובע שאין הפרדה בין היום ובין הלילה ובין השמשות הוא המקשר והמחבר בינהם ויש מן היום ומן הלילה והוא יוצר את הרצף בין הימים.

הצפנת פענח מביא מספר דוגמאות כשיש חיבור בין שני דברים שהדבר המקשר בינהם יש בו משניהם.

קורות שבין בית לעליה במסכת נגעים פרק יג משנה ג:

בית שנראה בו נגע היתה עליה על גביו נתן את הקורות לעליה נראה בעליה נתן את הקורות לבית

מדובר בבית שנראה בו נגע וכעת הוא טעון נתיצה, אם היתה עליה על הבית אינו נותץ את גגו אלא קורות הגג נשארות כיוון שהוא שייך גם לעליה וההעליה לא נגועה, הוא הדין הפוך אם היה נגע בעליה אינו נותץ את רצפת העליה כיוון שהקורות שייכות גם לבית מתחת והוא אינו נגוע, וכמו שממעטין בת"כ בפירוש מדכתיב "ונתץ את אבניו ואת עציו", דמשמע רק כשהן שלו לבד ולא כשחבירו משותף עמו, מכאן רואים שקורות הבית שבין הגג לעליה שייכות הן לבית והן לעליה ביחד, ושהבית או עליה נטמאים אין הקורות צריכים נתיצה כיוון שאינם שייכים רק לאחד מהם.

כמו כן מצינו במודר הנאה מחבירו בחצר משותפת שאין בה דין חלוקה שכל החצר שייכת לשניהם (ראה לעיל פרק 4 דעת הרמב"ן והר"ן)

וכן ראינו בחומת ירושלים וחומת העזרה שהיא שייכת הן לפנים והן לחוץ וכך כותב הרמב"ם (הלכות מעשה הקרבנות פרק יא הלכה ה ו-ו) לענין פסול ואכילת קודשים חוץ לירושלים וחוץ לעזרה:

הלכה ה

כל האוכל כזית מבשר קדשי קדשים חוץ לעזרה לוקה שנאמר לא תוכל לאכול בשעריך מעשר דגנך תירושך ויצהרך ובכורות בקרך וצאנך- מפי השמועה למדו שזו אזהרה לאוכל מבשר חטאות

ואשמות חוץ לעזרה- והוא הדין לאוכל קדשים קלים חוץ לירושלים שהוא לוקה- שחומת ירושלים לקדשים קלים כחומת העזרה לקדשי קדשים- ואחד בשר חטאת ואשם או שירי מנחות.

הלכה ו

בשר קדשי קדשים שיצא חוץ לחומת העזרה- ובשר קדשים קלים שיצא חוץ לחומת ירושלים נפסל ונאסר לעולם- ואף על פי שחזר למקומו אסור לאוכלו והאוכל ממנו כזית לוקה- שנאמר ובשר בשדה טריפה לא תאכלו- כיון שיצא בשר חוץ למחיצתו נעשה כטריפה כמו שביארנו בהלכות מאכלות אסורות.

יש איסור להוציא ולאכול בשר קדשי קדשים מחוץ לעזרה ובשר קדשים קלים מחוץ לירושלים. הרמב"ם בהלכה ו' לענין פסול בשר הקדשים שיצא לחוץ כותב שהבשר נפסל אם יצא חוץ לחומת העזרה או חוץ לחומת ירושלים, זאת אומרת שעל החומה עדיין אינו נפסל, לעומת זאת בהלכה ה' לענין איסור אכילה כתב שלוקה אם אכל חוץ לירושלים או חוץ לעזרה, זאת אומרת על החומה לוקה, ההסבר הוא שהחומה נחשבת גם כחוץ וגם כפנים, לגבי אכילה יש איסור לאכול בחוץ ומיכוון שהחומה יש בה גם חוץ אזי האכילה אסורה על החומה, מאידך גיסא הוא נפסל רק אם הוא יצא מפנים ירושלים או מפנים העזרה, וכיוון שהחומה היא גם פנים וגם חוץ הבשר שנמצא על החומה נחשב עדיין בפנים ואינו נפסל.

דוגמא נוספת שמובאת **בשו"ת להורות נתן** חלק יג סימן מט לגבי שחיטה משותפת של ישראל ונוכרי:

ין ויסוד הדבר הוא ממה שכתב הש"ך יו"ד (סי' ב) סק"ל- שהביא קושיא בהא דקיי"ל דנכרי וישראל שאחזו בסכין ושחטו שחיטתו כשרה- ואילו בשנים ששוחטין ואחד מהן מכוין לשחוט לשם עבודה זרה השחיטה פסולה- וכתב לחלק בשם מהרש"ל- דבישראל ונכרי ששחטו הרי הנכרי פסול לשחיטה רק משום שאינו בר זביחה- ועל כן אינו יכול להכשיר את השחיטה- אבל אין הנכרי פוסל את השחיטה אלא שאינו מכשירה- ועל כן כשגם ישראל אחז בסכין ושחט השחיטה כשרה- כיון דאיכא ישראל המכשירה- אבל בשנים ששחטו ואחד מהם התכוין לשם עבודה

זרה- בזה השחיטה פסולה- דזה שהתכוין לעבודה זרה לא רק שלא הכשיר את השחיטה אלא שפסלה- ועל כן אף שגם השני אחז בסכין והוא לא התכוין לשם עבודה זרה- מכל מקום נפסלה השחיטה מכחו של זה שנתכוין לשם עבודה זרה עיין שם/ומבואר מזה דדבר שנעשה על ידי שני כחות- אם כח אחד פוסל אז נפסל המעשה- דאע#ג דהכח השני יכול להכשיר מכל מקום נפסל על ידי הכח הפוסל- אבל אם כח אחד אין בכחו להכשיר אבל אינו פוסל- אז המעשה כשר- דאע#ג דלא הוכשר על ידי האחד שאין בכחו להכשיר מכל מקום הוכשר על ידי הכח השני/

במקרה שישראל ונוכרי אחזו שניהם בסכין ושחטו יחד, השחיטה נוצרה מכח של שניהם, הואיל שבשחיטה אנו צריכים שתבוצע ע"י ישראל, הרי יש לנו ישראל ששחט המכשיר את השחיטה ולא מפריע לי שגם נוכרי השתתף העיקר שיש גורם המכשיר שהוא ישראל, אבל במקרה שהיתה לנוכרי כוונה לשם עבודה זרה אזי יש לנו גורם הפוסל את השחיטה וכאן לא יועיל הישראל שהוא גורם המכשיר כיון שהגורם השני הוא פוסל ולא נטראלי.

וכפי שמסכם **הלהורות נתן** שם:

/ומבואר מזה דדבר שנעשה על ידי שני כחות- אם כח אחד פוסל אז נפסל המעשה- דאע#ג דהכח השני יכול להכשיר מכל מקום נפסל על ידי הכח הפוסל- אבל אם כח אחד אין בכחו להכשיר אבל אינו פוסל- אז המעשה כשר- דאע#ג דלא הוכשר על ידי האחד שאין בכחו להכשיר מכל מקום הוכשר על ידי הכח השני/

לאור זאת, אומר **הצפנת פענח** הוא הדין לבין השמשות שיש בו משניהם (יום ולילה מעורבים בו), יש להתייחס אליו בצורה דומה, והכלל לענין דין בין השמשות לגבי המצוות השונות הוא כדלהלן:

- כל דבר הצריך להעשות ביום או בלילה, (ולא שאסור שיעשה ביום או יעשה בלילה) אזי מותר לעשותו בין השמשות, שכן בין השמשות נחשב גם ליום וגם לילה, ואם

היא צריך יום הרי נעשה ביום ואם צריך לילה הרי נעשה בלילה.

- כל דבר שיש מניעה לעשותו בלילה או ביום שאם יעשה בלילה הוא פסול או שאם יעשה ביום הוא פסול, אזי אסור לעשותו בין השמשות משום שבין השמשות הוא גם יום וגם לילה.

דוגמא לכך שהיום פוסלו ואסור בבין השמשות מובא ברמב"ם הלכות תרומות פרק ז הלכה ב:

אין הטמאים אוכלין בתרומה עד שיעריב שמשן ויצאו שלשה כוכבים סבינוניים וזה העת כמו שליש שעה אחר שקיעת החמה שנאמר ובא השמש וטהר עד שיטהר הרקיע מן האור ואחר יאכל מן הקדשים.

אחרי שהכהנים טובלים עדין אינם יכולים לאכול תרומה עד שיעריב שמשן וכיון שצריך שיהיה לילה בלבד והיום פוסלו לכן אסור להם לאכול בין השמשות שיש בו גם מן היום.

דוגמא לכך שדבר שצריך לעשותו ביום כשר בבין השמשות, מובא ברמב"ם הלכות קידוש החודש פרק ב הלכה ח ו-ט:

"ואין מקדשין אלא חדש שנראה בזמנו- ואין מקדשין אלא ביום ואם קדשוהו בלילה אינו מקודש"

ראוהו בית דין עצמן בסוף יום תשעה ועשרים- אם עדיין לא יצא כוכב בליל שלשים- בית דין אומרים מקודש מקודש שעדיין יום הוא-

כיוון שקידוש החודש צריך שיעשה ביום ולא שהלילה פוסלו, אזי אפשר לקדש את החודש גם אחרי השקיעה בבין השמשות שהרי הוא גם יום והוא זמן הכשר לקדוש החודש.

הוא הדין למילה שיש לעשותה ביום שנאמר "וביום השמיני" שזמנה ביום ולא שהלילה פוסלה אפשר לעשותה בין השמשות אם היינו יודעים את זמן בין השמשות.

וכן כתב בשו"ת להורות נתן (חלק יג סימן מט) ליישב את קושיית הרא"ש (על פי שיטת הריטב"א, המהר"ל, והצפנת פענח שבין השמשות יום ולילה מעורבים בו) במה שונה סוכה שנאסרה ביום השמיני משום מוקצה, כיון שהיתה מוקצה בבין השמשות שבין היום השביעי לשמיני, דמיגו דאיתקצאי בבין השמשות איתקצאי לכולי יומא, לעומת אתרוג שאינו אסור למחרתו ואין אומרים מיגו דאתקצאי בין השמשות איתקצאי לכולי יומא, משום שהוא מוקצה מחמת יום שעבר והרי סוכה היא גם מוקצה מחמת יום שעבר ובכל זאת אוסרים אותה ביום השמיני משום מוקצה:

ולדרכנו אתי שפיר- דאתרוג היה מותר בבין השמשות של יום השביעי שהוא ספק שביעי וספק שמיני- דכיון דאתרוג אינו יוצא בו בלילה- א"כ כשהגיע בין השמשות שיש בו חלק הלילה של שמיני אינו ראוי למצוה כלל- ונמצא דלא אתקצאי כלל בבין השמשות- ועל כן לא אתקצאי לכולי יומא דמחרת, משא"כ סוכה דנוהגת גם בלילה א"כ שפיר אתקצאי בבין השמשות- דכיון דבין השמשות יש בו גם חלק של יום- נמצא דבין השמשות שבין שביעי לשמיני נתחייב בסוכה מצד חלק היום שבו- ואף על גב דיש בו גם חלק לילה של שמיני- הנה חלק הלילה אינו פוסל את המצוה של סוכה- דהא סוכה נוהגת אף בלילה- ואי משום דלילה הוי שמיני ופטור מן הסוכה- מכל מקום הוא חייב מצד חלק היום- נמצא דבשעה שחל עליו דין לילה של שמיני- עדיין יש עליו גם דין יום של שביעי המחייב בסוכה- ונמצא שתחלת לילה של שמיני היה חייב בסוכה מחמת חלק היום שיש עדיין בבין השמשות- ועל כן אמרינן בסוכה דשפיר אתקצאי לכל היום- כיון דבתחלת שמיני שהתחיל בבין השמשות עדיין היה חייב במצות סוכה, משא"כ באתרוג ברגע הראשון של שמיני כבר נפטר ממצות אתרוג- דהרי בבין השמשות שאז חל הרגע הראשון של שמיני כבר חל עליו גם דין לילה- ולילה פוסל במצות אתרוג- ואף על גב דעדיין יש עליו גם דין יום של שביעי- מכל מקום כיון דאיכא עליו גם דין לילה פטור ממצות אתרוג דלילה פוסל את המצוה וכו"ל.

ההבדל בין אתרוג לסוכה הוא שאתרוג הלילה פוסלו וכיוון שבין השמשות יש בו גם מהלילה וגם מהיום אזי אין האתרוג ראוי למצווה בבין השמשות של מוצאי היום השביעי ולכן אינו מוקצה בבין השמשות ומותר בשמיני לעומת סוכה שאין הלילה פוסלה שהרי חייבים בסוכה שבעת ימים יום ולילה אזי בבין השמשות של מוצאי היום השביעי שהוא גם יום וגם לילה עדיין הזמן הוא ראוי למצוות סוכה למרות שנכנס גם הלילה של היום השמיני הוא אינו גורם הפוסל בסוכה, וכיוון דאתקצאי בין השמשות אתקצאי לכולי יומא.

הצפנת פענח מבאר עוד שבדברים שהם תלויים בתאריך כיוון שבין השמשות יש בו מן היום ומן הלילה יש לנו להחמיר, כגון: שבת שאין לעשות מלאכה בין השמשות ערב שבת, אעפ"י שיש בו מן היום הרי יש בו גם מן הלילה השייך לשבת, ולכן הרמב"ם בהלכות_שבת פרק ה הלכה ד פסק:

משתשקע החמה עד שיראו שלשה כוכבים בינוניים ג הוא הזמן הנקרא בין השמשות בכל מקום- והוא ספק מן היום ספק מן הלילה ודנין בו להחמיר בכל מקום- ולפיכך אין מדליקין בו- והעושה מלאכה בין השמשות בערב שבת ובמוצאי שבת בשוגג חייב חטאת מכל מקום///

כמו כן באתרוג שמצוותו ביום הראשון מדאורייתא וביום השני מדרבנן, מה יהיה דינו במוצאי היום הראשון בין השמשות? גם אם נאמר שמצוותו ביום ובין השמשות יום הוא, מ"מ מחמת הלילה אפשר שהוא כבר יום שני וביום השני אין חיובו מהתורה.

הכלל הזה קיים בעוד הרבה איסורים ומצוות, שיש לבדוק בכל מקרה מה הדבר המונע הנחוץ לצורך המצווה:

- אם ישנו דבר המונע את קיומה, יש לבדוק שאינו קיים בדבר המעורב.
- אם ישנו דבר הנחוץ לקיום המצווה, יש לבדוק שהוא קיים בדבר המעורב.

אם התשובה היא חיובית אזי ניתן לקיים את המצווה, וכן באיסור מסויים יש לבדוק מהו הגורם לאיסור ואח"כ לברר האם גורם האיסור נמצא בדבר המעורב ואם אכן הוא קיים, אזי ישנו איסור בדבר. והוא הדין לבין השמשות יש לבדוק בכל מצווה האם צריך שיהיה יום או לילה או לחלופין האם היום פוסלו או הלילה פוסלו ובהתאם לכך לקבוע האם בין השמשות כשר לאותה מצווה שיש בו גם מן היום וגם מן הלילה.

בין השמשות זמן מיוחד שאינו יום ואינו לילה.

אפשרות נוספת להגדרת בין השמשות שהוא כמין בריה בפני עצמה שאינו לא יום ולא לילה, אלא זמן אחר שחכמים החמירו בו פעם כיום ופעם כלילה ופעמים שנתנו עליו חומרת שניהם.

בספר פרדס רימונים (שער כו פרק ח החלק הג') מדבר על כוחות הטומאה והמזיקים שנבראו בין השמשות ערב שבת:

> *בזוהר *ע) בהקדמת הזהר דף י#ז(במקומות חלוקים *ע) זהר בראשית דף מ#ח(נראה שהשדים הם כחות הטומאות והקליפה שנתפשטה בע#ש והיתה רוצה להתחזק בגוף והשפיעה והוציאה אותם הכחות שהם השדים וע#י שקדש היום נשארו נשמות טמאות בלא גוף כלל כנדרש בפסוק אשר ברא אלדים לעשות, והם עמדו ונתלבשו ונתגלמו ע#י קין קינא דמסאבותא ולא נתגלמו להם אלא לפי שעה, ועליהם אמר הכתוב *בראשית לו כד(הוא ענה אשר מצא את הימים במדבר וכו)- והנה ענה היה רודף אחר הטומאות האלה ומצאם במדבר כי שם מקום מושבם כראוי להם בארץ ציה וצלמות מקום שאין בו ישוב כלל ונקרא ימם חסר והטעם לפי שאינם לא מיום ששי ולא מיום שבת כי בין השמשות נבראו ולכן כתוב ימם שאינם לא לא מיום א) ולא מב) ימים*

על בראית אותם המזיקים ורוחות ושדים (ראה המקור בזוהר פרשת וישלח בפסקה הקודמת) אומר הכתוב: "הוא ענה אשר מצא את הימם במדבר", במקום שאין ישוב ששם מושבם, ונקרא ימם חסר י' מכיוון שנבראו בזמן שאינו יום שישי ואינו שבת והוא בין השמשות שאין בו לא

מיום שישי ולא מיום שבת. (ראה לעיל שהבאנו את בעל הסולם שפירש שיש בו גם מיום שישי וגם מיום שבת אלא שהספק הוא הפוגם אותם)

על דין שאין אופים מצות אלא במים שלנו מביא הערוך השולחן (אורח חיים סימן תנה סעיף ג) את שיטת רבי אליעזר ממינץ לגבי שאיבת המים לצורך אפיית המצות:

אבל רבינו אליעזר ממיץ כתב הטעם לפי שבלילה כל מעיינות ונהרות הם חמין לפי שהחמה מהלכת תחת אופק הארץ הנראה ולכן מחממת בלילה את המעיינות והנהרות ולכן בעלות השחר רואין כמו עשן על הנהרות ולכן אין להמים להיות בלילה במעיין או בנהר אפילו בתחלת לילה אלא קודם תחלת הלילה לשאבן ואף שבלילה העבר היו במעיין ובנהר אך ביום נצטננו בהיותם במקור אבל כששאבום בלילה אף שנניח אותם למחר ולכמה ימים אינו מועיל מפני שהוציאן חמין והצינון אינו מועיל להם אלא בהיותם יום שלם בנהר ובמעיין שיצטננו מהחימום דלילה ולכן כשם שבלילה אסור לשואבן כמו כן ביום מפני שאנו מצריכין יום שלם לצינון ובהיותם במקורן <u>ולשיטה זו אין השאיבה רק בבין השמשות בשעה שאינו לא יום ולא לילה</u> וכנגד זה יש קולא לשיטה זו שמיד ששאבן יכול ללוש בהם את העיסה ואף# המתנת

כיוון שלשיטתו המים מתחממים בלילה וצריכים להתקרר במשך כל היום אין לשואבם בלילה ואפילו בתחילת הלילה, ואין לשואבם ביום שהרי דרושה להם יום שלם להתקרר ולכן יש לשואבם בין השמשות בזמן שאינו יום ואינו לילה.

וכן כתב ערוך השולחן (יורה דעה סימן קי סעיף צג) שהמחלוקת בין הרמב״ם לרשב״א לגבי ספק דאורייתא לחומרא האם הוא מדין תורה או שחכמים החמירו בו, אינו שייך לבין השמשות שהוא ספק תמידי ואינו יום ואינו לילה.

ועוד אני אומר דהפלוגתא אינו אלא על ספק מקרה כמו על חתיכה ספק חלב ספק שומן ספק טמא ספק טהור וכיוצא בזה אבל ספק תמידי כמו כוי שהוא ספק חיה ספק בהמה או בין השמשות שהוא ספק יום ספק לילה וכיוצא באלו אין שייך כלל למחלוקת

זה דבזה יכול להיות דאפילו הסוברים דספיקא דאורייתא מן התורה לחומרא בכאן יודו להרמב#ם כגון חלב של כוי התורה אמרה כל חלב שור וכשב ועז שהם בהמות ודאים וכוי אינו בכלל זה וכן בין השמשות התורה אמרה יום ולילה וזה אינו לא יום ולא לילה וכן י#ל להיפך כמובן ועכ#פ דברים כאלו לא שייך למחלוקת זה ^כנלע#ד ובזה מסולקים ראיות הרבה| ;

המחלוקת לגבי ספק דאורייתא לחומרא האם היא מהתורה או מדרנן היא רק לגבי דברים שאינם ספק תמידי, שחל עליהם סטטוס מסויים שהוא מוגדר רק לנו יש ספק באיזה מצב הם נמצאים, האם הם טמאים או טהורים, אסורים או מותרים? בזה חלוקים הפוסקים, אבל בספק תמידי כגון בין השמשות שאינו יום ואינו לילה, אלא כמין בריה אחרת בזה יתכן שכולם יודו לרמב״ם שספק הדאורייתא לחומרא אינו מן התורה.

השולחן ערוך אורח חיים הלכות תענית סימן תקסב סעיף א כותב: שכל תענית שלא שקעה עליו חמה דהיינו שלא השלימו עד צאת הכוכבים אינו תענית. ועל זה כתב ערוך השולחן אורח חיים סימן תקסב סעיף ט:

ואמת שכן כתבו המרדכי בספ#ק דתענית והרא#ש שם ^סי) י#בו אבל הרא#ש עצמו בספ#ב דשבת כתב בשם רבינו יונה דבין השמשות מותר ע#ש וכן נ#ל דעת הרמב#ם שלא נמצא בחיבורו דין זה דכל תענית שלא שקעה עליו חמה לאו שמיה תענית ואדרבא בפ#ה לעניין תשעה באב כתב דבין השמשות שלו אסור דמבואר לחדיא דבשארי תענית כל בין השמשות מותר וכן מתבאר לי מדברי הר#ן דהך דכל שלא שקעה עליו חמה הוא כפשוטו שקיעת החמה/// ///וכן מתבאר מדברי רש#י ע#ש ולפ#ז נלע#ד דהסומך על רבותינו אלה להתענות רק עד בין השמשות אין מזניחין אותו

לפי דבריו שיטת הרמב״ם היא שבשאר תעניות אינו צריך להתענות בין השמשות ולא כדעת השו״ע וכן דעת הרא״ש והר״ן, כיוון שערוך השולחן לשיטתו בין השמשות אינו יום ואינו לילה ולכן יכול לסיים תעניתו שהגיע בין השמשות אומנם לא כתב להתיר בשופי אך כתב הסומך על רבותינו אלה אין מזניחין אותו.

בשו״ת להורות נתן (חלק יג סימן נ) כתב עוד אפשרות ליישב את קושיית הרא״ש, במה שונה סוכה שנאסרה ביום השמיני משום מוקצה, דמיגו דאיתקצאי בבין השמשות איתקצאי לכולי יומא, משום שהיתה מוקצה בבין השמשות שבין היום השביעי לשמיני, לעומת אתרוג שאינו אסור למחרתו ואין אומרים מיגו דאתקצאי בין השמשות איתקצאי לכולי יומא, משום שהוא מוקצה מחמת יום שעבר והרי סוכה היא גם מוקצה מחמת יום שעבר ובכל זאת אוסרים אותה ביום השמיני משום מוקצה:

שו״ת להורות נתן חלק יג סימן נ:

יד) ומעתה אם נימא דבין השמשות שיש בו יום וגם לילה הוי הרכבה מזגיית- נמצא דהוי כבריה חדשה- לא יום ולא לילה- וא״כ אפילו אם נימא דבלולב אין הלילה פוסל אלא דהעיקר שיהיה יום שנאמר ולקחתם לכם ביום הראשון- מ״מ בבין השמשות אינו יוצא בוודאות- דביהשמ״ש הוי הרכבה מזגיית של יום ולילה- וממילא לא נשאר בו מטבע המורכבים בנפרד- ואין בו לא יום ולא לילה- אלא בריה חדשה- והרי בלולב כתיב ביום הראשון- והכא ליכא יום וע״כ לא יצא. ועל כן אמרו דבלולב בשביעי לא שייך מגו דאתקצאי- משום דבין השמשות אינו יוצא בלולב כלל כיון דליכא ביה דין יום דהוי בריה חדשה.

טו) משא״כ בסוכה לא בעינן לא דין יום ולא דין לילה דהכל חייב בסוכה- ומה שנאמר בסוכות תשבו שבעת ימים- אין הכונה במלת ״ימים״ יום לאפוקי לילה אלא מספר ימי הסוכות שהם שבעה- וע״כ אף אם נימא דבין השמשות הוי כבריה חדשה לא יום ולא לילה מ״מ לא יצא מכלל שבעת ימים וחייב בסוכה- וע״כ שפיר נאמר בסוכה בבין השמשות דשביעי מגו דאתקצאי ביהשמ״ש אתקצאי לכולי יומא- דאתחייב בסוכה באותה שעה של בין השמשות- דאף אם הוי בריה חדשה שאינה לא יום ולא לילה- מ״מ הוי בכלל בסוכות תשבו שבעת ימים- דעכ״פ לא נפיק מכלל שבעת ימי הסוכות.

ההבדל בין אתרוג לסוכה הוא שאתרוג אפילו אם נאמר שאין הלילה פוסלו, אלא שהוא צריך יום אין בין השמשות נחשב ליום, שכן בין השמשות הוא

כבריה חדשה שאינו יום ואינו לילה ולכן אינו זמן ראוי למצוות אתרוג משום כך אינו מוקצה בבין השמשות של מוצאי היום השביעי, ואין אומרים מיגו דאתקצאי... ומותר בשמיני, לעומת זאת מצוות סוכה שמצוותה תמידית כל שבעת הימים שהרי חייבים בסוכה שבעת ימים יום ולילה כולל בין השמשות אזי בבין השמשות של מוצאי היום השביעי אף על פי שהוא בריה בפני עצמה לא יום ולא לילה הוא גם זמן הראוי למצוות סוכה, וכיוון דאתקצאי בין השמשות אתקצאי לכולי יומא, ואסורה בשמיני.

אולם הלהורות נתן בעצמו קשה לו עם ביאור זה שבין השמשות אינו יום ואינו לילה וכך הוא כותב:

^אולם צריך עיון אם שייך לומר דביהשמ#ש הוי הרכבה מזגיית של יום ולילה וממילא הוי כבריה חדשה- דלכאורה בשעת בריאת העולם מצינו רק ויהי ערב ויהי בוקר- או ערב או בוקר- אבל סוג שלישי ליכא- ועל כרחך דהוי הרכבה שכוניית וממילא איכא בו יום ולילהΛ

נאמר בתורה בבריאת העולם ויהי ערב ויהי בוקר, זאת אומרת שהתורה הגדירה רק שני זמנים ערב ובוקר שהוא יום או לילה, ואין זמן שלישי בנוסף להם שאינו יום ואינו לילה.

עוד יש להוסיף מה שכתב **הבני יששכר** מאמרי חודש כסלו - טבת מאמר ג - נר מצוה שאין זמן שאינו שאינו יום ואינו לילה:

הנה תתבונן בדברי רז#ל ^מנחות צט בו דשאל ההוא מרבנן כגון אני שלמדתי כל התורה כולה מהו ללמוד חכמות יוונית *היא הפלסופיא הטבעיית אשר הנחש כרוך בעקבהן- וא#ל^רבו כתיב והגית בו יומם ולילה^יהושע א ח) צא ובדוק שעה שאינה מן היום ואינה מן הלילה *והוא אינו בנמצא כי אפילו הזמן הממוצע קצתו מן היום וקצתו מן הלילהן- הנה עפ#ז תבין כי הנר מצוה ניתקן זכרון לבני ישראל לחכמת תורתם- כי אור שֵׂכֶל ישראל הוא למעלה מן חכמת הטבע *על כן היה הנס באור שלא כטבען- חלילה לבן ישראל להשקיע שכלו וחכמתו בחכמות החיצוניות כאשר רצו היוונים- וזהו שתיקנו בנר מצוה הזה *הרומז לחכמת התורה

*למעלה מן הטבען משתשקע החמה עד שתכלה רגל מן השוק- שהוא זמן ממוצע בין היום והלילה ואעפי״כ אז נהג הנר מצוה *הרומז לתורה- להורות צא ובדוק שעה שאינה מן היום ומ) דאפילו זמן הממוצע קצתו מן היום וקצתו מן הלילה- ואין לך רשות להבטל ממנה דכתיב והגית בו יומם ולילה.*

לגבי השאלה האם מותר ללמוד חכמה יוונית הגמרא במנחות עונה: כך אמר ה׳ ליהושע: ״והגית בו יומם ולילה״ לכן חפש זמן שאינו יום ואינו לילה ובו יהיה לך מותר ללמוד חכמה יוונית. מבאר **הבני יששכר** שכוונת הגמרא לומר שאין זמן כזה וכוונה לומר שאסור בכלל ללמוד חכמה יוונית, ולכן תיקנו להדליק נר חנוכה (המסמל את לימוד התורה) משתשקע חמה עד שתכלה רגל מן השוק להורות לנו שגם הזמן הזה של בין השמשות שהוא מעבר הוא מקצתו מן היום ומקצתו מן הלילה, ואף בו אסור ליבטל מהתורה וללמוד חכמה יוונית.

אולם לפי הדעה שבין השמשות אינו יום ואינו לילה, ניתן היה לבאר את הגמרא שיש זמן כזה שהוא מועט והוא בין השמשות שבו ניתן ללמוד חכמה יוונית.

סיכום

בין השמשות הוא הזמן המסמל את המעבר בין היום לבין הלילה זמן של ספק, זמן מעורב לכאורה מיום ללילה, בפרק זה ראינו שישנם מספר שיטות איך להתחייס לזמן זה:

- בין השמשות כולו יום או כולו לילה, או יש בו מן היום והלילה ואין אנו יודעים קו ההפרדה בין היום ללילה. (דעת רש״י)
- כל רגע ורגע בבין השמשות יש ספק אם כולו יום או כולו לילה או חציו יום וחציו לילה, ואין אנו יודעים קו ההפרדה בין היום ללילה. (דעת רבינו תם ויש שביארו שכן היא דעת רש״י, המהרש״א מבאר שגם לדעת רבינו תם יש את הספק או שכולו יום או שכולו לילה)
- כל משך זמן בין השמשות היום והלילה מעורבים ביחד. יש בו גם יום וגם לילה (הריטב״א, המהר״ל, צפנת פענח ועוד)

* בין השמשות זמן מיוחר שאינו יום ואינו לילה. (ערוך השולחן , רמ״ק)

בין השיטות ישנה נפקא מינא להלכה כיצד להתייחס לדברים הנעשים בבין השמשות. לדוגמא: המבשל במוצאי יום טוב בין השמשות כדי לאכול את התבשיל בין השמשות, לפי השיטות שבבין השמשות ישנו קו מפריד המבדיל בין היום ובין הלילה רק שאנו לא יודעים היכן הוא עובר בבין השמשות, אזי ישנו חשש שהבישול היה לפני הקו המפריד בעודו יום טוב, והאכילה היתה לאחר הקו המפריד שכבר לילה ולמעשה הוא מכין מיום טוב לחול, אבל לשיטות שבין השמשות הוא מקשה אחת יום ולילה מעורבים ביחד, אזי אם דנים את בין השמשות ליום, הוא בישל מיום טוב ליום טוב, ואם דנים אותו כלילה אזי כבר מותר לבשל.

דוגמא נוספת לתינוק שנולד ערב שבת ספק ביום ספק בין השמשות לפי השיטות שישנו קו מפריד, אפשר לדון למולו ביום שישי מצד ספק ספיקא שמא נולד ביום ואם תאמר נולד בין השמשות שמא נולד לפני הקו המפריד בחלק שעודו יום, שיש לנו שתי ספקות למלו ביום ראשון כנגד אחד למולו בשבת, אך לשיטות שבין השמשות יום ולילה מעורבים בו וכך גם מבאר בשו״ת הרדב״ז (חלר ד סימן רפב) שהספקות שקולים כיוון שישנם שני ספיקות למולו ביום שישי 1. שמא נולד ביום 2. שמא בין השמשות כולו יום, לעומת שני ספיקות למולו בשבת 1. שמא בין השמשות כולו לילה 2. שמא בין השמשות יש בו משניהם. והוא ספק בפני עצמו ולא מדובר בקו מפריד.

פרק שלושה עשר

שניים שעשאוה

מבוא

בפרק זה נציג את הדין שניים שעשו יחדיו מלאכה בשבת, אנו נדון באופן שכל המלאכה נעשתה ע"י שניהם ביחד ולא שכל אחד עשה חצי מלאכה אחרת, נברר באיזה אופן הם פטורים ובאיזה אופן הם חייבים, מקרה אחד כאשר כל אחד יכל לעשות את המלאכה לבדו "זה יכול וזה יכול", אופן שני שאינם יכולים לבצע כל אחד את המלאכה לבד וכל אחד זקוק לשני לשם ביצוע המלאכה "זה אינו יכול וזה אינו יכול". אפשרות שלישית כאשר אחד מהם יכול לבצע את המלאכה לבדו וחבירו אינו יכול לבצעה לבדו " זה יכול וזה אינו יכול".

אנו ננסה לבחון את הדעות השונות באיזה אופן המלאכה מתייחסת לכל אחד בשלמותה, כאילו כל אחד עשה מלאכה בשלמותה וחייב, או שנאמר ששנים מבצעים מלאכה ביחד הדבר נחשב שכל אחד עשה חצי מלאכה ולכן הם פטורים, או שמא נאמר ששניהם חייבים גם על חצי מלאכה שביצעו, וכן מתי נאמר שהאחד כלל לא הצטרף לשני לעשיית המלאכה וכל המלאכה שייכת רק לאחד מהם.

סוגיית הגמרא בשבת

המשנה מסכת שבת צב עמוד ב דנה בשניים שהוציאו יחדיו חפץ לרשות הרבים:

משנה. המוציא ככר לרשות הרבים. חייב. הוציאוהו שנים. פטורין. לא יכול אחד להוציאו והוציאוהו שנים. חייבין. ורבי שמעון פוטר.

הגמרא שם מביאה ברייתא המרחיבה את המחלוקת:

במתניתא תנא; זה יכול וזה יכול. רבי מאיר מחייב- ורבי יהודה ורבי שמעון פוטרים. זה אינו יכול וזה אינו יכול. רבי יהודה ורבי

מאיר מחייבים- ורבי שמעון פוטר/ זה יכול וזה אינו יכול. דברי הכל חייב/

הברייתא מביאה שלוש דעות לגבי שנים שעשו מלאכה בשבת:

- **דעת רבי מאיר** בין זה יכול וזה יכול, ובין זה אינו יכול וזה אינו יכול שניהם חייבים
- **דעת רבי יהודה** זה יכול וזה יכול שניהם פטורים, זה אינו יכול וזה אינו יכול שניהם חייבים
- **דעת רבי שמעון** בכל האופנים לעיל שניהם פטורים

ולדעת כולם זה יכול וזה אינו יכול אין את הפטור של שנים שעשו ואחד מהם חייב.

מקור הלימוד של שלשתם הוא מאותו פסוק, תלמוד בבלי מסכת שבת דף צב עמוד ב

מנא הני מילי. דתנו רבנן; בעשתה העושה את כולה- ולא העושה את מקצתה/ כיצד; שנים שהיו אוחזין במלגז ולוגזין- בכרכר ושובטין- בקולמוס וכותבין- בקנה והוציאו לרשות הרבים- יכול יהו חייבין. תלמוד לומר בעשתה. העושה את כולה ולא העושה מקצתה/ עיגול של דבילה והוציאו לרשות הרבים- בקורה והוציאו לרשות הרבים- רבי יהודה אומר; אם לא יכול אחד להוציאו והוציאוהו שנים. חייבין- ואם לאו. פטורין/ רבי שמעון אומר; אף על פי שלא יכול אחד להוציאו+והוציאוהו שנים. פטורים- לכך נאמר בעשתה. יחיד שעשאה חייב- שנים שעשאוה פטורין/

לכאורה הם דורשים את אותו פסוק אך הם חולקים איך לדרוש אותו ואיזה דינים נלמדים ממנו ישנם שלושה מיעוטים בפסוק: 1. נפש ולא הרבה נפשות. 2. אחת 3. בעשותה.

במאי קמיפלגי. בהאי קרא- ואם נפש אחת תחטא בשגגה מעם הארץ בעשתה/ רבי שמעון סבר; תלתא מיעוטי כתיבי נפש תחטא אחת תחטא בעשתה תחטא/ חד. למעוטי זה עוקר וזה מניח- וחד למעוטי זה יכול וזה יכול- וחד. למעוטי זה אינו יכול וזה אינו.

יכול ורבי יהודה; חד. למעטי זה עוקר וזה מניח וחד. למעטי זה יכול וזה יכול וחד. למעטי יחיד שעשאה בהוראת בית דין, ורבי שמעון. יחיד שעשאה בהוראת בית דין חייב, ורבי מאיר. מי כתיב נפש תחטא אחת תחטא בעשתה תחטא@ תרי מעטי כתיבי; חד. למעטי זה עוקר וזה מניח וחד. למעטי יחיד שעשאה בהוראת בית דין

רבי שמעון דורש מהפסוק למעט של שלושה דברים: 1. זה עוקר וזה מניח שכל אחד פעל בחלק אחר מהמלאכה, 2. כאשר שניהם פעלו יחד וזה יכול לבדו לעשות את המלאכה וזה יכול לבדו לעשות את המלאכה, 3.כאשר שניהם פעלו יחד וזה אינו יכול וזה אינו יכול.

רבי יהודה דורש את הפסוק לפטור שלשה דברים שונים: 1. זה עוקר וזה מניח 2. זה יכול וזה יכול, 3. יחיד שעשה עבירה על פי הוראה מוטעית של בית דין. ולדעת רבי שמעון יחיד שפעל על פי הוראת בית דין חייב. ואינו נזקק למיעוט זה.

רבי מאיר דורש שיש רק שני מיעוטים: 1. "נפש אחת" זה מיעוט אחד בא למעט זה עוקר וזה מניח 2. "בעשותה" למעט יחיד שעשה עבירה על פי הוראת בית דין.

בהמשך דברינו נבאר מהו יסוד וטעם המחלוקת בין האופנים השונים.

זה יכול וזה אינו יכול

ראינו לעיל במקרה ששנים עשו מלאכה ביחד בשבת כשזה יכול וזה אינו יכול לדעת כולם לפחות אחד מהם חייב, הגמרא כעת מבררת מי מהם חייב ומי פטור ומה ההסבר לכך.

תלמוד בבלי מסכת שבת דף צג עמוד א:

אמר מר; זה יכול וזה אינו יכול. דברי הכל חייב, הי מנייהו מיחייב@

השאלה מי מהם חייב? משמע מרש"י (ד"ה אין בו ממש) שיש להסתפק אם זה שיכול חייב והשני פטור או להפך זה שאינו יכול חייב והאחר היכול פטור (כך פירשו המהרש"ל והחתם סופר בדעת רש"י) כיוון שיש להסתפק

מצד אחד שהיכול חייב והאינו יכול הוא רק מסייע מאידך אפשר לומר שהאינו יכול חייב, כיוון שדרכו בכך להוציא להסתייע באחר משום שאינו יכול לבד, והיכול פטור מכיוון שאין דרכו בכך להסתייע באחר. וכן כך משמע מלשון הגמרא "הי מנייהו חייב", וכן כותב הרמב"ן (שם ד"ה הי) שמלשון הברייתא "לדברי הכל חייב" משמע שרק אחד מהם חייב. אולם לדעת התוספות (ד"ה הי מנייהו) אין סברא לומר שהיכול יהא פטור והאינו יכול יהיה חייב אלא השאלה היא אם לחייב בנוסף את שאינו יכול.

וכן דעת הרשב"א (מסכת שבת דף צג עמוד א) שרב המנונא בא להוסיף על רב חסדא שאף האינו יכול חייב ולא רק היכול. ראה להלן דעת הרשב"א בהרחבה.

המשך הגמרא דעת רב חסדא ורב המנונה:

אמר רב חסדא; זה שיכול דאי זה- שאינו יכול . מאי קא עבי@ . אמר ליה רב המנונא; דקא מסייע בהדיה" . אמר ליה; מסייע אין בו ממש

רב חסדא טוען שזה שיכול חייב כיוון שהוא עשה את כל המעשה לבדו, שהרי זה שאינו יכול הרי הוא נחשב שלא עשה כלום שהרי בלעדיו היכול היה עושה לבדו.

רב המנונא טוען כנגדו הרי גם האינו יכול נחשב שלקח חלק במעשה שהרי הוא סייע.

אך רב חסדא סובר שמסייע אין בו ממש ואינו נחשב שעושה חלק מהמעשה כלל ומשום כך היכול נחשב שעושה את כל המעשה וחייב.

ביאור הגמרא לפי דעת **הרשב"א**: בתחילה מביא הרשב"א את דעת **הרב משה בר יוסף** שהתלבטות הגמרא היתה שאולי נאמר שהיכול חייב שהוא עושה את עיקר המעשה, או שנאמר שהאינו יכול חייב שהוא עושה בכל כוחו, כפי שמחייבים ב"זה אינו יכול וזה אינו יכול" ששם כל אחד עושה בכל כוחו, ודעת רב המנונא שאינו יכול לבדו חייב כיוון שעשה בכל כוחו ודעת רב חסדא האינו יכול הוא מסייע שאין בו ממש והיכול עושה את עיקר המעשה ולכן הוא החייב.

אך הרשב״א אינו מקבל את דעתו של הרב משה בר יוסף ומקשה עליו שהדין בגמרא ב״זה יכול וזה אינו יכול״ הוא לדעת כולם, אם כך אין הדבר מסתדר עם דעת רבי שמעון שפטר אפילו ב״זה אינו יכול וזה אינו יכול״ אפילו שעשה בכל כוחו וכן לדעת רבי מאיר שחייב גם ב״בזה יכול וזה יכול״ אעפ״י שלא עשה בכל כוחו, כמו כן דוחה הרשב״א את הדעה שרק אחד מהם חייב כיוון שאין הדבר מסתדר עם דעת כל התנאים לעיל, לכן הרשב״א מגיע למסקנה שדעת רב חסדא שהיכול בלבד חייב ודעת רב המנונא שאף האינו יכול חייב ומסביר את מחלוקת רב חסדא ורב המנונא לכל הדעות של התנאים (חידושי הרשב״א מסכת שבת דף צג עמוד א):

ומסתברא ודאי דרב המנונא אף מי שאינו יכול קאמר וכדברי הפירוש האחרון- אלא דהכי פירושה רב חסדא אמר יכול חייב לכולי עלמא ואפילו לרבי יהודה ורבי שמעון מפני שהמלאכה כולה נעשית על ידו- ואינו דומה לזה יכול וזה יכול דהתם כל אחד ואחד עושה מלאכה וראוי לעשות את כולה וכשלא עשאה כולה התורה פטרתו- אבל זה יכול וזה אינו יכול יחיד שעשאה קרינא ביה ומי שאינו יכול אינו אלא מסייע ומסייע אין בו ממש ואפילו לרבי מאיר- ואינו דומה לזה אינו יכול וזה אינו יכול דהתם כל אחד עושה מעשה ואין אחד מהם מסייע אלא עושה מעשה כחברו- ורב המנונא אמר שאפילו המסייע יש לחייב לכולי עלמא- לרבי מאיר מפני שהוא עושה מעשה בכל כחו ורבי מאיר בכל ענין מחייב וזה גם כן עושה הוא מעשה בכל כחו והוה ליה כזה אינו יכול וזה אינו יכול- והוא הדין לרבי יהודה מן הטענה הזו לדעת רב המנונא- ולרבי שמעון דפטר בכל ענין בין בשניהם יכולין זה לעצמו וזה לעצמו בין בזה אינו יכול וזה אינו יכול- סבירא ליה לרב המנונא דהכא מודה- משום דכשזה יכול וזה יכול והוה ליה לחד למעבד כולה ולא עבד קרינן ביה בעשותה העושה כולה ולא העושה מקצתה- והוא הדין והוא הטעם לזה אינו יכול וזה אינו יכול כיון שאין אחד מהם יכול לעשותה דלא קרינן בהו יחיד שעשאה- אבל בזה יכול וזה אינו יכול היכול על כרחינו חייב דבדידיה קרינן ביה יחיד שעשאה- וכיון שהיכול חייב אי אפשר לפטור את השני משום שנים שעשאוה שאם כן אף היכול ליפטר- וכיון שכן

מחייבין אותו מיהא משום מסייע- ואמר ליה רב חסדא אין בו ממש ופטור.

הסבר דעת **רב חסדא** שרק היכול חייב:

1. לדעת רבי יהודה – היכול חייב כיוון שעושה את עיקר המעשה הוא כיחיד שעשאה והאינו יכול מסייע שאין בו ממש.
2. לדעת רבי שמעון – אעפ"י שפוטר בכל שניים שעשו פה זה כיחיד שעשאה
3. לדעת רבי מאיר – אעפ"י שמחייב בכל שניים שעשאוה פה היכול הוא כיחיד שעשאה ואינו יכול הוא מסייע שאין בו ממש.

הסבר דעת **רב המנונא** שאף האינו יכול חייב:

1. לדעת רבי יהודה – היכול חייב שעושה את עיקר המעשה ואף האינו היכול חייב כיוון שעושה בכל כוחו, כפי שמחייב רבי יהודה כש"זה אינו יכול וזה אינו יכול".
2. לדעת רבי מאיר – יש לחייב את האינו יכול לפי שעושה בכל כוחו, כפי שמחייב רבי מאיר בכל אופן של בשנים שעשו.
3. לדעת רבי שמעון – כששניהם שוים אין זה נחשב כיחיד שעשאה אלא שנים ולכן שניהם פטורים, אך ב"זה יכול וזה אינו יכול" היכול נחשב כיחיד שעשאה ולכן חייב וכיוון שחייבנו אותו, האינו יכול מתחייב משום מסייע, ודעת רב חסדא שהאינו יכול הוא מסייע שאין בו ממש.

הגמרא כעת מביאה ארבע ראיות שמסייע אין ממש. אנו נבאר אותם כיוון שזה יסייע לנו להבין את האופנים האחרים של שניים שעשו:

אמר רב זביד משמיה דרבא; אף אנן נמי תניא היה יושב על גבי המטה- וארבע טליות תחת רגלי המטה. טמאות- מפני שאינה יכולה לעמוד על שלש- ורבי שמעון מטהר. היה רוכב על גבי בהמה- וארבע טליות תחת רגלי הבהמה. טהורות- מפני שיכולה

לעמוד על שלש ואמא@ הא קמסייע בהדי הדדי" לאו משום דאמרינן מסייע אין בו ממ@

רב זביד מביא ראייה מהמשנה (בזבים ד,ז), הטמא בטומאת זב מטמא טומאת "מדרס" דהיינו כל כלי או בגד הנושא את רוב כובד הזב נטמא באב הטומאה, הברייתא עוסקת בזב שהיה יושב על המיטה ותחת כל רגל מרגלי המיטה היתה טלית, הדין הוא שכל הטליתות טמאות בטומאת מדרס מכיוון שהמיטה אינה יכולה לעמוד על שלוש רגליים וכל ארבעת הרגלים דרושות כדי להחזיק את המיטה ואת הזב שעליה, לכן כל רגל נחשבת כ"זה אינו יכול וזה אינו יכול" וכשם שרבי יהודה מחייב שנים שעשו לעניין שבת ב"זה אינו יכול וזה אינו יכול" כאילו שכל אחד עשה את כל המעשה, הוא הדין בזב שמחשיבים כאילו כל רגל נשאה את כל הזב. ודעת רבי שמעון שכולן טהורות משום שלשיטתו לעניין מלאכת שבת "זה אינו יכול וזה אינו אינו יכול" שניהם פטורים.

לעומת זאת זב הרוכב על הבהמה כיוון שהיא יכולה לעמוד על שלוש רגליים ואין צורך ברגל הרביעית כותב רש"י:

מפני שיכולה לעמוד על שלש . הלכך כל אחד ואחד הוה ליה רביעי- ואינו אלא מסייע- וסתמא כר) יהודה- דזה יכול וזה יכול קרי מסייע.

דעת רש"י כל רגל בצירוף שניים היא בגדר זה יכול, ולכן דומה הדבר לדעת רבי יהודה במלאכת שבת ש"זה יכול וזה יכול" הוא כמסייע שאין בו ממש כיוון שהמלאכה יכלה להתבצע ע"י השני בלבד. ולכן הטליתות שתחת רגלי הבהמה טהורות. ומוכח מכאן שזה שהמלאכה יכולה להתבצע בלעדיו הוא מסייע שאין בו ממש ולכן ב"זה יכול וזה אינו יכול" היכול יהא חייב משום שהוא עיקר המעשה והשני אינו יכול הוא כמסייע שאין בו ממש.

הוכחה נוספת שמסייע אין בו ממש המשך הגמרא:

אמר רב אשי; אף אנן נמי תנינא- רבי אליעזר אומר; רגלו אחת על הכלי ורגלו אחת על הרצפה- רגלו אחת על האבן ורגלו אחת על הרצפה> רואין- כל שאילו ינטל הכלי ותינטל האבן יכול לעמוד על

רגלו אחת. עבודתו כשרה- ואם לאו. עבודתו פסולה. ואמאי? הא קא מסייע בהדי הדדי" לאו משום דאמרינן מסייע אין בו ממש?

בשעה שהכהן עובד בעזרה אסור שיהיה דבר חוצץ בין רגליו לבין רצפת העזרה ואם היה חוצץ עבודתו פסולה. הברייתא עוסקת בכהן שהיתה רגלו האחת על רצפת העזרה ורגלו השניה היתה על אבן או על כלי, הדין הוא שאם תנטל האבן החוצצת ועדיין הכהן יוכל לעמוד על רגלו האחת עבודתו כשרה ואם לאו עבודתו פסולה, מכיוון שראים אותו כאילו עומד על רגלו האחת שבה אין חציצה והרגל השניה שיש בה חציצה היא מסייע שאין בו ממש ואינו נחשב שעומד עליה.

הוכחה נוספת שמסייע אין בו ממש:

אמר רבינא; אף אנן נמי תנינא- קיבל בימין ושמאל מסייעתו. עבודתו כשרה. ואמאי? הא קא מסייע בהדי הדדי" לאו משום דאמרינן מסייע אין בו ממש? שמע מינה.

כל העבודות שנאמר בהם "אצבע" או "כהן" הכהן צריך לבצע אותם ביד ימין, כגון כהן שמקבל את הדם צריך לקבלו ביד ימין, במקרה דנן הכהן החזיק את הכלי בידו הימנית וידו השמלאית סייעה לו להחזיקה, מדובר שיכול היה להחזיק את הכוס בידו הימנית בלא סיוע מידו השמאלית, במקרה זה עבודתו כשרה אף על פי שידו השמאלית מסייעת כיוון שמסייע אין בו ממש.

מסקנת הגמרא שמקרה ששנים עשו מלאכה בשבת ו"זה יכול וזה אינו יכול" היכול חייב כיוון שעשה את עיקר המלאכה ואינו יכול פטור כיוון שמסייע אין בו ממש.

זה יכול וזה יכול

כפי שראינו לעיל דעת רבי יהודה ש"זה יכול וזה יכול" שניהם פטורים **רש"י** מסביר את טעמו של רבי יהודה (דף צב: ד"ה ורבי יהודה):

ור' יהודה פוטר. דלאו אורחיה בהכי- וסתם מתניתין ר' יהודה היא.

הטעם הוא שכל אחד יכול לבדו להוציא אין זה רגילות לשני אנשים להוציא ביחד, ולכן שהוציאו שני אנשים המסוגלים להוציא כל אחד לבדו אין פה מלאכת שבת כיוון שזו לא דרך הוצאה.

אולם שהגמרא דנה בדעת רב חסדא במקרה ש״זה יכול וזה אינו יכול״ (ראה לעיל) שהאינו יכול פטור, מכיוון שמסייע אין בו ממש. היא מביאה ראיה מזב הרוכב על גבי בהמה ושם כותב רש״י (ראה לעיל) כל רגל בצירוף שניים היא בגדר זה יכול, ולכן דומה הדבר לדעתו של רבי יהודה במלאכת שבת ש״זה יכול וזה יכול״ שהוא כמסייע שאין בו ממש מכיוון שהמלאכה יכלה להתבצע ע״י השני בלבד. ולכן הטליתות שתחת רגלי הבהמה טהורות. רואים מכאן שדעת רש״י שב״זה יכול וזה יכול״ הפטור הוא משום שמסייע אין בו ממש מכיוון שעל כל אחד מהם אפשר לומר שהמלאכה יכולה להתבצע בלעדיו הרי הוא מסייע שאין בו ממש, ולכן ב״זה יכול וזה יכול״ שניהם פטורים כיוון שעל כל אחד מהם אפשר לומר שהוא מסייע אין בו ממש.

בסיכומו של דבר אנו רואים ברש״י שני טעמים לפטור בשניים שעשו ב״זה יכול וזה יכול״:

- אין דרך לעשות כך מלאכה.
- כל אחד מהם הוא כמסייע שאין בו ממש שהרי גם בלעדיו היתה המלאכה נעשית.

שנים שעשו האם יש פטור שהאחד אינו בר חיוב:

האמרי בינה מביא את ספקו של המהרי״ט אלגאזי, שהסתפק בדין שנים שעשו מלאכה בשבת ש״זה יכול וזה יכול״ שלפי רבי יהודה הם פטורים, האם זה מדובר רק ששניהם בני חיוב?, אבל אם אחד מהם אינו בר חיוב, כגון נוכרי או קטן אין הבר חיוב פטור משום שניים שעשו, שאולי נאמר שאין הכתוב ״בעשותה״ ממעט אלא רק ששניהם שוים בחיובם, אולם אם אחד אינו בר חיוב ואינו בר עונשין, שמא על הבר חיוב היה החיוב שלא יניח שתעשה המלאכה על ידו בשבת.

האמרי בינה דיני שבת סימן לג כותב, שגם בזה פטור הבר חיוב מדין שניים שעשו:

ותמהני הא למ"ש רש"י שבת ידף צ"ב ע"ב] ד"ה ר"י פוטר דלאו אורחיה בהכי זה אינו יכול וזה אינו יכול דאורחייהו להוציא בשנים// ///אחד לזה יכול וזה יכול ממעטינן זאת הואיל דלאו אורחיה למעבדה בתרי א"כ מבואר דעיקר המיעוט הוא מטעם דלאו אורחיה ומה איכפת לן בזה מה שחבירו אינו ב"ח כיון דמ"מ גלי לן קרא דאם אתעבד דלא כאורחיה לא אתעבד כלל מלאכה

האמרי בינה אוחז בטעם הראשון שהביא רש"י שב"זה יכול וזה יכול" כיוון שלא דרך לבצע כך את המלאכה , אין זה משנה כלל אם האדם השני שעשה במשותף את המלאכה הוא בר חיוב או לא, שהרי אם אין דרך לעשות כך מלאכה בשניים, לא התבצעה כלל מלאכה ואין לחייב את הבר חיובא.

בהמשך דבריו מביא האמרי בינה ראיה מהתוספות (שבת צד. ד"ה שהחי נושא) שהקשו מדוע הנושא את החי פטור? אם מצד שניים שעשו הרי הם כ"זה יכול וזה אינו יכול" שהיכול חייב שאין הנישא יכול לשאת את עצמו לבד והנושא יכול לנושאו אפילו היה מת, ולמה התוספות היו צריכים לזה שהנישא הוא בגדר "אינו יכול", הרי אפילו אם היו הם בגדר "זה יכול וזה יכול" הרי הנישא אינו בר חיוב ומן הראוי היה לחייב את הבר חיוב, אלא כרחך שהמלאכה נעשית ע"י שנים אין זה משנה אם השני אינו בר חיוב וגם בזה יהיה הפטור של שנים שעשו במקרה ש"זה יכול וזה יכול" לדעת רבי יהודה.

על פניו נראה שהמהרי"ט אלגאזי לא התייחס לטעמים שהובאו ברש"י, אלא משמע ממנו שהלימוד הוא מגזירת הכתוב ששניים שעשו פטורים והשאלה היא עד היכן גזירת הכתוב בכל שניים שעשו או רק בשניים ברי חיוב?

יש לציין שלא רק לפי הטעם הראשון של רש"י שאין דרך מלאכה בכך הבר חיוב יהיה פטור שהרי לא עשה מלאכה, אלא אף לפי טעמו השני של רש"י שהסיבה לפטור ב"זה יכול וז יכול" היא משום שמסייע אין בו ממש (ראה לעיל) הוא הדין שאחד מהם אינו בר חיוב, שהרי המלאכה יכלה להעשות ע"י האינו בר חיוב לבדו ללא סיועו של הבר חיוב והבר חיוב הרי הוא כמסייע שאין בו ממש ופטור.

אולם בספר **יד המלך** (הלכות שבת פרק א) כתב שלדעת רבי יהודה ב"זה יכול וזה יכול" שהאחד אינו בר חיוב, חברו שהוא בר חיוב אינו פטור מדין שנים שעשו:

אלא ודאי דאין הטעם של מיעט זה דבעשותה למעט עשית שנים משום דהתורה הקפידה על עשית החטא שיהיה דוקא רק בכח אדם אחד- רק דהטעם וכוונת התורה הוא למעט בחיובי חטאת שנים שעשאוה- משום דעל כל פעלת חטא אחד אין עליה רק חיוב אחד- ואם עשאוה שנים לפעלה זו הרי מוכרחים אנו לחלק חלות החיוב על כל אחד מהעשים חיוב מחצה- ואנו אין לנו בתורה רק חיוב שלם אבל לא מחצה, ולכן אין מקום למיעוט זה אשר ממעט עשית שנים- רק דוקא היכי דשני בני אדם העשים המה שניהם חייבים בעשיה זו וחל החיוב על שניהם בשוה- דבזה מגרע חלות החיוב של כל אחד מהם את חלות החיוב אשר להשני,

לדעתו הטעם לכך שפטר רבי יהודה שנים שעשו ב"זה יכול וזה יכול" הוא מכיוון שלא ניתן לחייב שני עונשים על פעולה חטא אחד, ולענין שבת על מלאכה אחת שנעשתה, מכיוון שכך הרי היינו צריכים לחלק את החיוב בין שניהם ולחייב כל אחד במחצה, ולא מצינו בתורה שמחייבים אדם בחצי חיוב אלא רק בחיוב שלם, היוצא מכך שכל אחד גורם לחסר מהחיוב של חבירו ולכן שניהם פטורים, אבל במקרה שהאחד אינו בר חיוב אין כאן שני עונשים על חיוב אחד כיוון שרק בר החיוב חייב בעונשין והאינו בר חיוב אינו גורע מעונשו, ולכן אין פטור של שניים שעשו.

וכתב שיש ראיה לכך (ממסכת חולין דף מ' עמ' א) לגבי שניים שאוחזים בסכין ושוחטים ביחד בהמה ואחד מתכוון לשם עבודה זרה ממש הבהמה אסורה:

ולפיכך שפיר במתניתין בשנים אוחזין בסכין ושוחטין- דהיתה רק כוונת אחד מהן לע"ז- וכוונת השני היה לשם דבר כשר- שפיר אוסר כוונתו את הדבר הנשחט- ואם היתה כוונת זה האחד לע"ז ממש הרי זה חייב משום עובד ע"ז, ואף שמעשה השחיטה נעשה ע"י שנים- ונתערב עוד כח אדם שני בשחיטה זו- מ"מ כיון דאותו אדם השני אשר סייע להעובד בשחיטתו היתה כוונתו לשם דבר

כשר- ואין עליו שום חלות חיוב בשחיטתו- הרי אין מקום לגרוע ע"י שחיטת השני חלות החיוב כולה אשר חל על זה אשר נתכוין לע"ז- על כן לא איכפת לן אם גוף מעשה השחיטה נעשה עפ"י כח העובד לבדו או שנתערב עוד כח אחר במעשה השחיטה- כיון דאין חלות חיוב על אותו כח אחר.

וממילא בשנים ששחטו והיה אחד מהם קטן- אף שגם כוונת הקטן היה ג"כ לע"ז- או במלאכת שבת שסייעו קטן בעשייתו- כיון דקטן אינו בר חיובא ואין מקום לגרוע חלות החיוב כולה ע"י איזה חלות חיוב אשר מצד הקטן- על כן הגדול חייב כמו אם עשהו לבדו. ולפ"ז יצא לנו בדינא דמתניתין בשנים אוחזין בסכין ושחטו- וכוונת שניהם היה לע"ז- דזה נכלל במיעוט דבעשותה דשנים העושים מעשה עבודה אחת דשניהם פטורין- וכיון דאין בכוונתם כח לחייב אותן משום ע"ז אין צריך לומר דאין בכח כוונתם לאסור דבר הנשחט וגם שחיטתן כשרה.

לטענתו אם הבהמה נאסרה חייבים לומר שהאחד שכיוון לעבודה זרה התחייב ואינו פטור משום שניים שעשו, ולכן הבהמה נאסרה, שאם אינו היה חייב מדוע שנאסור את את הבהמה?! הרי אין כאן מי שעבר על עבודה זרה ואין במעשיו משום עבודה זרה ולמה תאסר הבהמה?! אלא על כרחך שנים שעשו כשאחד אינו בר חיובא אין את הפטור של שנים שעשו. הוא הדין כששניהם כיוונו לעבודה זרה והאחד היה קטן אין את הפטור של שנים שעשו, כיוון שאין כאן שני עונשים על מעשה אחד, הגדול יהיה חייב והבהמה תאסר, אולם אם שניהם היו גדולים וכיוונו לעבודה זרה כיון הרי הם פטורים משום שנים שעשו כיוון שלא מחייבים שני עונשים על מעשה אחד והבהמה לא תאסר.

אך קשה על הסברו אם לא ניתן לחייב שני עונשים על מלאכה אחת מדוע ב"אינו יכול ואינו יכול" שם כן רבי יהודה מחייב שני עונשים על מלאכה אחת? יש לציין שמכל מקום לדעת יד למלך ב"זה אינו יכול וזה אינו יכול" הוא מחלוקת רק לענין שבת ולא לשאר חיובי חטאות כפי כתב:

על כן בחר הגמרא במתכוון להעמיד המיעוט על מלאכת שבת- בכדי ליתן מקום להפלוגתא של רבנן ור' שמעון באינו יכול ואינו

***יכול- דלפלוגתא זו אין מקום רק במלאכת שבת לבד/** גם מחמת *שוהמיעוט של זה עקר וזה מניח אשר מקומו ג"כ בקרא זה דבעשותה- **וגם מיעוטו) דמיעוט זה אין מקומו רק בשבת לבד- על כן העמידו גם המיעוט של שנים שעשאוה ג"כ על מלאכת שבת*

ולכן רק לענין שבת לדעת רבי יהודה יש לחייב שנים שעשו, כששניהם אינם יכולים. ובאמת בשאר חיובי חטאת אין הבדל בין שניהם יכולים לשניהם אינם יכולים ותמיד הם פטורים כיוון שאין לחייב שני עונשים על מלאכה אחת. ולכן הקושיא מה ההבדל לסברתו בין שניהם יכולים לאינם יכולים היא רק לענין שבת.

אפשר לומר ששניהם אינם יכולים אין את גזירת הכתוב, ולכן אפשר לחייב שני עונשין על מלאכה אחת, או אפשר להסביר שטעמו ב"זה יכול וזה יכול" ששניהם בר חיוב כל אחד אחד עשה חצי חיוב וביחד חיוב אחד שלם, ואין לחייב כל אחד על חצי חיוב, אבל שאין השני בר חיוב נחשב הבר חיוב שעשה את כל החיוב השלם (את כל המלאכה) כיוון שאין מי שיגרע ממנו, אבל "בזה אינו יכול וזה אינו יכול" נחשב שכל כל אחד עשה מלאכה שלימה וחיוב שלם כיוון שהמלאכה לא היתה יכולה להתבצע בלעדיו וכאילו נעשו שני מלאכות ומחיבים כל אחד על מלאכה שלימה שעשה שהרי בלעדיו לא היתה מתבצעת המלאכה. כפי שכתב בהמשך דבריו שם:

ועוד דהלא השתא דכתיב המיעוט דבעשותה למעט שנים שעשאוה- הרי גם במלאכת שנים אין פעולת כל אחד רק מחצית מלאכה-** ובאמת אנו רואין דכך שנו חכמים בלשון הברייתא במיעוט קרא דבעשותה- העושה כולה ולא העושה מקצתה- הרי דגם פטור של עשית שנים הוא ג"כ **משום דאין פעולת כל אחד רק מקצת מלאכה/

אך עדיין קשה מדוע יש הבדל בין שבת לשאר חיובי חטאות כששניהם אינם יכולים.

לסיכום ראינו שלפי שני הטעמים ברש"י בשניים שעשו ב"זה יכול וזה יכול" שניהם פטורים ואין זה משנה אם האחד אינו בר חיוב, מכיוון שלפי שני הטעמים אין הבר חיוב מבצע מלאכה, לטעם הראשון משום שלא

נעשתה מלאכה כלל ("לא דרכו בכך") ולטעם השני המלאכה לא נעשתה ע"י בר החיוב כיוון שהוא כמסייע שאין בו ממש. אולם לפי מה שכתב בספר יד המלך הסיבה לפטור שאין מחייבים שני עונשים על מעשה אחד כאשר האחד אינו בר חיוב אין את הפטור של שניים שעשו.

דבר שאחד יכול להוציא בדוחק והוציאו שניים נפקא מינא בין הטעמים המובאים ברש"י: מדובר במקרה שכל אחד יכול לבצע את המלאכה ע"י הדחק אם הוא התאמץ, אך הדרך לבצע את המלאכה בשניים כגון שיש משא כבד שהרגילות להוציא אותו בשניים, אך אם האחד התאמץ יוכל להוציא אותו לבדו, וכך כתב בספר קרית מלך רב הלכות שבת פרק א:

עוד ראיתי לחקור הא דאמרינן זה אינו יכול וזה אינו יכול וכו', אם הכונה הוא דזה אינו יכול כלל וכן זה, או דילמא דכל שאינו יכול אלא ע"י הדחק ובצער הוי זה אינו יכול, ובאתי לזה משום דבזה יכול וזה יכול פירשו כגון שאחזו שניהם קולמוס וכתבו או אחזו ככר והוציאוהו וכו', דמשמע דבר שנעשה על ידי אחד בלי שום דוחק, וראיתי לרש"י ז"ל בסוגיין שכתב וז"ל וחד יתירה למעוטי אף על פי דעבדי כי הדדי דהאי עביד כולה ומיהו זה יכול וזה אינו יכול הוא דממעיט דלאו אורחיה למיעבד בתרי עכ"ל, ולפי"ז נראה דכל שאינו יכול אלא בדוחק הדבר תלוי אם אורחיה למעבד בתרי דאי אורחיה למעבד בתרי מיקרי זה אינו יכול,

לטענתו לפי הטעם שרש"י הביא שבזה יכול וזה יכול אין דרך להוציא בכך ,לכן למרות שע"י הדחק כל אחד יכול להוציאו לבדו עדיין הרגילות להוציא בשניים ונעשתה כאן מלאכה ושניהם חייבים, אך מאידך גיסא לפי הטעם השני שהבאנו בדעת רש"י שסיבת הפטור שמסייע אין בו ממש אזי כיוון שכל אחד יכול לבדו למרות שזה ע"י הדחק שניהם פטורים, שהרי בלעדי כל אחד מהם המלאכה יכלה להתבצע.

כשאחד יכול להוציא ע"י הדחק והוציא לבדו: לטעם ששניים שעשו משום שכל אחד כמסייע שאין בו ממש בודאי שאין זה שייך ליחיד שהוציא ובכל מקרה יהיה חייב, אולם לטעם ששנים שעשו שאין דרך להוציא כך אולי היה אפשר לומר שגם משא כבד שהוציאו היחיד אין דרך להציאו בכך, אך כתב בשפת אמת (מסכת שבת דף צב עמוד ב):

שם במשנה המוציא ככר לר"ח חייב לכאורה קשה מאי קמ"ל וי"ל משום דתני בתר הכא לחלק בשנים שהוציאו בין יכול א) לחוציא ובין לא יכול כו'- קמ"ל דביחיד שהוציאו אף שהי' משקל ככר שבאמת אינו יכול וצריך שנים אלא שנתיגע וגררו שלא כדרך יותר מכחו אעפ"כ חייב ולא אמרינן דהוי שלא כדרך המוציאין משום דבעת הצורך אדם מוציא בכל אופן שיכול כנ"ל;

המשנה כתבה דוקא כיכר לומר לנו שביחיד שהוציא בכל אופן חייב גם אם הוציא משקל כבד שאין דרכו בכך כיוון שבעת הצורך אדם מוציא בכל אופן שיכול, ולכן חייב, היצא מכך שלדעת השפת אמת אין נפקא מינא לגבי יחיד המוציא דבר כבד שאין דרכו בכך ולפי שני הטעמים יהיה חייב.

זה אינו יכול וזה אינו יכול

כפי שראינו לעיל בסוגיית הגמרא בשבת, במקרה ש"זה אינו יכול וזה אינו יכול":

- רבי שמעון פוטר את שניהם אף ששניהם אינם יכולים
- לעומתו רבי יהודה מחייב את שניהם.

הסיבות לפטור בשנים שעשו ב"זה יכול וזה יכול" ראינו לעיל שני טעמים ברש"י ולפיהם נבין את טעמו של רבי יהודה לחייב ב"זה אינו יכול וזה אינו יכול":

- הטעם הראשון שאין הדרך להוציא בכך, לעומת זאת ב"זה אינו יכול וזה אינו יכול" הדרך היא בכך לעשות את מלאכה לכן שניהם חייבים.
- הטעם השני של רש"י ב"זה יכול וזה יכול" כל אחד נחשב כמסייע שאין בו ממש ולכן פטור, לעומת זאת כששניהם אינם יכולים לבצע כל אחד את המלאכה לבדו, אי אפשר לומר שכל אחד הוא מסייע שאין בו ממש שהרי ללא סיועו לא היתה מתבצעת המלאכה ולכן כל אחד מהם חייב שהוא גורם הכרחי לביצוע המלאכה ולא מסייע שאין בו ממש.

טעם נוסף לחייב ב״זה אינו יכול וזה אינו יכול״ מביא הרמב״ן בחידושיו (שבת דף צג עמוד א) בשם **הרב משה בר יוסף**:

חי מינייהו מחייב//// - וה״ר משה ב״ר יוסף ז״ל פי׳ חי מנייהו מחייב אותו שיכול שהוא עושה עיקר מעשה- או אותו שאינו יכול שעושה בכל כחו ומחייבינן ליה ומדמי׳ ליה לזה אינו יכול ולזה אינו יכול- והיכול לפטור מדמי׳ ליה לזה יכול ולזה יכול- ופשיט רב חסדא זה שיכול חייב שהוא עיקר- ואקשי ליה רב המנונא אדרבה זה שאינו יכול מאחר שמסייע ועושה בכל כחו ומדמינן ליה להא דאמרינן- ושני ליה מסייע אין בו ממש אבל שניהם מודים רב חסדא ורב המנונא שאינו חייב אלא האחד כפי לשון הברייתא- וזה לשון הרב שמצאתי בחדושיו- ואין הטעם שאמר שאינו יכול חייב שעושה בכל כחו מחוור- אלא הטעם בזה אינו יכול וזה אינו יכול שהמלאכה כולה תלויה בכל אחד.

במקרה ש״זה יכול וזה אינו יכול״ מסביר הרב משה בר יוסף את דעתו של רב המנונא מדוע דוקא האינו יכול חייב , שהרי ב״זה אינו יכול וזה אינו יכול״ שניהם חייבים לרבי יהודה הוא משום שכל אחד פועל בכל כוחו ולכן גם במקרה ש״זה יכול וזה לא יכול יתחייב האינו יכול שהוא פועל בכל כוחו ולא היכול שאינו פועל בכל כוחו אך הרמב״ן אינו מקבל את דעתו של הרב משה בר יוסף ומסביר שב״זה אינו יכול ובזה אינו יכול״ הטעם הוא כיוון שהמלאכה תלויה בכל אחד ובלעדיו לא היתה מתבצעת לכן נחשהב ששניהם עשו את המלאכה וחייבים. וכן כתב הרשב״א שם בחידושיו

טעמו של רבי שמעון לפטור אף ב״זה אינו יכול ובזה אינו יכול: כשרב זביד מביא ראיה ממסכת זבחים לדין שמסייע אין בו ממש אומרת שם המשנה:

אמר רב זביד משמיה דרבא; אף אנן נמי תנינא היה יושב על גבי המטה- וארבע טליות תחת רגלי המטה . טמאות- מפני שאינה יכולה לעמוד על שלש- ורבי שמעון מטהר.

הטמא בטומאת זב מטמא טומאת ״מדרס״ דהיינו כל כלי או בגד הנושא את רוב כובד הזב נטמא באב הטומאה, הברייתא עוסקת בזב שהיה יושב על המיטה ותחת כל רגל מרגלי המיטה היתה טלית, הדין הוא שכל הטליתות טמאות בטומאת מדרס מכיוון שהמיטה אינה יכולה לעמוד על

שלוש רגליים וכל ארבעת הרגלים דרושות כדי להחזיק את המיטה ואת הזב שעליה, **רש"י** מסביר (שבת דף צג עמוד א):

שאינה יכולה לעמוד על שלש. וכיון דזה אינו יכול וזה אינו יכול כל אחד ואחד כולי מעשה עביד- וגבי מדרס הזב בעינן שינשא רובו עליו- בתורת כהנים.

כיוון שכל רגל נחשבת כ"זה אינו יכול וזה אינו יכול" וכשם שרבי יהודה מחייב שנים שעשו לעניין שבת ב"זה אינו יכול וזה אינו יכול" כאילו שכל אחד עשה את כל המעשה שהרי בלעדיו לא היתה מתבעצת המלאכה, הוא הדין בזב אנו מחשיבים כאילו כל רגל נשאה את כל הזב כיוון שבלעדיה המיטה לא יכלה לעמוד.

כמו כן **רש"י** מדמה את דעת רבי שמעון בשבת לדעת רבי שמעון בזב:

ור) שמעון מטהר. ר) שמעון לטעמיה- דאמר; זה אינו יכול וזה אינו יכול נמי אינו אלא כמסייע- ופטור.

כפי שבמלאכת שבת "זה אינו יכול וזה אינו אינו יכול" שניהם פטורים כיוון שלדעתו גם באופן זה כל אחד הוא מסייע שאין בו ממש, כיוון שאינו עושה את עיקר המעשה שהרי אינו יכול לבצעה לבד, וזה למרות שבלעדיו לא היתה מתבצעת המלאכה, הוא הדין לענין טומאת זב, כיוון שכל רגל אינה יכולה להחזיק את המיטה לבדה הרי הן כ"זה אינו יכול וזה אינו יכול" וכולן טהורות.

תוספות (ד"ה ורבי שמעון) אינו מסכים לדעת רש"י וסובר שלדעת רבי שמעון אין לדמות מלאכת שבת לטומאת זב:

ור#ש מטהר. פי) בקונטרס דר#ש לטעמיה דפטר זה אינו יכול וזה אינו יכול יואינו נראה לרשב#א דשאני התם דגלי רחמנא דאיכא קרא לפטור ונראה דטעמא משום דבעי שיהיה רוב הזב נישא על כל אחד.

במלאכת שבת פוטר רבי שמעון אף ב"זה אינו יכול וזה אינו יכול" מכיוון שהתורה גילתה לנו מהפסוק למעט בשניים שעשו אף אם שניהם אינם יכולים, כי אחרת על פי הסברה אי אפשר לומר על כל אחד שהוא מסייע שאין בו ממש (כפי שכתב רש"י) שהרי כל אחד מהם הוא גורם הכרחי

ובלעדיו לא היתה מתבצעת המלאכה, ולכן חייבים לומר שהפטור בשבת לרבי שמעון הוא ממיעוט הכתוב ולא מסברה, מאידך בזב אין רגלי המטה מטמאות משום שכדי שהזב יטמא במשכב יש צורך שהמשכב הנושא אתו ישא את רוב משקלו ובמטה הרי כל רגל נושאת רבע ממשקלו.

שנים שעשו - בגדר שכל אחד עשה את כל המלאכה

ביארנו בפיסקאות הקודמות מחלוקת התנאים לגבי שנים שעשו מלאכה בשבת וראינו שישנם מצבים שהם חייבים חטאת:

לרבי יהודה: ב״זה אינו יכול וזה אינו יכול״, ולרבי מאיר: אף ב״זה יכול וזה יכול״, כעת ננסה לברר מה גדר החיוב שלהם, עומדות בפנינו שתי אפשרויות:

- אפשרות ראשונה: היא משום שמחשיבים את שני העושים יחד כאילו כל אחד עשה מעשה שלם של מלאכה ולכן שניהם חייבים כל אחד חטאת על מלאכה שלמה שעשה.
- אפשרות שניה: שנים שעשו כל אחד עשה באמת חצי מלאכה, אלא שחצי מלאכה של חבירו מצטרפת אליו ונחשב שעשה מלאכה שלמה ע״י צירוף שני חצאי המלאכה יחד.

ראשית נבאר את הגמרא לפי הדעה שגדר שנים שעשו שחייבים הוא בגדר שכל אחד עשה את כל המלאכה.

תוספות (מסכת בבא קמא דף מ עמוד א) מקשים מדוע בשור של שותפים שהרג אדם, הדין הוא שכל אחד משלם חצי כופר:

כופר אחד אמר רחמנא ולא ב) . ואף על גב דלגבי חטאת אמר בפ) המצניע *שבת דף צב; ושם) גבי המוציא ככר לרה#ר והוציאו שנים חייבין ומסתמא כל חד וחד חייב חטאת התם כיון דכל חד מיחייב אזדונו כרת מיחייב נמי אשגגתו חטאת ועוד חטאת דלגבוה אין להקפיד אי מביאין שתי חטאות אבל כופר דלחבירו למה ירויח זה במה שהשור לשנים

לעומת זאת בשניים שעשו מלאכה בשבת מחייבין אותם בשתי חטאות כל אחד מביא חטאת שלמה, ואין אנו אומרים כשם שעשו מלאכה אחת יביאו חטאת אחת. בתרוצו השני כותב תוספות כיוון שהכופר הוא תשלום לחבירו אין סיבה שחבירו ירויח מזה משום שהשור שייך לשותפים, מה שאין כן בחטאת שהיא לגבוה אין שום מניעה להביא שתי חטאות. לכאורה מדברי תוספות משמע שכל אחד נחשב שעשה מלאכה שלמה ולכן יש להביא שתי חטאות, ולכאורה גם בכופר היה צריך לשלם פעמים, אך התורה חידשה שמשלם כופר אחד כיוון שלא יתכן שירויח חבירו עקב כך שהשור של שותפים.

השיטה מקובצת מסכת (בבא קמא דף מ עמוד א) מביא את דברי **הראב"ד**:

וזה לשון הראב"ד ז"ל; כופר אחד אמר רחמנא כלומר בחצי חטאו איך יביא קרבן שלם ולא מצינו על כזית חלב שתי חטאות גם לא חצי חטאת לאדם אחד שכך שנינו בכריתות רבי יוסי אומר כל חטאת שהיא באה על חטא אין שנים מביאים אותה, ע"כ.

בשור של שותפין החיוב על התוצאה ויש לנו תוצאה אחת ולכן אין לשלם כופר פעמיים כפי שלא מצאנו שעל כזית חלב אחד מביאים שתי חטאות, אולם משמע מדבריו שבמלאכת שבת מדובר על הפעולה של כל אחד, וכל אחד נחשב שעשה מעשה שלם ומשום כך כל אחד מביא חטאת ואין זה נחשב שתי חטאות על כזית חלב אחד.

לסיכומו של דבר, לפי שיטה זו רבי יהודה פוטר ב"זה יכול וזה יכול" כיוון שמלאכה יכולה להתבצע ע"י אחד ללא עזרת חבירו, לכן כל אחד נחשב כמסייע שאין בו ממש שאין הוא חייב, לעומת זאת ב"זה אינו יכול וזה אינו יכול" שביצוע המלאכה תלוי בכל אחד מהם וכל אחד הוא גורם הכרחי, נחשב שכל אחד שעשה את כל המלאכה ולכן חייב כל אחד קורבן חטאת, משום שכל אחד עשה מלאכה שלמה.

שנים שעשו בגדר שכל אחד עשה חצי מהמלאכה אלא שמלאכתם מצטרפת למלאכה שלימה.

ביארנו בפיסקא הקודמת את האפשרות ראשונה במקרה שמחייבים שנים שעשו היא משום שמחשיבים את שני העושים כאילו כל אחד עשה מעשה שלם של מלאכה ולכן שניהם חייבים כל אחד חטאת על מלאכה שלמה שעשה.

כעת נבאר את הגמרא לפי הדעה שגדר שנים שעשו שחייבים הוא בגדר שכל אחד עשה חצי מלאכה אף במקרה ש"זה אינו יכול וזה אינו יכול", ובכל זאת רבי יהודה מחייב אותם שניהם.

השיטה מקובצת (מסכת בבא קמא דף מ עמוד א) מביא את הסברו של הרא"ש להבדל בין כופר שכל שותף משלם חצי כופר לבין שנים שעשו בשבת שכל אחד מביא חטאת שלמה:

כופר אחד אמר רחמנא. כתבו בתוספות אף על גב דלגבי חטאת אמר בפרק המצניע גבי המוציא ככר לרשות הרבים וכו'. והרא"ש ז"ל תירץ דשאני התם דקרבן לאו בר חלוקה הוא.

הרא"ש מתרץ שאין הכי נמי שגם בשבת היה צריך כל אחד להביא חצי קורבן אלא שלא ניתן לחלק את הקורבן לשנים לכן כל אחד מביא קורבן שלם, לעומת זאת בכופר ניתן לחלק את הכופר לשנים לכן כל אחד מביא חצי כופר. משמע מדבריו שכל שותף נחשב שעשה חצי נזק ולכן משלם חצי כופר והוא הדין בשבת שכל אחד בגדר שעשה חצי מלאכה אלא שלא ניתן לחלק את החטאת ולכן כל אחד מביא חטאת שלמה.

בחידושי **ר' שמעון שקופ** (בבא מציעא סימן ט אות ד) ביאר שכל אחד בגדר שעשה חצי מלאכה, והסיבה לפטור או לחייב שנים שעשו הוא, האם לצרף את חצאי המלאכה שכל אחד עשה למלאכה אחת שלמה, או שמא אין לצרף:

למאן דמחייב כששניהם אינם יכולים סובר דזה נקרא ג"כ מכשיר מלאכה אם ע"י צירוף יחי' בשניהם ענין מלאכה- ומאן דפטר סובר דבכה"ג לא מהני אלא דוקא אם אחד נחשב עיקר אז השני מסייע- אבל אם רק ע"י החכשר של הצרוף יחי' עושים מעשה בכה"ג לא מצרפינן.

כעת נבאר את דעות התנאים לפי סברה זו שכל אחד בגדר שעושה חצי מלאכה. ובאזה אופן מצרפים את מעשיהם למלאכה שלמה ומחייבים אותם ובאיזה אופן אין מצרפים את מעשיהם ושניהם פטורים:

- "זה יכול וזה יכול" - דעת רבי יהודה לפטור משום שכל אחד עשה חצי מלאכה, ואין לצרף את מעשיהם למלאכה אחת שלמה, וזאת משום שכל אחד יכול לעשות את המלאכה לבדו ואינו צריך את עזרת חבירו, ולכן השיתוף בינהם אינו חזק ואין מצרפים את מעשיהם, והואיל שכל אחד עשה חצי מלאכה הוא פטור.

- "זה אינו יכול וזה אינו יכול" – דעת רבי יהודה לחייב אף על פי שכל אחד בגדר שעשה חצי מלאכה, וזאת משום שיש לצרף את שני חצאי המלאכה ויוצא שכל אחד עשה למלאכה אחת שלמה, הטעם הוא שכל אחד אינו היה יכול לעשות את המלאכה לבדו ללא עזרת חבירו, אי לכך השיתוף בניהם הוא הכרחי כדי לבצע את המלאכה ומשום שהשיתוף בניהם הוא חזק מצרפים את את שני חצאי מעשיהם למלאכה אחת שלמה ושניהם חייבים.

  לעומתו רבי שמעון פוטר אף ב"זה אינו יכול וזה אינו יכול" שלדעתו ממיעוט הפסוקים אין לצרף חצאי המלאכות בשום מקרה, והואיל שכל אחד בגדר שעשה חצי מלאכה שניהם פטורים ואין צירוף מועיל.

- "זה יכול וזה אינו יכול" – כפי שהסברנו לפי הרשב"א (ראה לעיל) שבאופן זה אין מחלוקת בין רבי מאיר ורבי יהודה ורי שמעון שלדעת כולם היכול חייב, אפילו למי שפוטר ב"זה יכול וזה יכול" זאת משום שאין כל אחד עושה מעשה שלם, כיוון שגם חבירו שעשה כמוהו, לעומת זאת כאשר השני אינו יכול, היכול נקרא שעושה מעשה גמור ודומה ליחיד שעשאה. ורב חסדא ורב המנונא נחלקו רק האם לחייב אף את האינו יכול, שרב חסדא סובר מסייע אין בו ממש, לעומתו רב המנונא סובר שמסייע יש בו ממש ואף האינו יכול חייב לכל הדעות. כעת יש לנו להסביר מדוע לרבי שמעון שדעתו לפטור שנים שעשו ב"זה אינו יכול וזה אינו יכול" שאפילו במקרה זה הוא אינו מצרף את מעשיהם, מדוע תיהיה הוא אמינא

לחייב את האינו יכול כשמסייע ליכול, ומבאר ר' שמעון שקופ ששנים שעושים כל אחד מחשיב את עצמות הפעולה כמעשה גמור ומשום כך כשהאינו יכול מסייע לעושה מלאכה שלמה הוא מכשיר פעולת מלאכה שלמה שנעשית ע"י היכול , אבל ב"זה אינו יכול וזה אינו יכול" הוא מסייע לעושה חצי מלאכה ולמעשה הוא מכשיר את האינו עושה מלאכה, משום שדעת רבי שמעון שאין מצרפים את מעשיהם למעשה אחד שלם, אולם כשהאחד "יכול" הוא נחשב עיקר ועושה מלאכה שלמה אז השני הוא מסייע לעושה מלאכה שלמה ואין צורך בצירוף שני חצאי מלאכות, ולכן סובר רב המנונא שאף לרבי שמעון הוא חייב.

בסיכומו של דבר, במקרים שאנו מחייבים שנים שעשו, אפשר להסתכל עליהם בגדר של אחד עשה מלאכה שלמה ולכן כל אחד חייב, או לפי שיטת רבי שמעון שקופ שכל אחד הוא בגדר שעשה חצי מלאכה אלא שמצרפים את פעולתם לפעולה אחת שלמה. להלן נסביר איך הסוגיות בגמרא מתפרשות לפי כל אחת מהשיטות.

כששניהם חייבים האם מספיק שיעור אחד לכולם או יש צורך בשיעור לכל אחד.

הגמרא (מסכת שבת דף צג עמוד ב) דנה במקרה שמחייבים שנים שעשו, האם יש צורך בשיעור לכל אחד, ואחד או שדי בשיעור אחד לכולם:

אמר מר; זה יכול וזה יכול . רבי מאיר מחייב. איבעיא להו; בעינן שיעור לזה ושיעור לזה- או דילמא; שיעור אחד לכולם

לדוגמא: אם הוציאו דבר מאכל האם צריך שיהיה בו שיעור גרוגרת לכל אחד או שמספיק שיעור כגרוגרת לכולם?

תוספות (ד"ה אמר) מבארים ששאלת הגמרא האם צריך שיעור לכל אחד היא גם לדעת רבי יהודה שמחייב ב"זה אינו אינו יכול וזה אינו יכול" אלא שאין רגילות באינו יכול שלא יהא שיעור. וכן כתב רש"י (ד"ה שיעור) שבזה אין מחלוקת בין רבי מאיר לרבי יהודה, שאם לרבי יהודה די בשיעור אחד לכולם הוא הדין לרבי מאיר.

כעת נפרש את ספק הגמרא האם צריך שיעור לכל אחד, הן לשיטת שכל אחד נחשב שעשה מלאכה שלמה ולכן הם חייבים, והן לשיטה שכל אחד נחשב שעשה חצי מלאכה ועל ידי צירוף מעשיהם נחשב שעשו מלאכה שלמה ולכן חייבים. להלן שלוש שיטות לביאור הספק:

1. שיטה ראשונה: ספק הגמרא הוא עיקרו בברור הענין עצמו איך מתייסים לשנים שעשו במקרה שהם חייבים וכך כותב **הקובץ שיעורים** (בבא קמא אות עד):

   עד/ ידף עח ע#בו שותף שטבח לדעת חבירו/ בפרק המצניע צ#ג איבעי לחו בשנים שעשו אי בעי שיעור לכל אחד או שיעור אחד לשניהן- וביאור הספק הוא- אם על כל אחד נחשבת כל המעשה- או שאינה נחשבת על כל אחד רק חצי המעשה-

   אם נתייחס לכל אחד שעשה מלאכה שלמה ממילא מספיק שיעור אחד לכולם שהרי כל אחד נחשב שעשה את כל המלאכה ובכל המלאכה יש לנו שיעור, אולם אם אנו מחייבים את שניהם רק ע"י צירוף מעשיהם למלאכה שלמה ובאמת לכל אחד מתייחסת רק חצי מלאכה ממילא אי אפשר לחייב כל אחד אלא אם כן יש שיעור לכל אחד ואחד.

2. שיטה שניה: הגמרא ברור לה שמחייבים שנים שעשו הוא משום שנחשב שכל אחד עשה מלאכה שלמה ולכן הם חייבים, אך הגמרא הסתפקה האם כשאנו באים לחייב שני חיובים שלמים חטאת לכל אחד, האם צריך שיעור לכל אחד אף על פי שהמעשה שעשו מתייחס לכל אחד, אך הואיל ומחייבם אותם בשני חיובים אולי בכל זאת אני צריך שני שיעורים שיעור לכל חיוב. וכך כתב **האור שמח** (בהשמטות הלכות גניבה פרק ג הלכה יז) והקשה איך הגמרא מוכיחה מהשותפים שגנבו וטבחו:

   דלפי#ז צ#ע דברי הגמרא בפרק המצניע "דף צגו דאמר רבינא אף אנן נמי תניא השותפין שגנבו וטבחו חייבין ואמאי ליבעי שיעור טביחה לזה ושיעור טביחה לזה וצריך מובן דעד כאן לא בעי דצריך שיעור לזה ושיעור לזה בשנים שעשו אלא דוקא לחייב לכל אחד חטאת בפני

*עצמו ^עיין תוספות בבא קמא *דף מן ד#ח כופר לאחד ו דהמלאכה מתייחסת לכל אחד ואיך בשיעור אחד נחייב לכל אחד חטאת אבל כאן בשותפין שגנבו וטבחו הלא בין שניהם משלמין תשלומי דו#ח כדין אחד שגנב וטבח ולמה נצריך שיעור לכל חדא- ומוכרח לומר דאם אין לשני לשלם מחוייב האחד בכל תשלומי דו#ח מתורת גנב לכן מייתי שפיר דבשיעורא חדא מיחשב כל אחד כמו גנב ונכון הדבר-ויש להאריך בזה ואכ#מ/*

הרי ברור לנו שהמלאכה מתייחסת לכל אחד (כך הוכיח מהתוספות) והספק הוא האם בכל זאת צריך שיעור לכל אחד כיוון שאנו מחייבים שתי חטאות, אם כן מה ההוכחה מהשותפים שטבחו הרי שם יש חיוב אחד לשניהם, זה למעשה אותו חיוב כמו אחד שגנב וטבח ואין כאן שני חיובים כמו בשבת שאנו מחייבים שתי חטאות, ולכן מסקנתו שגם שם לכל אחד יש חיוב שלם, אלא שאי אפשר שבעל השור ירויח משום ששורו נגנב ע״י שני שותפין, ובאמת אם אין לאחד לשלם השני ישלם את כל החוב כיוון שכל אחד נתחייב בחיוב שלם.

3. שיטה שלישית: כפי שראינו לעיל שיטת **רבי שמעון שקופ** לדעות שמחייבים שנים שעשו, הוא אף על פי שכל אחד בגדר שעשה חצי מעשה, אך משום שמעשיהם מצטרפים אזי שני חצאי המלאכה שכל אחד עשה מצטרפים למלאכה אחת שלמה להחשיב את כל אחד כעושה מעשה מלאכה, ולרבי שמעון שפוטר שנים שעשו, הם לא יתחייבו גם אם יהיו הרבה שיעורים כיוון שלדעתו אין שני חצאי המלאכה מצטרפים לכדי מעשה שלם שהוא בר חיוב, ולא יועיל אם יהיו הרבה שיעורים, וכך מסביר ר׳ שמעון שקופ (בבא מציעא סימן ט אות ז) את ספק הגמרא לדעת המחיבים בשנים שעשו:

ומתבאר מזה דענין שנים שעשו דחייבים הוא רק להחשיב פעולת כ#א כעושה מעשה מלאכה- דלמאן דפוטר סובר דלא מהני גם הרבה שיעורים- דשנים שאוחזים בקולמוס וכותבין אין שם מלאכת כתיבה על

כ#א בפ#ע/ ולמאן דמחייב סובר דחשיב מלאכת כ#א מהן כמלאכת כתיבה ע#י הצטרפות המעשים/ אבל בכ#ז יש לדון על סכום מדת המלאכה היוצאת אם אפשר ליחס על כ#א כל המלאכה היוצאת או רק חצי המלאכה/

לגמרא ברור שדעת המחייבים שנים שעשו, כל אחד בגדר שעשה חצי מעשה והם חייבים כיוון שמצרפים את מעשיהם שיחשב מלאכה שלמה כדי שיהיה מעשה מלאכה בר חיוב . אך הגמרא נסתפקה האם כפי שהצירוף מועיל להחשיב את חצאי המלאכות למלאכה שלמה החייבת, צירוף זה גם יועיל להחשיב שכל אחד עשה שיעור שלם, או שנאמר שהצירוף מועיל רק להחשיב את המעשה כמעשה מלאכה בר חיוב, אך עדין צריך שיעור לכל אחד כדי לחייבו כיוון שמיוחסת לו רק חצי מלאכה.

הגמרא מביאה הוכחות שמספיק שיעור אחד לכולם :

הוכחה ראשונה מזב :

רב חסדא ורב המנונא> חד אמר ; שיעור לזה ושיעור לזה- וחד אמר ; שיעור אחד לכולן/ אמר רב פפא משמיה דרבא ; אף אנן נמי תנינא- היה יושב על גבי מטה וארבע טליות תחת ארבע רגלי המטה . טמאות- מפני שאין יכולה לעמוד על שלש/ ואמא@ ליבעי שיעור זיבה לזה ושיעור זיבה לזה״ לאו משום דאמרינן שיעור אחד לכול@

זב היושב על גבי המיטה ותחת רגלי המטה ארבע טליתות כולן טמאות טומאת מדרס ולא צריך שיעור זיבה לכל רגל, אלא שיעור אחד לכולם.

הסבר ההוכחה לשיטה הראשונה: לפי כללי טומאת הזב כדי שהטלית תטמא יש צורך שהרגל תשא את רובו של זב, כיוון שבמטה נחשבת כל רגל כ״זה אינו יכול וזה אינו יכול״ הרי לנו הוכחה שכל רגל נחשבת שנושאת את כל הזב ולכן מספיק שיעור אחד לכולן.

הסבר ההוכחה לשיטה השניה : שאעפ״י שברור לנו שכל רגל נחשבת שנושאת את כל הזב, היה עולה בדעתנן שאולי צריך שלכל אחד אחד יהיה שיעור של זב קמ״ל שיעור אחד לכולם, וכך משמע שהיא גם שיטת רש״י .

שרש״י פירש: ***שיעור זיבה – שיכביד רובו עליו וצריך להיות כאן ד) זבים***

לשיטת רש״י היה עולה בדעתנו שאולי צריך ארבעה זבים, שכל רגל נחשבת שנושאת את כולם ויש בה שיעור לכל אחת ואחת, לרש״י ברור שכל רגל נחשבת שנושאת את כולם אחרת אם כל אחת נחשבת שנושאת רבע לא יועילו אף ארבע זבים לטמא, כי לא נאמר שכל אחת נשאת זב אחד, אלא כל אחת נושאת רבע של כל זב ואינה טמאה עד שתשא לפחות רובו של זב. רואים מכאן שלשיטת רש״י אעפ״י שברור שכל רגל נחשבת שנושאת את כל הזב היינו חושבים שאולי צריך שיעור לכל אחד וקמ״ל ששיעור אחד לכולם.

הסבר ההוכחה לשיטה השלישית: אף על פי שכל אחד בגדר שעשה חצי מעשה, אך משום מעשיהם מצטרפים למעשה שלם לחייבם, הוא הדין שכל רגל נחשבת שנושאת את הזב מדין צירוף, ואין צורך בשיעור לכל אחד אלא זב אחד מטמא את כולם.

הוכחה שניה של הגמרא ששיעור אחד לכולם:

אמר רב נחמן בר יצחק; אף אנן נמי תנינא- צבי שנכנס לבית ונעל אחד בפניו. חייב- נעלו שנים. פטורין/ לא יכול אחד לנעול ונעלו שנים. חייבים/ ואמא@ ליבעי שיעור צידה לזה ושיעור צידה לזה״ לאו משום דאמרינן שיעור אחד לכול@

רש״י מפרש שמשנה זו כדעת רבי יהודה שפטר ב״זה יכול וזה יכול״ וחייב ב״זה אינו יכול וז אינו יכול״. ההוכחה מצבי ששניהם חייבים אעפ״י שאין בבית שני צבאים שיהיה שיעור לכל אחד אלא מספיק צבי אחד ושיעור אחד לכולם שאם לא כן אין בצדת חצי בעל חיים שיעור צדה.

ההוכחה השלישית ששיעור אחד לכולם משותפים שגנבו וטבחו:

אמר רבינא; אף אנן נמי תנינא- השותפין שגנבו וטבחו. חייבין/ ואמא@ ליבעי שיעור טביחה לזה ושיעור טביחה לזה״ לאו משום דאמרינן שיעור אחד לכול@

שותפים שגנבו שור או שה וטבחו אותו יחד (או ששניהם שחטו יחד או שאחד מהם שחט לדעתו ולדעת חבירו כיוון שבטביחה יש לימוד מיוחד

שיש שליח לדבר עבירה) חייבים לשלם ארבעה וחמישה ואין צורך בשיעור לכל אחד אלא מספיק טביחה של שור אחד.

לשיטה הראשונה כיוון שאנו מתייחסים לכל אחד שעשה את כל המעשה טביחה שלמה, לכן מספיק בשיעור אחד לשניהם של טביחת שור אחד.

לשיטה השניה, ראה **באור שמח** (שהבאנו לעיל בשיטה השניה) שמספיק ששותפים שטבחו לכל אחד יש חיוב לשלם ארבע וחמישה, אלא שאי אפשר שבעל השור ירויח משום ששורו נגנב ע״י שני שותפין, ובמקרה שאין לאחד לשלם השני ישלם את כל החוב כיוון שכל אחד נתחייב בחיוב שלם, ומכאן הוכחה שעל שיעור אחד של טביחת שור אחד ניתן לחייב שני חיובים ובשבת שתי חטאות.

לשיטה השלישית שכל אחד עשה חצי ומעשה ומעשיהם מצטרפים למעשה אחד, כתב **ר׳ שמעון שקופ** להקשות איך ניתן להוכיח משנים שטבחו? שהרי שם יש לנו לימוד מיוחד שמועילה שליחות והרי כל אחד שטובח הוא גם שליח של חבירו, ולכן נחשב למעשה גמור של כל אחד משום שליחות ובצירוף המעשה שלו, בשונה משנים שעשו בשאר המקרים ובשבת ששם אין דין שליחות. ומבאר ר׳ שמעון שקופ בבא מציעא סימן ט אות ח:

> ***ונלענ#ד דבכה#ג לא מהני שליחות- היינו אם ישחוט הוא סימן אחד ושלוחו סימן השני לא מהני בזה שליחות- דכל שליחות ענינה הוא דחשבינן מה שעשה השליח כאילו הוא עשה זה המעשה- אבל לא חשבינן כאילו עשה המשלח את המעשה בידיו ממש- ונמצא דמחייבינן המשלח על שני מעשים של שני סימנים- וכל מעשה בפ#ע אינו כלום- דסימן אחד אינו כלום/ והכי נמי חשבינן כאילו שני פעמים עשה מעשה שאינו כלום- וצ#ע בשאר דוכתי/ ולפ#ז מוכיח הש#ס שפיר משותפין שטבחו דשיעור אחד לשניהם- דשליחות לא תועיל בזה/***

שליחות מועילה משום שמה שעשה השליח זה כאילו עשה המשלח, אבל אין זה אומר שהמשלח עשה בידיו ממש, ולכן למרות שמדין שליחות אפשר ליחס את שתי הפעולות של השחיטה לכל אחד, חצי שעשה בידיו ממש וחצי השני מדין שליחות, אך עדיין מיוחסות לכל אחד רק שתי חצאי פעולות שכל אחת אין בה כלום בפני עצמה והשליחות כאן לא תעזור לנו

לחבר את שני החצאים למעשה אחד שלם החייב, ובשנים שעשו החידוש הוא ששני החצאים מצטרפים למעשה אחד שלם החייב, וזה ההוכחה משנים שטבחו שהמעשה של כל אחד מצטרף לכדי מעשה אחד שלם החייב ומספיק שיעור אחד של טביחה. והסיבה שאין הם משלמים כל אחד ארבעה וחמישה הוא משום שעיקר החיוב הוא על חסרון הבעלים והפסדם, ומשום שאי אפשר לומר שיש בזה שני הפסדים ולכן מחלקים בינהם. אבל בשבת שיש לנו חיוב על המעשה שעשו, כל אחד מביא חטאת על מעשה שעשה, וכן בטביחה שניהם מתחייבים על שיעור אחד של טביחה רק שהתשלום מתחלק לשניים כי יש הפסד אחד לבעלים.

הדין ב"זה אינו יכול וזה אינו יכול" – כשהאחד אינו בר חיובא

הנדון "זה יכול וזה יכול" שהאחד אינו בר חיובא נדון לעיל (בפרק זה תחת הכותרת "זה יכול וזה יכול" ראה שם)

כעת ננסה לברר לדעת רבי יהודה המחייב ב"זה אינו יכול וזה אינו יכול" האם הדין שונה כשהאחד אינו בר חיובא.

ר' שמעון שקופ מבאר בנדון של שניים שעשו היזק (ראה ביתר הרחבה פרק שמיני "היזק בשותפות" בספר זה) שרבי נתן מחייב כל אחד בכל הנזק אם השני אינו בר חיובא, לא משום שכל אחד נחשב שעשה בעצמו ממש את כל ההיזק כי אם היה כך, היה הדין "רצה מזה גובה רצה מזה גובה" (כפי שהדין בגוזל ובה אחר ואכלה) , אלא ודאי שמה שמחייב רבי נתן בכל ההיזק הוא משום שהוא מחייב גם על מעשה חבירו כעין ערבות, אבל לא כעושה ממש את כל ההיזק, ולכן סוברים הרבה ראשונים שרק אם מתחילה האחד לא היה בר חיובא חייב הוא בכל הנזק מדין ערבות, אבל אם מתחילא היה שותפו בר חיובא והוטל החוב על שניהם כל אחד על חצי ההיזק שעשה, אין האחד משלם כאשר חבירו ברח, וזה כפי שיטתו לענין מלאכה בשבת ששנים שעשו נחשב שכל אחד עשה חצי מלאכה וכיוון שכל אחד היה גורם הכרחי מצטרפים מעשיהם למלאכה אחת וחייבים, הוא הדבר בהיזק כל אחד נחשב שעשה חצי היזק ומה שמחייבים לאחד בכל ההיזק לרבי נתן, הוא רק כעין ערבות שחייב על מעשה השני.

וכן על אותו העיקרון מבאר ר׳ שמעון שקופ (בבא מציעא סימן ט אות ו) את הדין של שני דיינים שטעו בשיקול הדעת שהדין הוא חייבים לשלם שליש כל אחד, האחד שזיכה פטור והניזק מפסיד שליש, ומדוע לא חל כאן הדין של רבי נתן כאשר אינו משתלם מהאחד ישתלם מהשני ויהיו שני הדיינים חייבים כל אחד בחצי הנזק ולא בשליש?:

ו) ועפ#ז נלענ#ד ליישב בטוב טעם מה שהרבה להקשות בס) קצוה#ח בהא דמבואר בגמ) סנהדרין לענין דיינים שטעו בשיקול הדעת דחייבים לשלם- דשני הדיינים שאמרו חייב חייבים כ#א לשלם שליש הנזק והאומר זכאי פטור והניזק מפסיד שליש- וכן הוא להלכה בחו#מ סימן כ#ה/ ותמה בקצוה#ח למה לא ישלמו השנים הכל מדינא דר#נ דאי ליכא לאשתלומי מהאי משתלם מהאי/ עיין שם שלא מצא פתרון לזה/// //// ועפ#פ מש#כ כאן דגם לר#נ אין החיוב על כ#א כאילו עשה כולו בעצמו ממש- אלא דחייב גם על מעשה השני- ולפ#ז בדיינים שהדיין שאמר זכאי דפטרינן לי) ע#כ אין הטעם משום דין אונס דהלא בששמע מן השנים שאמרו חייב היה לו להסתלק מן הדין/ אלא שמעשיו אינם מעשה מזיק לפי שמכוון לאמיתה של תורה ועושה מעשה של תורה ואינו בגדר מזיק ומזה הטעם א#א גם לחייב את השנים על מעשה הזכאי- דמה שמחזקים את מעשה הזכאי אינו כלום- דמסייעים למעשה של תורה ולא למזיק- ומשו#ח אינם משלמים כי אם חלקם- דהכלל בזה דחשבינן כ#א כאילו הוא עשה את מעשה חבירו וכיון דמעשה חבירו אינו מעשה מזיק מה יועיל בזה אם נייחס המעשה על שמם- וזה נכון מאד בעזה#י/ ולפ#ז לענין שבת אם יעשו אדם ובהמה ביחד איזה מעשה יפטר האדם לכו#ע דמלאכת בהמה שאינה עשויה במחשבת מלאכת שבת אינה כלום לגבי אדם- וכן הוא הדין אם יעשה בצירוף עם אדם שאינו בר מחשבה- וצ#ע להלכה דזהו דין חדש/

מבאר ר׳ שמעון שקופ שרבי נתן מחייב את האחד בכל הנזק אינו משום שכל אחד עשה את כל מעשה הנזק, אלא משום שכל אחד נחשב שעשה את מעשה עצמו ואת מעשה חבירו, אבל אם חבירו אינו בגדר מזיק לא יועיל בזה שנצרף את מעשיו, בהתאם לכך כיוון שהדיין השלישי הוא אינו בגדר

מזיק לא יועיל צירופו לשניים האחרים והם יהיו מחוייבים רק על חלקם בנזק, שהוא שליש לכל אחד והשליש יפסיד הניזק.

וכך הוא לענין מלאכת שבת, כיוון שב״זה אינו יכול וזה אינו יכול״ לפי יסוד זה כל אחד בגדר שעשה חצי מלאכה ורק ע״י שאנו מצרפים את שניהם למלאכה אחת הם חייבים, אם כך כאשר האחד אינו בר מחשבה ואינו עושה איסור מלאכה בשבת, אין לנו מה לצרף לבר חיובא והוא יהיה פטור.

אולם לפי דעת **האור שמח** שהגדר של שנים שעשו הוא בגדר שכל אחד נחשב שעשה מלאכה שלמה ולכן הם חייבים, והוא הדין בשניים שטבחו, ולכן כשאין לאחד לשלם חבירו מתחייב בכל התשלום.

היוצא מכך שלענין שבת בשניים שעשו ב״זה אינו יכול וזה אינו יכול״ שרבי יהודה מחייב, הוא יחייב את האחד למרות שחבירו לעשיית המלאכה אינו בר חיובא כיוון שהוא בגדר שעשה את כל המלאכה, וזה שחבירו אינו בר חיובא איננו גורע מחיובו משום שהוא נחשב שעשה מלאכה שלמה, אלא החידוש הוא שאם גם חבירו בר חיובא אפשר לחייב את שניהם כל אחד בחטאת ואפילו על שיעור אחד כפי שהוכיחה הגמרא.

לסיכום: הדין בשניים שעשו ב״זה אינו יכול וזה אינו יכול״ כשהאחד אינו בר חיובא הוא כך:

1. לדעה שכל אחד בגדר שעשה חצי מלאכה – אף הבר חיובא יהיה פטור. (ר׳ שמעון שקופ)
2. לדעה שכל אחד בגדר שעשה מלאכה שלמה – הבר חיובא יהיה חייב. (אור שמח)

היוצא מכך שאם יש יותר משני שותפים במלאכה לדעה הראשונה מספיק שאחד מהם אינו בר חיובא כדי לפטור את כולם שהרי אף אחד מהם לא עשה מלאכה שלמה, אולם לדיעה השניה אפילו אם כולם אינם ברי חיוב חוץ מאחד הוא יהיה חייב כיוון שנחשב שעשה מלאכה שלמה.

ישראל ופסול שאוחזין בסכין ושוחטין

שחיטת ישראל כשרה ושחיטת הגוי פסולה, השאלה היא מה יהיה הדין כאשר ישראל וגוי אחזו בסכין אחד ושחטו ביחד?

השולחן ערוך (יורה דעה הלכות שחיטה סימן בסעיף יא) פסק שהשחיטה פסולה:

*ל מו| לא= היו כהן ישראל ופסול אוחזין בסכין ושוחטין- פסולה. לא לב= ואין צריך לומר אם כל אחד סכינו בידו. *כו| לג= שחיטת *ידן קוף- פסולה|- *א#ו והוא בתוספתא ריש חולין.*

הבית יוסף (שם) מביא שמקורו בתורת הבית הארוך בית א שער א:

היו שנים אוחזין בסכין אחד ושוחטין ואחד מהן פסול לשחיטה כעו#ג או מאני שחיטתו פסולה שהרי לא נעשית כל השחיטה על ידי הכשר לשחיטה. הא למה הדבר דומה לאותה ששנינו בפרק השוחט השוחט לשם הרים לשם גבעות וכו) שחיטתו פסולה וכו'. לשם עולה לשם שלמים וכו'. שחיטתו פסולה. שנים אוחזין בסכין ושוחטין אחד לשם אחד מכל אלו ואחד לשם דבר כשר שחיטתו פסולה.

ראייתו של הרשב״א ממסכת חולין (מ.) ששם מדובר בשניים שאוחזים בסכין ושוחטים ואחד מכוון לעבודה זרה השחיטה פסולה הוא הדין בישראל וגוי שהגוי פוסל את השחיטה.

לפי הדעה ששנים שעשו כל אחד נחשב שעשה חצי מעשה דעת הרשב״א ברורה, שהרי הישראל עשה חצי שחיטה והגוי חצי שחיטה ולכן שחיטתם פסולה כיוון שלא היתה שחיטה שלמה ע״י ישראל.

אולם בתוספתא (מסכת חולין פרק א הלכה ג) מבואר ששחיטתם כשרה:

ישראל וגוי שהיו אוחזין בסכין ושוחטין אפילו אחד מלמעלה ואחד מלמטה שחיטתן כשרה

וכתב באור זרוע (חלק א - הלכות שחיטה סימן שסז):

ישראל ועכו#ם שהיו אוחזין בסכין ושוחטין אפי) א) מלמטה ואחד מלמעלה שחיט) כשירה. נראה בעיני דוקא בשני בני אדם ובסכין א) שרי ודוקא בדיעבד אבל לכתחלה אסור חיישינן דילמא

משתלי ישראל וגמר עכו#ם את השחיטה //// //////אלא דוקא בשני בני אדם ובסכין אחד שרי בדיעבד וכגון דקים לי) דלא אשתלי כלל עד גמר השחיטה/ אף על גב דסייע עכו#ם בהדיה הא קיי#ל פ) המצניע דכל היכא דיכול ואחד מסייע בהדי) דאין ממש במסייע לפסול כדילפי התם אמוראי ממתני) ואמר רבינא אף אנן נמי תנינא קבל בימין ושמאל מסייע עבודתו כשירה ואמאי הא קא מסייע בהדי הדדי לאו משום דאמרינן מסייע אין בו ממש ;

ומבואר באור זרוע שהשחיטה כשרה כיוון ש״זה יכול וזה יכול״ נחשב של אחד עשה את כל השחיטה והשני הוא כמסייע שאין בו ממש (כפי שראינו לעיל בפירושו השני של רש״י לענין שת שב״זה יכול וזה יכול״ שניהם פטורים כיוון שכל אחד נחשב כמסייע שאין בו ממש) ולכן כיוון שהשחיטה כולה יכולה להתחייס אחר הישראל וכאילו שהישראל עשה שחיטה שלמה לא אכפת לנו שגם הגוי היה שותף שאין שחיטת הגוי בכוחה לפסול, אלא הוא כקוף בעלמא והעיקר הוא שכל השחיטה התבצעה גם ע״י ישראל.

בים של שלמה (מסכת חולין פרק א) מבאר מדוע ראייתו של הרשב״א ממסכת חולין אינה מדוייקת :

*פסק- כתב א#ז *ח#א סימן שס#ז)- ישראל ועכו#ם שהיו אוחזין בסכין אחד ושוחטים- שחיטתן כשירה- וכן הוא להדיא בתוספתא ריש פ#ק דחולין *ה#א)- ואף שהרשב#א כתב בת#ה *שער א) דף ט) ע#א) שחיטתן פסולה- ודייק ממתני) דבפ#ב לקמן *מ#א ע#ב) שנים ששוחטים בסכין אחד- אחד לשם הרים ואחד לשם דבר כשר שחיטתן פסולה- והוא הדין בהאי גוונא שהאחד הוא ישראל והשני עכו#ם דפסולה- אומר אני דלא דמיא- דהתם מחשבת השוחט פסולה/ אבל הכא בסתם עכו#ם או מומר לא אמרינן שחשבו לדבר אחר- אלא שהם לאו בני שחיטה נינהו- וא#כ כשיש אחד בר שחיטה זולתו דיו בזה וכשר/*

למעשה אין סתירה בין התוספתא למשנה בחולין, בשוחט לשם עבודה זרה ישנה מחשבה פסולה, ומחשבה אקטיבית זו גורמת לפסול את השחיטה, אף על פי שנחשב שהישראל ביצע שחיטה שלמה, לעומת זאת התוספתא

עוסקת בגוי בעלמא שאין שם מחשבה פוסלת, והעיקר הוא שיש לנו שחיטה שלמה ע״י ישראל שהיא מכשרת.

אולם **ר׳ שמעון שקופ** מסביר על פי שיטתו את דעת הרשב״א האוסר בשחיטה, לדעת הרשב״א אי אפשר לומר שנחשב שכל אחד עשה מעשה שחיטה שלם שהרי הגוי אינו מטריף ופוסל, אלא שהוא בסה״כ כהעדר שחיטה וכיוון שיש לנו את מעשה ישראל המכשיר את השחיטה מדוע שנפסול את השחיטה, אלא חייבים לומר שיש לנו חוסר בשלימות השחיטה ע״י הישראל ולכן השחיטה פסולה. אך מאידך גיסא שאנו מחייבים שניים שעשו בשבת אנו לכאורה מחשיבים שכל אחד עשה מלאכה שלמה. וכך מסביר ר׳ שמעון שקופ (בבא מציעא סימן ט אות ד) את ההבדל בין שחיטה לשבת:

ועכ#פ מוכח שהענין הוא דחשבינן על כ#א את כל המעשה משום שהוא מסייע לעיקר המעשה שיהי) חשוב עשיית מעשה- ומשו#ה חייב כ#א כאילו עשה מעשה בעצמו- ולפ#ז לק#מ מישראל ונכרי שאוחזין בסכין- דאף אם נחשוב כל המעשה על הישראל- אבל זה הוה כאילו הוא בעצמו עשה מעשה של הנכרי ונשחט ע#י כח הנכרי- היינו דעצם המעשה נעשה ע#י ערוב הכחות רק שלכל דין נוכל לייחס את המעשה על כל אחד מהם- אבל רק באופן כמו שהיתה עצמות הפעולה- והוה כאילו שחט הישראל בשחיטה שיש בה כח נכרי ופוסל/ וכן במעשה הקנינים אם שניהם מגביהין אף שנוכל לייחס על כ#א מהם כל המעשה אבל לענין קנין לא יועיל זה דהוה כאילו כ#א עשה הגבהה כזאת שהיא הגבהת אחרים- והוה כאילו עשה בעצמו הגבהה שאינה מועלת- ומשו#ה צריך לדין מגביה לחבירו/

לפי שיטתו שמחייבים שנים שעשו מלאכה בשבת הם בגדר שכל אחד עשה חצי מהמלאכה, אלא שמלאכתם מצטרפת למלאכה שלימה. (ראה עיל בפסקא תחת הכותרת ״שנים שעשו בגדר שכל אחד עשה חצי מהמלאכה אלא שמלאכתם מצטרפת למלאכה שלימה.״), וזו הסיבה לשיטת רבי יהודה ב״זה יכול וזה יכול״ שניהם פטורים, שאין מצרפים את מעשיהם למלאכה אחת, אבל ב״זה אינו יכול וזה אינו יכול״ שע״י צירוף מעשיהם

למלאכה אחת אנו מייחסים לכל אחד מלאכה שלמה, ולכן אף בשחיטה אם נייחס לישראל שעשה את כל מלאכת השחיטה, הרי זה משום צירוף מעשה הגוי וכאלו היהודי עצמו עשה את מעשה הגוי, אך בכל זאת המעשה המיוחס לישראל מורכב ממעשיו הוא עצמו וממעשה הגוי המיוחס אליו, אי לכך אין כאן שחיטת ישראל שלמה המכשרת והשחיטה פסולה.

לפי שיטתו זו של ר׳ שמעון שקופ אין זה משנה לענין השחיטה אם מדובר ב״זה יכול ובזה יכול״ או ב״בזה אינו יכול וזה אינו יכול״ כיוון שבשני המקרים כל אחד נחשב שעשה חצי מלאכה וההבדל ביניהם הוא רק האם לצרף את מעשה שניהם למלאכה אחת, אבל לענין שחיטה אין לנו שחיטת ישראל שלמה המכשרת, אולם לפי דעת האור זרוע והמכשירים את השחיטה המשותפת של ישראל וגוי כותב **הפרי מגדים** (יורה דעה שפתי דעת סימן ב):

ומ״מ זה שמכשיר הש״ך היינו באם הכשר היה יכול לשחוט בלא הפסול דאם לא כן אין מקום להכשיר בזה יע״ש:

ההכשר הוא ב״זה יכול וזה יכול״, אבל ב״זה אינו יכול וזה אינו יכול״ אעפ״י שלענין שבת אנו מייחסים לכל אחד את כל המלאכה זהו רק לענין הפועל (המבצעים) שאילולי כל אחד לא היה מתבצעת המלאכה, אך לענין הנפעל (התוצאה שהיא השחיטה) אי אפשר ליחס את כולה לישראל שהרי אינו יכול לשחוט לבדו ובפועל אין הישראל ביצע שחיטה שלמה המכשירה את כל השחיטה.

סיכום

בפרק זה עסקנו בשנים שעשו מלאכה בשבת וראינו שישנה מחלוקת בין התנאים באלו מצבים הם חייבים ובאלו מצבים הם פטורים, ראינו שישנם הסברים שונים וטעמים שונים לפטור או לחיוב של שנים שעשו מלאכה.

ישנם שני אפשרויות איך ליחס לכל אחד את המלאכה שעשה:

- שיטה אחת: שכל אחד הוא בגדר שעשה את כל המלאכה ולכן ישנם מקרים שהם חייבים. (שיטת התוספות והראב״ד)

- שיטה שניה: שכל אחד הוא בגדר שעשה חצי מהמלאכה, אלא שישנם מקרים שמלאכתו האחד מצטרפת למלאכת חבירו למלאכה שלמה, משום שגם מעשה חבירו מיוחסים אליו. (שיטת ר' שמעון שקופ)

כמו כו ישנם נפקא מינות בין השיטות לענינים שונים למשל כשהאחד אינו בר חיובא, לענין שחיטת ישראל ונוכרי, קניינים ועוד.

ועוד ראינו את ההשוואה של ר' שמעון שקופ בין שנים שעשו בשבת לשנים שהזיקו (ראה גם פרק היזק בשותפות בספר זה)

פרק ארבעה עשר

זה וזה גורם

מבוא

בפרק זה נציג את הדין בעירבוב של שני כוחות שגרמו להוצרותו של חפץ מסויים, מדובר בשני גורמים גורם אחד של איסור וגורם שני של היתר - "זה וזה גורם". הדיון הוא האם הדבר שנוצר משני גורמים אלו מותר או אסור? שהרי מעורב בו כח של איסור וכח של היתר שגרמו להוצרותו. ישנם מקרים שממשו של האיסור מעורב בהיתר, כגון שאור של איסור והיתר שהחמיצו את העיסה, אין הדיון שלנו על ממשו של האיסור כי ההנחה היא שממשו של האיסור בטל לפי כללי ביטול איסורים, אלא הדיון שלנו נסוב על הכח שגרם לעיסה להחמיץ המעורב מכח של איסור והיתר. ישנם מקרים שאין ממשו של האיסור מעורב בהיתר כגון חום שנוצר מאיסור וגרם לאפיה של עיסה או כלים אסורים שבישלו בהם ובזכותם נתבשל התבשיל.

בפרק זה נבחן את הטעמים השונים להתיר ולאסור דבר הנגרם מכח איסור והיתר, מה הדין שאין בכל אחד מהגורמים לפעול לבדו? ומה הדין שיש בכל אחד מהגורמים לפעול? האם יש הבדל אם שני הגורמים עושים אותה פעולה או שני הגורמים עושים פעולות שונות המשלימות זו את זו?

סוגיות הגמרא בדין זה וזה גורם

להלן נביא את עיקר הסוגיות הדנות בדין זה וזה גורם.

תלמוד בבלי מסכת פסחים דף כו עמוד ב :

תנו רבנן; תנור שהסיקו בקליפי ערלה או בקשין של כלאי הכרם- חדש . יותץ- ישן . יוצן/ אפה בו את הפת- רבי אומר ; הפת אסורה- וחכמים אומרים ; הפת מותרת בישלה על גבי גחלים . דברי הכל מותר/ והא תניא ; בין חדש- ובין ישן . יוצן"

הגמרא מביאה ברייתא הדנה בתנור שהסיקו אותו בקליפות האסורים בהנאה משום ערלה או בקשין האסורים בהנאה משום כלאים, אם התנור חדש שזהו שימושו הראשון בחום וע״י זה התנור מתקשה ומתחזק ונמצא שנגמרה בנייתו ע״י איסורי הנאה, אי לכך לדעת ת״ק אין לו תקנה ויש לשוברו שלא יועיל לצננו שהרי הוא נוצר ע״י איסור והוא אסור בשימוש, למרות שבשימוש השני כדי לאפות בו נשתמש בעצי היתר ויש לנו שני גורמים, התנור שהוא גורם של איסור והעצים שהם גורם של היתר, לדעת ת״ק זה וזה גורם אסור ולכן יש לנתוץ את התנור, אבל במקרה שהתנור ישן שכבר התחזק לפני כן בעצים של היתר, יש לצננו כדי לא להנות מהחום של האיסור ואפשר להשתמש בו שוב עם עצים של היתר. הגמרא מביאה ברייתא הסותרת את הברייתא לעיל האומרת שבין חדש ובין ישן יוצן. למסקנת הגמרא התנא האוסר תנור חדש הוא **רבי אליעזר** שאוסר זה וזה גורם כמבואר בברייתא תלמוד בבלי מסכת פסחים דף כז עמוד א:

דתנן; נטל הימנה עצים. אסורין בהנאה- הסיק בהן את התנור- חדש. יותץ- ישן. יוצן- אפה בו את הפת. אסורין בהנאה- נתערבה באחרות ואחרות באחרות. כולן אסורין בהנאה- רבי אליעזר אומר; יוליך הנאה לים המלח- אמרו לו; אין פדיון לעבודה זרה- אימור דשמעת ליה לרבי אליעזר בעבודה זרה- דחמיר איסורה. בשאר איסורין שבתורה מי שמעת ליה@. אלא אם כן אמאן תרמייה@ ועוד- הא תניא בהדיא; וכן היה רבי אליעזר אוסר בכל איסורין שבתורה

למרות שלא ניתן להשתמש עם התנור לבדו אלא חייבים להשתמש בעצי היתר כדי לאפות בו סובר רבי אליעזר זה וזה גורם אסור ולכן יש לשבור את התנור. כמו כן רבי אליעזר אוסר ב״זה וזה גורם״ הן בעבודה זרה החמורה והן בשאר איסורים.

בתלמוד בבלי מסכת עבודה זרה דף מח עמוד ב הגמרא מביאה את התנא המתיר ב״זה וזה גורם״:

רבי יוסי אומר; נוטעין יחור של ערלה- ואין נוטעין אגוז של ערלה- מפני שהוא פרי- ואמר רב יהודה אמר רב; מודה רבי יוסי- שאם

נטע והבריך והרכיב. מותר" ותניא נמי הכי; מודה רבי יוסי- שאם נטע והבריך והרכיב. מותר"

דעת רבי יוסי שמותר לנטוע ענף מאילן של ערלה כי ענפי האין אינם בכלל איסור הנאה, לעומת זה אגוז של ערלה כיוון שהוא פרי שאסור בהנאה אין לנטוע ממנו כדי להנות ממה שיצמח ממנו. רב יהודה מבאר שאם נטע אגוז של ערלה הצומח ממנו מותר, משום שיחד עם הגורם של הערלה (אגוז) היה לנו גורם של היתר (קרקע) ולדעת רבי יוסי "זה וזה גורם מותר", כמובן שהתרו של רבי יוסי בזה וזה גורם הוא בדיעבד שכבר נוצר הדבר אך לא לכתחילא.

בהמשך (עבודה זרה דף מט עמוד א) הגמרא מביאה מחלוקת של דין "זה וזה גורם" בברייתא גם לענין איסור עבודה זרה:

תניא; שדה שנזדבלה בזבל עבודת כוכבים- וכן פרה שנתפטמה בכרשיני עבודת כוכבים. תני חדא; שדה תזרע- פרה תשחט- ותניא אידך; שדה תבור-

מדובר בשדה שנזדבלה בזבל האסור משום עבודת כוכבים, התנא הראשון מתיר לזרוע בשדה זו משום שיש בה גם גורם של היתר שהוא הקרקע, וכן פרה שנתפטמה באיסורי עבודה זרה הפרה מותרת ותשחט, משום שיש בה גם גורם של היתר ו"זה וזה גורם מותר", לעומתו התנא השני אוסר ש"זה וזה גורם אסור". הגמרא מייחסים את התנא המתיר **לרבי יוסי** ודעתו ש"זה וזה גורם" מותר בין בעבודה זרה ובין בשאר איסורים.

ולמסקנת הגמרא (עבודה זרה דף מט עמוד א):

אמר רב יהודה אמר שמואל; הלכה כרבי יוסי

הסברה להתיר בזה וזה גורם

ראינו לעיל בגמרא שדעת רבי יוסי שאין נוטעין אגוז של ערלה לכתחילא אולם מודה רבי יוסי שאם נטע והבריך והרכיב מותר רש"י (שם ע"ז מח:) מסביר:

שאם נטע . האגוז של ערלה מותר אלמא כי גדל האילן וטוען פירות הוו להו הנך פירות בגרמא דאגוז דאיסור וקרקע דהיתר וקתני מותר/

והבריך והרכיב . אם הבריך או הרכיב יחור של ערלה באילן זקן מותרים פירותיהן מיד אף על פי שלא מלאו להן שני ערלה דזה וזה גורם מותר וה#נ אמרינן בעלמא ילדה שסיבכה בזקנה בטלה לשון אחר אם נטע האגוז של ערלה שהוא איסור הנאה ולכשיגדל ונעשה נטיעה הבריכה והרכיבה באילן דהיתר מותר דאותן פירות שטוען אחר זמן באין נמי ע#י האילן של היתר וקשיא לי בלא הבריך ובלא הרכיב נמי איכא זה וזה גורם אגוז דאיסור וקרקע דהיתר/

רש״י בביאורו הראשון מסביר שלקח ענף של אילן ערלה והרכיבו באילן זקן שכבר עברו עליו שנות הערלה, ומעתה הפרות היוצאים מענף זה מותרים שזה וזה גורם מותר היינו האילן הזקן והענף הצעיר, רש״י מדמה את הדבר לנאמר בתלמוד בבלי מסכת סוטה דף מג עמוד ב:

ילדה שסיבכה בזקינה . בטלה ילדה בזקינה ואין בה דין ערלה״

ענף של אילן צעיר שלא עברו עליו שנות ערלה שהרכיבו על אילן זקן שכבר נתחלל הוא בטל באילן הזקן, לכן אין הפרות היוצאים מענף זה ערלה ואין בהם דין נטע רבעי.

תוספות (מסכת עבודה זרה דף מט עמוד א ד״ה שאם) אינם מסכימים עם רש״י על השוואתו לדין ילדה שסיבכה בזקנה:

ומה שפירש בלשון ראשון הבריך יחור של ערלה באילן והוי כמו ילדה הסבכה בזקנה דבטלה אין הנדון דומה לראיה דההיא אפילו למ#ד זה וזה גורם אסור מותר כיון שבטלה בזקנה וכן משמע לשון בטלה/

לדעתם אין מדובר שם בדין זה וזה גורם, אלא כל ההיתר משום ביטול, שבטלה הילדה בזקנה, בטלה – לשון ביטול, ואפילו לאוסרים בזה וזה גורם הפירות מותרים.

הר"ן (על הרי"ף מסכת עבודה זרה דף כא עמוד ב) הסביר את דברי רש"י שגם ההיתר של זה וזה גורם הוא משום ביטול:

וכן זו דחקשו דילדה שסבכה בזקנה דשריא לא מדין זה וזה גורם הוא אלא מתורת בטול אינה קושיא דדא ודא אחת היא שזה וזה גורם מותר מה טעם לפי שנתבטל האיסור בהיתר דכי היכי דאי איתיה לאיסורא בעיניה בטל חד בתרי כל היכא דהאי לחודיה קאי והאי לחודיה קאי אי נמי כשנתערב כל היכא דליכא טעמא ה#נ היתר הבא מכח גרמת איסור כל היכא שאיסור והיתר גרם לו הרי הוא כאילו נתבטל איסור זה משום הכי אמר רב אשי אמר רבי אבהו התם בפרק משוח מלחמה דילדה שסבכה בזקנה בטלה דסבירא ליה דזה וזה גורם מותר וכדאפסיקא הלכתא בסוגיין/// /// זהו דעתי בדברים הללו על דרך רש#י ז#ל

הר"ן מדמה את הדין של זה וזה לגורם לשני חתיכות של יבש ביבש ששם הם בטלים ברוב או לח בלח שאין ניכר הטעם בתערובת ובטל ברוב, הוא הדין גם בהיתר שנוצר מגרימת איסור ומגרימת היתר אין צורך בשישים או במאתיים, אלא נתבטל גורם האיסור בהיתר והדבר מותר, ולזה נתכוון רבי אבהו שבטלה הילדה בזקנה ומשום כך זה וזה גורם מותר. ז"א לדעת הר"ן זה וזה גורם הוא מדין ביטול ברוב ואין צורך בביטול רגיל כפי שדרוש שממשו של האיסור מעורב. וכן הסביר את דבריו בשו"ת **אבני מילואים** (סימן ו) והוסיף לבאר מכיוון שמדובר בגורם בלבד אפילו חד בחד בטל מכוון שיש עוד גורם אחר של היתר.

הר"ן (שם) בהמשך דבריו מבאר לשיטתו (שדין זה וזה גורם הוא משום ביטול), מדוע ענף של אילן צעיר שהרכיבו אותו באילן צעיר אחר הפטור מערלה (כיוון שנטע לצורך קורות ולא לפרותיו) אמרה הגמרא שם שאינו בטל משום זה וזה גורם ולא כפי שילדה שסיבכה בזקנה בטלה:

וכי תימא אי שריותא דילדה שסבכה בזקנה מטעם זה וזה גורם הוא היכי מסקינן התם בפרק משוח מלחמה דדוקא ילדה שסבכה בזקנה בטלה אבל ילדה שסבכה בילדה הנטועה לסייג ולקורות אף על פי שהראשונה היתה מותרת שניה זו אסורה דהא ה#נ זה וזה גורם הוא והוה לן למישרייה אינה קושיא דכי אמרי׳

*דזה וזה גורם מותר הני מילי כשגורם של היתר א#א לו לשוב איסור אבל כל שאפשר לו להיות לו איסור כאותו גורם של^היתר! בטל הוא לגבי גורם של איסור כיון שאפשר להיות כמוהו ואין גורם של איסור בטל לגבי גורם של היתר כיון שאי אפשר להיות כמוהו ודמיא האי מילתא למאי דאמרינן בפרק הקומץ רבה *דף כג א(אמר רב חסדא נבלה בטלה בשחוטה שאי אפשר לשחוטה שתעשה נבלה ושחוטה אינה בטלה בנבלה שאפשר לנבלה שתעשה שחוטה דלכי מסרחא פרחה לה טומאה וה#נ זו שנטעה לסייג ולקורות אילו נמלך עליה לאכילה חייבת בערלה נמצא שגורם זה של היתר אפשר לו לחזור ולהיות איסור אבל ילדה זו שסבכה שהיא גורם של איסור אי אפשר לה לחזור ולהיות היתר הלכך לא שרי משום זה וזה גורם והיינו דאמרי) התם בפרק משוח מלחמה מאי שנא ילדה בזקנה דבטלה ומאי שנא ילדה בילדה דלא בטלה התם אי אמליך עלה לאו בת מהדר היא הכא בת מהדר היא זהו דעתי בדברים הללו על דרך רש#י ז#ל*

הר״ן מסביר כיון שילדה שנטעה לקורות יכול להמלך עליה לאכילה ותיהיה חייבת בערלה ותחזור לאיסורה לכן אינה בטלה ואינה מותרת משום זה וזה גורם, לעומת ילדה שסיבכה בזקנה הזקנה לא תחזור לעולם לאיסורא לכן הילדה בטלה. על אותו עקרון שאמר רב חסדא (בכורות כג.) נבילה בטלה בשחוטה שאי אפשר לשחוטה שתעשה נבילה, אבל שחוטה אינה בטלה בנבילה, שאפשר לנבילה שתעשה כשחוטה ברגע שהיא תסרח והוי כמין במינו לרבי יהודה שאינו בטל, למרות שדין זה הוא לרבי יהודה האוסר מין במינו במשהו, לקח הר״ן את אותו רעיון בהשאלה לענין גורם של איסור וגורם של היתר שיכול להפוך לאיסור, שאין גורם ההיתר בטל. בשו״ת אבני מילואים (סימן ו) לומד מכאן על אותו עקרון שלעת הר״ן בכל מקום שאין האיסור בטל כלל אזי אין אומרים זה וזה גורם מותר:

וכיון דזוז#ג מתורת ביטול אתינן עלה והיינו אף על גב דבכל דוכתי ביטול ברוב הוא אבל גבי זוז#ג כיון דאינו אלא גורם בעלמא חד בחד בטל כיון דאיכא עוד גורם אחר והיכא דלא שייך ביטול כגון בילדה העשוי) לסייג ה#ה זוז#ג אסור וכמ#ש הר#ן- וא#כ בחמץ בפסח דאפי) באלף לא בטיל ממילא גם זוז#ג אסור- ואף על גב

דערלה וכלאי כרם ביטולו במאתים ואפ#ח זוז#ג מותר- שאני גורם דסגי בביטולו חד בחד ואף על גב דבכל איסורין עכ#פ בעינן חד בתרי גורם קיל ליה דליסגי בחד בחד- וה#ח בערלה 'וכ#כן יוכה#כו אף על גב דחמיר ביטולו להצריך מאתים- כיון דעכ#פ איתי) בתורת ביטול מקילי) גבי גורם דליסגי חד בחד- אבל היכא דליתיה לתורת ביטול כלל ודאי דגם זוז#ג נמי אסור כיון דהתירו אינו אלא מתורת ביטול והכא ביטול לא מהני/ וכמ#ש הר#ן לענין ילדה שסבכה בילדה/

כמו חמץ בפסח שינו בטל אפילו באלף, או דבר שיש לו מתירין כיוון שהסיבה שאנו מקילין בזה וזה גורם שאפילו חד בחד בטל, זה רק בדברים שיש להן דין ביטול, אבל בדברים שאינם בטלים כלל אזי אין מה להקל בזה וזה גורם, כדין ילדה שסיבכה בילדה שאינה בטלה.

ר' שמעון שקופ שואל לשיטת הר״ן וכי מדוע שיהיה דין ביטול חד בחד שהרי את עיקר דיני ביטול לומדים מהפסוק שאחרי רבים להטות, ומנין לנו לחדש שזוז״ג יתבטל אחד באחד, ועוד יש להקשות שאם אחד באחד בטל מה ראית שיתבטל האיסור אולי יש לומר שיתבטל ההיתר ולא האיסור.

עוד מביא את דעתו של הבאר יצחק (חלק יורה דעה סימן לא׳) הסובר שאין דעת הר״ן כהמרדכי הסובר שדבר המעורב מתחילת בריאתו אין לו תורת ביטול, שהרי הפירות הנוצרים מאילן זה המעורב כבר מתחילת ברייתם מעורבים ולמה שנתיר אותם מדין ביטול של זה וזה גורם, אי לכך מבאר את דברי הר״ן בצורה אחרת שאין הביטול בגידולים אלא בענף שהוא הגורם. וכך כותב בשערי ישר שער ג פרק כה:

ונלע״ד בביאור דבריו הנפלאים דאין כונתו על ענין ביטול כביטול דעלמא ,שמתבטל איז הגוף של איסור בגוף היתר ,דהרי מישב לפירש״י מה דאמר בגמ׳ ילדה שסבכה בזקנה בטלה שהוא מטעם ביטול ככל דין זה וזה גורם ,ולשון בטלה משמע שהילדה בטלה בזקנה .ואם נפרש שהאיסור בטל בהיתר הוא שהביטול בגידולין ,הייט בהפירות ולא בהענ ף של הילדה ,היה צריך לומר לשון בטלים .ועד מוכרח מדברי הר״ן שהביטול הוא בענף עצמו-

שהרי מתרץ לשיטתו מה דאמרינן שם במסכת סוטה בילדה שסבכה בילדה הנטועה לסייג ולקורות, משום שההיתר אפשר להיות אסור אם ימלך להחשיבו לאכילה, וזה לא שייך בנטיעה עצמה ולא בהפירות שכבר גדלו בהיתר. ועל כן נלענ״ד דכונתו הוא על הכח הטבע מהאילן, שהוא הגורם שיולד האיסור בהנגרם שהוא הפרי, שעל ענין כח זה נקט הר״ן דלמאן דאמר זה וזה גורם מותר, הוא מטעם ביטול. היינו ששני הכוחות אלו אשר על ידם מתילד הנגרם, בטלים זה לגבי זה.

ראשית, לשון הגמרא ילדה שסיבכה בזקינה בטלה משמע מלשון בטלה שהילדה בטלה בזקינה ואם הכוונה שהאיסור בטל בגידולים היה צריך לומר בלשון בטלים גידולים. ומה גם שהר״ן הסביר לגבי ילדה שסיבכה בילדה הנטועה לסייג ולקורות, אין ביטול של זה וזה גורם משום שיכול להמלך עליה לאכילה, ואם נאמר שביטול הוא בגידולים מה יעזור שימלך עליה לאחר שגדלו הגידולים הרי כבר נתבטלו בגידולים, אלא יש לומר שכוונת הר״ן שהביטול הוא בכוחות הגורמים לגידול הפרי, שכוח האיסור אשר על ידו נוצר הפרי מתבטל בכח ההיתר, אך עדיין יש להסביר מדוע כוח האיסור מתבטל חד בחד? ומדוע מתבטל דוקא כח האיסור ולא מתבטל ההיתר? וכך כותב השערי ישר בהמשך דבריו:

וסברתו בזה, דכמו דבעלמא חד בתרי בטיל שהמיעוט בטיל לגבי הרוב, כמו כן גורם דאיסור מתבטל לגבי ההיתר. היינו דהיכא דאיכא ממשות של דבר האסור בעינן שיהיה בהיתר רוב בכמות, שיתרבה ההיתר על האיסור בכמותו וגדלו. אבל היכא שאנו דנים רק על כח הגורם, כל זמן שלא נתהוה מזה איזה עצם ממשי, לעולם יש לדון שההיתר רבה על האיסור. דזה שאינו רק גורם ולא ממש, זה גופא ממעט ערכו, שעל ידי זה הוא נחשב כמיעוט לגבי הגורם של היתר, שבהאיסור חסר עדיין איסור ממש שלא נגרם צורתו ועצמו. אבל בגורם של היתר לא נחסר כלום להיות היתר, דהיתר הוא שלילת האיסור ובשלילה ליכא חסרון כמובן. ולדברינו מדויק שיטתו גם בלשון הש״ס בילדה שסבכה בזקנה דבטלה, שהילדה עצמה בטלה, היינו כח הגורם הבא מן הילדה

בטל לגבי כח הגורם של הזקנה. וכן ניחא בזה מש"כ לפרש בכונת הש"ס בפרק משוח מלחמה בילדה שסבכה בילדה העשויה לקורות ולסייג דאסור, משום דהתם בטל הגורם של היתר לגבי הגורם של איסור משום דאפשר לחזור ולהיות איסור, ולפי דכשאנו דנים על כח הגורם קודם שנתהוה הפרי, אם ימלך שיהיה לאכילה יחזור להיות איסור. ולפי מש"כ אפשר להבין גם כן סברתו בזה דמשו"ה יתבטל ההיתר לגבי האיסור, משום דבאופן כזה כח הגורם של איסור מרובה, דגם בגורם ההיתר איכא כח איסור אם יחשוב שיהיה לאכילה. ומשו"ה חשוב כאילו גורם של איסור מרובה וכחו עדיף מגורם של היתר. ומדמה ענין זה להא דרב חסדא, שאומר שמה שאפשר להיות נבילה כשחוטה חשבינן כאילו כבר יש ענין זה בנבילה כח היתירא. אף דבאמת פשטות הש"ס שם במנחות איירי רק לרבי יהודא, דס"ל מין במינו לא בטל, אבל לרבנן דפליגי עליו משמע דשחוטה בטלה בנבילה. התם שאני דהוו גופים מעורבים, ורק לענין זה מדמה הר"ן ענין כזה להתם, דחשבינן מה שאפשר להיות כאילו נמצא ענין זה עכשיו בכח. והוא ענין נבחר בכונת הר"ן בעזה"י

ההסבר הוא כמו שבתערובת של איסור והיתר האיסור בטל ברוב אחד בשניים, הוא הדין שיש לנו שני כוחות אחד של איסור ואחד של היתר האיסור מתבטל בהיתר, אלא כשיש ממשות האיסור בתערובת יש צורך שיהיה בהיתר רוב בכמות ובגודל, אולם שדנים רק על הכוח שגורם להווצרות הדבר אנו דנים את כח האיסור כמיעוט לעומת כח ההיתר, הסיבה היא שההיתר הוא שלילת האיסור, ז"א כל דבר הוא במצב של היתר עד שיהיה פעולה חיובית שתאסור את הדבר, ולכן כל עוד כוח האיסור אינו חשוב ואינו רוב אין בכוחו לאסור כשיש איתו עוד כח של היתר שגרם לדבר, ועתה מובן מדוע ילדה שסיבכה בילדה העשויה לקורות אין בטל כח האיסור כיוון שגם בכח ההיתר ישנו כח איסור אם ימלך עליה לאכילה, ונמצא שכח האיסור הוא דומיננתי יותר ולכן לא בטל.

מדברי התוספות שהובא לעיל משמע שדין זה וזה גורם אינו קשור לדיני ביטול וכן משמע ממדברי רבנו דוד פסחים כו ד"ה לא קשיא:

...ויש לשאול היאך גורם ההתר מבטל גורם האיסור ,ואדרבה היה לנו לומר שהגורם של האיסור יאסור את המותר ,ככל שאר האיסורין שבתורה שאינן בטלין בהתר אלא ברוב .והתשובה שלא תמצא זה הדין של זה וזה גורם אלא בשאין בהם טעמו ולא ממשו של אסור ,שטעמו וממשו של איסור ודאי צריכין הן בטול בכל מקום ,אבל זה לא נשאר כאן לא טעמו ולא ממשו של איסור אלא שנעשה בסיעו .כגון זה הפת שנאפה בתנור של איסור שסייע התנור באפייתו וגרם את תקונו אבל לא נשאר בו לא עצמו ולא ממשו ,וכן כשנאפה בעצי אסור לדעת האומר שאין שבח עצים בפת אין העצים משאירין בפת לא טעם ולא ממש אלא שנעשה בסיועם(ובגמרתם) יובגרמתם .)וודאי שאם נעשה כל האפייה באיסור שלא היה שם סיוע של התר אף על פי שלא נשאר מן האיסור לא טעם ולא ממש הכל מודים שהוא אסור ,שמכל מקום הרי התקון הזה והחדוש שנתחדש בזה הפת הוא באסור ואי איפשר שלא יהיה אסור ,אבל בשיש שם גורם אחר של התר שאין כל התקון שלו באיסור אלא בסיוע ממנו ,בזה הוא דעת המתיר האומר שזה וזה גורם מותר ,מפני שאין כאן לא טעם ולא ממש מן האסור .וכל מקום שתמצא זה המחלוקת של זה וזה גורם כך הוא במה שאין בו לא טעם ולא ממש של אסור .

כשיש לנו גורם איסור היה מן הראוי שהתערובת תאסר משום שאין לנו רוב, אלא כשאנו דנים בדיני ביטול ברוב הדבר שייך רק במקרה שישנו איסור בעין המעורב בהיתר, אבל במקרה של זה וזה גורם אין ממשות האיסור בתערובת, ולכן אין התערובת נאסרת אלא אם כן גורם האיסור שגרם לדבר להיווצר הוא בלעדי, אבל אם בנוסף אליו ישנו גורם של היתר אין אחד מהם נחשב לגורם עקרי להיווצרות הדבר, וממילא גם גורם האיסור שאף הוא גרם להווצרותו אינו אוסר את החפץ כיוון שאינו גורם בלעדי.

במשנה מסכת ערלה (ב, יא, וכן הובאה בסוגיית זה וזה גורם בע"ז ובפסחים) מצאנו מחלוקת רבי אליעזר וחכמים:

שאור של חולין ושל תרומה שנפלו לתוך עסה לא בזה כדי לחמץ ולא בזה כדי לחמץ נצטרפו וחמצו ר) אליעזר אומר אחר האחרון

אני בא וחכמים אומרים בין שנפל איסור בתחלה בין בסוף לעולם אינו אוסר עד שיהא בו כדי לחמץ;

הרי במקרה זה ממשות השאור נמצא בעיסה ובכל זאת הגמרא דנה בזה מדין זה וזה גורם, משיב רבנו דוד בהמשך דבריו שם:

ואל תשיבני מהחיא דשאור של חולין ושל תרומה שנפלו לתוך העיסה, שאף על פי שנפל שם ממשו של אסור הרי הוא בטל בתוכו, שהרי יש בו כדי להעלות באחד ומאה ועד ואינו נאסר אלא מפני החמוץ, והחמוץ אינו לא טעם ולא ממש אלא כח שייש בו [ש]העיסה מתחמצת בשבילו. ולפיכך הם עשין אותו כדין הגורמין, שאם היה כל החמוץ מן האיסור אסור כדרך שאמרנו בגורם אחד שהכל מודים בו שהוא אסור, וכשנעשה החמוץ על ידי שאור של התר ושל איסור שאיבוה כדי לחמץ [ואין בזה כדי לחמץ] הוא דין זה וזה גורם ולדברי המתיר מותר.

בשאור של תרומה מדובר שממשות האיסור בטל כבר במאה, וכל הדיון הוא רק לגבי החימוץ שהוא הגורם לקיום העיסה ובו אין טעם ולא ממש אלא רק הכח להחמיץ את העיסה. ולכן כיוון שהשאור של תרומה אינו הכח הפועל הבלעדי, העיסה מותרת לדעת הסובר זה וזה גורם מותר.

לסיכום, נמצאנו למדים שנחלקו הראשונים בסיבת ההיתר של זה וזה גורם:

- לדעת רש"י והר"ן ההיתר מבוסס על דיני ביטול, וכיוון שאין כאן את ממשו של האיסור אלא רק כח הגורם ניתן יותר להקל בדיני ביטול והאיסור בטל אפילו שאין לנו רוב היתר, כמו כן ראינו שיש אחרונים הסוברים שהביטול הוא בדבר הנגרם מהם, לעומת דעת ר' שמעון שקופ שהביטול הוא כח הגורם בכח ההיתר ולא בתוצאה הנרגמת מהם.
- לדעת תוספות ורבנו דוד משמע שזה וזה גורם אינו קשור לדיני ביטול כיוון שלא מדובר בממשו של האיסור אלא רק בכח הגורם להווצרות החפץ, לכן לדעת המתירים החפץ יאסר רק אם גורם האיסור הוא בלעדי ולא כשיש לו סיוע גם מגורם אחר של היתר.

דין זה וזה גורם כאשר שלכל גורם כח פעולה שונה

בסוגיית הגמרא לעיל ראינו שלדעת רבי יוסי לגבי אגוז של ערלה האסור בהנאה שאם נטע ובריך והרכיב מותר כיוון שזה וזה גורם מותר בדיעבד, וכתב על זה רש"י (שם) ד"ה שאם נטע וד"ה והבריך:

שאם נטע . האגוז של ערלה מותר אלמא כי גדל האילן וטוען פירות הוו להו הנך פירות בגרמא דאגוז דאיסור וקרקע דהיתר וקתני מותר.

והבריך והרכיב .///וקשיא לי בלא הבריך ובלא הרכיב נמי איכא זה וזה גורם אגוז דאיסור וקרקע דהיתר.

הגידולים מותרים מדין זה וזה גורם לאו דוקא בהבריך והרכיב באילן אחר, אלא אפילו במקרה שנטע את האגוז באדמה הגידולים מותרים לדעת רבי יוסי מדין זה וזה גורם, שהאגוז גורם אחד והקרקע גורם שני ולכן לרש"י לא מובן מדוע צריך את העניין של ההרכבה באילן היתר.

לעומתו התוספות אינו סבר וכך כתב תוספות מסכת עבודה זרה דף מט עמוד א ד"ה שאם:

שאם נטע והבריך . פי' בקונט' בלשון אחרון נטע האגוז ואחר כך כשנעשה נטיעה הבריך והרכיב באילן של היתר אותו לשון עיקר ומה שהקשה בקונט' אפי' לא הבריך והרכיב נמי לא דק דאין נקרא זה וזה גורם אלא כששניהם מענין אחד כמו הברכת איסור באילן היתר ששניהם אילן וכמו זבל נבייה וקרקע דלעיל אבל אגוז וקרקע שני עניינים הם.

תוספות שולל את קושיית רש"י מכיוון שלדעתו האגוז והקרקע הם שני גורמים שונים, ודעת המתירים בזה וזה גורם הוא רק כששני הגורמים הם מעניין אחד כגון: זבל וקרקע או המבריך ענף אילן ערלה באילן זקן, אבל ששני הגורמים הם מעניינים שונים כגון אגוז וקרקע או צל וקרקע (כפי שכתב התוספות בדף מח: ד"ה ורבנן) שאותה הנאה שהצל עושה להגן מפני החמה אין הקרקע עושה, וכיוון שאין צל אחר של היתר הגורם עמו להגן מפני החמה יוצא שכל הנאת הצל לאיסור.

כשיטת התוספות כתב הרמב״ן בחידושיו מסכת עבודה זרה דף מט עמוד א:

ואיט נכון דהחוא לאו זה וזה גורם הוא דהנאה דצל באפי נפשה קמהניא וקרקע מילתא אחריתי קא עבדא ואף על פי שהגדול של ירקות זה וזה גורמין לו תועלת- ולא מקרי זה וזה גורם להתיר אלא באיסור והתר שנצטרפו וגרמו כגון נמיה וקרקע שנעשין זבל ומהנין- וכן בתנור חדש שצננו ושהסק ראשון שלאיסור וזה השני של היתר מצטרפין ואופין פתו ביחד- תדע דהא מעיקרא קס#ד לרבנן דמתני) זה וזה גורם מותר ואפ#ה קאמרי אבל לא בימות החמה

בתחלית דבריו כתב הרמב״ן שצל וקרקע אין בהם דין זה וזה גורם כיוון שהקרקע עושה פעולה אחרת מהצל (״וקרקע מילתא אחריתי קא עבדא״) ולאחר מכן מוסיף הרמב״ן לכאורה עוד תנאי שלא נחשב זה וזה גורם להתיר אלא במקרה שנצטרפו וגרמו כמו נביה וקרקע שנתערבו ונעשים מזון לגידולים, אך הדבר אינו מוכרח שכוונתו שנתערבו ממש, ואפשר להסביר שכוונת הרמב״ן שכאשר הם פועלים מאותו כח וגורם, דומה הדבר כאילו הכוחות מעורבים בינהם כיוון שפועלים אותה פעולה וזו כוונתו שנצטרפו הכוחות בפעולתם.

הרמב״ן מוכיח דבריו מהמשנה מסכת עבודה זרה דף מח עמוד ב:

מתני/ זורעין תחתיה ירקות בימות הגשמים אבל לא בימות החמה- והחזירין . לא בימות החמ) ולא בימות הגשמים- ר) יוסי אומר ;אף לא ירקות בימות הגשמים- מפני שהנביה נ שרת עליהן והוה להן לזבל/

בתחילה העמידה הגמרא שחכמים הם הסוברים זה וזה גורם מותר, ואיך העלתה הגמרא על דעתה כך, הרי משמע מחכמים ההיפך שלדעתם אסור לזרוע ירקות תחת אשירה בימות החמה אעפ״י שצל האשירה אינו גורם יחידי ויש לנו גם את הקרקע והיה להם להתיר גם בימות החמה, אלא כיוון שכח הצל אינו פועל ככח הקרקע וכששני הכוחות הם שונים גם לדעת המתירים בזה וזה גורם הדבר אסור ולכן חכמים אסרו ולא התירו בזה וזה גורם רק במקרה שהכוחות שפועלים שווים.

הר״ן (על הרי״ף מסכת עבודה זרה דף כא עמוד ב ד״ה ואסיקנא) מסביר את דעת רש״י כך:

והשתא במסקנא הדרינן מהך סברא וס#ל דלמ#ד זוז#ג מותר אפילו היכא דהאי לחודיה קאי והאי לחודיה קאי שרי והיינו דאמר לדידכו דאמריתו זה וזה גורם אסור ומהדרי רבנן לרבי יוסי דליכא למיסר ירקות בימות הגשמים משום זה וזה גורם משום דמה שמשביח בנבייה פוגם בצל, הלכך לענין פסק הלכה^דקי#לו כרבי יוסי דאמר זה וזה גורם מותר לא קי#ל כמתניתין דתנן זורעין תחתיה ירקות בימות הגשמים אבל לא בימות החמה אלא זורעין תחתיה בין בימות החמה בין בימות הגשמים וכן פסק הרמב#ם ז#ל בפרק ז) מהל) עבודת כוכבים אבל הרמב#ן ז#ל כתב דבמסקנא נמי סבירא לן כדקא ס#ד מעיקרא דכל כי האי גוונא זה וזה גורם אסור כיון דקי#ל דגורם דאיסור לחודיה קאי ובעיניה

בתחילה חשבה הגמרא שחכמים הם הסוברים זה וזה גורם מותר ולכן חשבה בתחילא שכאשר שני הכוחות פועלים בצורה שונה אין אומרים זה וזה גורם מותר, אך למסקנת הגמרא חכמים הם הסוברים שזה וזה גורם אסור וזו הסיבה שהם אוסרים בימות החמה, ורבי יוסי הוא המתיר בזה וזה גורם, הוא החולק על חכמים ומתיר גם בימות החמה אפילו שצל וקרקע הם גורמים שונים. ולמעשה על זה נסוב הדיון בגמרא. אולם דעת הרמב״ן שגם למסקנת הגמרא הדיון בזה וזה גורם מותר, הוא רק שהכוחות פועלים אותה פעולה ובזה מתיר רבי יוסי, אבל בצל וקרקע גם רבי יוסי מודה שאסור וחכמים האוסרים בזה וזה גורם אינם חכמים של משנתנו, אלא חכמים האוסרים לשחוק ולזרוק לרוח עבודה זרה שביטלה, ששם יש לנו זבל וקרקע שהם גורמים דומים ובגומרים שונים לדעת כולם אסור.

טעם המחלוקת בין הראשונים כאשר שני הגורמים פועלים בצורה שונה יתכן שאפשר להסביר כך:

- לדעת רש״י והר״ן שהעקרון של דין זה וזה גורם מותר הוא משום ביטול, אפשר לומר שהעץ הגדל מהם הוא כתערובת המופעל משני כוחות שהאיסור בו בטל, ואין זה משנה איזה תרומה נתן כל אחד

מהגורמים לגידול העץ, או אפילו לפי הסברו של **רבי שמעון שקופ** (ראה לעיל) שהביטול הוא בכוחות הגורמים ולא בתוצר, אזי כח האיסור בטל בכח ההיתר, ואין זה משנה שבאו משני גורמים שאין דיני ביטול של שני גורמים כדין ביטול של ממשו של איסור שבזה מקילים יותר שאפילו חד בחד בטל.

- אולם לדעת התוספות שאינו מבוסס על דיני ביטול אלא כל עוד גורם האיסור אינו בלעדי אין הוא אוסר, נכון הוא הדבר ששני הגורמים הם דומים ופועלים אותה פעולה לכן כל אחד אינו בלעדי, אבל כשאינם דומים ופועלים פעולה שונה, כל אחד הוא בלעדי בתחום פעולתו ואי אפשר לומר זה וזה ביחד גורם ומותר, אלא זה גורם בנפרד ובלעדי בתחום פעולתו, וזה גורם בנפרד ובלעדי בתחום פעולתן האחרת.

ר' שמעון שקופ (בספר שערי ישר שער ג פרק כה ד"ה ועפ"י) מבאר את מחלוקת התנאים בזה וזה גורם כך:

ועפ#י מה שנתבאר ענין זה של איסור גורם, הנה מה דפליגי תנאי ואמוראי בדין זה וז הגורם, נראה לי דכיון דאין בדבר הנגרם שום חלק ותערובות ממש מן האיסור עצמו רק שבא בגרמת דבר האסור, י"ל בכה"ג דהוו שני גורמים גורם איסור וגורם היתר, דהאיסור הוא רק חצי גורם, גורם זה אינו יכול לפעול שום דין על הנגרם, דחצי גורם לא חשוב גורם או אפשר לומר להיפוך דחצי גורם כגורם שלם חשיב, כיון דעכשיו בא השבח ע"י גורם איסור. דאם היה נחסר כח זה, לא היה בא התועלת הנרצה וכעין שמצינו בשנים שעשו במסכת שבת דף צ"ג, דממעטינן מקרא בשנים שעשו, ובלא"ה חשבינן כאילו כל אחד עשה וכעין שכתב הסמ"ע חושן משפט סימן קע"ו סקט"ז, דבשור לחרישה דבר שלם, יעו"ש חולקים בשוה, דכל החלקים מצטרפים ואי אפשר לזה בלי זה, הוי כאילו כל אחד מביא את ועל דרך זה פליגי, אם חשוב כל אחד כגורם שלם או להיפוך דחצי גורם השבח, יעו"ש אינו כלום.

דעת המתירים בזה וזה גורם הוא שכל גורם נחשב לחצי גורם וחצי גורם אינו יכול לפעול כלום על הדבר שנוצר, ולכן החפץ מותר, לעומתם

האוסרים סוברים שכל גורם הוא כפועל פעולה שלמה על החפץ שלולי אותו גורם איסור לא היה נוצר החפץ, ולכן החפץ הנוצר ממנו אסור בדומה לשניים שעשו מלאכה בשבת ששם גם היה הדיון האם כל אחד נחשב שעשה פעולה שלמה או חצי פעולה. וזה תואם להסברו של התוספות הסובר שכיוון שהוא לא הגורם בלעדי לדעת המתירים הוא נחשב לחצי גורם ולכן החפץ מותר, אך שהגורם שונה מגורם ההיתר הוא נחשב גורם בלעדי.

להלכה, הרמב"ם (הלכות מעשר שני ונטע רבעי פרק י הלכה כ וכא) פסק לגבי אגוז של ערלה וקרקע של היתר כרש"י:

הלכה כ. טטעין ייחור של ערלה ואין טטעין אגוז של ערלה מפני שהוא פרי- ופירות ערלה אסורין בהנאה כמו שביארט בהלכות איסורי מאכלות- ואם עבר ונטע אגוז של ערלה הרי הצומח מותר כשאר האילנות.

הלכה כא .וכן אין מרכיבין כפניות של ערלה בדקלים מפני שהן כפרי- עבר והרכיב מותר שכל דבר שיש לו שני גורמין אחד אסור ואחד מותר הרי זה הנגרם משניהם מותר- לפיכך הצומח מפירות ערלה מותר שהרי גורם לצמוח הפרי האסור והארץ המותרת.

וכן פסק הרמב"ם (הלכות עבודה זרה פרק ז הלכה יד) כששני הגורמים השונים הם צל איסור וקרקע היתר:

///ומותר ליטע תחתיה ירקות בין בימות החמה שהן צריכין לצל- בין בימות הגשמים- מפני שצל האשרה שהוא אסור עם הקרקע שאינה נאסרת גורמין לירקות אלו לצמוח וכל שדבר אסור ודבר מותר גורמין לו הרי זה מותר בכל מקום///

וכן דעת השו"ע (יורה דעה הלכות ערלה סימן רצד סעיף יב) כרמב"ם ורש"י:

כג לז] אסור ליטע פרי של ערלה> ואם נטעו- הפירות שיוצאים ממנו- מותרים- כד ?יח= דזה וזה גורם- מותר.

זה וזה גורם שגורם האיסור מהדברים שאינם בטלים אפילו באלף

ראינו לעיל שישנם שני הסברים להיתר של זה וזה גורם:

- דעת התוספות כדי לאסור דבר הנגרם מאיסור צריך שהדבר הגורם יהיה לבדו הגורם, ואם מעורב בו גורם של היתר אין התורה אסרה הדבר.
- דעת רש"י והר"ן הדבר מותר משום ביטול ברב, כיוון שמדובר בדבר הגורם ולא בממשו אין צורך בביטול רגיל אלא אפילו חד בחד בטל.

כעת נברר מה יהיה הדין כאשר הגורם האסור הוא מהדברים שאינם בטלים, או משום חשיבותם או משום דבר שיש לו מתירין.

התלמוד בבלי (מסכת פסחים דף כז עמוד ב) דן בתנור שהסיקו אותו בעצים של של הקדש, האם חכמים שהתירו בזה וזה גורם בעצי ערלה יתירו גם בהקדש:

> *בעא מיניה רמי בר חמא מרב חסדא; תנור שהסיקו בעצי הקדש ואפה בו הפת- לרבנן דשרו בקמייתא מא@. אמר ליה; הפת אסורה. ומה בין זו לערל@. אמר רבא; הכי השתא@ ערלה. בטילה במאתים- הקדש. אפילו באלף לא בטיל*

רב חסדא אומר שהפת אסורה ורבא מסביר שהקדש יותר חמור כיוון שהוא אינו בטל אפילו באלף. תוספות (מסכת פסחים דף כז עמוד ב ד"ה הקדש) תמהה על הגמרא:

> **הקדש אפי' באלף לא בטיל - תימה מה חומר היא זו הלא הקדש דבר שיש לו מתירין הוא ע"י חילול ומטעם זה אין דינו להיות בטל אפילו באיסור קל אפילו מדרבנן כדאמרינן בריש ביצה (דף ד.).**

תוספות מבין שהגמרא רצתה לומר שהקדש יותר חמור כיוון שאינו בטל באלף ולכן הפת אסורה, אך תוספות מקשה שהרי הקדש אסור משום דבר שיש לו מתירין ואין הדבר מעיד שהקדש חמור יותר, הרי כל איסור שיש

לו מתירין אינו בטל באלף, ז"א להבנת התוספות איסור שאינו בטל באלף כמו דבר שיש לו מתירים הוא אינו סיבה לאסור בזה וזה גורם, אלא אם כן זה מעיד שאיסור זה חמור יותר מאיסורים אחרים. היוצא מדברי התוספות שרק בהקדש שהוא חמור יותר אין את ההיתר של זה וזה גורם, ואין הדבר כן בכל האיסורים שאינם בטלים באלף.

המגן אברהם כתב (סימן תמה ס"ק ה) שלפי הרמב"ם והפוסקים אין היתר של זה וזה גורם כשאחד הגורמים אינו בטל באלף:

מיהו נ"ל עיקר כדעת הט"ז וש"ך שם דדעת הרמב"ם והפוסקים דבע"א אפי' בישל ע"ג גחלים או בחומו של תנור אסור ולא מטעמייהו אלא מדאמרי' בפסחים דף כ"ו ע"ב דאף דרבנן שרי באבוקה כנגדו דוקא בערלה דבטילי במאתים הלכך לא חמיר משכלה ונבער איסור' אבל בהקדש דאפי' באלף לא בטיל אסור וא"כ ה"ה בגחלים עוממו' דאסור וזהו דעת הטור שלא חילק כאן בפת בין תנור חדש לישן משום דכ' בי"ד בשם הרמ"ה דכיון דע"א לא בטלה אפי' זוז"ג אסור וה"ה בחמץ דהנאה כל שהוא מיהו הוי וא"כ אפי' היו מונחים עצים אחרי' על האש והניח החמץ ג"כ עליהם דה"ל זוז"ג אפ"ה אסור וכ"מ דהא א"א להדליק חמץ לבדו אם לא ע"י עצים ואפ"ה כ' שהפת אסור וע"ש סי' קמ"ב.

המגן אברהם סובר שכן דעת הרמב"ם, שלא חילק בפת שנאפתה בעצי אשירה ואסר את הפת אפילו שנאפתה <u>עם גחלים</u> של אשירה, ולא כפי שחילק בעצי כלאים שאסר פת שנאפתה בתנור עם עצי כלאים משום שאבוקה כנגדו, וכנאפתה עם גחלים התיר את הפת משום זה וזה גורם, זאת משום שעבודה זרה לא בטלה אפילו באלף, ולכן אין היתר של זה וזה גורם כפי שישנו בכלאים הבטלים במאתים. הוא הדין בחמץ בפסח שאסור בכל שהוא, שהפת שנאפתה על גבי גחלים של חמץ אסורה ואין גורם ההיתר של התנור מתירה, שכל איסור שאינו בטל ברוב אין בו היתר של זה וזה גורם, וכן הדין בדבר שיש לו מתירין.

האבני מילואים (שו"ת אבני מילואים סימן ז) מסביר שהיסוד שאין את ההיתר של זה וזה גורם באיסורים שאינם בטלים באלף, מקורו בהסברו של הר"ן שזה וזה גורם מותר הוא משום ביטול:

כתבו התוס' [כז, ב] ד"ה הקדש אפי' באלף לא בטיל ז"ל תימה מה חומר הוא זה הא הקדש דבר שיש לו מתירין הוא ע"י חילול ומטעם זה אין דינו להיות בטל אפי' באיסור קל ואפי' מדרבנן כדאמרי' בריש ביצה עכ"ל, ולפמ"ש בסי' שלפני זה דזוז"ג דמותר משום ביטול הוא, א"כ שפיר עולה הטעם דהקדש לא בטיל משום דבר שיל"מ ולכן זוז"ג נמי אסור ולא בטל וכמ"ש לעיל בשם הכ"מ פ"ה מנדרי' דגבי נדרים זוז"ג אסור ג"כ מהאי טעמא דנדרים הוי דשיל"מ ע"ש, אלא דכבר כתבתי דתוס' ס"ל דטעמא דזוז"ג מותר לאו משום ביטול נגעו בה, ומשום חומר האיסור בלבד הוא דקאמר הש"ס דאסור ולכך מקשי שפיר לשטתיהו.

ולכן לפי יסוד זה שהיתר זה וזה גורם הוא משום ביטול, אזי גם כל האיסורים שאינם בטלים כלל אין סיבה להתירם גם בזה וזה גורם, והוא הדין בדבר שיש לו מתירין כפי שהסביר הכסף משנה בדברי הרמב"ם (הלכות נדרים פרק ה הלכה טז) והובא בבית יוסף (יו"ד סימן רטז ד"ה לשון תורה):

וכתב הרמב#ם בפרק ח) מהלכות נדרים *חי#ג) אהא דתנן אסור בחילופיהן ובגידוליהן ואין צריך לומר במשקין היוצאין מהם; כתב הראב#ד בפרק ח) מהלכות נדרים *חט#ז) קשיא לי כל היכא דאמרינן אסור בגידוליהן אפילו בדבר שזרעו כלה אמאי הא קיי#ל *ע#ז מח; מט) זה וזה גורם מותר ואם נטע אגוז של ערלה מותר בפירותיה עכ#ל ולפי מה שכתבתי בשם הר#ן ניחא דמדמי ליה להקדש דחמיר טובא ואפשר דלא שרינן ביה זה וזה גורם א#נ שאני נדרים דדבר שיש לו מתירין הן *נדרים נט) ולהכי לא שרי בהו זה וזה גורם;

באוסר פירותיו על חבירו אסר הרמב"ם גם את גידוליהם, שואל הראב"ד ולמה גידוליהן אסורים, ולא נתיר אותם משום זה וזה גורם כמו הנוטע אגוז של ערלה, והסביר הבית יוסף כיוון שנדרים הוא דבר שיש לו מתירין

אין היתר של זה וזה גורם, ומסביר האבני מילואים כיוון שלדעת הרמב"ם יסוד ההיתר הוא משום ביטול כדברי הר"ן ולכן בכל האיסורים שאינם בטלים אין את ההיתר של זה וזה גורם, אבל לדעת התוספות שהיתר זה וזה גורם אינו משום דיני ביטול אזי האיסור בהקדש הוא משום חומרה של הקדש ולא משום דבר שיש לו מתירין, ולכן גם בדבר שיש לו מתירין כיוון שאינו גורם בלעדי ישנו היתר של זוז"ג.

בשערי יושר (שער ג פרק כה ד"ה ובכ"ז) כתב שאין להוכיח מכאן שהרמב"ם סובר כשיטת הר"ן שההיתר של זה וזה גורם הוא משום ביטול:

מה שהוכיח בספר אבני מלואים מדברי הבית יוסף שתירץ על הרמב"ם דבנדרים זה וזה גורם אסור משום דיש לו מתירים- אין ראיה כל כך דאפשר לומר דבכה"ג אסור כמו דלא מהני ביטול מהאי טעמא- וכפי פשטות הש"ס בפסחים דף כ"ז דמחלק שם בין ערלה לעצי הקדש- דבערלה שבטלה במאתים מותר זה וזה גורם- ובעצי הקדש דלעולם אסור- גם זה וזה גורם אסור- יעו"ש

אלא אפשר לומר שבדבר שיש לו מתירין כיוון שאינו בטל, החמירו בו לענין זה וזה גורם, כמו שהחמירו לענין הקדש ואין זה משום דיני ביטול, ולכן אין גם להסיק שבכל הדברים שאינם בטלים אין את ההיתר של זב וזה גורם.

השערי יושר (שער ג פרק כה ד"ה והנה עפ"י) מסביר מדוע בעבודה זרה שאינה בטלה יש את ההיתר של זה וזה גורם, שכך פסק הר"ן שבעצי אשירה תנור חדש יוצן ולא כפי שכתוב במשנה יותץ, משום שהלכה זה וזה גורם מותר גם בעבודה זרה (וכך פסק גם השולחן ערוך), ולכאורה לפי שיטת הר"ן שההיתר הוא משום דיני ביטול והרי עבודה זרה אין לה ביטול ומדוע זה וזה גורם מותר:

והנה עפ"י מה שכתבנו יתבאר מה דקשה לשיטת הר"ן בהא דאיתא בגמרא דזה וזה גורם מותר באיסור עבודה זרה- ובעבודה זרה הלא נקטינן דלא בטיל כלל, עיין בתשובת אבני מלואים סימן ו' שהאריך בזה, ולפי מש"כ דעיקר דין הביטול כאן אינו על ביטול איזה עצם אלא ביטול כח הגורם- וכח זה אינו עבודה זרה- דזה ענין כח איסור ולא איסור ממש, וכמו דלענין ערלה דאינה בטלה

ברוב רק בשיעור מאתים- לענין גורם סגיא לן ענין רוב כמו שבארנו- משום דכשאנו דנים על הכח האוסר- עדיין אין שם ערלה על זה, ובכל דוכתא דמצריכינן מאתים- הוא על הממש של ערלה וכלאי הכרם אם הוסיף מאתים שהוא על הגידולים, וכן י"ל להיפך לענין דבר שיש לו מתירים שהוכיח בספר אבני מלואים בתשובה הנ"ל- דשיטת הרמב"ם בזה וזה גורם הוא על דרך שכתב הר"ן- דפסק בפרק ח' דנדרים - דבנדרים הגידולים אסורים, שהקשה הראב"ד בדבר שזרעו כלה למה אסורים הגידולים - הרי הוי זה וזה גורם- כאגוז של ערלה שנטע דמותר פירותיו, וכתב הכסף משנה- וכן הוא בבית יוסף יורה דעה סימן רט)- משום דנדרים הוי דבר שיש לו מתירים ואפילו באלף לא בטיל, והרי מבואר שדברי הר"ן דזה וזה גורם מדין ביטול נגעו בה- וכל היכא דליכא דין ביטול זה וזה גורם נמי אסור, וכן כתב הב"ח ביורה דעה סימן רט"ז בשם מגדל עוז- דזה וזה גורם לא עדיף משיעור ס' דלא מהני בדבר שיש לו מתירים, וכן כתב הט"ז שם סק"ו- יעו"ש, //////עכן לא דמי לעבודה זרה דבטיל בזה וזה גורם- אף דדבר הנאסר כבר משום עבודה זרה לא בטיל, דבעבודה זרה דלא בטיל הוא משום חומרא דעבודה זרה- י"ל דעל גורם של עבודה זרה ליכא חומר זה- דלא נקרא שם עבודה זרה- אבל דין יש לו מתירים שהוא כלל בכל הדברים המתבטלים- גם בגורם לא בטיל.

לפי הסברו של השערי יושר, יסוד הביטול בזה וזה גורם לדעת הר"ן אינו דומה לשאר ביטולים באיסורים ששם ממשו של האיסור מתבטל בהיתר, אלא הביטול הוא בכח הגורם והוא אינו העבודה זרה ממש, וכמו שבערלה שבטלה במאתיים ובכל זאת בדין זה וזה גורם בטל חד בחד, הוא הדין בעבודה זרה אעפ"י שהחמרנו בה שאינה בטלה, זוהי חומרה רק בממשו של האיסור ואין חומרה זאת חלה על גורם של עבודה זרה, לעומת זאת דבר שיש לו מתירין שהוא דבר כללי בכל הדברים המתבטלים הוא אינו בטל גם בדבר הגורם.

לסיכום, ראינו את דעת התוספות שגם בדבר שיש לו מתירין יש את ההיתר של זה וזה גורם, אפשר להסביר לשיטתו שהיסוד להיתר הוא שכדי שגורם יאסור הוא צריך להיות בלעדי ואין זה משנה שהוא דבר שיש לו מתירין.
לעומת שיטת הר"ן שהיתר זה וזה גורם מבוסס על דיני ביטול, הדעות חלוקות מה הדין באיסורים שאינם מתבטלים:
המג"א סובר שכיוון ששהבסיס להיתר הוא ביטול, אזי כל איסור שאינו בטל אפילו באלף אין בו את ההיתר של זה וזה גורם. ולכן גם בעבודה זרה אין את ההיתר של זה וזה גורם.
השולחן ערוך (יו"ד קמב ס' ד') פסק שגם בעבודה זרה יש היתר של זה זה גורם. השערי יושר ביאר שגם לשיטת הר"ן אפשר לומר שבעבודה זרה זה וזה גורם מותר משום שאינו דומה ממשו של האיסור שאינו בטל לכוח הנגרם ממנו ששם מקילים והוא בטל חד בחד.

אילן שמקצתו בארץ ומקצתו בחוץ לארץ

תלמוד בבלי מסכת גיטין(דף כב עמוד א) דן באילן שגדל ויונק משני גורמים קרקע של ארץ ישראל וקרקע של חוצה לארץ:

תניא; אילן מקצתו בארץ ומקצתו בחוצה לארץ- טבל וחולין מעורבין זה בזה- דברי רבי> רשב#ג אומר; הגדל בחיוב . חייב- והגדל בפטור . פטור>

מדובר באילן הנטוע בגבול בין ארץ ישראל לגבול חוץ לארץ באופן שמקצתו נמצא בארץ ומקצתו בחוץ לארץ, לדעת רבי: הדין הוא שבכל פרי שבו טבל וחולין מעורבים זה בזה כיוון שכל פרי יונק מקרקע א"י ומקרקע חוץ לארץ, נמצא שכל חלק שבו מקצתו חייב בתרומות ומעשרות ומקצתו פטור, ולדעת רשב"ג: הפירות הגדלים בארץ חייבים והפירות הגלדים בחוצה לארץ פטורים ואין עירבוב.
לביאור שיטת רבי שטבל וחולין מעורבין זה בזה ראינו לעיל בספר זה (בפרק שביעי: "שותפות במצוות") בסוגיית שותפות של גוי עם ישראל בשדה, שגם שם דעת רבי היתה שטבל וחולין מעורבין זה בזה, שם ישנה

מחלוקת בין רש״י לתוספות איך להתיחס לשותפות של ישראל וגוי בשדה :

- דעת התוספות שלכל שותף ישנו חלק בנכס והחלוקה אינה אחידה, אין אנו איננו יודעים מה שייך לישראל ומה שייך לגוי, לכן כל האפשריות קיימות, יוצא שהאפשרות להפריש מהתבואה שחולקה אינה אפשרית, ותוספות מציעים פתרון אחר יותר מורכב. (ראה שם).
- דעת רש״י , במצב כזה כל חיטה היא של שני השותפים. כלומר יש כאן תפיסה של חלוקה של הנכס, אבל לא לחצאים עמומים אלא החלוקה היא בכל גרגיר וגרגיר. הקהילות יעקב מבאר שלדעת רש״י יש לחלק בין שותפות של אחים בירושה שזו שותפות בעל כורחם ששם לכל אחד יש חלק שאינו ידוע, לבין שותפות מרצון ששם החלוקה היא אחידה בכל גרגיר וגרגיר.

בשו״ת באר יצחק (חלק יו״ד סימן לא) נשאל אודות אילנות שגדלים על בית הקברות שנשברו מעצמם האם מותר להסיקם בבית המדרש, שהרי עשבי בית הקברות אם ליקט שורפם במקומם והוא הדין באילנות, ודן הוא האם אפשר להתיר מדין זה וזה גורם כאשר האילן גדל מחציתו על הקבר ומחציתו מחוץ לקבר, ומקשה מאילן שמקצתו בארץ ומקצתו בחו״ל מדוע שם אין מתירים משום זה וזה גורם? ומביא כמה הסברים הסבר אחד שלדעתו הוא העיקר:

והעיקר מה שנלע#ד לתרץ זה משום דהא כתב המג#א *סי) תמ#ח) דלכן בחמץ בפסח לא שייך זוז#ג משום דדבר שנאסר במשהו לא שייך בו זוז#ג- וסברתו היא נכונה ע#פ דברי הר#נ הנ#ל- לכן כיון דטבל נאסר במשהו כמבואר בע#ז *דף ע#ג)- לא שייך בו זוז#ג- והוי טבל וחולין מעורבין זה בזה- וכן בהא דגיטין *דף מ#ז) בישראל ועכו#ם שלקחו שדה כו)- ויש להאריך בזה הרבה בשיטת התוס) ורש#י *שם דף מ#ז) הנ#ל

לפי העקרון שראינו לעיל בדעת המג״א, לפי רש״י ודעת הר״ן שהיתר זה וזה גורם מבוסס על דיני ביטול אזי בכל מקום שהאיסור אוסר במשהו זה וזה גורם אסור, הוא הדין במקרה של טבל וחולין כיוון שהטבל אוסר

במשהו אין את ההיתר של זה וזה גורם. ולכן לדעתו באילן שמקצתו על הקבר כיוון שהאיסור הוא ככל האיסורים שאינו אוסר במשהו יש את ההיתר של של זה וזה גורם.

הבאר יצחק מביא שם עוד סיבה מדוע באילן שמקצתו בארץ ומקצתו בחו״ל אין את ההיתר של זה וזה גורם:

*ואפשר לומר לפמש#כ התוס) בחולין *שם(ד#ה מכאן ואילך כו) דמילתא דשרי כל חד באפי נפשי) לא אמרו להתיר מחמת זוז#ג אלא במה דחד אסור וחד שרי אז אמרינן זוז#ג ע#ש- ואפשר דכוונתם ע#פ מש#כ הר#נ בע#ז *והובא לעיל) דהא דזוז#ג מותר משום ביטול נגעו ביה- א#כ לפמש#כ הר#נ בנדרים *דף נ#ב(דהיתר בהיתר לא בטל- לכן אם כל חד באפי נפשיה שרי לא אמרו בזה זוז#ג משום דהא היתר בהיתר לא בטל- כן נ#ל בכונת התוס- ולפ#ז י#ל דה#ח באילן שקצתו בא#י דהא בעת גידולו אין בו איסור כלל *ואף במה שגדל בא#י- דהא אינו חל איסור טבל רק כשיוגמר ויתמרח בכרי ויראה פני הבית)- ודומה להא דפרידות הנ#ל- דכיון דבפ#ע שרי רק דיש עליו שם איסור להרכיבו על חבירו לא אמרו בו זוז#ג- כן יש לתרץ זה.*

הסבר ראשון עפ״י תוספות (בחולין נח. ד״ה מכאן), שמה הגמרא דנה בנוגע לתרנגולת שנעשתה טריפה אמימר סובר שמההטלה השניה לאחר שנעשתה טריפה הביצים כשרות, כיוון שביצירת הביצים ישנם שני גורמים הנקבה שהיא האיסור וע״י זכר שהוא היתר וזה זה גורם מותר ולכן הביצים מותרות. התוספות שם מקשה מביא לכאורה סתירה מפרדות:

הגמרא מסכת כתובות אומרת שהלכה כרבי יהודה בפרדות בנוגע להרבעתן, שפרדה אין מרביעין עליה לא סוס ולא חמור אלא רק מינה כלומר בן סוס וחמור כמוה. הסיבה היא שהתורה אוסרת להרביע זכר ממין אחד על נקבה ממין אחר כגון: סוס וחמור, בהתאם לכך אם נולדה פרדה מסוס וחמור צריך להגדיר מה מינה כדי שנדע במה מותר להרביעה בסוס או בחמור, דעת חכמים מינה של הפרידה נקבע לפי האם ואין חוששין לזרע האב, אולם דעת רבי יהודה שמא חוששין לזרע האב, ולכן אם הפרידה היא בת אתון אסור להרביע עליה חמור, שמא חוששין לזרע האב שהוא סוס,

משום שלדעת רבי יהודה אין מין הפרדה נקבע רק לפי האם אלא חוששין לזרע האב שמא מינו נקבע לפי האב.

לכאורה מדוע בפרדות אין הדין כדין ביצים של תרנגולת טריפה שהתיר אמימר משום זה וזה גורם, הרי גם בפרידות אפשר לומר זה וזה גורם ואין לנו לחשוש לזרע האב שהרי אינו גורם יחידי.

התוספות מבאר כשיש שני גורמים שכל אחד מותר בפני עצמו כמו סוס וחמור, והשאלה היא מה מינה של הפרדה הנוצרת מהם לא שייך דין של זה וזה גורם, אבל כשאחד הגורמים הוא של איסור והאחר היתר כמו תרנגולת טריפה וזכר כשר אומרים זה וזה גורם מותר.

הבאר יצחק מסביר שהוא הדין באילן שמקצתו בארץ ומקצתו בחו״ל שני הגורמים הם של היתר, כיוון שבעת גידולו אין בו שום איסור שגם הפירות הגדלים בא״י אינם אסורים בעץ אלא עד שהתמרח הכרי ויראה פני הבית, כפי שפרדה אינה איסור והיתר אלא שצריך לקבוע את מינה והאיסור יחול רק כשבאין להרביעה, הוא הדין באילן שהאיסור יחול רק שימרח הכרי וכעת רק צריך לקבוע האם הוא גידול של א״י או של חול ולא שייך בזה זה וזה גורם, כפי שכתב התוספות כששני הגורמים הם של היתר.

בשו״ת אבני מילואים (סימן ז) כותב שהסברו של התוספות שלא מועיל היתר זה וזה גורם כששני הגורמים של היתר הוא קשה לשיטת הר״ן המבוסס על דין ביטול:

> ***ולפי דברי הר#ן דזוז#ג מדין ביטול נגעו בו א#כ אף על גב דהאי לחודי) שרי והאי לחודי) שרי כיון דעדיין לא נעשה איסור ע#י אותו תערובות כמו בכלאים ודאי מהני ביטול כה#ג כמו צמר רחלים שנתערב בצמר גמלים דבטל ברובא ומותר אח#כ לערב עם פשתים ומשום דכבר נתבטל צמר הרחלים ברוב צמר גמלי) וכמבואר בטוש#ע יו#ד סי) רצ#ט ע#ש- ואף על גב דהאי לחודי) שרי והאי לחודי) שרי כיון דלא נעשה איסור ע#י התערובות שפיר בטיל בכדי שיוכל אח#כ לערבו עם פשתן וה#נ נימא למ#ד אין חוששין לזרע האב דמותר מתורת ביטול משום זוז#ג בכדי להנהיגו אח#כ עם פרד שאביו סוס ואמו חמורה- וצע#ג כעת***

שהרי מצאנו שהיתר מתבטל בהיתר כמו בצמר רחלים (שהוא היתר) שנתערב בצמר גמלים (שהוא היתר) הוא בטל בצמר הגמלים ומותר לערבו

בפשתים, אזי הוא הדין יהיה לפי שיטת הר״ן כשיש שני גורמים של היתר יתבטל האחד באחר ומדוע בפרדה אין הדין כך? וחוששים לזרע האב ולא מתירים משום זה וזה גורם והוא נשאר בצע״ג.

השערי יושר (שער ג פרק כה) מבאר את שיטת התוספות ומסביר שגם לשיטת הר״ן אין היתר של זה וזה גורם כששני הגורמים של היתר:

ולא הבנתי כונתו בקושיתו- דבצמר גמלים וצמר רחלים איכא רוב מן הגמלים- אבל כאן דהוי שוה בשוה האם נימא דשניהם מבטלים זה את זה, ובכונת דברי התוס- י״ל דאם הדין דחצי גורם אינו פועל לאסור- כמו כן בנולד מסוס וחמור לא יהיה בהנולד שום איסור- דחצי גורם אינו אוסר כלום- ויהיה מותר לחברו עם סוס ועם חמור, ומסקו דאינו כן- דלענין שם המין לא אמרינן דחצי גורם אינו פועל כלום- אלא עושהו למין מעורב מסוס ומחמור, ולשיטת הר״ן לפי מש״כ בביאור דבריו מיושב היטב- דרק כשאחד איסור והשני היתר- חשיב האיסור כמיעוט לגבי ההיתר- משום דגורם הוא בכח ולא נשלם איסורו- ובהיתר ליכא חסרון, אבל בכה״ג הרי שני הגורמים שווים- וחד בחד ליכא ביטול ושניהם קימים- וזה נכון ופשוט.

לשיטת התוספות שיש לנו חצי גורם אינו פועל לאסור, חשב התוספות בתחילה שהוא הדין בנולד מסוס וחמור שגם שם חצי גורם אינו גורם כלום ויהיה אפשר לחברו עם סוס או חמור, אך למסקנתו שלענין המין אין לומר שאינו גורם כלום כיוון ששניהם היתר והוא עושהו למין מעורב.

וגם לשיטת הר״ן אינו קשה כיוון שצמר רחלים בטל בצמר גמלים מפני שיש שם רוב של צמר גמלים אבל בזה וזה גורם הביטול הוא אפילו בשניהם שוים, וכפי הסברו של ר׳ שמעון שקופ בשיטת הר״ן (מובא לעיל) כשיש ממשות האיסור בתערובת יש צורך שיהיה בהיתר רוב בכמות ובגודל, אולם שדנים רק על הכוח שגורם להווצרות הדבר אנו דנים את כח האיסור כמיעוט לעומת כח ההיתר, הסיבה היא שההיתר הוא שלילת האיסור, ז״א כל דבר הוא במצב של היתר עד שיהיה פעולה חיובית שתאסור את הדבר, ולכן כל עוד כוח האיסור אינו חשוב ואינו רוב, אין בכוחו לאסור את המצב של ההיתר כשיש אתו עוד כח של היתר שגרם לדבר, אבל כאשר שני

הגורמים שוים ושניהם של היתר אין לומר שאחד מהם בטל באחר, אלא שניהם קיימים בדבר שנוצר.

כעת נחזור לדין של אילן מקצתו בארץ ומקצתו בחו"ל, השערי יושר (שער ג פרק כה ד"ה עוד) כנראה אינו מקבל את ההשוואה של הבאר יצחק (ראה לעיל) שהדבר דומה לפרדה ששם מדובר על שני גורמים של היתר ולכן אין את ההיתר של זה וזה גורם, וזאת משום שהביא שני הסברים אחרים מדוע טבל וחולין מעורבין זה בזה. הסברו הראשון הוא כפי שהביא הבאר יצחק לעיל בשם המג"א כיוון שטבל הוא דבר שיש לו מתירין ואוסר במשהו, אזי לפי שיטתו של הר"ן שזזו"ג המבוסס על דיני ביטול אין היתר של זה וזה גורם, אך הוא מוסיף שאף לשיטת התוספות שאין זה וזה גורם מבוסס על דיני ביטול, אפשר לומר שגם לשיטתם, שהכלל הוא שהיכן שהחמירו לענין ביטול החמירו גם לענין זה וזה גורם שאסור אף שאינו שייך ממש.
בהמשך דבריו הוא מביא הסבר נוסף מדוע אין דין זה וזה גורם באילן שמקצתו בארץ והוא משום קנין ממון:

עוד נ"ל דאפשר לומר דשאני ענין חיוב מעשר משאר ענינים, דהנה דין טבל בעיקרו הוא משום דרחמנא זכתה חלק בתבואה לשבט- ומחמת זה כל זמן שלא הופרש חלק השבט לעצמו- אסרה תורה את כל התבואה, וגם לכהן אסור, וגם בספק דאין צריך ליתן לכהן - לא נפקע חלק השבט מחמת דין המוציא מחבית עליו הראיה- והוא בכלל מה שאמרו במסכת בבא מציעא בסוגיא דתקפו כהן דקדושה הבאה מאליה שאני . ובשער ה' פ"ו ופ"ח נבאר ענין זה בס"ד, והנה לענין זכות ממון- כששנים גורמים לבוא בעולם דבר עלד- הלא יהיה הדבר קנוי לשניהם- ולא יהיה הפקר, דלא דמי משפט סבת הקנינים לסבות איסור והיתר, והנה מה שקרקע ארץ ישראל גורמת לצמיחת התבואה- זכתה תורה לשבט הלוי והכהנים שיהיה להם חלק משותף- וזה ענין משפטי ולא דין איסור והיתר, ובכה"ג גם אם יהיה ענין זה וזה גורם - לא יגרע דין המשפטי- ואז ממילא יהיה גם דין איסור טבל.

הכלל של זה וזה גורם מותר שייך רק בעניני איסור והיתר ששם אפשר לומר שאין חצי גורם של איסור יגרום לאסור כאשר מצורף אליו גורם של היתר,

אך שמדובר בעניני ממונות אי אפשר לומר שאין אחד שגרם לממון והממון יהיה הפקר, אלא הממון קנוי לשניהם וכל השותף בגרימתו נעשה בעלים לפי חלק , ומכיוון שלתבואה הגודלת בארץ זיכתה התורה ללוים חלק בה אזי הם כשותפים בתבואה, ומשום שהטבל דומה לענין משפטי ממוני אין את ההיתר של זה וזה גורם כפי שיש בשאר איסור והיתר.

לסיכום, ראינו את דעת התוספות כשיש שני גורמים של היתר שכל אחד מותר בפני עצמו כמו סוס וחמור, והשאלה היא מה מינה של הפרדה הנוצרת מהם, לא שייך דין של זה וזה גורם, אבל כשאחד הגורמים הוא של איסור והאחר היתר כמו תרנגולת טריפה וזכר כשר אומרים זה וזה גורם מותר. הבאר יצחק דימה את הדבר גם לאילן שמקצתו בארץ, כמו כן ראינו דעתו של ר שמעון שקוף שמצוות שקשורים לדיני ממונות כמו טבל אין שייך בהם זה וזה גורם כיוון של אחד בעלים לפי חלקו.

זה וזה גורם שזה יכול וזה יכול

במשנה מסכת ערלה (ב, יא, וכן הובאה בסוגיית זה וזה גורם בע"ז ובפסחים) מצאנו מחלוקת רבי אליעזר וחכמים:

שאור של חולין ושל תרומה שנפלו לתוך עסה לא בזה כדי לחמץ ולא בזה כדי לחמץ נצטרפו וחמצו ר) אליעזר אומר אחר האחרון אני בא וחכמים אומרים בין שנפל איסור בתחלה בין בסוף לעולם אינו אוסר עד שיהא בו כדי לחמץ;

חכמים סוברים שזה וזה גורם מותר כל עוד שאין בשאור של האיסור לחמץ את העיסה לבדו, אבל אם יש בשאור האיסור לחמץ את העיסה לבדו אין את ההיתר של זה וזה גורם והעיסה אסורה, אעפ"י שגורם ההיתר גם השתתף בחמוץ העיסה, כיוון שלא היה צורך בסיועו אין זה בגדר ההיתר של זה וזה גורם.

הראשונים נחלקו האם חכמים אסרו את העיסה הוא רק כאשר לא היה בשאור של ההיתר לבדו להחמיץ את העיסה או אפילו באופן שהיה גם בשאור של ההיתר להחמיץ לבדו את העיסה.

תוספות (מסכת פסחים דף כז עמוד א ד"ה עד שיהא) סובר:

עד שיהא בו כדי להחמיץ . פי) באיסור דאי יש באיסור וגם בהיתר כדי להחמיץ נראה לרשב#א דשרי דהא בפ) בתרא דמסכת ע#ז *דף סח/) תניא שאור של חולין ושל תרומה שנפלו לעיסה ובזה כדי להחמיץ ובזה כדי להחמיץ וחימצו אסור ור) שמעון מתיר והשתא הוי ר) שמעון כרבנן דהכא

תוספות סוברים שאין הדברים אמורים שחכמים אסרו, אלא במקרה שלא היה בשאור של היתר כדי להחמיץ, אבל אם היה גם בשאור של היתר כדי להחמיץ חכמים מתירים את העיסה, ומביאים ראיה מדברי רבי שמעון מסכת עבודה (זרה סח.) שם בברייתא ישנה מחלוקת בין רבנן לרבי שמעון:

ת#ש ; שאור של תרומה ושל חולין שנפלו לתוך העיסה- בזה כדי להחמיץ ובזה כדי להחמיץ- וחימצו .אסור- רבי שמעון מתיר-

שם מבואר שאיסור שהשביח בתחילה ולבסוף פגם מודה רבי שמעון שאסור. הגמרא שם מבארת, שאמרו לו חכמים לרבי שמעון אף לשיטתך העיסה אסורה, שהרי עיסה שנותנים לתוכה שאור בכמות מתאימה היא מחמיצה בשעתיים, וכעת שנתנו בה כמות כפולה היא תחמיץ בשעה אחת, הרי ששאור של האיסור גרם לה להחמיץ יותר מהר, וזה מקרה של השביח ובסוף פגם שאף רבי שמעון אוסר, אמר להם רבי שמעון כשהשביח שניהם השביחו אותה וכשפגמו גם שניהם פגמו אותה , ואני אוסר רק שהאיסור השביח בתחילה לבדו ולא שהשביחו שניהם בתחילה, הגמרא חוזרת ומקשה מדוע שלא יצטרפו ההיתר והאיסור לאסור? הגמרא עונה שרבי שמעון הולך לשיטתו שאפילו שני איסורים שונים אינם מצטרפים, כגון ערלה וכלאי הכרם שאין בכל אחד מהם בפני עצמו לאסור אעפ״י שביחד יש להם שיעור לאסור אינם מצטרפים לאסור, והוא הדין שהשאור של האיסור אינו מצטרף להיתר לאסור.

תוספות מסביר שהמחלוקת בעבודה זרה שתנא קמא אוסר בזה וזה גורם, ולכן הם מקשים על רבי שמעון כשהשביח האיסור גרם לו להשביח, ורבי שמעון עונה להם, שהעיסה הושבחה ע״י שניהם האיסור וההיתר, חכמים שואלים אז מה בכך שהצטרפו האיסור וההיתר לאסור משום זה וזה גורם, עונה הגמרא דעת רבי שמעון שזה וזה גורם מותר מכיון שהוא סובר ששני איסורים אינם מצטרפים לאסור, ולכן סובר תוספות שדעת רבי שמעון כדעת חכמים אצלנו (חכמים החולקים על רבי אליעזר) להתיר בזה וזה

גורם, וזאת אף כשיש בשניהם כדי להחמיץ וחכמים (דרבי אליעזר) אצלנו שאסרו הוא רק שיש באיסור לבדו להחמיץ ואין בהיתר לבדו להחמיץ. (ליתר פירוט לקשר בין ביטול איסורים לזה וזה גורם ראה שנות אליהו ערלה פרק ב משנה ח-ט וחזון איש יו"ד י' כט סק"ב)

אולם תוספות במסכת עבודה זרה (דף סח עמוד ב ד"ה לרבי שמעון) חולק על התוספות בפסחים:

*לרבי שמעון ליצטרפו היתר לאיסור. וא"ת אמאי לא תלי פלוגתייהו בזה וזה גורם כההיא דסוף פרק כל הצלמים *לעיל דף מט) וי"ל דהיינו דוקא שאין בזה כדי להחמיץ ולא בזה כי מצטרפי ה"ל זה וזה גורם אבל כשיש בכל אחד כדי להחמיץ אין שייך זה וזה גורם ואפי) מאן דשרי התם אסר הכא יעו) תוס) פסחים כז/ ד"ה עד)*

תוספות שואל למה לא העמידה הגמרא את מחלוקת בין ר"מ ורבי שמעון בזה וזה גורם כפי שנחלקו רבי אליעזר ורבנן, אלא הביאה שטעמו של רבי שמעון הוא כשם שאין שני איסורים מצטרפים כך שאור של תרומה אינו מצטרף עם חולין, ומסביר שההיתר בדין זה וזה גורם לא נאמר אלא במקרה שאין בכח האיסור להחמיץ בלא עזרתו של ההיתר, אך כאשר יש באיסור לבדו להחמיץ אף אם יש גם בהיתר לבדו להחמיץ, אין את ההיתר של זה וזה גורם.

המהרש"א (חידושי הלכות מסכת פסחים דף כז עמוד א) דקדק מלשון חכמים שיש היתר של זה וזה גורם גם בזה יכול וזה יכול:

וע"כ דקדק לפרש בו דקאמר הכא בלשון יחיד ולא קאמר עד שיהא בכל אחד מהם כדי להחמיץ ומכ"ש ביש באיסור לחוד אבל אמר בו בלשון יחיד דדוקא ביש באיסור לחוד כדי להחמיץ אבל אי יש בכ"א מהם כדי להחמיץ נראה לרשב"א דשרי ליה תנא דהכא ומה"ט דהוי זה וזה גורם ושרי וא"כ השתא דר"ש דמתיר התם בהכי היינו כרבנן דהכא זהו סברת רשב"א הכא אבל התוס) שם פרק כל הבשר לא דקדקו בו בלשון וכתבו שם דאסור אפילו ביש בהיתר נמי כדי לחמץ כת"ק דר"ש.

שהרי חכמים דברו בלשון יחיד שאין העיסה אסורה עד שיהא בו באיסור כדי להחמיץ, ז״א רק באיסור ולא בהיתר שאם היו רוצים לאסור כשיש בשניהם כדי להחמיץ היו כותבים בלשון רבים עד שיהא בהם כדי להחמיץ והיינו יודעים מכל שכן שיש באיסור לבדו להחמיץ ודאי שאסור. ומוסיף בסוף דבריו שאין זה תימא שהתוספות סותרים את עצמם שכן דרך התוספות לכתוב במקום אחד כך במקום אחר כך.

דעת רבי עקיבא איגר (מסכת עבודה זרה דף סח עמוד ב) שחייבים לומר שהמחלוקת רבי שמעון וחכמים הוא בדין זה וזה גורם, וכן כתב שלמרות שלכאורה מדובר מחלוקת רבי שמעון וחכמים בזה יכול וזה יכול משום שהשאור של האיסור יכול היה להחמיצו לבדו, אך בפועל הוא בגדר שזה אינו יכול וזה אינו יכול, כיוון שהעיסה נפגמה לאחר שעה ואין בכח השאור של איסור להחמיצו בשעה אחת אלא בשעתיים, ורק בעזרת שאור ההיתר החמיצו בשעה ורגע לפני שנפגם האיסור היה בגדר שאינו יכול :

תוספות ד#ה ולר#ש לצרפו וכו) אבל כשיש בכל א) כדי להחמיץ ק#ל הא כשהגיע לשיעור זה הו#ל נטל#פ- ומקודם לזה אין בזה לבדו להחמיץ והו#ל זוז#ג וזה מצאתי בעזה#י בת#ח- וגם לא הבנתי שורש קושייתם דלכאורה באמת הכי הוא דפליגי בזה דבלא#ה מ#ט דחכמים דנקטו זה למשביח תחלה וכי היתר מצטרף לאיסור ואם נפל ח#ז חלב וח#ז שומן לנ#ט זתי) מקרי נ#ט הא בורכא דמה דמרגישי) טעם הוא טעם היתר וע#כ הכא שאני דמ#מ נגמר העיסה באיסור שנתחמץ מכח האיסור דזוז#ג אסור ור#ש בודאי ס) דשרי דאל#כ אמאי לא מצטרפי וצע#ג

רעק״א מבאר שאם נאמר שאין המחלוקת בזה וזה גורם, קושייתם של חכמים על רבי שמעון שיצטרף ההיתר לאיסור אינה מובנת, שהרי כאשר נופל חצי זית איסור וחצי זית היתר לתוך 59 היתר, וכי שייך שההיתר יצטרף לאיסור כדי לאסור?! הוא הדין כאן וכי מדוע יצטרף שאור האיסור להיתר?! אלא מוכרחים לומר שחכמים סוברים זה וזה גורם אסור, ולרבי שמעון זה וזה גורם מותר.

יש להעיר שאפשר לומר שלפי הסברו של רעק״א שבעיסה מדובר בפועל שזה אינו יכול וזה אינו יכול, כיוון שהגיע לידי חימוץ בשעה אחת רגע לפני

שנפגמה, רק בסיועו של שאור ההיתר , אבל במצב של זה יכול וזה יכול שאינו יגיע לידי פגם וישאר בשבחו, כמו במעמיד גבינה לא יהיה את ההיתר של זה וזה גורם לפי רבי שמעון כיוון שבמקרה זה גורם האיסור יכל להעמידו לבד שאינו מוגבל בזמן, ולכן אם דרכו להעמידו ביום אחד אזי אחרי יום אחד הגבינה תעמוד גם ללא סיוע ההיתר כיוון שכל הזמן נשאר בשבחו ואסור.

החת״ם סופר (פסחים כז: ד״ה ביאור סוגייא) כתב שאין סתירה בין התוספות בפסחים לתוספות בעבודה זרה, שבעבודה זרה כתבו תוספות את דבריהם לקושיית חכמים על רבי שמעון שיצטרף האיסור להיתר כוונתם שבזה יכול וזה יכול - זה וזה גורם אסור, וענתה הגמרא שלרבי שמעון גם בזה יכול וזה יכול הדבר מותר, וזה מה שכתבו התוספות בפסחים הא למסקנת הגמרא שדעת רבי שמעון זה וזה גורם מותר גם בזה יכול זה יכול. אך עדיין קשה כיוון שתוספות בפסחים כתבו שמי מתיר בזה וזה גורם מתיר גם בזה יכול וזה יכול ולפי פירוש החתם סופר זו רק דעת רבי שמעון ואפשר שחכמים דרבי שמעון סוברים שזה וזה גורם מותר רק במקרה שהאיסור אינו יכול לבדו.

הגמרא במסכת תמורה (לא.) שואלת מה טעמו של רבי חנינה בן אנטיגונוס שפסל בהמה כשרה שינקה מהטריפה להקרבה על גבי המזבח, ובמה היא שונה מבהמה שהאכילו אותה כרשיני עבודה זרה שאמרנו שהיא מותרת משום זה זה גורם, מבארת הגמרא שרבי חנינה אסר את הכשרה שינקה מהטריפה במקרה שהניקה חלב רותח משחרית לשחרית, והואיל והכשרה יכולה להתקיים מאותו חלב בלא מזון אחר, אפילו שאכלה גם דברים אחרים מחשיבים אותה כאילו גדלה מהטריפה לבד. תוספות מסכת תמורה דף לא עמוד א כותב:

> ***שינקה חלב רותח . וה#ה בכרשיני עבודת כוכבים אם אכלה כל ימיה שעיקר גדילתה מהן שהוא אסור ולפם ריהטא אפילו להדיוט***

שהוא הדין בבהמה שאכלה כל ימיה כרשיני עבודת כוכבים שאסורה למזבח ומוסיף התוספות ונראה שאסור אפילו לאכילה להדיוט.

הש״ך (יורה דעה סימן ס ס״ק ה) מסביר למה התוספות כתבו בלשון ונראה ולא כתבו בפשיטות שאסור :

והא דכתבו ולפום ריהטא כו) ולא כתבו בפשיטות דאסור כדמוכח בש#ס בעבודת כוכבים *דף מ#ט) דאי הוי חד גורם הוי אסור משום די#ל דוקא אכלה כל ימיה כרשיני עבודת כוכבים אבל משחרית לשחרית ואוכלה שאר דברים בנתיים לא

ומבאר שבאופן שהאסור לבדו יכל לקיים את הבהמה ויש עמו גם גורם של היתר, התוספות הסתפקו אם הדבר אסור ולכן כתבו בלשון נראה, מלשון הש״ך משמע שהספק של התוספות הוא אף במקרה שהיתר לבדו אינו יכול לקיים את הבהמה, ולעיל ראינו שהאיסור יכול וההיתר אינו יכול לכ״ע הדבר אסור, ולכן יותר נכון לומר שהספק של התוספות הוא גם כשההיתר לבדו יכול לקיים.

להלכה כתב הרמ״א (שו״ע יורה דעה הלכות בשר בחלב סימן פז סעיף יא) :

הגה; משום דדבר האסור בעצמו- ומעמיד- אפילו באלף לא בטיל *כ#כ ב#י לדעת הרשב#א והר#ן/ לאו ודווקא שלא היה שם מעמיד אחר- רק האסור- לו לא= אבל אם היה שם ג#כ מעמיד היתר- ;יג= יכאו הוי כהן זה וזה גורם- ומותר אם איכא ס) נגד האסור *ממשמעות המרדכי/

הרמ״א לא חילק בין אם האיסור יכול להעמיד לבד לבין אם האיסור אינו יכול להעמיד לבדו, וכותב הט״ז שהרמ״א הסתמך על דברי המרדכי שכתב שאם אין באיסור כדי להחמיץ לכ״ע מותר, ז״א לכאורה כשיש באיסור כדי להחמיץ מחלוקת והלכה שזה וזה גורם מותר, כותב הט״ז (יו״ד פז סק״ג) שאינו כן :

ותימה לי דמוכח מדברי אביי בפרק כל הצלמים *דף מ#ט) דלא מקרי זה וזה גורם אלא אם אין באחד מהן לבד כדי לחמץ ובזה פליגי ר#א ורבנן וקי#ל דמותר אבל אם יש באיסור לבד לחמץ לא מהני מה שמסייע לו ההיתר ואין זה בכלל זו#ג וכך כתבו התוספות להדיא בפ) בתרא דעבודת כוכבים *דף ס#ח ע#ב) ד#ה ולר) שמעון וא#כ לא יועיל כאן חלב הקדש אם לא שהוא באופן שברור לנו שלא היה בצלול לבד להעמיד וכאן משמע שלא

הקפידו רק שיש סיוע מן הקדוש ולא הקפידו אם יש בצלול לבד להעמיד או לא וצ#ל דמיירי במצמצם בבירור בענין זה דודאי לא היה באיסור לחוד כדי להעמיד אבל בלא#ה אין לנו לסמוך על היתר זה ודברי המרדכי צ#ע במ#ש דאם אין באיסור לחוד לחמץ מותר לכ#ע והלא בזה פליגי ר#א ורבנן וזה עיקר זה וזה גורם וצ#ל דלא אמר כ#ע רק על רבנן ור#ש לחוד ולא על ר#א ורבנן ;

אלא אין להתיר רק במקרה שאין בכח האיסור להעמיד לבדו כדברי התוספות בעבודה זרה, ומה שכתב המרדכי שכשאין באיסור לבדו להעמיד לכ״ע מותר הוא לענין מחלוקת רבי שמעון וחכמים, אבל לגבי מחלוקת רבי אליעזר וחכמים שם המחלוקת באין האיסור יכול לבדו ושם פסקנו כדברי המתיר , אבל כשהאיסור יכול לבדו ודאי שפסקנו שאסור.

וכן פסק הש״ך (יורה דעה סימן פז ס״ק לו) וכן פסק המג״א (סימן שיח ס״ק לא) לגבי קדירה שהוסיפו לה מלח בשבת והתיר השו״ע וכתב שצ״ל שהמלח שנתן עכשיו לא היה בו כדיי ליתן טעם בקדירה ללא המלח ששמו אתמול שאם היה בו ליתן טעם אסור. וכן פסק הפרי חדש (יורה דעה סימן פז ס״ק לא) כדברי התוספות בעבודה זרה, ומוסיף ולאו דוקא שנפלו ביחד אלא אפילו שנפל האיסור לעיסה שכבר מחומצת אם יש באיסור כדי להחמיץ לבדו העיסה אסורה כדברי תנא קמא (משנה מסכת ערלה פרק ב משנה ט):

שאור של חולין שנפל לתוך עסה וחמצה ואחר כך נפל שאור של תרומה או שאור של כלאי הכרם ויש בו כדי לחמץ אסור רבי שמעון מתיר ;

וכך פסק גם הרמב״ם (הלכות מאכלות אסורות פרק טז הלכה טז) כתנא קמא, וא״כ בהתאם לכך כל שיש באיסור כדי להעמיד לבדו בכל מקרה אסור גם כשיש בכח ההיתר להעמיד לבדו.

לסיכום, ראינו שבזה וזה גורם כשהאיסור לבדו יכול לגרום וההיתר לבדו יכול לגרום :

- דעת התוספות בפסחים שגם באופן זה מותר.
- דעת התוספות בעבודה זרה שמספיק שבאיסור לבדו לגרום הדבר אסור, ולא משנה שגם ההיתר יכול לגרום לבדו וכך גם פסק הרמב״ם.

- דעת הש"ך שהתוספות בפסחים הסתפקו בזה.

החת"ם סופר ביאר שאין מחלוקת בין התוספות ושניהם סוברים שלמסקנת הגמרא שבזה יכול זה יכול דעת רבי שמעון להתיר (ראה לעיל) רעק"א ביאר שלמעשה בסוגיה של שאור העיסה נפגמה לבסוף, ולפני שהיא נפגמה השאור של האיסור לבדו לא יכל להחמיצה ובזה התיר רבי שמעון, ואולי אפשר לומר שבזה יכול וזה יכול שאין העיסה נפגמת גם רבי שמעון יאסור ואולי לזה התכוון הפלתי (סימן פז ס"ק כא):

ולי נראה דלא מטעם זה וזה גורם דעת רשב"א להתירו- רק מטעם דחוי ליה נתן טעם לפגם כיון דיש בהיתר כדי להחמיץ- וכן אמרו שם בע"ז *ס"ח ע"א\ לרבי שמעון דלכך מתיר/ ואתי שפיר- ואין כאן מחלוקת- ודוק;

שכל מה שאמר התוספות בפסחים שבזה יכול ובזה יכול מותר הוא רק במקרה שהעיסה נפגמה לבסוף, כיוון שלפני שנפגמה השאור היה צריך את הסיוע של ההיתר כדי להחמיצה בשעה ולא בשעתיים וההשבחה היתה בסיוע ההיתר וכשנפגמה גם בסיוע ההיתר.

אך דעת הרמב"ם ודאי שאינה כך משום שהוא אסר אפילו שהעיסה החמיצה לפני שהאיסור נפל ולא כרבי שמעון.

זה וזה גורם שההיתר יכול לבדו והאיסור אינו יכול לבדו

כנזכר לעיל ראינו שדעת המתירים בזה וזה גורם הוא באופן שזה אינו יכול וזה אינו יכול, כל שכן שיתירו במקרה שהיתר יכול לבדו לגרום, אך יש לברר האם האוסרים יתירו באופן זה שההיתר יכול לבדו ואין האיסור יכול לבדו ז"א לכ"ע הדבר מותר, לכאורה אפשר לומר כשם שבאופן שהאיסור לבדו יכול וההיתר אינו יכול לכ"ע זה וזה גורם אסור משום שאין ההיתר נחשב לגורם, כך הוא אותו עקרון באופן ההפוך, ששההיתר לבדו יכול והאיסור אינו יכול אין האיסור נחשב לגורם ולכ"ע מותר, וכפי שמצאנו לענין מלאכה בשבת שבזה יכול וזה אינו יכול האינו יכול הוא כמסייע שאין בו ממש ופטור (ראה בספר זה פרק שנים עשר שנים שעשו), הוא הדין בנדון שלנו שהאיסור הוא כמסייע שאין בו ממש, כיוון שההיתר יכל לגרום לבדו והאיסור אינו יכול לגרום לבדו.

הט״ז (יורה דעה סימן קמב ס״ק ד) כותב כדעת הרמ״ה שאין את ההיתר של זה וזה גורם באיסור עבודה זרה, וכן הבין הט״ז בדעת הרמב״ם, אולם השו״ע פסק שהיתר של זה וזה גורם הוא גם בעבודה זרה וכך פירש את הרמב״ם, והקשה הב״י יוסף על דעת הרמ״ה הרי הגמרא אמרה בפירוש שלדעת המתיר בזה וזה גורם הוא גם באיסורי עבודה זרה, שהרי התירו בשדה שנזדבלה בזבל עבודת כוכבים וכן פרה שנתפטמה בכרשיני עבודת כוכבים, וכך כותב הט״ז לתרץ את קושיית הב״י:

*ומה שהקשה ב#י מגינתא דאזדבל כו) לק#מ דחילוק רב ביניהם דכל מה שיש הכרח אל האיסור וא#א זולתו אז אף על פי שיש ג#כ גורם דהיתר אסור בעבודת כוכבים מ#ה בתנור חדש שנגמר בעצי איסור ובפת שנאפה בעצי איסור בתנור ישן שא#א לפת להיות נאפה בלא עצים וכן בגד א#א להיעשות בלא כרכור על כן אסורים משא#כ בגינתא דאזדבל בזבל דעבודת כוכבים דהזבל משביח הקרקע וכן ההיא דאין זורעין תחתיה מפני שעושה צל שנזכר בסעיף י#א אלו דברים עושים שבח לחוד אבל מ#מ אפשר להיות זולתם אלא שלא היה טוב כ#כ ע#כ מותר בזה וזה גורם ובהדיא מחלק הרא#ש פ#ק דחולין בין ההוא דתנור ופת וכרכור לההיא דזורעין תחתיה והיינו כמו שכתבתי //// הכי נמי אם המסייע הוא הכרח גדול אסור בזה וזה גורם וזה בעצמו כוונת הרא#ש פ#ק דחולין שזכרנו דהטעם לאיסור בפת ובגד לפי שהם נגמרים באיסור ר#ל שא#א להיות בנמצא זולתם ואף על פי שלענין ערלה מסקינן בפ) כ#ש לעיל דאף הפת מותר מצד זה וזה גורם לזה כתב הרמ#ה דגבי אליל שאני ויש ראיה ברורה לזה מדאיתא בפרק כ#ש *דף כ#ז) אימר דשמעת ליה לר#א דהפת אסור בעבודת כוכבים דחמיר אסוריה כו) ואף על גב דאמר שם אח#ז שר#א אמר כן בכל האיסורים מ#מ הפוסקים ס#ל להלכה כחילוק זה גם בפרק כ#ה *דף מ#ט) נזכר סברא זו כמה פעמים לחלק בין עבודת כוכבים לשאר איסורים ותפסו הפוסקים עיקר כן לענין אם הזה וזה גורם הוא בענין שנגמר באיסור ע#כ ס#ל להרמ#ה והרא#ש דגבי עבודת כוכבים אין להתיר זה וזה גורם כל שעיקר גמרו על ידו של איסור ג#כ אבל באין עיקר גמרו על ידו*

כ#א מסייע ומשביח מותר ובערלה ושאר איסורים כל זה וזה גורם מותר ואין שם חילוק

הט"ז מבאר שבעבודה זרה אין את ההיתר של זה וזה גורם כיוון שהיא חמורה יותר, וכל זה הוא כאשר האיסור הוא הכרחי ובלעדיו לא היה מתקיים החפץ, כמו בתנור חדש שנגמר בעצי איסור ובפת שנאפתה בעצי איסור בתנור ישן, שאין הפת יכולה להאפות בלא העצים, או בגד שאי אפשר לעשות בלא הכרכור ולכן הם אסורים, מאידך גיסא מה שהברייתא התירה בשדה שנזדבלה הוא משום שהזבל אינו גורם הכרחי בגידולים ובלעדיו הגידולים היו מתקיימים, אלא הוא רק השביח אותם, וכן ההיתר לזרוע תחת צל של עבודה זרה רבי יוסי התיר משום שהצל גורם לשבח בלבד ואינו הכרחי משום שבלעדיו הגידולים מתקיימים, אי לכך למרות שדעת הרא"ש והרמ"ה לגבי עבודת כוכבים אין להתיר זה וזה גורם, אבל במקרה שהחפץ יכול להתקיים ללא גורם האיסור אלא גורם האיסור רק מסייע ומשביח מותר הדבר.

נמצאנו למדים שלפי הט"ז גם מי שאוסר בזה וזה גורם לענין עבודה זרה, בכל זאת מתיר כאשר גורם האיסור רק מסייע ומשביח , אותו עיקרון שאמרנו לגבי עבודה זרה, עיקרון זה אפשר להשליך גם לדעת האוסרים זה וזה גורם בשאר איסורים, שכל מה שאסרו הוא במקרה שהאיסור אינו יכול לבדו אבל גם אי אפשר בלעדיו כיוון שההיתר אינו יכול לבדו, אבל כאשר האיסור אינו יכול לבדו ואפשר להסתדר בלעדיו כיוון שההיתר יכול לבדו לכ"ע זה וזה גורם מותר.

אולם מצד שני ראינו שתנא קמא דרבי יוסי אסר בזה וזה גורם בצל של אשירה וקרקע היתר, אף על פי שהצל אינו הכרחי והגידולים היו גדלים בלעדי הצל, ולמרות זאת תנא קמא אסר בעבודה זרה, מכאן שמי שאוסר בזה וזה גורם אוסר אפילו שהאיסור רק מסייע ומשביח. אבל בכל זאת אפשר לחלק ולומר שאולי החמירו בעבודה זרה בלבד שהיא חמורה גם שהאיסור רק מסייע, ובשאר איסורים לא החמירו והתירו כשהאיסור רק מסייע. ועוד אפשר לחלק שבצל של אשירה וקרקע היתר, הצל בכל זאת השביח משהו ובלעדיו לא היה השבח נוסף , לכן שם תנא קמא אסר, אבל למשל במעמיד גבינה באיסור והיתר, אם המעמיד של האיסור לא יכול לבדו להעמיד ובהיתר היה יכול לבדו להעמיד, בזה ודאי שיתירו גם

האוסרים, כיוון שהאיסור לא גרם לכלום אפילו לא השביח, שהרי ברגע שהגבינה הועמדה במעמיד של היתר אין שום תוספת שבח ע"י גורם האיסור שכיוון שעמדה עמדה, ומה אפשר להוסיף בזה ע"י עוד מעמיד.
לסיכום ראינו כשהאיסור אינו יכול לבדו וההיתר יכול לבדו הדבר יותר קל, ומשמע מהט"ז שגם מי שאוסר בזה וזה גורם אינו אוסר באופן הזה, שהרי לדעת הט"ז מקילים בעבודה זרה כשהאיסור אינו הכרחי אפילו שהאיסור מוסיף שבח וכ"ש אם אינו מוסיף שבח, אך ראינו שתנא קמא בכל זאת אוסר בצל אשרה וקרקע היתר אפילו שהצל מוסיף רק שבח אולי משום שהחמירו בעבודה זרה, או שהחמירו רק במוסיף שבח שאי אפשר היה בתוספת השבח בלא הצל, אבל במקרה שהאיסור אינו מוסיף דבר גם לדעתם מותר. ולהלכה שאנו מתירים בזה אינו יכול וזה אינו יכול כל שכן שמותר כשהאיסור אינו יכול לבדו וההיתר יכול לבדו.

סיכום

בפרק עסקנו בעירבוב של שני כוחות שגרמו להוצרותו של חפץ מסויים, מדובר בשני גורמים גורם אחד של איסור וגורם שני של היתר - "זה וזה גורם".
הטעם לאוסרים ולמתירים ב"זה וזה גורם" ביאר ר' שמעון שקופ, שדעת המתירים הוא שכל גורם נחשב לחצי גורם וחצי גורם אינו יכול לפעול כלום על הדבר שנוצר ולכן החפץ מותר (ראה להלן מחלוקת ראשונים בהסבר ההיתר), לעומתם האוסרים סוברים שכל גורם הוא כפועל פעולה שלמה על החפץ שלולי אותו גורם איסור לא היה נוצר החפץ, ולכן החפץ הנוצר ממנו אסור, בדומה לשניים שעשו מלאכה בשבת ששם גם היה הדיון האם כל אחד נחשב שעשה פעולה שלמה או חצי פעולה.
בסיבת ההיתר של זה וזה גורם ראינו שהראשונים נחלקו בדבר:

- לדעת רש"י והר"ן ההיתר מבוסס על דיני ביטול וכיוון שאין כאן את ממשו של האיסור, אלא רק כח הגורם ניתן יותר להקל בדיני ביטול והאיסור בטל אפילו שאין לנו רוב היתר. כמו כן ראינו שיש אחרונים הסוברים שהביטול הוא בדבר הנגרם מהם, לעומת דעת ר' שמעון שקופ שהביטול הוא כח הגורם בכח ההיתר ולא בתוצאה הנרגמת מהם.

- לדעת תוספות ורבנו דוד משמע ש"זה וזה גורם" אינו קשור לדיני ביטול, כיוון שלא מדובר בממשו של האיסור אלא רק בכח הגורם להווצרות החפץ, לכן לדעת המתירים החפץ יאסר רק אם גורם האיסור הוא בלעדי ולא כשיש לו סיוע גם מגורם אחר של היתר.

למחלוקת הראשונים ישנה נפקא מינא לאיסורים שאינם בטלים, ראינו את דעת התוספות שגם בדבר שיש לו מתירין יש את ההיתר של זה וזה גורם, אפשר להסביר לשיטתו שהיסוד להיתר הוא שכדי שגורם יאסור הוא צריך להיות בלעדי ואין זה משנה שהוא דבר שיש לו מתירין.

בעוד שלשיטת הר"ן שהיתר זה וזה גורם מבוסס על דיני ביטול, הדעות חלוקות מה הדין באיסורים שאינם בטלים באלף:

- המג"א סובר מכיוון שהבסיס להיתר הוא ביטול, אזי כל איסור שאינו בטל אפילו באלף אין בו את ההיתר של זה וזה גורם, ולכן גם בעבודה זרה אין את ההיתר של זה וזה גורם.
- השולחן ערוך פסק שגם באיסורי עבודה זרה יש היתר של זה זה גורם. השערי יושר ביאר שגם לשיטת הר"ן אפשר לומר שבעבודה זרה יש את ההיתר של זה וזה גורם, משום שאינו דומה ממשו של האיסור שאינו בטל, לעומת הכח הנגרם ממנו ששם מקילים והוא בטל חד בחד.

כמו כן הראשונים נחלקו האם ישנו ההיתר של זה וזה גורם במקרה ששני הגורמים פועלים בצורה שונה והם משלמים זה את זה, את מחלוקת זו גם ניתן לקשר למחלוקת לעיל בטעם ההיתר של זה זה גורם:

- אפשר לומר שהמתירים סוברים לפי העקרון של רש"י והר"ן שהיתר זה וזה גורם מבוסס על ביטול אי לכך החפץ הנוצר מהם הוא כתערובת המופעל משני כוחות שהאיסור בו בטל, ואין זה משנה איזה תרומה נתן כל אחד מהגורמים ליצירת החפץ, או לפי הסברו של **רבי שמעון שקופ** (ראה לעיל) שהביטול הוא בכוחות הגורמים ולא בתוצר, אזי כח האיסור בטל בכח ההיתר ואין זה משנה שבאו משני גורמים, שאין דיני ביטול של שני גורמים כדין ביטול של ממשו של איסור שבזה מקילים יותר שאפילו חד בחד בטל.

- אולם לדעת התוספות שאינו מבוסס על דיני ביטול אלא כל עוד גורם האיסור אינו בלעדי אין הוא אוסר, וזאת הואיל ושני הגורמים הם דומים ופועלים אותה פעולה לכן כל אחד אינו בלעדי, לעומת זאת כשאינם דומים ופועלים פעולה שונה, כל אחד הוא בלעדי בתחום פעולתו ואי אפשר לומר זה וזה ביחד גורם ומותר, אלא זה גורם בנפרד ובלעדי בתחום פעולתו וזה גורם בנפרד ובלעדי בתחום פעולתו השונה.

מעבר לכך ראינו חילוק נוסף בהיתר של זה וזה גורם בארבע אופנים:

- **כשאין באיסור לבדו לגרום ואין בהיתר לבדו לגרום** (זה אינו יכול וזה אינו יכול) – מחלוקת בין התנאים רבי אליעזר אוסר ורבי יוסי מתיר והלכה כרבי יוסי
- **כשבאיסור לבדו לגרום ובהיתר לבדו לגרום** (זה יכול וזה יכול) – מחלוקת בין תוספות בפסחים הסובר שהמתיר בזה וזה גורם מתיר גם בזה יכול וזה יכול, לעומתו התוספות בעבודה זרה דעתו שבאפן זה לכ"ע אין את ההיתר של זה וזה גורם.
- **כשבאיסור לבדו לגרום ואין בהיתר לבדו לגרום** (האיסור יכול והיתר אינו יכול) – על זה אמרו חכמים בין שנפל איסור בתחלה בין בסוף לעולם אינו אוסר עד שיהא בו כדי לחמץ, ובזה גם התוספות בפסחים מסכמים שאין את ההיתר של זה וזה גורם.
- **כשאין באיסור לבדו לגרום ויש בהיתר לבדו לגרום** (האיסור אינו יכול והיתר יכול) – משמע מהט"ז שגם מי שאוסר בזה וזה גורם אינו אוסר באופן הזה. ולהלכה נפסק להתיר בזה אינו יכול וזה אינו יכול כל שכן שמותר כשהאיסור אינו יכול לבדו וההיתר יכול לבדו.

סיכום

מבוא

בספר זה עסקנו במושג השותפות בנכס שהוא סוג מסויים של עירבוב, כמו כן עסקנו בסוגים נוספים של שותפות וערבוב שאינם קשורים לבעלות בנכסים, כגון שותפות בהיזק לעניין חיוב בנזקים, שניים שעשו מלאכה בשבת לעניין איסור מלאכה בשבת, זה וזה גורם שני גורמים שפעלו ביחד להווצרות מוצר לענין איסורים, וכן בין השמשות זמן המעורב מיום ולילה, בפרק זה נסכם את עיקרי הדברים שפגשנו בספר לגבי אופן וגדר השותפות בין השותפים או שני הגורמים המשותפים.

המודלים של השותפויות

בחלק הראשון של הספר הצגנו מודלים שונים של שותפיות:

ראינו שאפשר להתייחס לחלוקת הנכס בשני מישורים חלוקה בנכס עצמו או שהחלוקה עוסקת בבעלות עליו:

א. חלוקה בנכס עצמו:

a. חלוקה שבה לכל שותף יש חלק בכל גרגיר וגרגיר.

i. אפשרות אחת שהחלק בכל גרגיר אינו מוגדר אפיסטמית או אינו מוגדר אונטית.

ii. אפשרות שניה שכל חלק בכל גרגיר מוגדר אך עדין בגלל מבנה השותפות אין כל אחד מהשותפים יכול להשתמש בחלק שלו לחוד.

b. חלוקה שבה לכל אחד משותפים יש חצי מהנכס, סופרפוזיציה של כל החצאים האפשריים שכל חלק אינו מווגדר אפיסטמי או אינו מוגדר אונטית.

ב. חלוקה בבעלות לכל אחד מהשותפים יש חצי בעלות מדובר שהבעלות חצויה ולא הנכס. ז"א לחפץ ישנה בעלות אחת שיכולה להיות מורכבת בשני אופנים:

a. הבעלות היא צירוף של שני אנשים המרכיבים אותה (הרכבה שכונית)

b. הבעלות היא היא ישות חדשה (בריה חדשה הרכבה מזגית) שיש לה שני שותפים.

ראינו דעות בפוסקים שלגבי שותפות רגילה בין שני אנשים החלוקה היא בנכס עצמו, אעפ"י שלא תמיד דנו הפוסקים איך הנכס בדיוק מחולק, כיוון שלא היתה נפקא מינא, אולם בתפוסת הבית ובציבור נחלקו הראשונים האם שם יש חלוקה בנכס או ששם מדובר בחלוקה של הבעלות על הנכס. הצפנת פענח מוסיף עוד ואומר שהקשר בין בעל ואישה הוא הרכבה מזגית בדומה לתפוסת הבית, לכן כשהם מביאים מנחה בשותפות אין היא כמנחת השותפים שאינה קריבה, משום שהבעלות הוא משותפת לשניהם על כל המנחה, לעומת שותפות רגילה שהחלוקה היא בנכס עצמו ולא בבעלות, אך לעומתו תוספות רואה בבעל ואשה כשותפות רגילה ולכן קשה לו מדוע אינה כשאר מנחת שותפים שאינה קריבה.

כמו כן עסקנו בשותפים בחצר קטנה שאינה ניתנת לחלוקה ראינו מספר דעות בראשונים איך להתייחס לשותפות זו:

- דעת ר"ת שאין ברירה והשותפות היא סטטית, ויש חלוקה של הנכס בין השותפים . לשיטתו מה שבחצר גדולה יש היתר להכנס למודר הנאה הוא רק מדין ויתור. הנחתו היא שההיתר של כניסה לחצר אינו מעיד שהנכנס נכנס לחלקו שלו. אלא מותר לו לו להיכנס לחלקו של חבירו הנאסר עליו מדין ויתור.
- דעת ר"י שבדאורייתא יש ברירה ומדובר בחלוקה דינמית של הנכס שלפיה שכל פעם שאחד השותפים משתמש בחלקו, זה נעשה למפרע החלק שלו בשותפות לרגע זה ולשיטתו אין הבדל בין חצר גדולה לקטנה.
- לדעת הרמב"ם זוהי דוגמא למצב של שותפות רגילה שיש הרואים אותה כחלוקה בבעלות ולא בנכס, אומנם לפי דעת הרמב"ם בחצר גדולה החלוקה בשותפות היא בנכס והיא סטטית , אך בחצר קטנה זו חלוקה של הבעלות ולא של הנכס כלומר הבעלות היא אחת כמו בתפוסת הבית.
- לדעת הרמב"ם המובא בר"ן (כפי שהבינו הר"ן) כל שותף הוא בעלים על כל הנכס והחצר אינה מחולקת בשום צורה גאוגרפית. החלוקה היא בנכס עצמו אבל כל גרגיר הוא של שניהם.

- הר״ן אינו מקבל שהחצר אחת כולה של אחד וגם כולה של השני שאם היא שייכת לאחד אינה יכולה להיות שייכת לשני. הר״ן סובר שלהלכה אין ברירה, אולם בחצר קטנה הברירה היא רכה יותר, שכן רוב העניין ידוע מראש שלא כמו בשאר מקרים שבהם עוסקת סוגיית ברירה, משום שידוע מראש שכל אימת שמישהו ייכנס לחצר היא תיהיה שלו, אי לכך ההתבררות כאן למפרע היא שולית. למעשה מבררים כאן זמני שימוש ולא חלקים גאוגרפיים ולכן הברירה קלה יותר וברירה מסוג זה הלכה היא שיש ברירה.

השלכה נוספת למחלוקת זו יא האם מותר לחלוק חצר שאסר השותף בנדר על חבירו, דעת הרשב״א שאסור להם לחלוק משום שלהלכה אין ברירה ולאחר החלוקה יתכן שכל אחד משתמש בחלק חבירו האסור עליו, לעומתו שיטת הר״ן והרמב״ן והריטב״א והרא״ה שהמחלוקת לגבי ברירה היא מחלוקת מטפיזית , האם באמת דברים יכולים להתברר למפרע ושם פסקנו שאין ברירה, אבל בשותפות בקרקע מדובר בעניני קנינים ולכן שני שותפים יכולים לעשות בניהם חוזה שקובע שמותר לכל אחד להשתמש בשעה שהוא נכנס אליו וכאילו הוא קנוי לו באותה שעה, נראה לשיטה זו שמדובר בבעלות משותפת על הכל, והחלוקה היא של הבעלות ולא של הנכס. חלק השותף ומימוש הבעלות מתבטא בזמן השימוש בנכס. הטענה היא שגם החלוקה עצמה אינה ברירה רגילה, אלא שהשותפות עצמה כבר מכילה בתוכה כבר בזמן יצירת השותפות את אפשרות החלוקה ומשום כך הנדר שבא לאחר ע״י אחד השותפים אינו יכול לשנות זאת.

כמו כן ראינו לעניין שאם בא מערער וטוען על חלק השותף בלבד, כגון שטוען שמכר לו השותף חלקו בשדה, משמע מהרמב״ם שגם במקרה זה אין השותף יכול להעיד לטובת שותפו אא״כ יסתלק מהשותפות הואיל והמודל לפי הרמב״ם הוא בעלות משותפת ולא חלוקה בנכס, אי לכך אם הוא יעיד, הוא יעיד על נכס שלו ולכן הוא פסול לעדות כבעל דין. אולם לפי ראשונים ואחרונים אחרים ששותפות היא חלוקה בנכס, ברגע שיש ערעור על חלק שותפו בלבד , מותר לו להעיד הואיל ואין לו נגיעה בדבר, משום שמעיד על נכס שאינו שלו, אלא על חלקו של השותף שהרי החלוקה היא הנכס.

ההשלכות ההלכתיות נוספות

בחלקו השני של הספר עסקנו בהשלכות ההלכתיות הנובעות מאופן הגדרת השותפות:

בסוגיית שותפות של גוי עם ישראל בשדה לדעה שטבל וחולין מעורבין זה בזה, ראינו שישנה מחלוקת בין רש"י לתוספות בתפיסה כיצד מחולק הנכס:

- דעת התוספות זו חלוקה שבה לכל אחד משותפים יש חצי מהנכס, סופרפוזיציה של כל החצאים האפשריים שכל חלק אינו מווגדר אפיסטמי, אין אנו איננו יודעים מה שייך לישראל ומה שייך לגוי, לכן כל האפשריות קיימות, יוצא איפה שהאפשרות להפריש מהתבואה שחולקה היא בגדר ספק, ולכן תוספות מציעים פתרון אחר יתר מורכב.
- דעת רש"י, במצב כזה כל חיטה היא של שני השותפים. כלומר יש כאן תפיסה של חלוקה של הנכס, אבל לא לחצאים עמומים אלא החלוקה היא בכל גרגיר וגרגיר. הקהילות יעקב מבאר שלדעת רש"י יש לחלק בין שותפות של אחים בירושה שזו שותפות בעל כורחם, ששם לכל אחד יש חלק שאינו ידוע כתוספות, לבין שותפות מרצון ששם החלוקה היא אחידה בכל גרגיר וגרגיר.

השלכה נוספת ראינו באתרוג השותפים, שלפי כל הדעות אם נקנה האתרוג בשותפות לסחורה או לאכילה ולא לשם מצווה אין יוצאים בו ידי חובה. הסיבה לכך כנראה נובעת מהתפיסה שיש כאן **חלוקה בנכס**, לכל אחד יש חלק באתרוג שהוא לא שלם ובחלק של שותפו הוא יוצא מדין שאלה, ואין כאן דין "לכם" משלכם שכולו יהיה שלכם, אולם אתרוג הנקנה בשותפות לשם מצווה דעת כמה מהראשונים שיוצאים בו ידי חובה, והוא ההדין אתרוג הנקנה ע"י הקהל בשותפות, לפי דעת הרשב"א כיוון שקנו האתרוג לשם מצווה הדבר דומה לנכס שאינו ניתן לחלוקה, ולכן כולם בעלים כל הכל ו**החלוקה בשותפות היא בזמן השמוש**, בשעה שכל אחד נוטלו כולו שלו ולא מתבצע שום קנין בשעת הנטילה. ראשונים אחרים רשב"ם והתוספות הצריכו שכל שותף יקנה את חלקו באתרוג לחבירו בזמן

שהוא נוטל שאם לא כן הוא נוטל חלק באתרוג השייך לחבירו שאינו שלו, משום שלדעתם אף בשותפות לצורך מצווה **החלוקה היא בנכס.**

הנפקא מינה בין הדעות היא האם קטן יכול להיות שותף באתרוג הקהל? שהרי קטן יכול לקנות ואינו יכול להקנות בחזרה, אי לכך לפי הרשב״ם כיוון שהקטן השותף אינו יכול להקנות את חלקו אין כל האתרוג שייך לנוטלו ואינו יוצא ידי חובה. אבל לדעת הרשב״א שהחלוקה בשותפות באתרוג היא בזמן השימוש כנכס שלא ניתן לחלוקה, וברגע שאחד גמר ליטול אינו צריך להקנותו לשני אלא הוא עובר אליו מכח הסכם השותפות, לכן אף אם קטן יהיה שותף האתרוג כולו יעבור לנוטלו, כיוון שאין צריך את הקניית הקטן אלא האתרוג עובר אוטומטית מכח השותפות להבא בתור.

לעומת זאת באתרוג של אחים מתפוסת הבית, השולחן ערוך הבדיל בין שותפים רגילים לתפוסת הבית - אפשר לומר כפי שהבאנו בפרק השלישי ששותפות רגילה החלוקה היא בנכס עצמו ויש לברר איך הוא מחולק, לעומת זאת באחים מתפוסת הבית ישנם מהראשונים שפירשו **שהחלוקה היא בבעלות שעל הנכס**, וכל אח הוא הבעלים על כל הנכס ולכן האתרוג נחשב בגדר ״לכם״ שהאתרוג בשלמותו שלו, אומנם גם שאר האחים בעלים על הכל, אך כיוון שאין חלוקה בגוף האתרוג נחשב כולו שלו, בשונה משותפות רגילה שלא מתפוסת הבית החלוקה היא באתרוג עצמו, ואין לו אתרוג שלם משלו.

בדומה לאתרוג ראינו לעניין שותפות בספר תורה (שאף שם הספר תורה צריך להיות כולו שלו) , בזמן שהוא קורא בו כל שותף מקנה את חלקו בספר תורה במתנה על מנת להחזיר ולכן כולו שלו, אולם לדעת הרשב״א אין צורך בהקניית חלק השותף לחבירו, משום שעל דעת כך קנו את ספר התורה שבשעה שכל אחד משתמש יהיה כולו שלו, כפי דעת הר״ן בנדרים בקרקע שאינה ניתנת לחלוקה, כל שותף שמשתמש בזמן השימוש כולו שלו, אולם לדעת הסוברים שספר התורה צריך להיות בתמידות שלו יש לחלק בין דעת הרשב״א והר״ן לדעת הרמב״ן:

- לדעת הר״ן והרשב״א **שהחלוקה בשותפות היא בזמן השימוש** אין הדבר יועיל בספר תורה, משום שבאתרוג די לנו שבשעה שנוטל

יהיה כולו שלו, לעומת ספר תורה המצווה שתמיד יהיה שלו, ולא רק בזמן השימוש בספר התורה.

- לפי שיטת הרמב"ן שבחצר שאינה ניתנת לחלוקה **כל אחד מהשותפים בעלים על הכל בכל עת** ובכל זמן, אזי הספר תורה בתמידות שלו, ויצא ידי חובה.

בנוסף לכך עסקנו באתרוג הגדל בחצר משותפת, וראינו שני אפשריות לצאת ידי חובה באתרוג שניטע בחצר משותפת של מגורים. ראשית, חצר כזו דינה כחצר שאינה ניתנת לחלוקה כבית כנסת, או משום שקנו אותה על דעת שלא לחלוק, ובחצר כזו דעת הר"ן והרמב"ן כל שותף כמשתמש בשלו, ולכן האתרוג נחשב שלו.

כמו כן עסקנו בשותפות בין ישראל לאינו יהודי בבהמה לענין איסור שביתת בהמתו וראינו שלדעת חלק מהפוסקים (הכולבו וריצב"א) הפתרון שהציעה הגמרא בשותפות בשדה (כדי לפטור את הישראל מאיסורי שבת) שיתנו לפני הקמת השותפות שביום השבת הבהמה תיהיה ברשות הגוי אינה מועלת, יוצא מכך שלדעתם בשותפות החלוקה היא בנכס או גרגיר גרגיר או לחציין, ולכן ברגע שהבהמה תעבוד בשבת משמעות הדבר שיש לנו שתי חצאים נפרדים חצי אחד של גוי העובד ואינו אסור בשביתת בהמתו וחצי שני השייך לישראל העובד בשבת ואסור משום שביתת בהמתו.

לעומתם פוסקים אחרים התירו ברגע שהתנו מראש שהגוי יעבוד בשבת והישראל ביום חול. הנובע מכך שלדעתם סתם שותפות היא חלוקה בנכ בסתם שותפות שלא התנו, אבל ברגע שהתנו שהחלוקה בשותפות היא בזמן השימוש התנאי מועיל, וביום השבת כולה קנויה לגוי ומימלא אין הישראל עובר על שביתת בהמתו.

הפנים מאירות טוען שלפני הקמת השותפות הצדדים יכולים לקבוע את צורת השותפות ולדעת כולם אין הישראל עובר על שביתת בהמתו, וכל המחלוקת בין הפוסקים אם התנו לאחר הקמת השותפות כיוון שסתם שותפות לכל אחד יש חלק בגוף הבהמה, ולכן לדעת האוסרים משהוקמה השותפות לא יועיל התנאי לשנות את העובדה שחלק הישראל עובד בשבת.

וכן דעת הרמב"ם לענין שותפות בנטיעות בין ישראל לאינו יהודי היא בגוף הנטיעות עצמן ולכן לישראל יש חלק בפירות הצומחים מהם בשנות

הערלה והואיל והחלוקה בשותפות היא חלוקה בנכס, אי לכן שהגוי לוקח את הפירות בשנות העורלה המשמעות היא שהוא לקח את חלקו של ישראל ובתמורה הוא נתן את חלקו בפירות בשנות ההיתר, ולכן הישראל עובר על איסור הנאה מפירות עורלה, אולם שהתנו מתחילה התנאי מועיל להפוך את החלוקה בנטיעות לחלוקה בזמן השימוש שכל השדה בשנים הראשונות הם של הגוי ובשנים האחרות הם של הישראל.

כמו כן ראינו את ההתייחסות לחציה שפחה וחציה בת חורין וכן לחציו עבד וחציו בן חורין, שהוא שותפות בעבד, שותף אחד הוא האדון ושותף שני הוא עצמו,

- ❖ דעה אחת סוברת שיש להתחייס אליהם כחצי גוף עבד וחצי גוף בן חורין,
- ❖ דעה שניה שיש להתייחס אליהם שכל הגוף עבד וכל הגוף בן חורין

ולמחלוקת זו היה השלכות במספר דיונים בגמרא:

- **לעניין חציה שפחה שנתקדשה ונשתחררה לדעה שפקעי הקידושין** מסביר החתם סופר לשיטת רש״י שצריך לומר שברגע שהשתחררה לא רק צד העבדות שבה השתנה אלא גם צד החירות שבה, שאם לא כן לא היו פוקעים הקידושין, הואיל והם חציים נפרדים אין שינוי בחצי האחד של העבדות משפיע על החצי השני של החירות, לעומתו מסביר הקובץ הערות לשיטת רש״י, שחציו עבד וחציו בן חורין אין זה אומר שגופו מחולק שחצי גופו עבד וחצי גופו בן חורין אלא כל הגוף הוא מעורב, בכולו יש דיני עבד ובכולו יש דיני בן חורין, ולכן חציה שפחה ברגע שחרורה כל גופא השתנה ולכן פוקעים הקידושין.
- **לעניין ההבדל בין איש המקדש לחציין ובין אישה המתקדשת לחציין** ראינו דעת הקהילות יעקב (וכן דעת ר״ש שקופ) שיש להתייחס לחצי עבד וחצי בן חורין בשני מישורים, מישור אחד הוא הגוף, והגוף ממשו מחולק לשני חצאים (או חצאים שלמים או כל איבר איבר מחולק לשניים [״**כל גרגיר וגרגיר**״]) החצי אחד הוא

עבד והחצי האחר בן חורין, אולם את הנפש ונשמה לא ניתן לחלק הנפש היא מורכבת בעירבוביה ואין היא מחולקת כלל לחלקים, אלא יש לה על כולה דיני עבד מחמת קנין רבו בחצי גופו ועל כולה דיני ישראל מחמת קנין עצמו בחצי גופו, והואיל וגופה של החציה שפחה מחולק לשניים לכן ניתן לקדש את חציה הבן חורין שהוא מופרד, אולם שחצי עבד מקדש הוא מעשה של קנין שהוא דבר רוחני אין להתייחס לאדם כגוף וכחפץ המחולק לשניים, אלא לכולו כמכלול אחד וכנשמה שבה אין הפרדה בן צד העבדות לצד החירות אלא כולה יחידה אחת של עבדות ובין חורין. לעומתם דעת האבני מילואים גם לעבד המקדש מתיחסים כמחולק לשניים וכיוון שחצי גוף העבדות משתתף במעשה, המעשה חסר וקידושין לא תופסים.

- **לעניין מדוע אדם הבא על חציה שפחה שנתקדשה אינו חייב כרת** – ראינו דעת רעק״א שאדם הבא עליה לא היתה ביאתו על אשת איש שלמה אלא הוא השתמש בחצי אשת איש ועל זה התורה לא חייבה מיתה. משמע מדברי רעק״א שהוא מתייחס לחציה שפחה כחצי גוף שפחה וחצי גוף אשת איש ולכן הבא עליה אין חייב מיתה.
- **מדוע במצוות ראיה נחשב אדון גם על צד הבן חורין** - הקהילות יעקב מבאר שחצי עבד וחצי בן חורין אינו מתחלק למחציתו ממש, אלא ההסבר הוא שכל הגוף יש עליו דיני עבד מצד חלק האדון שיש בו, וכל גופו יש עליו דיני בן חורין מצד החלק המשוחרר שבו, ושניהם דיני עבד ודיני ישראל תופסים בכולו.
- **לעניין אתי עשה ודחי לא תעשה** - לדעה הסוברת שהגדר של חציו עבד הוא שחצי גוף הוא בן חורין וחצי גוף הוא עבד, אי אפשר לומר יבא עשה של פריה ורביה וידחה לא תעשה שלא יהיה קדש, כיוון שהם כגופים נפרדים והגוף המחוייב בעשה אינו אותו גוף המחוייב בלא תעשה, אולם לפי הדעה שהגדרתו של חציו עבד וחציו בן חורין שעל כל גופו יש דיני עבדות ועל כל גופו יש דיני ישראל, אם כן ברור הדבר שיש כאן קיום מצוות העשה באותו גוף שעובר על מצוות הלא תעשה ואפשר לומר יבא עשה וידחה לא תעשה.

בדיון **בשותפות בהיזק** של בור ושור ראינו את שיטת חכמים שאף ששותף אחד פטור אין מחייבים את חבירו בכל הנזק, לעומת דעת רבי נתן במקרה שהאחד פטור מחייבים את השני בחלק חבירו, והגמרא הביאה שני שני דעות מדוע מחייבים את בעל הבור בנזק שגרם בעל השור כשבעל השור פטור:

1. אפשרות ראשונה, **בעל הבור נחשב שעשה את כל הנזק**, הוא נושא באחריות וחייב להשלים לניזק את תשלום הנזק כששותפו פטור, ודבר זה אינו יחודי לבור אלא לכל שותפים בהזק, מצד שני אם כל צד נחשב שעשה את כל הנזק מדוע רק במקרה שלא יכול לתבוע מהאחד תובע מהשני, מדוע לא מאפשרים לכתחילא לבעלים לתבוע ממי שירצה?

וביאר השערי יושר, שנים שהזיקו במשותף על אף שאנו אומרים שנחשב כל אחד שעשה כוליה היזקא אין הכוונה שכל אחד עשה לבדו מעשה גמור שהזיק, שהרי היה לו שותף שסייע במעשה ההיזק ומעשה ההזק לא היה מושלם והיה חסר, אלא שאנו מחייבים כל אחד גם על מעשה חבירו, ולכן רק במקרה שאינו משתלם מאחד מחייבו רבי נתן, אך ששניהם בני חיוב מודה רבי נתן שהנזק מתחלק בין שניהם ואינו תובע ממי שירצה.
דעת השערי יושר - שהחלוקה היא במעשה הנזק עצמו, אלא לרבי נתן כשחבירו אינו בר חיוב, הוא מתחייב גם מעשה חבירו מדין ערב, בדומה ללוה שאינו יכול לשלם אזי הערב מתחייב במקומו. הנובע מכך שהשותף חייב רק על חלקו במעשה כשיש לו שותף בר חיוב, וכאשר אין לו שותף בר חיוב, נתחדש עליו חיוב נוסף מדין ערב. ולחכמים כיון שיש לו שותף שמיעט את מעשהו בהיזק אין לחייב אותו אפילו ששותפו פטור.
אך דעת הברכת שמואל - שכל שותף הוא הגורם לכל הנזק והיה צריך לשלם הכל, אך כיוון שיש לו שותף הוא מתחלק אתו באחריות התשלום, וכשהשותף השני פטור, לרבי נתן חזרה האחריות המלאה לשותף הראשון, לעומתו חכמים מרחיבים את

הפטור, כיוון שיש לו שותף הוא פוטר אותו מאחריות לתשלום גם כשהוא פטור.

2. אפשרות שניה **שכל שותף נחשב שגרם למחצית הנזק**, ואחראי למחצית הנזק, ולמרות זאת רבי נתן חייב את בעל הבור בשלושת רבעי הנזק, כיוון שההיזק נשלם ע"י הבור, התוספות סובר על הצד שפלגא הזקא עבד, רק בבור ניתן לחייבו בחלק חבירו, כיוון שאומר לו הניזק שורי נמצא בבורך, וכך פסק בעל המאור שדין זה שייך בבור בלבד אולם דעת הרמב"ן שהוא הדין בשאר שותפים בהזק.

הסביר הברכת שמואל:

- שלדעת בעל המאור שאנו אומרים פלגא היזקה עבד, הכוונה שהשותף אחראי על חצי נזק ואין לו שייכות לחצי הנזק ששותפו ביצע, לכן ששותפו פטור אין לו כלל מחויבות להשלים את הנזק, אלא אם כן יכול לומר לו הניזק "אני את שורי מצאתי בבורך" כמו בבור.

- אך דעת הרמב"ן, אומנם השותף נחשב שעשה חצי נזק ואין אנו מחייבים אותו בנזק שלם כששותפו בר חיוב, אך כיוון שהוא השלים את הנזק של חבירו, עדיין יש לו שייכות ואחריות גם לחצי הנזק של חבירו כאשר חבירו אינו בר חיוב, ולכן אומרים דין "דכי ליכא לאשתלומי.." ולא דוקא בבור.

בשונה מתוספות והרמב"ן, הים של שלמה מחלק בין המקרים לדעתו יש מקרים בהם דנים את השותפים שכל אחד נחשב שעשה חצי מהנזק ויש מקרים בהם כל אחד נחשב שעשה את כל הנזק.

במקרה ששור דחף שור אחר לבור, שהבור לא היה מזיק בלעדי השור, והשור לא היה מזיק בלעדי הבור, אנו דנים שכל אחד עשה חצי נזק, ואין אומרים שהשותף ישלם כאשר חבירו

פטור אלא בבור, לעומת המקרה של שני שוורים שנגחו יחדיו, ששם כל אחד עושה מעשה שיכול להזיק לבדו, בזה כולם מודים שצריך לדונם שכל אחד נחשב שעשה את כל הנזק, ושם אנו אומרים לדעת רבי נתן שהשותף ישלם כאשר חבירו פטור.

כעת נבאר את דעת רבנן החולקים על רבי נתן וסוברים שאף ששותף אחד פטוראין מחייבים את חבירו בחלקו:

- הרמב"ן – לדעת חכמים בודאי שיש לומר שנחשב שעשה חצי נזק, שאם נאמר שנחשב שעשה נזק שלם היו חכמים מחייבים את השותף כשחבירו פטור.
- תוספות רבינו פרץ – אפשר לפרש את חכמים כשני השיטות, גם לפי השיטה שכוליה היזקא עביד, על כל פנים כיון שהנזק נעשה בשותפות ואם שותפו היה בר חיוב הינו מחייבים אותו בחצי, כך אין לחייב את השותף למרות שחבירו פטור, וכי מדוע שיפסיד בגלל שהתורה פטרה את חבירו.

סוגי עירבוב נוספים

בספרנו זה הצגנו עוד סוגי עירבוב נוספים:

- בין השמשות הקשור לזמן מעורב בין יום ללילה.
- מלאכה שנעשתה ע"י שני אנשים בשבת, הקשורה לעירבוב של שני פעולות של אדם באיסורים.
- עירבוב של שני כוחות אחד של היתר ואחד של איסור שהביאו ליצירת חפץ אחד ובירנו מה השפעתו ההלכתית של כח האיסור על החפץ הנוצר מערבוב כח האיסור וכח ההיתר.

העירבוב הקשור בזמן הוא **בין השמשות** הוא הזמן המסמל את המעבר בין היום לבין הלילה זמן של ספק, זמן מעורב לכאורה מיום ללילה, נוכחנו לדעת שישנם מספר שיטות איך להתחייס לזמן זה:

- בין השמשות כולו יום או כולו לילה, או יש בו מן היום והלילה ואין אנו יודעים קו ההפרדה בין היום ללילה. (דעת רש"י)

- כל רגע ורגע בבין השמשות יש ספק אם כולו יום או כולו לילה או חציו יום וחציו לילה, ואין אנו יודעים קו ההפרדה בין היום ללילה. (דעת רבינו תם ויש שביארו שכן היא דעת רש"י, המהרש"א מבאר שגם לדעת רבינו תם יש את הספק או שכולו יום או שכולו לילה)
- כל משך זמן בין השמשות היום והלילה מעורבים ביחד. יש בו גם יום וגם לילה, ולכן מצוות שצריכות להיות ביום או צריכות להיות בלילה אזי בין השמשות כאשר לשניהם, אך מצוות שהלילה או היום פוסלם אינם יכולים להיות בבין השמשות (הריטב"א, המהר"ל, צפנת פענח ועוד)
- בין השמשות זמן מיוחד שאינו יום ואינו לילה. (ערוך השולחן, רמ"ק)

בין השיטות ישנה נפקא מינא להלכה כיצד להתייחס לדברים הנעשים בבין השמשות. לדוגמא: המבשל במוצאי יום טוב בין השמשות כדי לאכול את התבשיל בין השמשות, לפי השיטות שבבין השמשות ישנו קו מפריד המבדיל בין היום ובין הלילה רק שאנו לא יודעים היכן הוא עובר בבין השמשות, אזי ישנו חשש שהבישול היה לפני הקו המפריד בעודו יום טוב, והאכילה היתה לאחר הקו המפריד שכבר לילה ולמעשה הוא מכין מיום טוב לחול, אבל לשיטות שבין השמשות הוא מקשה אחת יום ולילה מעורבים ביחד, אזי אם דנים את בין השמשות ליום, הוא בישל מיום טוב ליום טוב, ואם דנים אותו כלילה אזי כבר מותר לבשל.

דוגמא נוספת לתינוק שנולד ערב שבת ספק ביום ספק בין השמשות לפי השיטות שישנו קו מפריד, אפשר לדון למולו ביום שישי מצד ספק ספיקא שמא נולד ביום ואם תאמר נולד בין השמשות שמא נולד לפני הקו המפריד בחלק שעודו יום, שיש לנו שתי ספקות למלו ביום ראשון כנגד אחד למולו בשבת, אך לשיטות שבין השמשות יום ולילה מעורבים בו, הספקות שקולים כיוון שישנם שני ספיקות למולו ביום שישי: 1. שמא נולד ביום 2. שמא בין השמשות כולו יום, לעומת שני ספיקות למולו בשבת: 1. שמא בין השמשות כולו לילה 2. שמא

בין השמשות יש בו משניהם. והוא ספק בפני עצמו ולא מדובר בקו מפריד.

בשנים שעשו מלאכה בשבת וראינו שישנה מחלוקת בין התנאים באלו מצבים הם חייבים ובאלו מצבים הם פטורים, ראינו שישנם הסברים שונים וטעמים שונים לפטור או לחיוב של שנים שעשו מלאכה.

ישנם שני אפשרויות איך ליחס לכל אחד את המלאכה שעשה:

- שיטה אחת: שכל אחד הוא בגדר שעשה את כל המלאכה ולכן ישנם מקרים שהם חייבים. (שיטת התוספות והראב"ד)
- שיטה שניה: שכל אחד הוא בגדר שעשה חצי מהמלאכה, אלא שישנם מקרים שמלאכת האחד מצטרפת למלאכת חבירו למלאכה שלמה, משום שגם מעשה חבירו מיוחסים אליו, בזה אינו יכול וזה אינו יכול לדעת רבי יהודה. (שיטת ר' שמעון שקופ)

כמו כו ישנם נפקא מינות בין השיטות לענינים שונים למשל כשהאחד אינו בר חיובא, לענין שחיטת ישראל ונוכרי, קנינים ועוד.

ועוד ראינו את ההשוואה של ר' שמעון שקופ בין שנים שעשו בשבת לשנים שהזיקו (ראה גם פרק היזק בשותפות בספר זה)

כמו כן עסקנו בעירבוב של שני כוחות שגרמו להוצרותו של חפץ מסויים, כח אחד של איסור וכח שני של היתר - **"זה וזה גורם"**.
הטעם לאוסרים ולמתירים ב"זה וזה גורם" ביאר ר' שמעון שקופ, שדעת המתירים הוא שכל גורם נחשב לחצי גורם וחצי גורם אינו יכול לפעול כלום על הדבר שנוצר ולכן החפץ מותר (ראה להלן מחלוקת ראשונים בהסבר ההיתר), לעומתם האוסרים סוברים שכל גורם הוא כפועל פעולה שלמה על החפץ שאילולי אותו גורם איסור לא היה נוצר החפץ, ולכן החפץ הנוצר ממנו אסור, בדומה לשניים שעשו מלאכה בשבת ששם גם היה הדיון האם כל אחד נחשב שעשה פעולה שלמה או חצי פעולה.
בסיבת ההיתר של זה וזה גורם ראינו שהראשונים נחלקו בדבר:

- לדעת רש״י והר״ן ההיתר מבוסס על דיני ביטול וכיוון שאין כאן את ממשו של האיסור, אלא רק כח הגורם ניתן יותר להקל בדיני ביטול והאיסור בטל אפילו שאין לנו רוב היתר.
- לדעת תוספות ורבנו דוד משמע ש״זה וזה גורם״ אינו קשור לדיני ביטול, כיוון שלא מדובר בממשו של האיסור אלא רק בכח הגורם להווצרות החפץ, לכן לדעת המתירים החפץ יאסר רק אם גורם האיסור הוא בלעדי ולא כשיש לו סיוע גם מגורם אחר של היתר.

למחלוקת הראשונים ישנה נפקא מינא לאיסורים שאינם בטלים, ראינו את דעת התוספות שגם בדבר שיש לו מתירין יש את ההיתר של זה וזה גורם, אפשר להסביר לשיטתו שהיסוד להיתר הוא שכדי שגורם יאסור הוא צריך להיות בלעדי ואין זה משנה שהוא דבר שיש לו מתירין.

בעוד שלשיטת הר״ן שהיתר זה וזה גורם מבוסס על דיני ביטול, הדעות חלוקות מה הדין באיסורים שאינם בטלים באלף:

- המג״א סובר מכיוון שהבסיס להיתר הוא ביטול, אזי כל איסור שאינו בטל אפילו באלף אין בו את ההיתר של זה וזה גורם, ולכן גם בעבודה זרה אין את ההיתר של זה וזה גורם.
- השולחן ערוך פסק שגם באיסורי עבודה זרה יש היתר של זה זה גורם. השערי יושר ביאר שגם לשיטת הר״ן אפשר לומר שבעבודה זרה יש את ההיתר של זה וזה גורם, משום שאינו דומה ממשו של האיסור שאינו בטל, לעומת הכח הנגרם ממנו ששם מקילים והוא בטל חד בחד.

כמו כן הראשונים נחלקו האם ישנו ההיתר של זה וזה גורם במקרה ששני הגורמים פועלים בצורה שונה והם משלמים זה את זה, את מחלוקת זו גם ניתן לקשר למחלוקת לעיל בטעם ההיתר של זה זה גורם:

- אפשר לומר שהמתירים סוברים לפי העקרון של רש״י והר״ן שהיתר זה וזה גורם מבוסס על ביטול אי לכך החפץ הנוצר מהם הוא כתערובת המופעל משני כוחות שהאיסור בו בטל, ואין זה משנה איזה תרומה נתן כל אחד מהגורמים ליצירת החפץ, או לפי הסברו של **רבי שמעון שקופ** (ראה לעיל) שהביטול הוא בכוחות הגורמים ולא בתוצר, אזי כח האיסור בטל בכח ההיתר ואין זה

משנה שבאו משני גורמים, שאין דיני ביטול של שני גורמים כדין ביטול של ממשו של איסור שבזה מקילים יותר שאפילו חד בחד בטל.

- אולם לדעת התוספות שאינו מבוסס על דיני ביטול אלא כל עוד גורם האיסור אינו בלעדי אין הוא אוסר, וזאת הואיל ושני הגורמים הם דומים ופועלים אותה פעולה לכן כל אחד אינו בלעדי, לעומת זאת כשאינם דומים ופועלים פעולה שונה, כל אחד הוא בלעדי בתחום פעולתו ואי אפשר לומר זה וזה ביחד גורם ומותר, אלא זה גורם בנפרד ובלעדי בתחום פעולתו וזה גורם בנפרד ובלעדי בתחום פעולתו השונה.

מעבר לכך ראינו חילוק נוסף בהיתר של זה וזה גורם בארבע אופנים:

- **כשאין באיסור לבדו לגרום ואין בהיתר לבדו לגרום** (זה אינו יכול וזה אינו יכול) – מחלוקת בין התנאים רבי אליעזר אוסר ורבי יוסי מתיר והלכה כרבי יוסי

- **כשבאיסור לבדו לגרום ובהיתר לבדו לגרום** (זה יכול וזה יכול) – מחלוקת בין תוספות בפסחים הסובר שהמתיר בזה וזה גורם מתיר גם בזה יכול וזה יכול, לעומתו התוספות בעבודה זרה דעתו שבאופן זה לכ"ע אין את ההיתר של זה וזה גורם.

- **כשבאיסור לבדו לגרום ואין בהיתר לבדו לגרום** (האיסור יכול והיתר אינו יכול) – על זה אמרו חכמים בין שנפל איסור בתחלה בין בסוף לעולם אינו אוסר עד שיהא בו כדי לחמץ, ובזה גם התוספות בפסחים מסכמים שאין את ההיתר של זה וזה גורם.

- **כשאין באיסור לבדו לגרום ויש בהיתר לבדו לגרום** (האיסור אינו יכול והיתר יכול) – משמע מהט"ז שגם מי שאוסר בזה וזה גורם אינו אוסר באופן הזה. ולהלכה נפסק להתיר בזה אינו יכול וזה אינו יכול וכל שכן שמותר כשהאיסור אינו יכול לבדו וההיתר יכול לבדו.

בשניים שעשו מלאכה בשבת ראינו שדעת רבי יהודה (שהיא להלכה), בזה אינו יכול וזה אינו יכול שניהם נחשבים שעשו כל אחד מלאכה שלמה

וחייבים, מאידך גיסא בזה יכול וזה יכול אין הם נחשבים שעשו מלאכה שלמה ופטורים, לעומת זאת שאנו דנים בזה וזה גורם האם החפץ הנוצר מהם אסור או מותר הדבר הוא הפוך, כשכל גורם לבדו אינו יכול לבדו ליצור את החפץ הוא מותר, מאידך גיסא שכל גורם לבדו יכול ליצור את החפץ הדבר חמור יותר ואסור, הסיבה לכך כשאנו מסתכלים על התוצאה (הנפעל) ומייחסים אותה לכח שיצר אותה בפועל, בזה אינו יכול וזה אינו יכול אי אפשר לומר שכל אחד גרם להכל שהרי יש לנו תוצאה אחת שלא יכלה להווצר מכל אחד מהם לבדו, אבל כשאנו מתייחסים לאנשים שביצעו את המלאכה (לפועל) אזי אפשר ליחס לכל אחד ואחד מלאכה שלמה גם כשאינו יכול, כיוון שבלעדיו לא היתה התוצאה מתקיימת, ולכן אף שבשבת בזה אינו יכול וזה אינו יכול אנו יכולים ליחס לכל אחד מלאכה שלמה, לעומת יהודי וגוי ששחטו ביחד, בזה אינו יכול וזה אינו יכול איננו יכולים לומר שהתוצאה (הבהמה השחוטה) מיוחסת כולה ליהודי שהרי בפועל היא לא יכלה להשחט ע״י היהודי לבדו. ובפועל אין הישראל ביצע שחיטה שלמה המכשירה את כל השחיטה.

סיכום

בספר זה הצגנו את הגדר של שותפות בנכס, ושם ראינו שישנם הבדלים בין נכס הניתן לחלוקה לעומת נכס שלא ניתן לחלוקה, בנכס הניתן לחלוקה יש המתייסים לנכס המשותף כמחולק בצורה שאינה ידועה סופרפוזיציה (כל האפשרויות קיימות ואנו לא יודעים אותם) , לעומת פוסקים אחרים המתייסים לחלוקה בנכס בכל גרגיר וגרגיר, מאידך גיסא בנכס שאינו ניתן לחלוקה ראינו פוסקים הסוברים שהחלוקה היא בבעלות ולא בנכס עצמו, וכן שיטות שהחלוקה היא בזמן השימוש ולא בנכס עצמו פיזית ולכל שיטה יש נפקא מינא להלכה.

בסוגי עירבוב אחרים ולאו דוקא בשותפות עיסקית או שותפות בבעלות על נכס, במצב שישנם שני גורמים הפועלים ביחד לתוצאה מסויימת כגון מלאכה בשבת נזקים או יצירת חפץ ע״י שיני גורמים , ראינו שישנם פוסקים המייחסים את הפעולה לכל אחד כאילו עשה פעולה שלמה ויש המייחסים לכל אחד אחד חצי פעולה, וכתוצאה מכך ישנה נפקא מינא בין הדעות להלכה, הן לענין איסורי שבת הן לענין נזקין והן לענין איסור היתר.

www.ingramcontent.com/pod-product-compliance
Lightning Source LLC
Chambersburg PA
CBHW051033160426
43193CB00010B/927